조선후기 경상우도의 학술동향

조선후기 경상우도의 학술동향

최석기 지음

景仁文化社

머리말

　광해군 때 집권세력이었던 북인정권에는 남명학파가 다수 참여하였다. 그러니까 광해군 대에는 남명학파가 정치의 주도권을 행사했다고 해도 과언이 아니다. 그런데 1623년 인조반정으로 상황은 완전히 역전되었다. 남명의 문인으로서 북인정권의 영수 격이었던 정인홍(鄭仁弘)이 폐모살제(廢母殺弟)의 강상죄를 범한 죄인으로 처형이 되자, 남명학파는 정치적으로 타격을 입었을 뿐만 아니라, 사회 윤리적으로도 용납되기 어려운 상황에 처하였다.

　상황에 이렇게 되자, 억울한 마음에 재기를 도모하는 사람들도 있었지만, 대부분의 사족들은 살아남기 위해 변화를 모색할 수밖에 없었다. 그 첫 번째가 정인홍과 자신들은 다르다는 거리두기를 통해 변별성을 부각시키는 것이었다. 그리하여 상당수의 인사들이 자신들은 정인홍과 별 관련이 없고, 설령 친분이 있더라도 일찍이 절교하여 차별화하였다는 것이다.

　그 다음으로 남명학파 내부의 분열이다. 남명학파의 분열에는 여러 가지 요인들을 생각해 볼 수 있다. 예컨대, 남명의 문집을 간행하면서 나타난 이견, 남명학파가 속했던 북인정권의 몰락, 새로운 당색을 갖지 않고서는 사대부로서의 존립기반을 유지하기 어려운 현실적 여건, 남명의 학맥이 뚜렷하게 전승되지 못하고 몇몇 가문의 가학을 통해 전승된 점, 17세기 후반 서인과 남인의 당쟁 속에서 자기위상을 정립하기 어려웠던 점, 18세기 이후 경상우도 지역의 학술적 침체로 인한 사상적 기반의 와해 등이 주요한 요인으로 작용했을 것이다.

17세기 후반부터 19세기 중반까지 약 2세기 동안은 경상우도 지역의 학술이 매우 침체되었고, 정치적으로도 완전히 세력을 잃어 적막하고 쓸쓸하여 자기 정체성을 찾지 못하고 있었다. 그리하여 정치적으로는 남인화 하거나 노론화 하여 자기 존재기반을 찾으려 하였고, 학술적으로 퇴계학파의 학맥에 나아가 배우거나 기호학파의 학맥에 나아가 배우게 되었다.

그러다 19세기에 중반에 이르러 경상우도 지역에도 서서히 학문이 다시 살아나기 시작하였다. 이때 경상도 지역에는 퇴계학통의 정재(定齋) 유치명(柳致明, 1777~1861)이 큰 학자로 중망을 얻고 있어서 각지의 수재들이 그의 문하에 나아가 수학하였다. 경상우도 지역 학자들도 상당수 그의 문하에 나아가 수학하여 경상우도에 정재학단(定齋學團)이 형성되었다. 그러나 그 구심점 역할을 하는 학자는 없었고, 단지 학문적으로 그 설을 추종하는 성향을 갖고 있었다.

19세기 중반에 이르러 경상우도 지역에는 새로운 동향이 대두되었다. 유치명에게 수학한 한주(寒洲) 이진상(李震相, 1818~1886)이 노론계 기호학파 한원진(韓元震, 1682~1751)의 설을 이론적으로 비판하면서 학술적 대응을 하였고, 또 퇴계의 설과 다른 심즉리설(心卽理說)을 펴서 새로운 성리설을 전개하였다. 이진상이 성주(星州)에서 강학을 하자, 학술적으로 침체되어 있던 경상우도 지역 학자들이 대거 그의 문하에 나아가 수학하여 한주학단(寒洲學團)이 형성되었다.

또 성호(星湖) 이익(李瀷)의 학통을 계승한 성재(性齋) 허전(許傳, 1797~1886)이 김해부사로 내려오자 경상우도 지역 인사들이 대거 그의 문하에 나아가 성재학단(惺齋學團)이 형성되었다. 허전은 근기 남인계를 대표하는 학자였는데, 근기 남인계는 광해군 대 북인정권에 출사한 사람이 많았고, 또 경상우도 지역 인사들과 세교를 맺고 있는 사람들이 많았다. 그러니까 당시 경상우도 남인계의 당색을 갖고 있던 집안의 학자들은 근기 남인계와 상당한 친분이 있었다. 그리하여 허전의 문하에 대거 나아가 배운 것이다.

또한 이 시기 경상우도 인사들은 남인 또는 노론의 당색을 가지고 있었지만, 대부분 정치적으로 소외된 사람들이었기 때문에 당색이 전에 비해 상당히 퇴색되었다. 그리하여 남인계에 속했던 사람들 중에도 노론계의 당색을 가진 전라도 장성의 노사(蘆沙) 기정진(奇正鎭, 1798~1879)의 문하에 나아가 배우는 사람이 있었다.

경상우도 지역은 약 2세기 가까이 학술이 극도로 침체되었기 때문에 학술이 새롭게 부흥하는 분위기에 맞추어 이 지역 노론계 집안 또는 남인계 인사들 중에도 새로운 학설을 주창하며 지방에서 큰 학자로 소문이 난 기정진의 문하에 나아가 배우게 된 것이다. 그리하여 경상우도 지역에도 노사학단(蘆沙學團)이 형성되었다.

이처럼 19세기 중반 이후 경상우도 지역에는 학술이 새롭게 일어나는 분위기 속에서 정재학단, 한주학단, 성재학단, 노사학단 등이 뚜렷하게 학문집단을 형성하여 활발하게 학술활동을 전개하였다. 이 외에도 이 지역에는 가학을 통해 독자적으로 학문을 계승하는 사람들이 있었다. 그런데 이들은 모두 이 지역에 뿌리를 내린 남명학을 사상적 기반으로 하여 당색이나 학맥에 크게 구애받지 않고 상호 교유하였다.

이들 중에는 자기 학파의 설을 고수하는 학자도 있었지만, 종래의 설만을 고수하지 않고 통섭의 시각에서 새로운 설을 제기하면서 활발한 학술활동을 하였다. 예컨대 이 지역 남인계 학자들은 남명과 퇴계를 동등하게 존숭하여 남명학과 퇴계학을 융합하는 학풍을 조성하였고, 노론 계 학자들은 남명학과 율곡학을 융합하는 학풍을 조성하였다.

그리하여 정재학단에 속한 학자들은 남명학과 퇴계학을, 한주학단에 속한 학자들은 남명학과 한주학을, 성재학단에 속한 학자들은 남명학과 성재학을, 노사학단에 속한 학자들은 남명학과 노사학을 학문적 토대로 하였다.

이러한 현상은 우리 학술사에서 매우 주목해 볼 만한 사안이다. 이는 안동권 퇴계학파에서 퇴계학만을 고수하는 것과 다르고, 기호학파에서 율곡학 또는 우암학만을 고수하는 것과 다른 성향이다. 이런 점에서 한국사상사 속에서 이러한 성향이 구체적으로 검증되어 변별적으로 드러 내 밝힐 필요성이 제기된다. 이들이 비록 실학사상이나 개화사상으로 나아가지는 못했지만, 성리학적 내부에서 현실세계의 변화에 대응하여 사상체계를 새롭게 구축하려 한 측면이 있기 때문이다.

이 책은 이러한 점에 착안하여 그동안 기회가 있을 때마다 틈틈이 연 구한 것을 묶어 19세기 중반 이후 경상우도 지역의 학술동향이 어떻게 변모하고 있었는지, 그것이 다른 지역 학술동향과는 어떻게 다른지를 알리고자 하는 의도로 간행하게 되었다. 아무쪼록 이 책을 통해 이 시기 이 지역의 학술동향이 더 구체적으로 밝혀져서 조선후기 사상계가 경상 우도 지역에서 다양하고 활발하게 활동한 것이 새롭게 인식되기를 기대 한다.

이 책에 소개한 학자들의 성향을 간략하게 소개하면 다음과 같다.

18세기에 활동한 의령 출신 안덕문(安德文)과 진주 출신 하익범(河益 範)의 사상적 지향 및 문학적 성향을 살펴보았다. 안덕문은 당시 고착화 된 학계의 문제점을 인식하고 영남의 정신문화를 새로운 관점에서 재정

viii

립하려고 했던 학자이다. 그는 영남의 문화가 이언적(李彦迪)·이황(李
滉)·조식(曺植)에 의해 형성되었다고 보고서 그분들을 제향하는 세 서원
을 삼산서원이라 명명하고, 세 분의 학문을 통섭적으로 수용하려고 한
지식인이다. 하익범은 남명학을 토대로 하면서 기호의 우암학맥에 나아
가 배운 인물로 남명학과 우암학을 겸취한 인물이다.

　박치복(朴致馥)은 함안 출신으로 삼가에 주로 살면서 19세기 중반 이
지역의 학술부흥을 주도하는 데 큰 공헌을 한 인물이다. 그는 유치명에
게 수학하고, 후에 허전에 수학한 학자로서 성리설을 많이 전개하지는
않았다. 하지만 그의 성향은 남명학과 퇴계학과 성호학을 겸취한 인물
이다.

　삼가에 살던 정재규(鄭載圭)는 기정진의 문하에 나아가 수학하여 기
정진의 성리설을 경상우도에 전파한 장본인이라 할 수 있다. 경상우도
노사학단의 대표적인 인물이 조성가(趙性家)·최숙민·정재규라고 할 수
있는데, 노사학을 전한 인물로는 단연 정재규를 첫손가락에 꼽을 수 있다.
정재규는 최익현(崔益鉉)과 의병을 함께 일으키기로 한 인물이기도 하다.

　진주 출신 강병주(姜柄周)는 일찍이 한양으로 가서 허전의 문하에서
배워 성재학단의 일원이 된 인물이다. 그는 남명학과 성재학을 학문적
토대로 한 인물이라 할 수 있다.

　이진상의 문인으로 이진상의 성리설을 계승하여 이 지역에 큰 학문집
단을 형성하고, 이진상의 설을 기반으로 하여 다른 학파의 학자들과 적
극적인 학술논쟁을 한 인물이 곽종석(郭鍾錫)이다. 그러니까 곽종석은
스승 이진상의 학문을 계승한 적통이라 할 수 있으며, 경상우도 지역에
그 학문을 널리 전한 중요한 인물이다. 곽종석은 남명학과 퇴계학을 겸
하면서 한주학을 토대로 한 인물이라 하겠다.

김진호(金鎭祜)는 남인계 인물로 허전에게 수학하였으며, 이진상의 설도 일정하게 수용하는 면이 있다. 그러나 곽종석과 치열하게 학술논쟁을 하면서 이진상의 설을 적극적으로 수용하지 않고 퇴계의 설에 기반을 하여 반론을 전개하기도 하였다. 김진호는 남명학과 퇴계학을 겸취한 인물이라 하겠다.

김황(金榥)은 곽종석의 문인으로 한주학단에 속한 인물이라 하겠으나, 그의 경학십도(經學十圖) 등을 보면 사설(師說)을 바탕으로 하면서도 독자적인 성향을 드러내고 있다.

이 책에서 거론한 8명의 인물들은 각기 학문적 개성을 가지고 있으며, 조선후기 경상우도 지역의 학술동향을 살피는 데 중요한 인물들이다. 그러므로 이들을 선별하여 학문과 문학과 사상을 살펴본 것이다. 이 외에도 독특한 자기의 설을 편 학자들이 다수 있을 것인데, 이런 학자들에 대해서는 이 책을 계기로 더 폭넓고 심도 있는 연구가 이루어지기를 기대한다.

2019년 6월
남명학관 산해실에서 최석기가 삼가 쓰다.

차 례

제1장
안덕문(安德文)의 학문정신과 처세방식

Ⅰ. 머리말

경상우도에 근거를 둔 남명(南冥) 조식(曺植)의 후학들은 광해군 때 집권세력인 북인(北人)의 일원으로 정치에 참여하였다. 그러나 인조반정으로 서인(西人)이 집권한 뒤 남명학파는 정치적 기반이 없어져 남인(南人)이나 서인으로 편입될 수밖에 없었다. 그리하여 남명학파는 자기위상을 갖지 못하였고, 이 지역 학자들은 퇴계학통이나 율곡학통에 입문하여 존재기반을 재정립하지 않으면 안 되었다.

한편 17~8세기 퇴계학파는 퇴계의 학설만을 고수하여 퇴계 문인 대에 보여준 비교적 자유로운 탐구정신이 자취를 감추었다. 이런 침체된 영남학계에 돌파구를 열어준 인물이 대산(大山) 이상정(李象靖, 1711~1781)이다. 이상정은 퇴계학파의 성리설이 분개간(分開看)에 치우치고, 율곡학파의 성리설이 혼륜간(渾淪看)에 치우친 것을 심각하게 인식하고, 이 두 측면을 아울러 보아야 한다는 통간(通看)을 제시하였다. 이러한 시각은 학계에 신선한 충격을 주었다. 즉 이전까지는 경설(經說)·성리설(性理說)이 거의 나타나지 않다가 그의 문인 대에 경설·성리설이 다채롭게 나타나기 시작한 것이다.

이러한 영남의 학문동향 속에서 의령에 살던 안덕문(安德文, 1747~1811)은 당대 학풍에 대해 비판적 반성을 하며 옥산서원에 제향된 회재(晦齋) 이언적(李彦迪, 1491~1553), 도산서원에 제향된 퇴계(退溪) 이황(李滉, 1501~1570), 덕천서원에 제향된 남명 조식(1501~1572)을 영남의 삼선생으로 함께 추숭하는 새로운 인식을 하였다.

필자는 안덕문의 이러한 학문정신에 주목하여 그가 삼산서원(三山書院)의 위상을 정립한 것에 대한 정신사적 의미를 논구한 바 있다.[1] 그 후 동유록(東遊錄)과 기행시를 중심으로 안덕문의 산수 유람에 나타난 존현의식과 풍류를 논한 글이 발표되었으나,[2] 안덕문의 정신지향에 근접한 연구 성과를 이룩하지 못하였다. 요컨대 안덕문의 시문학, 정신지향, 처세방식, 기행시문, 사회적 역할 등에 대해 깊이 있는 연구가 이루어졌다고 볼 수 없다.

본고는 영남의 학문이 극도로 침체된 시기에 삼산서원에 모셔진 세 선생의 학문을 통섭적으로 계승하고자 한 안덕문의 학문정신이 새로운 시대정신이라는 점으로부터 출발하여 그의 정신지향, 학문정신, 처세방식 등을 심도 있게 고찰하는 것을 목적으로 한다.

II. 자기성찰과 통섭학문 추구

1. 시대적 환경과 인식의 전환

인조반정 이후 17세기 후반기는 남인과 서인이 치열하게 당쟁을 하던 시기이다. 이 시기에 남인계는 영남남인과 근기남인으로 구분할 수 있는데, 대체로 근기남인이 주도권을 행사하고 있었다. 그리고 남인이 당쟁에서 패한 18세기로 넘어가면 영남남인은 권력으로부터 거의 소외되

---

1) 崔錫起, 「安德文의 三山書院 位相鼎立과 그 意味」, 『남명학연구』 제40집, 경상대 남명학연구소, 2013, 165~195면.
2) 김종구, 「안덕문의 산수유람에 나타난 존현의식과 풍류」, 『남명학』 제21집, 남명학연구원, 2016, 253~291면.

었고, 18세기 중엽 이후 노론계 중심의 벌열정치가 시작된 뒤로는 영남 인사들은 거의 고위직에 나아가지 못하였다.

또한 이 시기 영남 학자들은 학문적으로 퇴계학이나 남명학을 굳게 지키려는 생각이 강하여 새로운 사상적 변화를 수용하는 데 민감하지 못하였다. 예컨대 서울·근기에서는 실세한 남인계와 소론계 학자들 사이에서 실학이 태동하고 있었는데, 영남에서는 전혀 그런 움직임이 일어나지 않았다는 사실이 이를 대변해준다.

그러다 18세기 후반 이상정이 통간을 주장한 이후 경설·성리설이 다수 나타나는데, 이는 어디까지나 주자학적 토대 속에서 발아한 것이었다. 17세기 중반 이후 기호학파는 주자의 설과 다른 대전본 소주의 설을 분변하거나 주자의 중설(衆說) 가운데 정설(定說)을 확정하여 주자학을 더욱 명확하게 하고자 하였고, 그 결과 주자학에 대한 학문적 주도권을 확보하기에 이르렀다.

반면 영남학파는 퇴계학을 고수하는 분위기 속에서 지속적인 발전을 하지 못하여 학문적 주도권을 기호학파에 내주고 말았다. 다행히 이상정의 문인들로부터 학설이 다시 제기되기 시작했지만, 이론적으로 기호학파의 학설에 대응하는 것은 19세기 이진상(李震相, 1818~1886)을 기다려야만 했다.

18세기 퇴계학파는 김성일의 학맥이 장흥효-이현일-이재-이상정으로 이어지고, 유성룡의 학맥이 하회의 풍산 유씨와 상주의 진주 정씨 집안에서 전승되었다. 이 가운데 이상정의 문도들이 가장 성대하였다. 이상정의 문인으로는 이광정(李光靖)·이종수(李宗洙)·유장원(柳長源)·정종로(鄭宗魯)·이정국(李禎國)·배상열(裵相說)·김종덕(金宗德) 등이 저명하다.

다음 대에 유장원의 문인으로는 유건휴(柳健休)·유휘문(柳徽文), 김종덕의 문인으로는 이병원(李秉遠)·남한조(南漢朝)·권택모(權宅模)·유치명(柳致明), 정종로의 문인으로는 윤동야(尹東野)·박경가(朴慶家)·유의목(柳懿睦)·최상룡(崔象龍)·최효술(崔孝述)·이원조(李源祚) 등이 나타나 학술을 선도하였다.

한편 남명학파는 인조반정 이후 뚜렷한 정체성을 갖지 못하여 학맥이 전승되지 못하고 가학이나 지역적 연고를 통해 그 정신을 계승하고 있었다. 18세기 경상우도 지역에는 하덕망(河德望)·김성운(金聖運)·박태무(朴泰茂)·권중도(權重道)·하대관(河大觀)·하필청(河必淸)·이갑룡(李甲龍) 등이 남명학을 전승하고 있었다.

안덕문은 18세기 후반 경상도 의령에서 활동한 유학자로 자는 장중(章仲), 호는 의암(宜庵), 본관은 탐진(耽津)이다. 이 집안은 현 경상남도 의령군 부림면 입산리 입산(설뫼) 마을에 세거한 탐진 안씨로, 6대에 걸쳐 7명의 효자를 배출한 효자 집안이며, 임진왜란 때에는 안기종(安起宗)이 곽재우와 함께 의병을 일으키기도 하였다.

안덕문의 부친은 안여석(安如石, 1717~1787)이며, 모친은 하빈 이씨(河濱李氏)이다. 안덕문의 집안이 남명학을 연원으로 한 가문은 아니지만, 이 지역에 전승된 남명학의 영향을 일정하게 받았을 것으로 여겨진다.

안덕문은 부친의 명으로 과거시험에 응시하여 여러 차례 낙방하였다.3) 그러다 41세 때 부친상을 당하여 삼년상을 치른 뒤, 다시는 과거시험을 보지 않겠다고 맹서하는 「사과문(謝科文)」을 짓고서 과거공부를 하지 않았다. 그는 이 글에서 당대 인재를 선발하는 제도에 대해 다음과 같이 비판하였다.

---

3) 安德文, 『宜庵集』 부록 권3, 安英老 撰 「家狀」. "及長, 以庭命, 應擧業, 屢不售."

　　다만 오늘날 사람을 등용하는 제도는 혹 선대의 공적에 의해 그 사람의 재주가 현명한지 어리석은지를 따지지 않고, 혹 헛된 명성을 취하여 그 사람의 학문이 얕은지 깊은지를 살펴보지 않는다. 비록 산림에서 독서하며 행실을 닦은 사람이 있더라도 조정의 경상(卿相)이 천거하려 하지 않아 끝내 재야에서 초목과 함께 살다가 죽는다. 따라서 세상에 나아가고자 하는 사인들은 과거시험을 힘쓰지 않을 수 없으니, 이른바 과거공부란 것을 또한 하지 않을 수 없다. 그러나 시부(詩賦)라 하고, 의의(疑義)라 하고, 표책(表策)이라 하는 것들은 전혀 옛날의 제도와 같지 않아 전적으로 문장을 조탁하는 기예와 말을 아름답게 꾸미는 문장으로 남에게 잘 보여 세상에 자신을 드러내야 한다. 심지어 사사로이 청탁을 하거나 돈을 받고 팔기도 하여 도도한 형세가 모두 그러하니, 탄식을 금할 수 있겠는가.[4]

　　선조 대 이후로 산림정승이 여러 명 배출되었다. 그런데 18세기로 넘어오면 산림정치에 대한 기대감이 현저히 줄어들어 이전처럼 정치의 주체세력으로 등장하지 못하였다. 또한 과거시험은 문장으로 기예를 다투는 데다 청탁과 부정이 끊이질 않아, 인재를 선발하는 제도로서 제 역할을 다하지 못하였다.

　　안덕문은 부친의 명에 의해 과거시험에 응시했다가 여러 번 낙방을 하면서 이러한 과거제도의 문제점을 뼈저리게 느꼈던 듯하다. 그리하여 그는 "나처럼 용렬하고 어리석은 사람도 망령된 생각으로 벼슬길에 나아가려 하여 한양에 분주히 드나들면서 심력을 수고롭게 하고 언행을 실추시켰다. 그리하여 50년 가까운 세월을 허비하였다. 돌이켜 생각해

---

4) 安德文,『宜庵集』부록 권4,「謝科文」. "第今用人之規, 或資世蔭, 不問其才之賢愚, 或取虛名, 不究其學之淺深. 雖有林下讀書修行之人, 卿相不肯薦, 終與草木同死. 士之有志於世者, 不得不黽勉於科路, 則其所謂科學, 亦不可不學. 然曰詩賦, 曰疑義, 曰表策云者, 萬不侔於古制, 而全以雕蟲之技, 艶藻之辭, 媚於人而衒於世. 甚至於私囑貨鬻, 滔滔皆是, 可勝歎哉."

보니, 이것이 참으로 무슨 마음이었던가. 이는 돌아가 깊은 산속에 누워 경서를 읽고 농사를 연구하며 나의 심신(心神)을 수양해 타고난 명을 무사히 마치는 것이 옳은 것만 못하다. 그리하여 이 글을 지어 스스로 과거에 응하지 않기로 맹서한다."5)라고 하고서, 과거를 포기하였다.

여기서 주목되는 점이 사인의 본분을 각성한 것이다. 즉 경서를 읽고 농사를 연구하며, 심신을 수양하여 타고난 명을 해치지 않고 무사히 마치는 것을 사인의 진정한 가치로 여긴 것이다. 이는 현실을 직시하고 주어진 현실 속에서 새로운 삶을 모색한 것이다. 이러한 안덕문의 인식전환은 다음과 같은 시에서도 확인할 수 있다.

어둠 속에 길을 가다 길을 잘못 들었으니,	摘埴冥行失路岐
첫머리 발을 잘못 들인 곳 매우 미세했네.	原頭差處是毫釐
단지 사사로운 마음 따라 천리에 어두웠으니,	只緣私意昏天理
선지자로 하여금 후지자를 깨닫게 해야 하리.	故使先知覺後知6)

안덕문은 과거공부를 길을 잘못 들어선 것으로 여기고 있으며, 사의(私意)를 따라 천리(天理)를 혼미하게 한 것으로 인식하고 있다. 그리하여 후학들이 잘못된 길로 들어서지 않도록 후학들을 깨닫게 해 줄 필요가 있다고 하였다. 그는 이런 관점으로 다음과 같이 노래했다.

천 년 전 성인의 도는 멀어서 따를 수 없지만,	聖道千年遠莫攀
그래도 나는 주공·공자와 증자·안자를 배우리.	我師周孔與曾顔

---

5) 上同. "顧余庸愚, 妄意進取, 奔走京洛, 勞費心力, 壞損言行, 枉抛五十年光陰. 反而思之, 是誠何心. 莫如歸臥窮山, 讀書課農, 頤養我心神, 考終我年壽, 可也. 遂作文, 以自誓."
6) 安德文, 『宜庵集』 권1, 「有感 二首」.

점진적으로 축적해 가는 공부를 보아야 하리, 須看積漸工夫處
한 삼태기 흙을 부어 아홉 길 산을 만드나니. 一簣能成九仞山[7]

주공과 공자, 증삼과 안회를 스승으로 삼아 그 도를 배우겠다는 것은 과거공부가 아닌 위기지학을 의미한다. 이는 성현이 되는 공부를 지향한 것이다. 이처럼 안덕문이 과거를 포기하고 성현의 학문을 지향한 것은 정치현실과 과거제도의 모순을 직시하고 새로운 길을 모색한 자기성찰과 인식전환의 결과라 하겠다.

2. 통섭의 영남학 지향

삼산서원은 '산(山)' 자가 들어가는 영남의 대표적 세 서원인 도산서원(陶山書院)·옥산서원(玉山書院)·덕산서원(德山書院)을 지칭한다. 이 세 서원을 함께 일컬어 '삼산서원'으로 호칭한 사례는 이전에 없었다. 이 세 서원을 나란히 일컬어 삼산서원이라 한 것은 안덕문에 의해 비로소 정립되었다. 안덕문 이 세 서원에 모셔진 회재·퇴계·남명을 함께 추숭하며 이 세 선생을 영남학의 원류로 생각하였다. 그러므로 '삼산'이라는 명칭은 유형의 명산을 의미하는 것이 아니라, 회재·퇴계·남명을 제향하는 세 서원이 있는 곳을 상징적으로 말한 것이다.[8]

안덕문은 과거를 포기한 뒤 산수에 지취를 두고서 선현의 발길이 닿은 곳과 선현을 모신 곳을 직접 탐방하는 것을 노년의 지향으로 삼았다.[9] 그는 「삼산도지서(三山圖誌序)」에서 니구산(尼丘山)과 무이산(武夷

---

7) 安德文, 『宜庵集』 권1, 「有感 二首」.
8) 崔錫起, 앞의 논문 참조.
9) 安德文, 『宜庵集』 권4, 雜著, 「東遊錄」. "余屯蹇於時, 遂棄場屋之業, 以桑榆

山)이 중국의 오악보다 유명한 것은 공자와 주자 때문이라고 하면서 다음과 같이 말하였다.

> 영남 72고을은 산이 웅장하고 물이 아름다우며, 예로부터 인재의 보고라고 일컬어졌다. 도덕과 문장, 절의와 충효에 빼어난 분들이 앞뒤로 태어나 그분들이 사시던 곳에 제향하는 서원을 세워 당호와 편액을 걸어놓았으니, 어느 곳인들 남쪽 지방 사람들이 본보기로 삼아 존모할 대상이 아니겠는가. 오직 경주의 옥산서원, 예안의 도산서원, 진주의 덕산서원은 회재·퇴계·남명 세 선생이 사시던 곳이며 제향을 받드는 곳이다. 그러니 이 삼산의 높은 경지에 올라가려면 이 세 현인을 말미암아 지향을 높이 해야 하지 않겠는가. 보잘것없는 나는 동방에서 태어나 자라 멀리 중국으로 가서 공자와 주자의 유적지를 볼 수 없으니, 이 삼산이 우리나라의 니구산과 무이산이 아니겠는가. 드디어 동쪽·남쪽 지역을 두루 유람하여 삼산서원의 원우(院宇)·대사(臺榭)·동학(洞壑)·임천(林泉)을 다 보았다. 화공에게 명하여 삼산서원을 그리게 하여 가운데 마루에 걸어두었고, 또 세 현인 문집 속의 시 약간 편에 차운하여 일상에서 늘 존모하는 마음을 붙였다.[10]

안덕문은 '명산은 명현을 통해 성립된다.'는 관점[11]에 의해, 옥산·도

暮景, 寓之山水間. 凡先賢杖屨之墟, 俎豆之地, 眼躅殆將遍矣."
10) 安德文,『宜庵集』권4, 序,「三山圖誌序」. "嶺之南七十二州, 山雄而水麗, 古稱人材之府庫. 道德文章, 節義忠孝, 前後踵出, 杖屨之所止, 俎豆之所設, 扁堂楣而揭院額者, 何莫非南州人士所矜式而尊慕之哉. 惟月城之玉山, 宣城之陶山, 晉城之德山, 卽晦齋退溪南冥三先生, 棲息尸祝之所也. 之三山之高, 非由三賢而高哉. 藐余小子, 生長偏邦, 旣不能遠而之中國, 得見二夫子遺墟, 則三山乃我東之尼武也. 遂遍東南. 觀盡三山之院宇·臺榭洞壑林泉. 命畫工圖之, 揭之中堂, 又次三賢集中詩若干篇, 以寓羹牆之慕云."
11) 이러한 관점은 唐代 柳宗元이「邕州馬退山茅亭記」에서 "美不自美 因人而彰"이라고 한 것, 元代 王惲가「遊東山記」에서 "山以賢稱 境緣人勝"이라고 한 것에 전거를 두는 시각으로, 赤壁은 蘇東坡의「赤壁賦」로 인해 명승이 되었

산·덕산을 니구산과 무이산에 비견하여 삼산이라 칭하고 있다. 그리고 세 선생의 경지에 오르기 위해서는 세 선생을 통해 정신지향을 높게 할 때 가능하다고 하였다. 이것이 바로 안덕문이 삼산서원의 개념을 정립하고 삼산서원을 탐방하여 그 정신을 체득하려 한 점이다. 또 이것이 그가 어느 한 선생의 문하에 나아가지 않고 세 선생의 학문을 통섭하는 정신지향을 하려 한 점이다. 이런 그의 정신은 경상우도에 새로운 학풍을 태동하게 하는 데 중요한 계기를 마련하였다.

안덕문은 화공에게 삼산도(三山圖)를 그리게 한 뒤,「삼산도명(三山圖銘)」과「삼산도지서(三山圖誌序)」를 지었으며, 삼산서원을 유람하면서 모두 서원을 노래하는 시를 지었다.[12] 안덕문은 삼산서원을 탐방하면서 곳곳의 명유들을 만나 시를 수창하고 삼산도를 보여주며 시문을 받았다. 이를 모아 놓은 것이 『삼산도지』이다.

「삼산도명」은 옥산도·도산도·덕산도 3수로 되어 있으며, 각 편은 4언 16구로 되어 있다. 이 가운데 눈에 띄는 대목이 옥산·도산·덕산이 모두 니구산·무이산과 같다고 노래한 점이다. 「옥산도명」에서는 '니구산·무이산과 나란히 솟아 푸르구나.'라고 하였으며, 「도산도명」에서는 '니구산과 나란히 솟구쳤고, 무이산과 똑같이 높구나.'라고 하였으며, 「덕산도명」에서는 '도산·옥산과 함께 세 봉우리, 니구산·무이산과 한 기지색이로세.'라고 하여, 세 선생의 학문이 모두 공자·주자를 상징하는 니구산·무이산과 다르지 않고 같다는 점을 강조하고 있다. 이는 세 선생의 연원을 공자·주자에 두어 모두 도학을 계승한 도학자로 보는 의식을 드

고, 蘭亭은 王羲之 때문에 유명하게 되었다는 예를 든다.(崔錫起,「전통 명승의 인문학적 의미」. 경상대 경남문화연구원, 2008, 194~198면.)

12) 安德文,『宜庵集』권2에「玉山書院」·「陶山書院」·「德山書院」등의 제목으로 지은 시가 수록되어 있다.

러낸 것이다.

또한 덕산에 대해 '도산·옥산과 함께 세 봉우리, 니구산·무이산과 한 가지 색이로세.'라고 노래한 것은, 남명의 학문을 공자에서 주자로 이어진 정맥에서 벗어나지 않는다는 것을 드러낸 것이다. 이런 인식은 경상우도 남명학파에게 새로운 인식을 제공하여 남명·퇴계를 모두 정맥으로 보는 인식을 제고하였으며, 남명을 퇴계와 동등한 도학자로 천명함으로써 남명의 학문을 회재·퇴계의 학문과 한 맥락으로 보게 하였다.

이처럼 안덕문은 회재학·퇴계학·남명학을 융합하여 영남학을 새롭게 정립하고자 하였다. 이러한 시도는 학파별로 분열되어 자기 학파 스승의 설만을 고수하는 편협한 사고에서 벗어나게 하였다. 특히 경상우도 남인계 학자들에게는 어느 한 선생의 학맥에 속한 학문성향에서 벗어나 세 선생의 학문을 하나로 합하는 융합의 학문을 모색하게 하였다. 이는 학맥으로 전승된 설만을 고수하는 학풍에 새로운 변화를 촉구한 것이다.

이러한 통섭의 학문정신이 경상우도 남인계 학자들에게 큰 영향을 미쳐 19세기 후반 곽종석(郭鍾錫)은 "하늘이 퇴계 선생 같은 분을 강좌(江左)에 내시고, 남명 선생을 강우(江右) 지역에 우뚝 서게 하셨지요. 나이도 동갑에 정신적으로 교유를 하셨는데, 성대한 도와 후중한 덕이 모두 같았지요. 그 연원이 바다 밖으로 수수(洙水)·사수(泗水)에 닿았고, 산남으로는 멀리 낙양(洛陽)·민중(閩中)까지 뻗쳤던 것을."[13]라고 노래하였다.

이것이 조선후기 경상우도 학자들에 의해 새롭게 형성된 남명학과 퇴계학을 동등하게 보면서 그 장점을 겸하여 섭취하려 한 학문정신이다.

---

13) 郭鍾錫, 『俛宇集』 권1, 「入德門賦」. "有若陶山夫子天降於江之左, 南冥先生 壁立乎嶺之右, 年同庚交同神, 道同盛德同厚, 洙泗乎海外, 閩洛乎山南者否."

III. 함양자수(涵養自守)의 실천적 학문

1. 잠명(箴銘)과 도설(圖說)을 통한 심성수양

안덕문은 송나라 범준(范浚)의 「심잠(心箴)」과 진백(陳柏)의 「숙흥야매잠(夙興夜寐箴)」을 항상 보면서 가슴속에 새겼다고 한다.[14] 범준은 송나라 때 무주(婺州) 난계(蘭溪) 사람으로 존심양성과 신독을 중시한 학자이다. 그가 지은 「심잠」을 주자가 『맹자집주』의 주에 수록하였다.[15] 「심잠」은 4언 24구로 된 잠인데, 마음이 감각기관에 끌려 다니지 않기 위해 경(敬)과 성(誠)으로 도덕적 주체를 세워야 한다는 내용이다.

진백은 4언 52구의 「숙흥야매잠」을 지었는데, 일상에서 심신을 수양하는 실천규범을 제시한 것이다. 조선시대 학자들은 이 「숙흥야매잠」을 매우 중시하여 퇴계 같은 학자는 「성학십도」에 넣기도 하였다.

이런 점으로 보면, 안덕문이 「심잠」과 「숙흥야매잠」을 항상 주목하면서 가슴에 새긴 것은 심성수양과 일상에서의 실천을 학문의 중핵으로 삼은 것을 알 수 있다. 이는 남명이 「신명사도(神明舍圖)」를 좌우에 두고 일상에서 늘 이를 실천하려 한 것, 공자와 주돈이·정호·주희의 초상을 그려놓고 매일 참배를 한 것과 같은 맥락에 있다.

---

14) 安德文, 『宜庵集』 권8, 부록3, 李鍾祥 撰, 「行狀」. "晨興必展廟, 退坐一室, 左右圖書, 如蘭溪南塘二箴, 皆常所目寓者, 而尋常服膺."

15) 朱熹, 『孟子集註』 「告子上」 제15장 주에 보이는데 그 내용은 다음과 같다. "范 范堪輿, 俯仰無垠, 人於其間, 眇然有身. 是身之微, 太倉稊米, 參爲三才, 曰惟心爾. 往古來今, 孰無此心, 心爲形役, 乃獸乃禽. 惟口耳目, 手足動靜, 投間抵隙, 爲厥心病. 一心之微, 衆欲攻之, 其與存者, 嗚呼幾希(稀). 君子存誠, 克念克敬, 天君泰然, 百體從令."

또 안덕문은 책상 모서리에 「태극도(太極圖)」·「성기도(誠幾圖)」·「심학도(心學圖)」 등을 걸어두고 잠심하여 성리의 묘리를 궁구하였으며, 방안 양쪽 벽에 경(敬)·의(義) 두 자를 나누어 써 붙여놓고서 '경이직내 의이방외(敬以直內 義以方外)'의 공부를 극진히 하였으며, 대청의 벽에는 주자의 「가정(家政)」을 써 붙여놓고서 자신을 신칙하고 집안을 다스리는 준칙으로 삼았다.[16)

「태극도」는 주돈이가 성리학적 우주론을 요약해 놓은 그림이니, 이는 존재의 근원을 늘 잊지 않으려는 정신지향이다. 또 「성기도」는 송나라 때 조사하(趙師夏)가 주돈이의 『통서』에 "성은 작위가 없고 기미는 선악으로 나뉜다.[誠無爲 幾善惡]"라고 한 것을 도표로 그린 것인데, '성무위'는 미발시의 진실무망한 본성을 가리키고, '기선악'은 마음이 발할 적에 선·악이 갈라지는 기미를 성찰해서 악으로 빠지지 않도록 하는 것을 말한다. 「심학도」는 원유 정복심(程復心)이 일신의 주인인 심(心)과 일심의 주재자인 경(敬)을 중심으로 심성수양을 도표화한 것인데, 퇴계는 이 그림을 「성학십도」 제8도에 수록하였다.

안덕문이 이러한 도표를 방안에 게시해 놓은 것을 보면, 본성을 잃어버리지 않도록 보존하고 지키며, 마음이 발하고 난 뒤에는 기미를 살펴 악으로 흐르는 것을 물리치고 선을 가득 채우는 공부를 학문의 본령으로 삼은 것을 알 수 있다. 이는 마음이 발하고 난 뒤의 기미를 살피는 것을 중시한 남명의 심성수양론과 긴밀하게 연관되어 있다. 남명은 진실무망의 성(誠)을 매우 중시하여 「성도(誠圖)」를 그렸고, 또 마음이 발

---

16) 安德文,『宜庵集』권8, 부록3, 安英老 撰,「家狀」. "座隅, 揭太極誠幾心學等圖, 潛究性理之妙. 兩廡, 分題敬義二字, 益致直方之工, 廳壁, 寫朱子家政一通, 晨興灑掃庭除, 必冠帶謁廟, 退而省日用事物之務."

한 뒤의 기미를 살피는 공부를 중시하여 「기도(幾圖)」·「심위엄사도(心爲嚴師圖)」·「신명사도(神明舍圖)」 등을 그렸다. 또 안덕문이 양쪽 창가에 경·의를 써 붙여 놓고 '경이직내 의이방외'의 공부를 극진히 한 것은 남명의 학문정신을 그대로 따른 것이다.

　주자의 「가정」[17]은 가정에서 지켜야 할 윤리 및 가정을 유지하기 위해 경계할 내용을 요약해 놓은 것이다. 이는 가족 간의 화목과 가정을 잘 유지해 나가는 원칙에 해당되는 것으로, 현실세계의 실제적이고 실천적인 준칙들이다.

　이런 점을 보면, 안덕문의 학문성향은 심성수양을 중시하며 일상에서 실천하는 데 역점을 둔 것으로 정리할 수 있다. 안덕문은 이런 학문정신을 바탕으로 어느 선생의 문하에 나아가지 않고 영남의 대표적인 학자인 회재·퇴계·남명 삼선생의 유풍을 흠모하여 사숙하고자 한 것이다. 그것은 어느 특정 선생의 문하에 나아가 미명을 취하려는 당대의 폐습

---

17) 『朱熹集』外集에 실린 「家政」의 핵심은 다음과 같다. "父子欲其慈孝, 兄弟欲其友恭, 夫婦欲其敬順, 宗族欲其和睦, 門闌欲其淸白, 帷薄欲其潔修, 男子欲其知書, 女子欲其習業, 姻婣欲其擇偶, 婚嫁欲其及時, 祭祀欲其豊潔, 用度欲其儉節, 墳墓欲其有守, 鄕井欲其重遷, 先業欲其不壞. 農桑欲其知務, 賦稅欲其及期, 私負欲其知償, 私恩欲其知報, 私怒欲其不逞, 私忿欲其不畜, 親戚欲其往來, 賓客欲其延接, 里閈欲其相歡, 故舊欲其相親, 交遊欲其必擇, 行止欲其必謹, 事上欲其無諂, 待下欲其無傲, 公門欲其無擾, 訟庭欲其勿臨, 非法欲其勿爲, 危事欲其勿與, 長官欲其必敬, 桑梓欲其必恭, 有無欲其相通, 凶荒欲其相濟, 患難欲其相恤, 疾病欲其相扶, 喪葬欲其相哀, 喜慶欲其相賀, 臨財欲其勿苟, 見利欲其勿爭, 交易欲其廉平, 施與欲其均一, 吉凶欲其知變, 憂樂欲其知時, 內外欲其相諧, 忿志欲其含忍, 過惡欲其隱諱, 嫌疑欲其知避, 醜穢欲其不談, 奴婢欲其整齊, 出納欲其明白, 戲玩欲其有節, 陰酒欲其不亂, 服飾欲其無侈, 器用欲其無華, 廬舍欲其葺修, 庭宇欲其灑掃, 文籍欲其無毁, 門壁欲其勿汙, 鞭笞欲其勿苟, 賞罰欲其必當."

을 직시하고 새로운 학문방법을 모색한 것으로, 세 선생의 학문과 기상을 통섭하여 새로운 학문의 길을 제시한 것이다. 요컨대 안덕문은 회재·퇴계·남명 세 선생을 사숙하여 사표로 삼고자 한 것이니,[18] 이 점이 당시 학자들의 성향과는 변별되는 그만의 특징으로, 조선후기 경상우도지역에 새로운 학풍을 제창한 것이라 하겠다.

2. 「명명덕잠(明明德箴)」에 나타난 도덕적 주체 확립

안덕문은 심성을 수양하고 일상에서 실천하는 학문을 견지하였는데, 자신의 도덕적 주체를 확립하게 위해 명덕(明德)을 밝히는 일, 심(心)을 보존하고 성찰하는 일을 중시하였다. 이런 정신에 의해 그가 창작한 것이 「명명덕잠(明明德箴)」과 「영대송(靈臺頌)」이다.

명명덕은 『대학』의 삼강령 중 하나로, 그 안에 팔조목의 격물·치지·성의·정심·수신이 포함되어 있다. 요컨대 명명덕에는 진리탐구[知]와 심신수양[行]이 모두 포함되어 있다. 조선시대 최초로 명명덕에 주목하여 글을 남긴 사람은 유숭조(柳崇祖, 1452~1512)이다.

유숭조는 「대학강목잠」 10잠을 지어 중종에게 올렸는데, 명명덕잠(明明德箴)<2구>, 작신민잠(作新民箴)<4구>, 지지선잠(止至善箴)<2구>, 사무송잠(使無訟箴)<4구>, 격물치지잠(格物致知箴)<6구>, 신독잠(愼獨箴)<2구>, 정심잠(正心箴)<2구>, 수신잠(修身箴)<2구>, 제가치국잠(齊家治國箴)<2구>, 혈구잠(絜矩箴)<4구> 등이다. 이 10잠은 삼강령·팔조목에 대해 잠을 지은 것인데, 삼강령의 신민은 전문의 '작신민(作新民)'을 요지로,

---

18) 安德文, 『宜庵集』 권7, 부록2, 李東汲 撰, 「三山院詩序」. "有志於爲己近裏之學, 於三先生, 爲私淑之師表."

성의장은 '신독(愼獨)'을 요지로, 치국평천하장은 '혈구(絜矩)'를 요지로 삼은 것이 특징이다.

　조선시대 학자들 중에 실천을 중시한 학자들은 잠·명을 지어 자신을 경계한 경우가 많은데, 이외로 명명덕에 대해서는 잠·명이 많지 않아 겨우 몇 편을 확인할 수 있을 뿐이다. 이런 점에서 안덕문이 지은 「명명덕잠」은 그 학술사적 의미가 있다. 안덕문의 「명명덕잠」은 4言 44구의 잠으로, 삼강령의 명명덕을 주제로 삼아 자신의 명덕을 밝히고자 하는 내용인데, 전문은 다음과 같다.

　　아! 위대한 상제께서, 나에게 명덕을 부여하셨으니, 허령하고 혼매하지 않아, 고요해 움직임이 없구나. 온갖 이치를 갖추고 만사에 응하며, 지각이 있도다. 본성을 갖추고 있어서, 이 마음이 그것을 터득하네. 그것을 미루어 끝까지 하면, 광대하면서도 드넓으리. 온 세상 사람을 보호하여, 모두들 그 은택을 입으리. 추급해 그 시초를 생각하면, 후박이 있지 않도다. 성인이라 남음이 있고, 우부라 부족하지 않다네. 대중들은 어리석어서, 사욕에 그것이 가려지도다. 강적이 점점 쳐들어와, 고군이 대적하기 어렵구나. 마치 거울에 티끌이 낀 듯, 물이 도로 탁해지는 듯. 도도하게 산과 구릉을 덮어, 아래 사람들 빠지고 마네. 공자 문하에서 이를 걱정해, 이『대학』을 편찬하였네. 삼강령을 머리로 삼고, 팔조목을 조목으로 하였네. 진실로 명덕을 밝히려면, 먼저 그 궁극을 극진히 하라. 궁리하고 본성을 다해, 성의정심하고 격물치지하라. 심신에 근본이 되게 하고, 가(家)와 국(國)에 미루어나가라. 그 선후로 할 것과 일의 시종, 그리고 표리와 맥락이, 책을 펴면 분명하니, 마음과 눈이 모두 열리는구나. 구름과 안개가 걷히자, 온갖 경계가 밝게 드러나네. 요임금 공은 큰 덕 밝히는 것, 안연의 공은 실천할 수 있네. 감히 영대(靈臺)에게 고하노니, 하늘의 밝은 명령 밝고 밝도다.[19)]

---

19) 安德文,『宜庵集』권5,「明明德箴」. "於皇上帝, 賦予明德. 虛靈不昧, 沖漠無

안덕문은 명덕을 밝히지 않으면 사욕에 가려지기 때문에 이를 밝혀야 하는 당위성을 제시하고, 이를 위해 궁리진성(窮理盡性)하여 격물치지하고 성의정심할 것을 다짐하고 있다. 안덕문은 전 제1장의 "능히 큰 덕을 밝히다.[克明峻德]"를 성학의 핵심으로 보고, 안회의 극기복례가 명덕을 밝히는 실질적인 길이라 여기고 있다.

마음은 일신의 주인으로 영대(靈臺) 또는 신명(神明)이라 하며, 모든 일을 주재하는 측면에서 천군(天君) 또는 상제(上帝)라고도 한다. 남명은 이 점을 특별히 중시하여 「신명사도」를 그려 주체적이고 능동적으로 존양성찰하여 지선에 이르는 공부를 제시하였다. 남명은 이를 일상에서 실천하기 위해 경의검(敬義劍)과 성성자(惺惺子)를 만들어 몸에 지니고 다니며 사욕을 그때그때 물리쳐 본성을 회복하고자 했다. 그런데 안덕문의 「명명덕잠」을 보면 이런 남명정신이 그대로 드러나 있다.

또 안덕문은 마음이 도덕적 주체를 세우는 일신의 주인임을 중시하여 「영대송병서(靈臺頌幷序)」를 지었는데, 그 서문 첫머리에 다음과 같이 말하였다.

공손히 생각건대, 우리 천군께서는 덕이 천지의 대도에 합하고 고금의 마땅함을 통달했네. 표준을 세우고 중도를 세운 것 실로 탕임금과 무왕이 서로 전한 법이고, 유정공부(惟精工夫)와 유일공부(惟一工夫)는 곧 요임금과 순임금이 진실로 중도를 집행한 공이네. 열성조의 성군들은 이 도를

適. 具衆應萬, 爰有知覺. 惟性之備, 是心之得. 推而極之, 廣大溥博. 于保四海, 咸被其澤. 追惟厥初, 靡有厚薄. 聖非有餘, 愚非不足. 衆人蚩蚩, 蔽於私欲. 强賊漸熾, 孤軍難敵. 如鏡復塵, 如水還濁. 滔滔懷襄, 下民其溺. 孔氏斯憂, 編此大學. 三綱之首, 八條之目. 苟欲明明, 先致其極. 窮理盡性, 誠正致格. 本之身心, 推之家國. 先後終始, 表裏脈絡. 開卷瞭然, 心目俱闢. 雲捲霧撤, 萬境昭焯. 堯勳克俊, 顏功可復. 敢告靈臺, 明命赫赫."

보존한 분들이니, 정치를 하는 도리 이를 놔두고 어디서 찾으리. 덕을 함께 하며 밤낮으로 애쓰는 지모를 가진 이들을 등용하고, 임금과 신하를 한 몸으로 하는 체례를 따랐네. 보고 듣는 일은 눈과 귀가 되어주는 관리들이 총명했고, 보좌하고 현량한 이들이 팔과 다리가 되어주는 직책에 포열해 있었네. 손·발 같은 신하들이 보호하는 책임을 맡아 좌우에서 도왔고, 목· 혀 같은 신하들이 명을 받드는 책임을 오로지 하여 왕명을 출납하였네.[20]

천군이 유정·유일의 공부를 통해 인륜의 표준을 세우고 중용의 도를 세우는 것은 곧 마음을 다스려 도덕적 주체를 확립하는 것이다. 마치 성군이 현신을 등용하여 태평시대를 이룩하는 것처럼, 마음이 일신을 잘 통솔하여 도덕적 삶을 경영하는 것을 이상적으로 보는 사유이다. 안덕문은 이런 관점을 인식하여 영대에게 아래와 같은 송(頌)을 헌정하였다.

아, 화목하도다! 천군이시여. 극(極)에 중도를 세우셨네. 여러 성인들이 서로 잇고, 온갖 임금들이 본받은 것. 상제가 단전(丹田)을 돌아보고, 이곳을 법도와 집으로 삼았네. 경영을 시작하고 만사를 헤아리니, 그 지모가 웅장하도다. 이곳을 영대라 이름 하니, 아름다운 명이 비로소 내리네. 노나라 궁전처럼 우뚝하고, 상(商)나라 궁궐처럼 빛나도다. 허령하고 밝은 한 조각 마음, 형상할 수 없이 찬란하구나. 군자가 그곳에서 편안하니, 큰 명을 받드는 이 있으리. 신령스런 운명이 길이 이어져 영원히 억만년 동안 전하리.[21]

---

20) 安德文, 『宜庵集』 권5, 「靈臺頌幷序」. "恭惟我天君, 德合天地之大道, 通古今之宜. 建極建中, 實湯武相傳之法, 惟精惟一, 乃堯舜允執之功. 列聖之君, 存此者也. 爲治之道, 舍是奚哉. 肆以同德夙夜之謨, 一體君臣之例, 視思聽思, 耳目之官聰明, 贊哉良哉, 股肱之職布列, 手足掌捍衛之責, 左之右之, 喉舌專承宣之司, 出自納自."
21) 安德文, 『宜庵集』 권5, 「靈臺頌幷序」. "於穆天君, 建中于極. 千聖相承, 百王是式. 帝眷丹田, 此維與宅. 爰始爰度, 厥猷翼翼. 曰惟靈臺, 嘉命肇錫. 魯殿

안덕문이 영대·천군·신명에 주목한 것은 심(心)의 주재성을 중시하여
능동적으로 심성수양을 해 인욕에 끌려가지 말자는 것이다. 이는 남명
이 「신명사도」를 지은 정신과 일맥상통하는 것이라 할 수 있다.

3. 「구용잠(九容箴)」에 나타난 자수실천(自守實踐)

맹자는 학문은 길이 방심을 구하는 데 있다고 설파했다. 즉 마음이 외
물이 이끌리는 것을 성찰하여 사욕에 빠지지 않게 단속하라는 말이다.
이는 공자가 안회에게 일러준 극기복례의 실천조목인 '예가 아니면 보
지도 듣지도 말하지도 행동하지도 말라.[非禮勿視聽言動]'와 맥락을 같
이한다. 심성수양의 공부는 조심(操心) 두 자로 집약된다. 마음은 놔두면
외물에 끌려 밖으로 치달리기 때문에 성찰하여 악으로 빠지지 않도록
수렴하여 거두어 들여야 한다. 공자가 마음을 "붙잡으면 보존되고 내버
려두면 도망가니 출입에 정해진 때가 없어 그 향방을 알 수 없다."라고
한 것도 바로 이 점을 지적한 것이다.

이를 위해 역대 성현들은 다양한 방법을 제시하였다. 공자는 군자가
갖추어야 할 사유 아홉 가지로 시사명(視思明)·청사총(聽思聰)·색사온
(色思溫)·모사공(貌思恭)·언사충(言思忠)·사사경(事思敬)·의사문(疑思
問)·분사난(忿思難)·견득사의(見得思義) 등 구사(九思)를 제시하였다. 이
는 감정에 치우치지 않고 본성에 순응할 수 있는 사유를 말한다.

또 『예기』「옥조(玉藻)」에는 일상에서 늘 실천해야 할 족용중(足容
重)·수용공(手容恭)·목용단(目容端)·구용지(口容止)·성용정(聲容靜)·두

同歸, 商寢並赫. 虛明一片, 莫狀丹腹. 君子攸寧, 景命有僕. 靈運之長, 永垂
千億."

용직(頭容直)·기용숙(氣容肅)·입용덕(立容德)·색용장(色容莊) 등 구용(九容)을 제시하였다. 사람이 사유뿐만 아니라 몸가짐도 일상에서 다스려 군자다운 용모를 갖추어야 한다는 것이다.

조선시대 학자들은 이 구사와 구용을 실천규범으로 생각하였다. 그러나 이를 특별하여 중시하여 잠을 지어 경계한 학자는 많지 않다. 한국문집총간을 검색하면 구용잠을 지은 사람으로는 김만영(金萬英)·이영익(李令翊)·허전(許傳)·전우(田愚) 등이 있을 뿐이다. 이런 소수의 학자들만이 구용잠을 지어 일상에서 아홉 가지 몸가짐을 신칙하고자 했는데, 18세기 안덕문이 「구용잠」을 지어 마음은 물론 몸가짐까지 검속하려 하였으니, 그 사상사적 의미가 적지 않다.

안덕문의 「구용잠」은 구용에 대해 모두 8구의 잠언으로 지은 것인데, 가장 먼저 나오는 '족용중'에 대한 잠은 다음과 같다.

　　이 몸을 움직일 수 있는 것, 오직 발이 받들기 때문이네, 서두르고 경시하면 엎어지니, 엎어지면 놀라고 두렵다네. 너는 그 용모를 살피지만, 나는 그 발꿈치를 살피리라. 반걸음도 어찌 감히 잊으리, 경계함이 막중하도다.[22]

유학은 마음을 붙잡고 보전하는 것이 본질이다. 공자가 '조즉존 사즉망(操則存 舍則亡)'이라고 하거나 맹자가 '구방심(求放心)'이라고 한 것이 학문의 본질이다. 이를 잘 실천하여 본성을 해치지 않고 순응해 사는 것이 인간의 길이다. 그런데 그것은 일상에서 늘 조심하여 경계하고 삼가며 신중히 하는 데 있다. 바로 이 점을 깊이 성찰하였기 때문에 안덕

---

22) 安德文, 『宜庵集』 권5, 「九容箴-足容重」. "是身之動, 惟足其奉. 急易顚躓, 躓反驚恐. 爾觀其容, 我觀其踵. 跬步敢忘, 戒之在重."

문은 반걸음을 내딛을 때에도 그런 마음을 잊지 말고 경계해야 한다고
한 것이다.

사람의 감각기관 중에 눈은 사물을 인식하고 지각하는 가장 중요한
기관이다. 이에 대한 안덕문의 잠은 다음과 같다.

> 일신의 정미한 광채는, 오직 눈을 보면 알 수 있네. 신명의 주인은 구사
> (九思)를 하며, 오관을 살피고 관장하네. 흘겨보면 반드시 오만하고, 눈동
> 자 굴리면 간사함이 많네. 째려보거나 훔쳐보지 말고, 시선을 반듯하고 단
> 정하게 하라.23)

다른 잠도 모두 이와 같이 각각의 감각기관이 하지 말아야 할 용모와
반드시 해야 할 반듯한 용모를 거론하여 자신의 몸가짐을 신칙하는 내
용이다. 이를 통해 보면, 안덕문의 「구용잠」은 일상에서 자신이 구체적
으로 실천해야 할 조목을 정해 그것을 늘 실천하려 노력한 학문정신을
드러낸 것임을 알 수 있다.

IV. 일상에서 의(宜)를 행하는 처세방식

1. 나의 마땅함[宜] 찾기

안덕문은 만년에 의암(宜庵)을 짓고 그곳에 거처하였는데, 「의암서(宜
庵序)」에서 의암이라고 이름을 붙인 의도를 상세히 언급하고 있다. 그는

---

23) 安德文, 『宜庵集』 권5, 「九容箴-目容端」. "一身精彩, 惟目可觀. 明主九思,
視司五官. 流眄必傲, 淫視多奸. 毋邪毋側, 克正且端."

이 글에서 자신을 돌아보면서 자신을 한 마리 좀과 같은 존재라고 탄식하였다. 그리고 자신이 어떻게 하는 것이 마땅하게[宜]하게 사는 길을까를 고심하였다. 바로 일상에서 자신의 정체성을 찾기 위한 성찰을 한 것이다.

그는 자신이 마땅한 도리에 마땅하게 할 수 없으니, 실천하기 쉬운 것부터 마땅하게 처신하고자 생각하였다.24) 그리하여 그는 「의암서」에서 다음과 같이 말하고 있다.

> 이를테면 밝은 창가의 안석에서는 독서하기에 마땅하고, 산에 오르고 물가에 임해서는 시를 읊조리기에 마땅하고, 안개 낀 아침과 달이 뜬 저녁에는 거문고를 타며 휘파람을 불기에 마땅하며, 꽃이 피면 술자리를 준비하고 눈이 오면 등불을 켜고서 벗들을 모아 글을 강론하기에 마땅하다. 비가 내리면 매화나무와 국화를 심기에 마땅하고, 바람이 불면 저고리 섶을 헤치고 흉금을 상쾌하게 하기에 마땅하며, 낮에는 농사와 누에치기를 연구하는 데 마땅하고, 밤에는 아들과 조카들을 가르치기에 마땅하다. 이러한 일에 여유롭고 이러한 일에 편안하며 일상생활과 먹고 사는 데 어디를 간들 마땅하지 않음이 없다면, 나의 온갖 마땅하지 않은 것들이 얼마나 마땅한 바가 많아지겠는가.25)

---

24) 安德文, 『宜庵集』권4, 「宜庵序」. "宜, 何義也. 余今年蹋四十一, 無所宜者. 事父母, 宜孝而孝未能也, 處兄弟 宜和而和未能也, 宗族而睦未能也, 朋友而信未能也, 隣里鄕黨而任恤亦未能也. 私自嘖嘖然, 心語曰, 夫人於斯世, 天固不宜虛生浮繫無所關於斯世, 顧余其性优拙, 不宜求合於世, 其心狷隘, 不宜沽譽於人, 宜爲天地間一蠹而已. 然則如之何其宜也. 旣不能行以宜之於所宜者, 則宜乎從吾之所易於宜者而宜之耳."

25) 安德文, 『宜庵集』권4, 「宜庵序」. "若夫明窓棐几, 宜讀書, 登山臨水, 宜詠詩, 烟朝月夕, 宜皷琴而舒嘯, 花樽雪燈, 宜會友而論文, 雨, 宜蒔梅種菊, 風, 宜披襟爽懷, 晝, 宜課農桑, 夜, 宜訓子姪. 優游於是, 康休於是, 日用飮食, 無適不宜, 則以余百不宜者, 一何所宜之多也."

이것이 바로 일상 속에서 마땅함을 찾는 것으로, 안덕문이 찾아낸 삶의 방식이다. 마땅함[宜]이란 무엇인가? 맹자는 공자에 대해 "빨리 떠날 수 있으면 빨리 떠나고, 오래 머물 수 있으면 오래 머물고, 처할 만하면 처하고, 벼슬할 만하며 벼슬하였다."[26]라고 평하며 성인 중에서 시자(時者)라고 하였다. 이를 그때그때의 상황에 마땅하게 하는 삶의 방식이라고 하여 시의(時宜)라고 한다.

안덕문이 말한 의(宜)는 바로 이런 정신지향을 일상에서 찾는 것이다. 마땅함이란 합리적이고 시의적절한 것이다. 그런데 그것은 관념적이고 형이상학적인 것이 아니라, 자신이 처한 일상에서 마땅함을 찾는 것이다.

안덕문은 과거공부를 포기한 뒤 일상에서의 마땅함을 찾는 것을 정신지향으로 삼았다. 그는 「막사(莫思)」에서 "천지를 크게 경륜하는 일 생각하지 말자, 내 한 몸 보양하기도 오히려 어렵구나. 산림에 은거한 지 어언 10여 년, 이번 생애에는 풍진을 향할 마음 없네."[27]라고 하여 더 이상 세상을 경륜하고자 하는 미련을 갖지 않았다. 다음 시도 이런 지향을 보여준다.

어찌 새로운 부귀를 구하리,	何求新富貴
절로 오래된 토지와 집이 있는데.	自有舊田廬
달빛 비추도록 소나무 빽빽한 것 싫고,	納月嫌松密
산을 바라보게 성근 대나무가 기쁘네.	看山喜竹疎
점심 소반 흰죽 한 그릇이면 마땅하고,	午盤宜白粥
봄철 텃밭에 푸른 푸성귀면 만족하네.	春圃足靑蔬

---

26) 朱熹, 『孟子集註』 「萬章下」. "可以速而速 可以久而久 可以處而處 可以仕而仕."

27) 安德文, 『宜庵集』 권1, 「莫思」. "莫思天地大經綸, 康濟猶難我一身, 一臥林泉經十載, 此生無意向風塵."

안력은 나이가 들수록 흐릿하지만,	眼力隨年暮
아직은 능히 고서를 볼 수가 있다네.	猶能檢古書[28]

이 시를 보면, 그의 정신지향에는 살림이 가득한 부유함보다는 텅 빈 공간의 여백미가 돋보인다. 이 시의 백미는 그의 삶의 철학인 '의(宜)' 자를 쓴 경련(頸聯)에 있다. '점심 밥상에 흰 죽 한 그릇이면 마땅하다.' 는 것은 안분지족의 마땅함 찾기이다.

2. 고을 학문 일으키기

안덕문이 살던 시대 경상우도 학자들은 학문적으로 침체하여 큰 학자가 배출되지 못하였다. 이처럼 학문이 침체된 시대에 태어난 안덕문은 학풍을 진작시키기 위해 다양한 노력을 기울였다. 그것을 정리하면 하나는 고을에 학교를 건립하여 학문을 진작시키는 것이고, 하나는 문중의 서당을 다시 정비하여 집안의 자제를 교육시키는 것이다.

먼저 고을에 학교를 건립하고자 한 점에 대해 살펴보기로 한다. 의령 향교는 학생정원이 30명이었고, 교수가 1명이었다. 따라서 향교에 들어가지 못한 유생들이 많을 수밖에 없었다. 이에 지역사회에서는 학교건립의 필요성이 제기되었다. 안덕문은 1796년 의령현감 홍락수(洪樂綏)를 만나 학교건립을 언급하였고, 홍락수가 200동(銅)을 내고 지역 유림들이 400동을 모금하여 향교 곁에다 1797년 홍학당(興學堂)을 창건하였다.

안덕문은 홍학당을 창건한 사실을 기록으로 남겼는데, 고을에 학교가 없어서 원로들이 늘 개탄을 하였다는 점과 홍락수의 적극적인 도움으로

---

28) 安德文, 『宜庵集』 권1, 「何求」.

학교를 창건하게 된 경위를 소상히 기록해 놓았다.[29] 안덕문은 흥학당
을 낙성할 때 그 기쁨을 아래와 같은 시로 남겨놓았다.

향교 옛터에 흥학당 건물 새로 지었는데,	聖廟遺墟學舍新
우리 원님 고을 사람 위해 이를 경영했네.	我侯營此爲州人
한 면은 산 고요하니 퇴계 모신 덕곡서원이고,	一邊山靜陶翁院
십리의 파도 밝으니 곽망우당 장군 진 친 곳.	十里波明郭將陣
명승지가 텅 비어 내려온 지 몇 대나 지났나,	勝地空然餘幾代
커다란 학사 속히 지어져 금년 봄 완공했네.	脩樑倏爾告今春
현악기 타고 노래하며 예악 익히는 성대한 곳,	絃歌禮樂洋洋地
우리 고을의 문화가 성대한 때에 접어들었구나.	文化吾鄕屬盛辰[30]

덕곡서원은 의령현감 윤순거(尹舜擧)가 유림들과 논의하여 1656년 퇴
계의 학덕을 기리기 위해 덕곡촌에 세운 서원으로 1660년 사액되었다.
퇴계의 처가가 의령에 있었기 때문에 퇴계가 이곳을 왕래하여 서원이

---

29) 安德文, 『宜庵集』 권5, 「興學堂創建記」. "藐玆宜春, 亦嶠南之鄒魯, 而又退
老眉翁杖屨棲息之鄕, 其遺風餘韻, 猶有可觀者, 而郡中無學, 所自先父老,
每以是爲慨. 今洪侯樂綏, 苾玆壤一朞, 以洽績聞, 而右文興學之化, 尤其著
者也. 丙辰(1796)冬, 余因公事, 至偃室, 語及興學事, 侯樂聞之曰, 是吾意也,
然無與始者, 今子言之, 可謂意見相孚, 可速圖之. -중략- 翌年春, 余與數三
同志, 登淸暑閣, 侯亦戾止, 與定建堂之議, 旣差幹任八員, 更劃財力, 侯先損
廩二百銅, 以助之, 餘皆調辦於一鄕, 僅六百銅. -중략- 乃於聖廟之傍, 斷壟
叢竹中, 開拓而基之, 以六百銅者, 三分之一, 以買公廨僧舍之材瓦, 二, 以爲
工匠役丁支遣之費. 以孟春之初, 始事, 至孟夏之望, 告功, 首尾纔三朔矣. 旣
成設白場, 以落之, 凡前後所費, 一切淸帳零數, 尙有百餘銅, 以爲滋殖養士
之資, 可謂儉而能裕矣. 余亦忝在任名, 不過隨例檢涉而已. 其克勤克儉, 始
終靡懈者, 姜仲沃, 李士俊, 權能之, 李聖綏, 田子擧, 金萬初, 姜明彦諸公, 實
有力焉."
30) 安德文, 『宜庵集』 권1, 「興學堂落成」.

세워지게 된 것이다. 망우당 곽재우는 남명의 문인이자 외손서로서 임
진왜란 때 의병을 일으켜 왜적을 물리치는 데 큰 공을 세운 인물이다.
이 시에 퇴계와 망우당을 언급한 것은 의령이 학문과 의리의 고장임을
드러낸 것이며, 아울러 남명학과 퇴계학을 겸취하는 의식을 은연중 드
러낸 것이다.

　다음 집안의 자제를 교육시키기 위해 문중의 서당을 정비한 것에 대
해 살펴보기로 한다. 안덕문의 부친 안여석(安如石)은 마을 뒷산 중턱에
고산재(高山齋)라는 서재를 건립하였다. 이를 1804년 안덕문이 중수한
뒤 고산서당이라 명명하였다. 그리고 문중의 토지 일부를 서당에 소속
시키고, 「고산서당수호절목(高山書堂守護節目)」을 만들어 관리운영하게
하였다. 탐진 안씨 문중에는 『고산한사(高山閒史)』라는 문헌이 전해오는
데, 이 책에는 고산서당의 창건내력 및 서당의 규정 등이 기록되어 있
다.[31]

　이처럼 안덕문이 고을의 학문을 일으키기 위해 적극적으로 주선하고
문중의 서당을 중수하여 집안의 자제들을 교육시키려 노력한 것도 그가
일상에서 마땅함을 찾는 일 중에 하나였다.

3. 고을 민생 살리기

안덕문은 흉년을 한탄하면서 다음과 같이 노래했다.

서생의 의식주는 겨우 먹고 살 만한데,	書生衣食僅資身
생각해 보니 금년엔 집안 텅 비겠구나.	坐想今年白屋貧

---

31) 의령문화원, 『입산마을의 역사와 문화』, 2008, 선인, 48면.

가을에 닥친 황충 사방 들판 텅 비었고,	秋後蝗災空四野
봄에 생긴 염병 기세 세 이웃에 가득하네.	春來癘氣滿三隣
천재가 어찌 한 곳에만 해마다 생기는가,	天殃底事偏連歲
세상 운수 원래 사람을 다 죽이진 않는 법.	世運元無盡殺人
서방으로 머리 돌리니 구름만 가물가물,	回首西方雲渺渺
이런 마음을 조정에 아뢰기도 어렵겠구나.	難將此意玉階陳[32]

　안덕문은 이 시에서 해마다 황충으로 흉년이 들고 염병까지 돌아 먹고살 길이 막연한 현실을 참담한 마음으로 그려내고 있다. 그의 시에는 이런 근심을 노래한 시가 가끔 눈에 띈다. 이런 근심을 노래한 것은 그가 사인으로서 민생 문제를 외면할 수 없었기 때문이다. 실제로 안덕문은 농촌경제를 살리기 위한 실질적인 대책을 고민한 흔적이 역력한데, 그중 한두 가지 사례를 통해 지역경제를 살리기 위한 고심을 살펴보기로 한다.

　안덕문은 농서(農書)를 구하는 어제(御製)에 대책(對策)을 지으면서 홍수와 가뭄의 재해는 성왕이라도 피해갈 수 없는 것이므로 미리 예방책을 마련해야 한다고 하면서 다음과 같이 말하였다.

　　농사의 요점은 수리(水利)가 상책이고, 토의(土宜)가 차선책입니다. 그런데 또한 토지를 얻어 농사를 지으면서 그 이익을 버리지 아니하는 것으로는 오직 사람의 노력이 그렇게 하는 것입니다. 어째서일까요? 봄철 저수지와 여름철 방죽에다 제때에 물을 저장해두고, 높은 언덕과 낮은 습지에 그 토질에 마땅한 종자를 파종하며, 긴 따비와 예리한 호미 및 달구지와 음식을 담은 광주리를 봄 농사와 가을 수확 때 모두 다 쓰더라도 사람들이 노력을 하여 먹고살며 그 소득을 거둘 수 없는 것은 그것을 해치는

---

32) 安德文, 『宜庵集』 권1, 「歎荒年」.

폐해 두 가지가 있기 때문입니다.[33]

안덕문은 물을 관리하는 수리(水利), 토질에 맞게 농사를 하는 토의
(土宜), 그리고 사람이 부지런히 노력하는 인사(人事)를 농사의 삼대 요
령으로 보았다. 그는 이런 관점에서 당대 농사를 망치는 문제점 두 가지
를 제시하였는데, 하나는 산림을 관리하지 않아 발생하는 문제이고, 하
나는 사람들이 농사에 힘쓰지 않고 상업에 종사하려 하는 문제이다. 그
는 산림을 관리하지 않아 민둥산이 되어 산사태가 나서 천택(川澤)을 메
우고 제방을 쌓을 목재가 없다는 점을 심각하게 우려하였고, 사람들이
근본인 농사를 버리고 말단인 상업에 종사하여 농사를 게을리 하는 점
을 우려하였다.[34] 당시 화폐경제가 발달하면서 상업유통이 활발해져서
농사보다 이익을 더 많이 추구하는 상업에 눈길을 돌리는 이들이 많았
기 때문이다.

그리하여 안덕문은 당시 농사를 살리는 급선무로 두 가지 대책을 제
시하였다. 하나는 산림을 보호하여 산사태가 나지 않게 하고 제방을 견
고하게 쌓는 일이며, 하나는 억말귀본(抑末歸本)의 상업을 억제하고 농
업에 종사하게 하는 것이다.[35] 이러한 대책은 시대적 변화를 수용하지

---

33) 安德文, 『宜庵集』권4,「御製求農書對」. "農之爲要, 上水利而次土宜, 且得
其地而無遺利者, 惟人功爲然. 何者. 夫春池夏堰, 渟流以時, 上原下濕, 播藝
以宜, 若其覃秬利鋤, 役車艦筐, 莫不畢擧於東作西成之際, 而民不能食其力
收其功者, 其害有二."
34) 上同. "比年以來, 松楸失養, 山岳濯濯, 則川澤之塡渴, 旣由於沙石之崩圯,
堤堰之毁壞, 亦由於防築之無財也. 且人心, 日益澆薄, 舍本歸末者, 十已八
九怠, 而貧而無恒產者, 視本猶餘事, 糞其土, 不能厚, 耘其苗, 不能力, 渟池
築堰, 不以時, 春播秋斂, 借以人. 是故, 小旱而禾苗已枯, 小雨而川陌亦溢.
此由人事之不勤, 非水土之罪也."

못하고 전통적 관념을 고수한 측면이 있지만, 현실 문제를 외면하지 않고 현실적인 마땅함을 찾은 데에서 나온 계책이라는 점에서 그 의미가 있다.

안덕문은 농촌경제를 살리기 위한 방안으로 제시한 것이 사창(社倉)의 폐해를 개선하여 백성들에게 실질적인 혜택이 돌아가도록 하는 것이었다. 그는 사창제도에 대해 옛일을 참고하고 현재의 문제점을 참작하여 마땅함을 헤아리고 편리함을 취하여 절충해서 행하는 것이 옳다는 관점을 가지고 있었다.[36] 그는 사창제도가 나쁜 것이 아니지만, 폐단이 심한 점을 열거하면서 백성들을 진휼하는 제도가 백성들을 빠뜨리는 함정이 되었다고 진단하였다.[37] 그리고서 이 사창제도의 폐단을 개혁하기 위한 방안을 다음과 같이 제시하였다.

> 만약 사창제도를 행하려면 한 마을에 하나의 사창을 설치하고, 조정에서 몇 백 량의 돈을 지급하여 빈부에 따라 그 돈을 균평하게 분배해야 한다. 돈 매량(每兩)마다 대출이자를 곡식 몇 말 또는 몇 되씩 참작해 정해서 돈의 양수(兩數)에 따라 곡식의 수량을 거두어 창고에 저장해 둔다. 그

---

35) 上同. "方今急務, 一曰長養林木, 林木長, 則山不沙汰, 而堤築可固, 二曰抑末利而歸本業, 歸本, 則播藝時而禾麻可蕃."

36) 安德文, 『宜庵集』 권4, 「社倉私議」. "法者, 可以創設, 不可以慮弊, 不如參古酌今, 量宜取便, 折衷而行之, 可也."

37) 上同. "竊觀近古設倉之制, 大郡置四五, 小郡置一二, 以備水旱凶荒之患, 而其設施之初法, 無不善, 條無不備. 然及其末流還上之弊, 不可枚擧, 而其甚者, 倉吏偸食倉穀, 充其空殼之租. 春賑之時, 以此分給, 而秋納之場, 責出精穀. 哀此飢民, 但知苟活之計, 而不知將來之病. 或道里遠者, 艱於轉輸之費, 而代之以錢倉, 吏受其代錢, 貿空殼雜租, 以充之. 及摘發之場, 托以雀鼠風雨之所損杇. 其弊, 容有旣乎. 今社倉之制, 若遵此而襲行, 則是欲爲賑民之計, 而反爲陷民之窣也, 如之何其可也."

리고 마을에서 성품이 근후하고 경제적으로 넉넉한 사람을 추대하여 사장
(社長)으로 삼고, 실무를 감당할 만한 자를 택하여 창직(倉直)을 삼는다.
봄에 빌려주고 가을에 거두어들일 적에 마을의 회원들이 일제히 사창에
모여 그 곡식의 품질 및 수량을 살펴서 빌려주거나 거두어들인다. 곡식을
사창에 저장한 지가 오래되면 또한 쥐가 갉아먹거나 수량이 줄어드는 것
이 없을 수 없으니, 거두어들이는 수량을 빌려주는 수량과 똑같이 하면 필
경 창고의 곡식이 다 없어진 뒤에야 그칠 것이다. 그러니 이 문제는 곡식
총수를 계산하여 매 석마다 몇 말씩 추가 부담을 하여 원래의 총량을 충
당해야 한다. 또 창직의 식료(食料)를 정해놓으면 주민들에게 거두어들이
는 것은 10분의 2를 더하는 데 불과할 것이니, 오늘날 10분의 4, 5를 더
거두는 것과 비교해 보면, 그 이해관계가 어떠하겠는가.38)

　사창제도는 관청 주도로 1461년 전국적으로 시행되었는데, 곡식의 환
수가 원활히 진행되지 못하면서 이자를 취하는 기구로 전락해 1470년
폐지되었다. 그러나 사창제도는 사족들에 의해 유지되어 향약이나 계를
통해 운영되는 방식으로 변화하였다. 조선후기에도 환곡제도의 모순이
심화되자 「사창절목(社倉節目)」을 제정하여 일부 지역에서 사창을 시행
하였으나 부작용이 심하여 곧 폐지되었다.
　이러한 시대적 상황 속에서 안덕문이 새삼 사창제도개혁안을 꺼낸 것
은 사족으로서 민생을 외면할 수 없는 경세의식의 소산일 것이다. 그리
고 이 역시 일상에서 마땅함을 찾고자 한 그의 정신에서 나온 것이다.

---

38) 上同. "苟欲行之, 一里, 置一社, 一社, 置一倉, 以自上割給錢幾百兩, 隨其貧
　富而均頒之. 錢每兩, 每錢頭租幾斗幾升式, 酌定, 如錢數而收穀數, 積之於
　倉. 自里中推謹厚饒實者, 爲社長, 又擇其可堪者, 爲倉直. 當春賑秋斂, 里員
　齊會社中, 察其穀品與穀量而出納之. 其積之已久, 亦不無鼠耗斗縮. 其納數,
　若如賑數, 則畢竟倉穀必盡, 後乃已. 此須打量穀總, 每石頭幾斗式, 加捧常,
　以充元總. 且定倉直例料, 則其斂於民者, 不過十加二也, 比之十加四五者,
　其利害, 何如也."

4. 고을 명승의 의미 발굴

안덕문은 애향심이 남달랐던 듯하다. 조선시대 사인들은 칠월 기망 (既望 : 16일)이 되면 소동파가 적벽에서 뱃놀이를 한 것처럼 뱃놀이를 즐겼다. 안덕문이 살던 시대에도 의령 지역 사인들은 정암(鼎巖)이 있는 남강에서 뱃놀이를 하였는데, 안덕문은 당시의 뱃놀이를 기록하여 「정 호유기(鼎湖遊記)」를 남겼다. 안덕문은 이 글에서 소동파의 뱃놀이는 천 시(天時)·지승(地勝)·인호(人豪)를 얻은 삼득(三得)의 즐거움이 있다고 하는데, 정호(鼎湖)의 유람도 그와 같은 즐거움이 있다고 하면서 다음과 같이 말하였다.

하늘은 맑은데 밝은 달에 술이 가득하며, 강물은 평온한데 청풍이 불어 배를 떠가게 하니, 천시를 얻은 것이다. 옛날 임진왜란 때 홍의장군 곽재 우 장군이 왜적을 섬멸한 전장이 어제의 일과 같으니, 주유(周瑜)와 조조 (曹操)가 적벽에서 싸운 전장에 비하면 지승(地勝)도 많이 양보할 것이 없 다. 다만 문장의 성가에 있어서는 소동파가 천하에 독보적인 존재임을 추 존해야 한다. 그러나 그는 태어난 시대가 좋지 않아 왕안석의 청묘법(靑 苗法)에 발을 들여놓았다가 황주(黃州)로 유배되었으니, 높다란 기상과 애잔한 마음이 없지 않았다. 그렇지만 우리들은 성대한 세상의 일민(逸民) 으로 산수를 즐기는 발자취와 자연을 벗하는 즐거움이 어디를 간들 마땅 하지 않음이 없다. 게다가 젊은이와 장년층이 다 모여 시와 술로써 서로 수창을 하며 휘파람과 노래로써 서로 화답을 하니, 44인이 함께 하는 즐 거움은 아마도 소동파의 「적벽부」에 '나그네 중에 퉁소를 부는 자가 있었 던 것'보다 못하지 않을 것이다. 그러니 어찌 인호(人豪)를 얻었다고 말하 지 않겠는가.39)

---

39) 安德文, 『宜庵集』 권5, 「鼎湖遊記」. "天淸而皓月盈樽, 江平而淸風送帆, 則 天時得矣. 越昔龍蛇之亂, 紅衣郭將軍, 鏖賊之陣壚, 如昨, 則視周曹共戰之

이 글은 소동파의 뱃놀이보다 자신들의 뱃놀이가 더 낫다는 점을 은근히 드러낸 것이다. 특히 천시를 얻은 점은 같다고 할지라도, 지승(地勝)을 얻은 점은 적벽에 비해 못할 것이 없다는 점을 드러내고 있으며, 인호(人豪)를 얻은 점도 고을의 노소가 함께 하여 그 의미가 더 크다는 점을 드러내고 있다. 이는 고을의 명승에 대한 자긍심으로 주목해 볼 만하다.

의령 읍치 동쪽 10리쯤 있는 장현(長峴) 위에 의령군수 조진순(趙鎭順)이 세운 초승정(超勝亭)이 있었는데, 조진순은 이 초승정을 진주의 촉석루, 밀양의 영남루보다 더 빼어나다고 하였다. 이에 대해 안덕문은 그 말을 반신반의하였지만, 「초승정기(超勝亭記)」를 지으면서는 조진순의 말에 동조하여 다음과 같이 그 의미를 부여하였다.

대개 초승정 아래는 남강의 한 굽이가 30리 밖에서 감싸고 돌아가니, 물의 빼어남이다. 정자의 위는 기다란 산길의 대로가 한 봉화대 멀리까지 옆으로 뻗어있으니, 산의 빼어남이다. 평평한 백사장의 빼어남은 내려앉는 기러기가 그것이고, 맑은 물결의 빼어남은 헤엄치는 물고기가 그것이다. 해가 지는 석양에는 목동의 피리소리가 빼어난 것이 되고, 달이 뜨는 저녁에는 어부의 노랫소리가 빼어난 것이 된다. 관원들의 수레가 왕래하는 빼어남과 장사꾼의 배들이 떠가는 빼어남은 어느 날이고 없을 때가 없다. 아침에는 밝다가 저녁에는 흐려 기상이 천변만화하는 것은 앞에 보이는 함안의 빼어남이다. 게다가 정호(鼎湖)가 그 남쪽에 있어 홍의장군이 왜적을 무찌른 장대한 공적을 완연히 보는 것 같고, 지산(芝山)이 북쪽에 있어 추강선생(秋江先生)의 향기로운 노래를 아련히 듣는 듯하니, 이 초

場, 地勝, 無多讓矣. 第於文章聲價, 當推蘇長公獨步於天下. 然, 彼以生時不辰, 側足於靑苗之政, 竄身於黃州之遠, 不無磊磊之氣, 慽慽之心. 吾以盛世之逸民, 山水之跡, 魚鳥之樂, 無適不宜. 況又少長咸集, 詩酒以相酬, 嘯歌以相答, 則四十四人與衆之樂, 殆不下於客有吹洞簫者而已, 豈不謂之人豪哉."

승정에 오른 사람이 어찌 격세의 유감이 없겠는가. 그렇다면 태수가 촉석
루·영남루보다 빼어나다고 한 것도 마땅한 말이다.40)

초승정의 자연경관이 촉석루나 영남루보다 어찌 낫겠는가. 그러나 안
덕문은 초승정의 빼어난 경관만을 거론하지 않고 목동의 피리소리, 어
부의 뱃노래, 관원의 수레, 장사꾼의 배, 천변만화하는 기상의 변화, 곽
재우 장군이 왜적을 무찌른 전적지, 남효온(南孝溫) 선생의 유적지를 거
론하였다. 이는 자연경관의 빼어난 점을 뛰어넘어 이 고장은 민생이 편
안히 살 수 있는 고을, 문물이 번화한 고을, 절의(節義)가 살아있는 고을
임을 드러낸 것이다. 초승정은 이런 점을 모두 갖추고 있기 때문에 촉석
루나 영남루보다 빼어나다는 것이다.

이는 자기 고장에 대한 문화적 자긍심을 표현한 것인데, 이 글의 말미
에 '마땅함[宜]'을 거론하여 자신의 철학인 '일상에서의 마땅함 찾기'를
은연중 드러내고 있다.

이처럼 안덕문은 고을의 명승에 대해 적극적으로 그 의미를 부여하여
의령의 문화적 자긍심을 드러내고자 하였다.

---

40) 安德文, 『宜庵集』권5, 「超勝亭記」. "盖亭之下, 汾湖一曲, 抱廻於一舍之外
者, 水之勝也. 亭之上, 長嶝大路, 横亘於一堠之遠者, 山之勝也. 平沙之勝,
落鴈是已. 澄波之勝, 游魚是已. 日之夕矣, 牧笛爲勝. 月之宵矣, 漁歌爲勝.
冠盖往來之勝, 商旅棹帆之勝, 無日無之. 若其朝暉夕陰氣像萬千者, 巴陵之
勝, 在前也. 況鼎湖經其南, 而紅衣將軍, 奏凱壯蹟, 宛然如覩, 芝山在其北,
而秋江先生, 芝曲餘韻, 依然如聞, 則登是亭者, 那無曠感者乎. 然則太守之
謂, 亦宜哉."

V. 맺음말

이 글은 조선후기 의령에 살던 안덕문의 학문정신과 처세방식을 탐구한 것으로, 결론을 도출하면 다음과 같다.

안덕문은 41세 때 과거를 포기하면서 「사과문(謝科文)」을 지었는데, 사인으로서 자기각성을 잘 드러내고 있다. 그는 이 글에서 경서를 읽고 농사를 연구하며 심신(心神)을 수양하여 천명에 순응하는 삶을 사인의 진정한 가치로 여기고 있다. 그는 이처럼 과거를 포기하면서 사인의 본분을 새롭게 인식하여 성현의 학문을 지향하고자 하였다.

또한 그는 당시 영남의 학문이 자기 학파의 설만을 추종하는 편협한 사고에 빠져 있는 것을 직시하고서, 이언적·이황·조식의 학문을 함께 추숭하는 통섭의 영남학을 추구하였다. 그리하여 이 세 선생을 제향한 옥산서원·도산서원·덕산서원을 삼산서원이라 칭하고, 이 세 선생의 학문을 모두 공자와 주자의 정맥으로 보았다. 이런 인식의 전환은 사상사적으로 의미가 매우 크다.

다음으로 안덕문의 학문지향을 정리하면 다음과 같다.

첫째, 그는 범준(范浚)의 「심잠(心箴)」과 진백(陳栢)의 「숙흥야매잠(夙興夜寐箴)」을 가슴속에 새기는 공부를 중시하였으며, 「태극도」·「성기도(誠幾圖)」·「심학도」를 걸어두고 심·성·정을 존양성찰하는 공부에 치중하였으며, 창가에 경(敬)·의(義) 두 자를 써 붙여놓고 직내의방(直內義方)의 공부에 주력하였다. 이는 남명학의 심성수양을 통한 일상에서의 실천과 맥락을 같이하는 학문정신이다.

둘째, 「명명덕잠(明明德箴)」과 「영대서(靈臺序)」를 보면 안덕문은 명명덕을 통한 도덕적 주체확립을 학문의 근본으로 삼은 것을 알 수 있다.

이러한 정신지향은 남명의 「신명사도」의 정신과 맞닿아 있다.

셋째, 그의 「구용잠(九容箴)」을 통해 볼 때, 심성수양의 일환으로 일상에서 구체적으로 실천해야 할 조목을 정해 늘 실천하려 노력한 것을 알 수 있다. 이러한 학문정신은 남명학에 연원을 두고 있다.

안덕문은 이러한 정신지향을 일상에서 실천하며 생의 후반기를 보냈는데, 그 실천의 핵심이 일상에서 의(宜)를 찾는 것이었다. 이는 「의암서(宜庵序)」를 통해 확인할 수 있는데, 일상 속에서 그때그때 마땅함을 찾는 삶의 방식이다. 여기서 말하는 마땅함[宜]은 공자의 시의(時宜)에 연원을 둔 것으로 자신이 처한 현실 속에서 순간순간 합리적인 사고와 처신을 하는 것이다.

그는 이런 시의를 바탕으로 하는 실천을 일상에서 늘 추구하였는데, 이를 정리하면 다음과 같다. 첫째, 고을의 교육기관인 흥학당(興學堂) 창건을 주도하고 문중의 서당인 고산재(高山齋)를 중수하여 고을의 학문을 일으키고자 한 것이다. 둘째, 고을의 민생을 살리기 위해 산림을 보호하여 산사태를 방지하고 상업을 억제하여 농업에 종사하도록 하는 것 및 사창제도를 개선하는 방안을 강구한 것이다. 셋째, 고을의 명승에 대해 그 의미를 적극적으로 발굴하여 문화적 자긍심을 갖도록 한 것이다.

이러한 안덕문의 학문정신과 처세방식은 다음과 같은 사상사적 의의가 있다.

첫째, 안덕문은 조선후기 영남학계에 신선한 충격을 던진 주목할 만한 사상가라는 점이다. 그는 자기 학파의 설만을 추종하는 것을 반성하여 새로운 모색을 시도하여 회재학·퇴계학·남명학을 함께 추존하여 통섭의 영남학을 제시하였다. 이러한 통섭의 영남학 지향은 후대 경상우도 학자들에게 큰 영향을 주어 남명학과 퇴계학이 모두 공자와 주자의

정맥이라는 인식을 갖게 하는 데 크게 공헌하였으며, 남명학과 퇴계학
을 함께 추숭하는 새로운 인식을 갖게 하였다.

둘째, 안덕문의 학문정신은 남명학의 심성수양과 일상에서의 실천을
근간으로 하고 있다는 점이다. 남명은 극기복례를 통한 도덕성 확립과
그것을 일상에서 실천하는 것을 학문의 본령으로 하였다. 그런데 이러
한 학문정신이 안덕문에게서 발견되니, 이는 안덕문이 경상우도에 면면
이 전승된 남명정신을 그대로 계승하고 있음을 보여준다.

셋째, 안덕문은 자신의 학문정신을 일상에서 실천하기 위해 자신의
마땅함[宜]을 찾았고, 그것을 자신이 처한 현실세계에 구현하려 노력했
다는 점이다. 요컨대 고을의 학문을 진작시키기 위한 마땅함, 고을의 민
생을 살리기 위한 마땅함, 고을 명승의 의미를 적극 발굴하면서 그 마땅
함을 찾아 이를 적극적으로 실천하려 하였다. 이러한 처세방식이 바로
조선후기 정치권력으로부터 멀어진 사인의 존재방식이었다.

이를 통해 자신의 정체성을 정립하고, 자신이 처한 시간과 공간 속에
서 무엇을 하는 것이 의미 있는 삶인지를 스스로 각성하여 존재의 의미
와 자기위상을 정립하였다. 따라서 안덕문은 재야지식인의 존재방식과 지
역사회에서의 역할을 새삼 깨닫게 해주는 매우 중요한 인물이라 하겠다.

〈참고문헌〉

郭鍾錫, 『俛宇集』, 한국문집총간 제340책, 한국고전번역원, 2004.

安德文, 『宜庵集』, 경상대학교 도서관 문천각 소장.

朱　熹, 『孟子集註』, 학민문화사 영인본.

_____, 『朱熹集』, 四川敎育出版社, 1997.

김종구, 「안덕문의 산수유람에 나타난 존현의식과 풍류」, 『남명학』 제21집, 남명학

연구원, 2016.

의령문화원, 『입산마을의 역사와 문화』, 선인, 2008.

崔錫起, 「安德文의 三山書院 位相鼎立과 그 意味」, 『남명학연구』 제40집, 경상대 남명학연구소, 2013.

※ 이 글은 『동양한문학』 제49집에 수록된 「의암 안덕문의 학문정신과 처세방식」을 수정 보완한 것이다.

제2장
안덕문의 삼산서원(三山書院)
위상정립과 그 의미

Ⅰ. 문제의 소재

경상우도 지역 남명(南冥) 조식(曹植, 1501~1572)의 문인들은 임진왜란 때 대거 의병을 일으켜 나라를 구하는 데 앞장섰다. 그리하여 정치적 입지가 강화됨으로써 남명학파 인사들은 선조 말부터 사림정치 시대의 주역으로 등장하여 광해군 시대에는 집권세력인 북인의 일원으로 활동하였다. 그러나 인조반정으로 북인이 몰락하고, 수장인 정인홍(鄭仁弘)이 강상죄(綱常罪)로 처형되면서 남명학파는 크게 위축되었으며, 17세기 후반 남인과 서인이 당쟁을 하는 시기에는 자기 당색을 갖지 못하여 노론화 또는 남인화 되어 갔다. 이런 정치적 분위기 속에서 경상우도 남명학파 후예들은 자기 정체성을 찾지 못하여 학술이 매우 침체되었다.

조선후기 경상우도 인사들은 남인계와 노론계로 양분되어 있었고, 학맥 상으로는 퇴계학파와 율곡학파에 속하였다. 이 시기 이 지역의 남인계 학자들은 대부분 퇴계학파에 속했지만, 학술을 주도할 만한 큰 학자가 배출되지 못하여 경상좌도 학자들에게 나아가 사승관계를 맺거나 종유하는 경우가 많았다.

그러나 경상우도 학자들은 정신적으로 이 지역에 뿌리 내린 남명학을 면면이 계승하고 있었기 때문에 퇴계학 또는 율곡학을 수용하면서도 남명학을 결코 도외시하지 않았다. 그리하여 이들은 다른 지역의 학풍과는 달리 남명학과 퇴계학, 또는 남명학과 율곡학을 아우르는 융합에 눈을 뜨게 되었다. 그럼으로써 기호지방의 율곡학파나 경상좌도의 퇴계학파와는 다른 성향의 학문을 구축해 나가기 시작했다. 비록 성리설이나 예설에 있어서는 자기가 속한 학파의 사설(師說)을 준수할지라도, 심성을 수양하는 실천적인 행도(行道)에 있어서는 남명정신을 그대로 본받으려는 성향이 강했다. 이처럼 남명학과 퇴계학, 남명학과 율곡학을 겸취하려 한 학풍은 조선후기 정신사에서 중요한 의미가 있다.

조선후기 경상우도 학자들의 이러한 성향 가운데 한 가지 주목할 만한 사안이 남명 조식을 제향하는 덕천서원을 퇴계 이황을 제향하는 도산서원 및 회재 이언적을 제향하는 옥산서원과 나란히 일컬어 영남의 삼산서원으로 그 위상을 정립하고, 회재·퇴계·남명을 '영남의 삼선생'으로 함께 추숭하고자 노력한 것이다. 이러한 점을 인식하고 앞장서서 이를 실천한 인물이 18세기 후반 의령에 살던 안덕문(安德文, 1747~1811)이다.

본고는 이러한 안덕문의 사회적 활동에 주목하여 안덕문이 삼산서원의 명칭과 위상을 정립하고 표장하려 노력한 점을 조명하는 데 주목적을 둔다. 따라서 안덕문의 학문이나 사상에 초점을 맞추어 논하지 않을 것이며, 회재·퇴계·남명의 학문적 성향을 비교하는 것도 논외로 할 것이다. 다만 안덕문에 대한 연구는 아직 학계에 보고된 것이 없기 때문에 먼저 그의 생애와 학문성향을 개략적으로 살펴 이해를 돕도록 할 것이다.

II. 안덕문의 생애와 학문성향

1. 가계 및 지취

의령군 부림면 입산리 입산(설뫼) 마을은 탐진 안씨(耽津安氏)의 집성촌으로, 조선 후기 명사를 많이 배출한 곳이다. 탐진 안씨는 본래 광주

안씨(廣州安氏)였는데, 고려 중엽 안자미(安子美)가 순흥(順興)에 봉해져
순흥 안씨(順興安氏)가 되었다. 그리고 고려 말 안향(安珦)의 후손인 안
원린(安元璘)이 탐진에 채지(采地)를 받아 탐진 안씨가 되었다. 안원린의
아들 안도(安堵)는 고려 말 문과에 급제하여 우헌납(右獻納)을 지냈는데,
조선 왕조가 들어서자 출사하지 않고 영취산(靈鷲山) 밑으로 이주해 살
았다. 그는 부모를 잘 봉양하여 효자로 이름이 나 조정에서 정려가 내렸
다. 이후 6대에 걸쳐 7명의 효자가 남으로써 효자집안으로 소문이 났
다.[1]

참봉을 지낸 안인(安仁)이 처음 의령으로 이주하여 정착하였다.[2] 안인
의 아들 안기종(安起宗)은 임진왜란 때 곽재우와 함께 창의하여 공을 세
우고 원종공신에 올랐다. 그러나 자취를 숨기고 벼슬길에 나아가지 않
았다. 안기종의 아들 안택(安宅)은 병자호란 때 '숭정(崇禎)의 일민(逸
民)'으로 자처하며 율리(栗里)에 은거하였다.[3]

안덕문의 고조부는 안시욱(安時郁), 증조부는 안세태(安世泰), 조부는
안대방(安大邦)인데, 대대로 문학과 유행(儒行)으로 이름이 났다. 부친은
안여석(安如石)이며, 모친은 하빈 이씨(河濱李氏)로 이윤하(李胤河)의 딸

---

1) 安德文, 『宜庵集』 권8, 부록3, 安英老 撰, 「家狀」. "麗季, 文烈公諱元璘, 食采
   于耽津, 其後因貫焉. 是生諱堵, 初諱福, 文科官右獻納. 入我朝, 累徵不仕,
   奉母至孝, 恭定朝, 特表其閭于靈鷲山下, 世稱孝子里. 事載邑誌及海東三綱
   錄. 繼是諱經正郎, 諱從祐正郎, 諱舜民忠順衛, 諱潤屋參奉, 諱仁參奉, 並以
   孝 或旌或贈, 連六世爲七孝, 一世則兄弟俱孝以也."
2) 上同. "參奉公, 始移居宜春."
3) 上同. "生諱起宗, 以奉事, 當龍蛇之亂, 與忘憂郭先生, 倡義於火旺鼎湖之間,
   多立奇勳. 事載原從功臣錄及龍蛇日記倡義錄. 遂斂跡韜功, 隱而不仕. 號止
   軒, 官軍資監正, 贈吏曹參議. 諱宅, 號逸窩, 遭丙亂, 自托以崇禎逸民, 而隱
   於栗里."

이다.4) 부친의 호는 설산재(雪山齋)로, 설산의 언덕에 서실을 짓고 학업을 닦으며 후학을 가르쳤다.5) 안덕문은 이런 집안에서 태어났는데, 자는 장중(章仲), 호는 의암(宜庵)이다. 후손들이 번창하여 이름난 인물이 많이 배출되었는데, 손자 안영로(安英老)·안휴로(安休老) 및 현손 안익제(安益濟)·안효제(安孝濟) 등이 문행(文行)으로 이름이 났다.

안덕문은 타고난 자질이 빼어나 10여 세 때부터 문명을 떨쳤다. 젊어서는 부친의 명으로 과거공부를 하였는데, 부친이 별세한 뒤로는 과거공부를 하지 않았다.6) 당시 과거공부를 그만두면서 지은 글의 대략에 "고인의 말에 '세상을 속여 영웅이 되었더니 머리가 하얗게 세었네.[賺得英雄盡白頭]'라고 하였다. 돌아보건대 내가 학문에 뜻을 둔 처음에는 진정한 사업을 하기로 기약했었는데, 그 길을 잘못 들어 허다한 세월을 허비하였으니, 이 과거공부는 과연 사람의 심술을 파괴하는 것이다."라고 하였다.7) 부친이 1787년 별세하였으니, 안덕문이 위기지학으로 전환한 시기가 대략 40대 초반이었음을 알 수 있다.

또한 어떤 사람이 장덕(丈德)의 문하에 나아가 세밀한 공부를 더하라고 권유하자, 웃으면서 말하기를 "흙탕물로 뒤덮인 것이 세파인지라, 도는 망하고 문학은 땅에 떨어졌습니다. 사인들이 다투어 사리(私利)를 도모하여 익숙해져서 풍속이 되어버렸습니다. 나도 그런 사람임을 면치 못합니다. 더구나 자질은 노둔하여 나이 오십이 되었는데도 아직 명성

---

4) 安德文,『宜庵集』권8, 부록3, 李鍾祥 撰,「行狀」. "高祖諱時郁, 曾祖諱世泰, 祖諱大邦, 考諱如石, 號雪山齋, 有文行, 妣河濱李氏處士胤河女, 以梱範稱."

5) 安德文,『宜庵集』권8, 부록3, 安英老 撰,「家狀」. "號雪山齋, 築書室于雪山之阿, 紹先業, 勉後學. 其篤行實蹟, 略述於立齋鄭先生所撰狀."

6) 上同. "及長, 以庭命, 應擧業, 屢不售.……旣闋, 作謝科文."

7) 上同. "其畧曰, 古人云, 賺得英雄盡白頭. 顧余志學之初, 期欲做眞正事業, 而誤入這路, 費却許多光陰, 是果壞人心術處."

이 없습니다. 그런데 문득 장덕의 문하에 나아가 머리를 조아리고『대학』·
『중용』한두 단락을 배우고서 버젓이 '아무개 선생의 의발을 전해 받아
어떤 문하에 연원을 두고 있다.'라고 하는 것은 미명을 훔쳐 자신을 속
이고 남을 속이는 짓입니다. 나는 삼가 그 점을 부끄럽게 생각하니, 오
직 성현이 남긴 서책을 가지고 조용히 보기를 원합니다. 날마다 성현을
스승으로 삼는 것이 나의 지남(指南)입니다."라고 하였다.[8]

이처럼 안덕문은 이름난 유학자의 문하에 나아가 집지하고 문인으로
행세하는 당대의 누습에 대해 매우 못마땅하게 생각하여 저명한 학자의
문하에 나아가 배우지 않았다. 안덕문이 활동한 18세기 후반 경상우도
지역은 남명학파가 몰락하여 학문이 극도로 침체되었던 시기이다. 그리
하여 남인의 당색을 가진 사람들은 퇴계학맥에 나아가고, 노론의 당색
을 가진 사람은 율곡학맥에 나아갔다. 그것도 지역적으로 거리가 멀기
때문에 한두 차례 나아가 집지를 하고 학문을 질정하는 것으로 이름난
학자의 문인이 되어 행세를 하였다. 이런 점을 안덕문은 미명을 훔쳐 남
을 속이는 것으로 지적하고 있으니, 그의 학맥에 대한 인식이 어떠했는
지를 짐작해 볼 수 있다.

안덕문은 당대 경상우도 지역 학자들의 이러한 학풍에 대해 문제의식
을 가진 것이고, 그것을 못마땅하게 생각한 것이다. 그리하여 그는 좌도
의 저명한 학자에게 나아가 집지함으로써 그 학맥의 일원이 되어 명맥
을 이어가기보다는 새로운 모색을 하여 침체된 국면을 돌파하고자 하였

---

8) 上同. "或勸府君言, 盍一束脩於丈德門下, 益加細密之功. 府君笑曰, 滔滔者
世, 道喪文墜, 士爭營利, 習以成風, 吾亦未免這箇人. 況姿地鈍滯, 年今五十,
而尙爾無聞, 忽乃屈首受庸學一二段, 肆然以爲某師之衣鉢某門之淵源, 不
過攘竊美名而自欺欺人也. 心竊恥之, 惟愿抱殘書對靜. 凡日師聖賢, 是吾指
南也."

다. 그런 그의 학문적 지취가 회재학·퇴계학·남명학을 아울러 계승하려
는 융합적 시각을 갖게 하였다. 안덕문을 상주에 살던 입재(立齋) 정종로
(鄭宗魯)의 문인으로 보는 설도 있지만,9) 이런 그의 인식을 통해 보면 정
식으로 문인이 된 것이 아니라 종유(從遊)한 것으로 보아야 할 것이다.

2. 학문성향

안덕문은 송나라 때 범준(范浚, 1102~1151)의 「심잠(心箴)」과 진백(陳
柏)의 『숙흥야매잠(夙興夜寐箴)』을 항상 보면서 가슴속에 새겼다고 한
다.10) 범준은 송나라 때 난계(蘭溪) 사람으로 진회(秦檜)가 정권을 잡고
있을 때 출사하지 않고 은거한 인물인데, 존양과 신독을 중시한 학자이
다. 그가 지은 「심잠」을 주자가 좋아하여 『맹자집주』의 주에 수록하기
도 하였다. 「심잠」은 4언 24구로 된 잠이지만, 마음이 감각기관에 끌려
다니지 않기 위해 경(敬)과 성(誠)으로 도덕적 주체를 세워야 한다는 내
용이다.

진백도 송나라 때 학자로, 아침 일찍 일어나 취침할 때까지 사고와 행
동의 규범을 구체적으로 제시한 4언 52구의 「숙흥야매잠」을 지었다. 이
는 일상에서 심신을 수양하는 준칙에 해당한다. 진백의 「숙흥야매잠」은

---

9) 김준형 외(2008), 123면 참조.
10) 安德文, 『宜庵集』 권8, 부록3, 李鍾祥 撰, 「行狀」. "或言以子資質之美, 何不
束脩於當世儒賢之門, 以就其志, 而徒硜硜自好爲也. 公笑答曰, 子言良是,
而吾見亦多矣. 今之世, 與古之時異, 挾筴束脡者, 多不以訂實疑勘實病爲事,
徒以建立標榜 掠取美名, 爲務視其外, 則安定之門人, 而夷考其心迹, 則蔑
如也. 吾是之恥, 故惟願隱約窮閭, 讀吾書, 遂吾志, 以自遣自樂而已. 此雖非
公之至言, 而其切中當世之病, 則有之矣. 晨興必展廟, 退坐一室, 左右圖書,
如蘭溪南塘二箴, 皆常所目寓者, 而尋常服膺."

조선시대 학자들이 일상의 실천규범으로 삼아 중시한 글로, 퇴계는 이 잠을 「성학십도」 제10도에 넣기도 하였다.

이처럼 안덕문이 「심잠」과 「숙흥야매잠」을 항상 보면서 가슴속에 새긴 것은 심성수양과 일상에서의 실천을 학문의 중핵으로 삼은 것을 의미한다. 이는 이 지역에 뿌리 내린 남명학의 영향과 무관하지 않다.

또 안덕문은 책상 모서리에 「태극도(太極圖)」·「성기도(誠幾圖)」·「심학도(心學圖)」 등을 걸어두고 잠심하여 성리의 묘리를 궁구하였으며, 방 안의 양쪽 창가에는 경(敬)·의(義) 두 자를 나누어 써 붙여놓고서 '경이직내 의이방외(敬以直內 義以方外)'의 공부를 더욱 극진히 하였으며, 대청 벽에다 주자의 「가정(家政)」[11]을 써 붙여놓고서 자신을 신칙하고 집안을 다스리는 준칙으로 삼았다고 한다.[12]

「성기도」를 게시해 놓은 것을 보면, 마음이 발하고 난 뒤의 기미를 살펴 악을 물리치고 선을 가득 채우려 한 것을 알 수 있다. 이 역시 마음이 발하고 난 뒤의 기미를 살피는 것을 중시한 남명의 심성수양론과 긴밀하게 연관되어 있다. 또 양쪽 창가에 경·의를 써 붙여 놓고 '경이직내 의이방외'의 공부를 극진히 한 것을 보면, 남명정신을 그대로 준수하여 실천하고자 한 것을 알 수 있다. 남명은 만년에 창가에 경·의를 써 붙여 놓고 학문의 지결(旨訣)로 삼아 '오가지일월(吾家之日月)'이라 하였다.[13]

그리고 안덕문이 대청에 「가정」을 게시해 놓고 그대로 실천하고자 한

---

11) 주자의 「家政」은 『주자대전』에는 보이지 않고, 『회암집』 外集에 「家訓」 등과 함께 들어 있다.

12) 安德文, 『宜庵集』 권8, 부록3, 安英老 撰, 「家狀」. "座隅, 揭太極誠幾心學等 圖, 潛究性理之妙. 兩牖, 分題敬義二字, 益致直方之工, 廳壁, 寫朱子家政一 通, 晨興灑掃庭除, 必冠帶謁廟, 退而省日用事物之務."

13) 崔錫起(1995), 188~193면 참조.

것을 보면, 그의 학문정신이 일상에서의 실천에 중점을 두고 있음을 알 수 있다.

이러한 점을 보면, 안덕문의 학문성향은 심성수양을 중시하며 일상에서 이를 실천하는 데 역점을 둔 것으로 정리할 수 있다. 안덕문은 이런 학문성향을 바탕으로 하여 어느 선생의 문하에 나아가지 않고 영남의 대표적인 학자인 회재·퇴계·남명 삼선생의 유풍을 흠모하여 사숙하고자 한 것이다. 그것은 어느 특정 선생의 문하에 나아가 미명을 취하려는 당대의 폐습을 직시하고 새로운 학문방법을 택한 것이다.

이는 특정 선생의 문하에 나아가 그 학설을 지키고 따르는 대신, 추로지향의 대표적 세 선생의 학문과 기상을 융합하여 새로운 학문의 길을 제시한 것으로 평가된다. 요컨대 안덕문은 회재·퇴계·남명 세 선생을 사숙하여 사표로 삼고자 한 것이니,14) 이 점이 당시 학자들의 성향과는 변별되는 특징으로, 조선후기 경상우도 지역에 새로운 학풍을 제창한 것이라 하겠다.

이러한 안덕문의 학문성향을 그의 손자 안영로(安英老)는 다음과 같이 기록해 놓았다.

> 부군은 회재·퇴계·남명 세 현인의 유풍을 흠모하여 도산서원·옥산서원·덕천서원에 가서 배알하였는데, 풍영(風詠)하고 상상(想像)하기를 마치 친히 가르침을 받는 것처럼 하셨다. 그리고서 동천(洞天)·임천(林泉)·원우(院宇)·대사(臺榭)를 그림으로 그려 세 폭의 병풍으로 만들어 중당(中堂)에 펼쳐놓고 지극히 추모하는 생각을 붙이셨다.15)

---

14) 安德文, 『宜庵集』 권7, 부록2, 李東汲 撰, 「三山院詩序」. "有志於爲己近裏之學, 於三先生, 爲私淑之師表."

15) 安德文, 『宜庵集』 권8, 부록3, 安英老 撰, 「家狀」. "欽慕晦退冥三賢之遺風,

안덕문이 회재·퇴계·남명 세 선생을 영남의 대표적인 인물로 추존한 것은, 그가 18세기 후반 학술이 극도로 침체된 경상우도 지역 남인계 인물이었다는 점을 통해 재고해 볼 필요가 있다. 즉 그가 살던 시대 영남 남인들은 당쟁에서 밀려 권력에서 소외되었고, 더구나 그가 살고 있던 지역은 남명학파가 몰락한 뒤 학술적 분위기가 극도로 침체되어 있었다. 그런 시대 상황 속에서 그는 경상우도 지역에 면면이 계승되고 있는 남명정신을 전해 받은 데다, 남인계의 당색을 갖고 있었기 때문에 이 세 선생의 학문과 덕행을 융합하여 가학(家學)과 지역학의 정체성으로 삼고자 한 것이다. 이것이 침체 국면을 전환하고자 한 그의 시대정신이자 학문정신이었다고 하겠다.

III. 삼산서원 위상정립 및 표장

1. 삼산서원의 명칭과 위상정립

일반적으로 '삼산(三山)'이란 명칭은 중국 고대 전설상의 삼신산(三神山)인 봉래산(蓬萊山)·방장산(方丈山)·영주산(瀛洲山)을 의미한다. 또한 우리나라에서는 함경북도 무산(茂山)과 충청북도 보은(報恩)의 옛 지명이기도 하다. 그 외에 작은 마을의 이름을 지칭하는 경우도 더러 있다. 또한 '삼산서원'이란 명칭은 충북 보은의 사인들이 김정(金淨)·성운(成運)·성제원(成悌元)을 제향하기 위해 세운 서원으로, 뒤에 사액된 상현

旣瞻謁陶玉德諸院, 風詠想像, 況若親承謦咳. 因圖寫洞壑林泉, 院宇臺榭, 作三帖障, 垂之中堂, 用寓羹墻之思."

서원(象賢書院)을 가리킨다.[16]

그런데 이 글에서 말하는 '삼산서원'은 '산(山)' 자가 들어간 영남의 대표적 세 서원인 도산서원·옥산서원·덕산서원을 지칭한다. 도산서원은 퇴계 이황을 제향하는 서원이고, 옥산서원은 회재 이언적을 제향하는 서원이며, 덕산서원은 남명 조식을 제향하는 서원이다. 덕산서원은 1609년 사액되면서 덕천서원(德川書院)으로 이름이 바뀌었다.

이 세 서원을 함께 일컬어 '삼산서원'으로 칭한 사례는 전에 없었다. 이 세 서원을 나란히 일컬어 삼산서원이라 하고, 또 이 세 선생을 나란히 추숭한 것은 18세기 경상우도 의령에 살던 안덕문에 의해서 비로소 나타난다. 그러므로 여기서 말하는 '삼산'이라는 명칭은 유형의 명산을 의미하는 것이 아니라, 회재·퇴계·남명을 제향하는 세 서원을 상징적으로 의미하는 것이다. 요컨대, 안덕문은 영남을 추로지향으로 인식하고, 이 지역에서 유학을 일으켜 후세의 사표가 된 세 선생을 모신 서원을 함께 추숭하여 그 도학을 아울러 계승하고자 하는 의미에서 '삼산서원'이라 칭한 것이다.

안덕문은 과거를 포기한 뒤 산수에 지취(志趣)를 두고서 선현의 발길이 닿은 곳과 선현을 모신 곳을 직접 보고 탐방하는 것을 노년의 지향으로 삼았다.[17] 그는 「삼산도지서(三山圖誌序)」에서 '명산으로 일컬어지는 것은 그 산이 높기 때문이 아니라, 그곳에 사는 사람을 통해서 이름이 높아진 것'이라고 전제하면서, 공자를 상징하는 니구산(尼丘山)과 주자를 상징하는 무이산(武夷山)이 중국의 오악보다 유명한 것은 공자와 주

---

16) 宋浚吉, 『同春堂集』 권20, 「大谷成先生行狀」.
17) 安德文, 『宜庵集』 권4, 雜著, 「東遊錄」. "余屯蹇於時, 遂棄場屋之業, 以桑楡暮景, 寓之山水間. 凡先賢杖屨之墟, 俎豆之地, 眼躅殆將遍矣."

자 때문이라고 하였다. 그리고서 다음과 같이 말하였다.

　영남 72고을은 산이 웅장하고 물이 아름다우며, 예로부터 인재의 보고
라고 일컬어졌다. 도덕과 문장, 절의와 충효에 빼어난 분들이 앞뒤로 태어
나 그분들이 사시던 곳에 제향하는 서원을 세워 당호와 편액을 걸어놓았
으니, 어느 곳인들 남쪽 지방 사람들이 본보기로 삼아 존모할 대상이 아니
겠는가. 오직 경주의 옥산서원, 예안의 도산서원, 진주의 덕산서원은 회
재·퇴계·남명 세 선생이 사시던 곳이며 제향을 받드는 곳이다. 그러니 이
삼산의 높은 경지에 올라가려면 이 세 현인을 말미암아 지향을 높이 해야
하지 않겠는가. 보잘것없는 나는 동방에서 태어나 자라 멀리 중국으로 가
서 공자와 주자의 유적지를 볼 수 없으니, 이 삼산이 우리나라의 니구산과
무이산이 아니겠는가. 드디어 동쪽·남쪽 지역을 두루 유람하여 삼산서원
의 원우(院宇)·대사(臺榭)·동학(洞壑)·임천(林泉)을 다 보았다. 화공에게
명하여 삼산서원을 그리게 하여 가운데 마루에 걸어두었고, 또 세 현인 문
집 속의 시 약간 편에 차운하여 일상에서 늘 존모하는 마음을 붙였다.[18]

　안덕문은 '명산은 명현을 통해 성립된다.'는 관점[19]에 의해, 공자가

---

18) 安德文,『宜庵集』권4, 序,「三山圖誌序」. "嶺之南七十二州, 山雄而水麗, 古
　　稱人材之府庫. 道德文章, 節義忠孝, 前後踵出, 杖屨之所止, 俎豆之所設, 扁
　　堂楣而揭院額者, 何莫非南州人士所矜式而尊慕之哉. 惟月城之玉山, 宣城
　　之陶山, 晉城之德山, 卽晦齋退溪南冥三先生, 棲息尸祝之所也. 之三山之高,
　　非由三賢而高哉. 藐余小子, 生長偏邦, 旣不能遠而之中國, 得見二夫子遺墟,
　　則三山乃我東之尼武也. 遂遍東南. 觀盡三山之院宇臺榭洞壑林泉. 命畫工
　　圖之, 揭之中堂, 又次三賢集中詩若干篇, 以寓羹牆之慕云."
19) 이러한 관점은 당대 柳宗元(773~819)의「邕州馬退山茅亭記」에 "美不自美 因
　　人而彰"이라고 한 말과 원대 王惲(1227~1304)의「遊東山記」에 "山以賢稱 境
　　緣人勝"이라고 한 말에 전거를 두는 시각으로, 赤壁은 蘇東坡의「赤壁賦」로
　　인해 명승이 되었고, 蘭亭은 王羲之 때문에 유명하게 되었다는 예를 든다(崔錫
　　起(2008), 194~198면 참조).

살던 니구산과 주자가 살던 무이산이 명산이 된 이유를 언급하고 있다. 그리고 우리나라 산 가운데 세 선생을 제향하는 옥산·도산·덕산을 니구산과 무이산에 비견하여 삼산이라는 명칭을 정립하였다. 그리고 세 선생의 경지에 올라가기 위해서는 세 선생을 통해 정신지향을 높게 할 때 가능하다고 하였다.

이 점이 바로 안덕문이 삼산서원의 개념을 정리하고, 삼산서원을 탐방하여 직접 그 정신을 체득하려 한 것이다. 또한 이것이 그가 어느 한 선생의 문하에 나아가지 않고 세 선생을 융합하는 정신지향을 하려 한 것이다. 이런 그의 정신은 학술이 침체되어 있던 경상우도 지역에 새로운 학풍을 태동하게 하는 데 중요한 계기를 마련하였다.

안덕문은 삼산서원 탐방을 목표로 세우고서 경상도 전역을 두루 유람하며 곳곳의 명유들을 만나 시를 수창하고 삼산도(三山圖)를 보여주며 글을 받았다. 이를 모아 놓은 것이 『삼산도지(三山圖誌)』인데, 현재 경상대학교 도서관 문천각에 소장되어 있다. 이 책에는 「동유일기(東遊日記)」 및 동유(東遊)하면서 지은 시, 지인들이 준 시문, 삼산도명(三山圖銘) 등이 실려 있다. 또한 경상우도 지역을 유람한 「남유일기(南遊日記)」가 별도로 전하는데, 후대 만든 안덕문의 문집 『의암집(宜庵集)』에는 「남유일기」가 빠져 있다.

안덕문이 화공을 시켜 언제 삼산서원도를 그리게 했는지는 명확하지 않다. 그러나 도산서원을 찾아갔을 때 조거선(趙居善)이 "대개 장중(章仲 : 안덕문)은 이미 화공에게 명하여 삼산서원도를 한 본 그리게 하였는데, 그림으로 그려내기 부족한 점은 서문을 지었고, 또 서문으로 드러내기 부족한 점은 몸소 한 차례 유람하는 것만 못하다고 생각하여, 이번에 한 차례 유람을 하게 된 것이다."[20]라고 한 말을 통해 볼 때, 안덕문은 삼산서원을 탐방하기 전에 화공을 시켜 미리 삼산서원도를 그리게 하여 가지고 있었던 것으로 보인다.

안덕문은 화공에게 삼산도를 그리게 한 뒤, 「삼산도명」과 「삼산도지서」를 지었으며, 삼산서원을 유람하면서 모두 서원을 노래하는 시를 지었다.[21] 「삼산도명」은 옥산도(玉山圖)·도산도(陶山圖)·덕산도(德山圖) 3수로 되어 있으며, 각 편은 4언 16구로 되어 있다.

이 가운데 눈에 띄는 대목이 옥산·도산·덕산의 삼산이 모두 니구산·무이산과 같다고 노래한 점이다. 특히 덕산에 대해 '도산·옥산과 함께 세 봉우리, 니구산·무이산과 한 가지 색이로세.[陶玉三峯 尼武一色]'라고 노래한 것은, 남명의 학문을 공자에서 주자로 이어진 정맥에서 벗어나지 않음을 드러낸 것이다.

이는 기본적으로 세 선생의 연원을 공자와 주자에 두어 모두 도학을 계승한 도학자로 보는 의식이다. 그리고 더 나아가 남명을 퇴계와 같은 반열에 있는 도학자로 천명함으로써 남명의 학문을 회재·퇴계와 마찬가지로 정맥으로 본 것이다.

2. 표장을 위한 노력과 영남사림의 반응

안덕문은 삼산서원 가운데 덕천서원을 가장 먼저 탐방했다. 1796년 정조가 사제(賜祭)할 때 참석하였다고 하는 기록이 보이는데,[22] 아마도

---

20) 安德文, 『宜庵集』 권7, 부록2, 趙居善 撰, 「題安章仲三山院序後」. "盖章仲會已命工描得三山一本, 而畫之不足, 則序之, 序之又不足, 則不若身親一遊, 而所以有此一行也."
21) 安德文, 『宜庵集』 권2에 「玉山書院」·「陶山書院」·「德山書院」 등의 제목으로 지은 시가 수록되어 있다.

이보다 먼저 덕천서원을 찾았을 것으로 추정된다. 안덕문은 1802년 아들을 잃은 뒤 상심하며 지내다 1803년 8월 15일 길을 떠나 옥산서원에 가서 봉심하고 9월 도산서원에 가서 봉심하였다. 그리고 중도에 여러 학자들을 탐방하여 시를 수창하거나 글을 받았다.

안덕문의 『의암집』권7 부록2에는 그 당시 받은 글들을 모아 놓았다. 이를 통해 보면, 경상좌도 학자들이 회재·퇴계·남명에 대해 어떻게 인식하고 있는지를 살펴볼 수 있으며, 안덕문이 제기한 세 선생을 모신 서원을 삼산서원이라 칭하는 것에 대해 다른 사람들이 어떻게 방응하고 있는지도 알 수 있다. 『의암집』권7 부록2에 수록되어 있는 안덕문에게 글을 지어준 사람들은 다음과 같다.

人名	號	가계 / 사승	지어준 글의 제목	비고
趙居善(1738~1807)	家翁	趙運道 子	題安章仲三山院序後	영양 거주, 한양조씨
金是瓚(1754~1831)	一一齋	金富倫 7대손	贈別宜庵翁序	안동 거주, 광산김씨
李野淳(1755~1831)	廣瀨	退溪 후손	贈別宜庵翁序	禮安 거주, 진성이씨
趙宜陽(1719~1808)	梧竹齋	李守淵 문인	贈別宜庵翁序	예천 거주, 한양조씨
李槙國(1743~1807)	尤園	李象靖 문인	贈別宜庵翁序	尤園 거주, 예안이씨
柳 澄(1730~1808)	臨汝齋	유성룡 6대손	書三山院序後	하회 거주
柳範休(1744~1823)	壺谷	李象靖 문인	書三山院序後	안동 거주, 전주유씨
李汝鴻(1767~?)		미상	敬書三山錄序後	진사
金宗發(1740~1811)		李象靖 문인	續書三山院序後	안동 김씨, 문과급제
金 塏(1739~1816)	龜窩	李象靖 문인	書三山院序後	문과급제, 예조참판
李 堣(1739~1811)	倪庵	李光靖 子	送安章仲歸宜庵序	안동 거주, 한산이씨
申體仁(1731~1812)	晦屛	李象靖 문인 金樂行 문인	送安章仲歸宜庵序	의성 거주, 鵝州申氏
李東汲(1738~1811)	晚覺齋	李象靖 사숙	三山院詩序	칠곡 거주, 廣州李氏

22) 安德文, 『南遊日記』. "丙辰九月日 賜祭於德山書院 余以參享之行 過三嘉 嘉倅亦帶祭官啓行 故與之往 宿于丹溪"

人名	號	가계 / 사승	지어준 글의 제목	비고
李奎鎭(1763~1822)	農棲	鄭宗魯 문인	書三山圖銘後	星州 거주, 星山李氏
李之權(?~?)	士窩		書三山詩後	
崔興璧(?~?)	蠹窩	李象靖 문인	三山院圖後序	대구 거주
成泰祉(?~?)			書三山畵幅後	
姜 馥(?~?)			三山圖小序	
鄭宗魯(1738~1816)	立齋	李象靖 문인	三山圖誌序	상주 거주, 진양정씨
李海秀(?~?)			三山圖誌跋	
柳致皜(1800~1862)	東林	柳致明 문인	三山圖誌跋	안동 거주, 전주유씨
李敦禹(1807~1884)	肯庵	李象靖 玄孫	三山圖誌跋	안동 거주
許 傳(1797~1886)	性齋	黃德吉 문인	三山圖誌跋	김해부사, 양천허씨
李源祚(1792~1872)	凝窩		三山圖誌跋	성주 거주, 성산이씨
柳疇睦(1813~1872)	溪堂	柳厚祚 子	三山圖誌跋	풍산유씨
李用基(?~?)			三山圖誌跋	

안덕문의 『삼산도지』를 보고 증서(贈序)·송서(送序)·후지(後識)·발문(跋文) 등을 지어준 인물은 모두 26명이다. 이들은 대부분 경상좌도에 거주하던 인물이다. 이 가운데 이해수(李海秀) 이하 7인은 후대의 인물이고, 그 앞에 수록된 19명은 동시대 인물이다. 동시대 19인은 안덕문이 옥산서원·도산서원을 탐방한 1803년에 만난 사람들이다.

안덕문은 유람을 하며 중망이 있는 학자들을 찾아가 『삼산도지』를 보여주며 서문이나 발문을 요청하였는데, 그것은 자신이 정립한 삼산서원 위상정립과 세 선생을 함께 추존하고자 하는 의도를 널리 알리는 한편, 공감대를 형성하고자 하는 의도가 다분히 들어 있다.

안덕문이 삼산의 명칭과 개념을 정립하고 세 선생의 경지에 오르는 것을 정신지향으로 삼은 것에 대해, 그가 유람을 하며 만난 사람들은 어떻게 생각하였을까? 여기서는 삼산서원의 명칭과 위상 및 세 선생에 대해 어떻게 평하고 있는지, 그리고 안덕문의 삼산서원 탐방에 대해 어떻게 논평하고 있는지를 살펴보기로 하겠다.

첫째, 삼산서원이라는 명칭과 위상정립에 대해 경상좌도 학자들은 어떻게 생각하였는지를 살펴보기로 한다. 영양 주실 마을에 살던 조거선(趙居善)은 "우리 영남의 삼산이 유독 우리나라의 추로지향이 아니겠는가?"[23]라고 하여, 영남이 추로지향으로 불린 것이 삼산서원에 제향된 세 선생 때문이었음을 환기시켰다. 그리고 대구에 살던 최흥벽(崔興壁)은 "나는 일찍이 개연히 회재·퇴계·남명 세 선생을 우리나라 일월과 같은 존재라고 생각하였다."[24]라고 하여, 삼산서원에 제향된 세 선생을 우리나라의 일월에 비유하였다.

한편 이동급(李東汲)은 "우리나라 도산서원·옥산서원·덕산서원은 곧 퇴계·회재·남명 세 선생이 도를 강론하시던 곳으로, 사림이 그분들을 존모하여 서원을 세워 제향하는 곳이니, 우리나라의 무이서원(武夷書院)이다. 세 곳 모두 계곡이 깊숙하고 계산(溪山)이 밝고 아름다워 산수의 명승으로 세상에 이름이 났는데, 이를 합하여 삼산서원이라고 한다. 세상의 유학자들 가운데 그 누가 이 세 선생의 도덕을 흠모하고 추앙하지 않겠으며, 세 선생의 사당을 우러러 배알하지 않겠는가마는, 전심으로 도를 향해 지성에서 마음을 발하는 사람이 몇 사람이 되겠는가."[25]라고

---

23) 安德文,『宜庵集』권7, 부록2, 趙居善 撰,「題安章仲三山院序後」. "維我嶺之三山, 獨非我東之鄒魯乎"

24) 安德文,『宜庵集』권7, 부록2, 崔興壁 撰,「三山院圖後序」. "嘗慨然以爲晦退冥三先生, 乃東方日月"

25) 安德文,『宜庵集』권7, 부록2, 李東汲 撰,「三山院詩序」. "惟我陶山玉山德山三書院, 卽退溪晦齋南冥三先生, 講道之所, 而士林尊之, 立院以祀, 卽吾東武夷書院也. 林壑幽邃, 溪山明麗, 以山水之勝, 名於世, 合而稱之曰三山院. 世之冠儒服儒者, 孰不欽仰三先生之道德, 瞻謁三先生之祠廟, 而其專心向道, 發於至誠者, 復幾人哉."

하여, 삼산서원의 명칭과 유래에 대해 언급하면서 주자를 모신 무이서원에 비유하였다.

이러한 논평을 통해 볼 때, 안덕문이 삼산서원의 명칭과 위상을 정립한 것에 대해, 경상좌도 퇴계학파 학자들도 이견을 보이지 않고 대체로 인식을 함께 한 것을 알 수 있다. 이는 회재·퇴계·남명을 제향하는 삼산서원을 영남의 대표적 서원으로 그 위상을 정립하고, 또한 이 세 선생을 통해 영남이 추로지향으로 일컬어지는 유풍을 수립하게 된 점을 새롭게 환기시킨 것으로 그 의미를 부여할 수 있다. 그리고 남명을 제향하는 덕천서원을 도산서원·옥산서원과 동등한 지위에 올려놓은 성과를 이룩했다고 할 수 있다.

둘째, 안덕문이 삼산서원에 제향된 회재·퇴계·남명 세 선생을 나란히 추숭한 것에 대해, 경상좌도 사림들은 어떻게 논평하는지를 살펴보기로 한다. 경상좌도 학자들은 회재·퇴계·남명을 제향하는 서원을 삼산서원으로 일컫는 것에 대해서는 별다른 거부반응을 보이지 않고 있다. 그러나 세 선생의 학술에 대해서는 논평하는 관점이 다르게 나타난다.

조선후기 남인계 학자들 가운데 근기지방의 이익(李瀷)은 "중세 이후 퇴계는 소백산 밑에서 태어나고, 남명은 두류산 동쪽에서 태어났는데, 모두 영남 지역이다. 북도는 인(仁)을 숭상하고, 남도는 의(義)를 주로 하였다. 그리하여 유교의 교화와 기절(氣節)을 숭상함이 바다처럼 넓고 산처럼 우뚝하게 되었다. 우리나라의 문명이 여기서 절정에 달했다."[26]라고 하여, 남명과 퇴계의 학문성향이 다르지만 우리나라 문명의 절정에

---

26) 李瀷, 『星湖僿說』, 天地門, 「東方人文」. "中世以後 退溪生於小白之下 南冥生於頭流之東 皆嶺南之地 上道尙仁 下道主義 儒化氣節 如海闊山高 於是乎 文明之極矣"

도달한 분으로 나란히 평하였다.

또한 안동지방의 김성탁(金聖鐸)도 "우리나라 유학의 성대함은 본조 명종·선조 때 이르러 극에 달했는데, 퇴계·남명 두 선생이 한 시대에 같이 태어나 유림의 종주가 되었으니, 하늘에는 남두(南斗)·북두(北斗)가 있고, 땅에는 태산·화산이 있는 것과 같다."27)라고 하여, 퇴계와 남명을 동등하게 평하였다.

그런데 경상좌도 퇴계학파 학자들 가운데는 남명의 학문을 퇴계와 동등하게 보는 데에 부정적 시각을 가진 인사들도 많았다. 안덕문에게 글을 지어준 성태지(成泰祉)는 "호학(好學)은 회재·퇴계와 같이 하고, 고풍(高風)은 산해옹(山海翁)과 같이 한다면, 어찌 청량산 서쪽, 황룡산 남쪽, 지리산 동쪽에 삼산서원을 세울 필요가 있겠는가."28)라고 하여, 회재와 퇴계는 호학으로, 남명은 고풍으로 논평하였다.

이는 남명의 문인 김우옹(金宇顒)이 별세하자, 동향의 벗 정구(鄭逑)가 만사를 지으면서 "퇴도(退陶)의 정맥(正脈)을 종신토록 존모했고, 산해(山海)의 고풍(高風)을 특별히 흠모했네.[退陶正脈終天慕 山海高風特地欽]"29)라고 한 데에 근거하여 말한 것이다.

경상좌도 퇴계학파 학자들은 퇴계와 남명의 학술을 논할 적에 정구가 말한 이 문구를 전거로 삼아 '퇴계는 정맥으로, 남명은 고풍으로' 평하는 것이 일반적인 경향이었다.

---

27) 金聖鐸, 『霽山集』 권13, 序, 「河謙齋先生文集序」. "我東儒學之盛 至本朝明宣之際 極矣 而退陶南冥兩先生 并生一時 爲儒林宗主 如天之有南北斗 地之有岱華焉"

28) 安德文, 『宜庵集』 권7, 부록2, 成泰祉 撰, 「書三山畵幅後」. "好學如晦退, 高風如山海翁, 則何必淸凉之西, 黃龍之南, 智異之東, 乃可爲三山哉."

29) 鄭逑, 『寒岡集』 권1, 「挽金東岡」.

예를 들면, 조의양(趙宜陽)은 안덕문에게 지어준 글에서 "다만 노선생 [退溪]은 옥산[晦齋]을 스승으로 삼고, 덕산[南冥]을 벗으로 삼았으니, 고인의 학문의 심천에 대해서는 비의해 논할 수 없지만, 한강(寒岡) 선생의 시에 '퇴도의 정맥을 종신토록 존모했고, 산해의 고풍을 특별히 흠모했네.'라고 한 구절에 이미 정안(正案)이 있다."[30]라고 하여, 퇴계를 정맥으로 남명을 고풍으로 본 정구의 관점을 정안으로 삼고 있다. 또한 유주목(柳疇睦)도 "이 삼산서원은 우리나라 도덕과 학문의 정맥과 고풍이 있는 곳이다."[31]라고 하여, 역시 퇴계를 정맥으로 남명을 고풍으로 평하고 있다.

정구가 퇴계학을 정맥으로 남명학을 고풍으로 논평한 것에 대해, 당대 동문 정인홍(鄭仁弘)은 크게 반발하여 「정맥고풍변(正脈高風辨)」을 지어 퇴계가 정맥이 될 수 없다고 비판하였다.[32] 그러나 후대 경상좌도 퇴계학파에서는 정구의 이 말을 정안으로 삼아 논리적 근거로 인용하고 있다. 정구가 정맥과 고풍으로 평한 것을 성태지가 호학과 고풍으로 논평한 것에 견주어 보면, 퇴계는 지도(知道)의 측면에 장점이 있었던 것으로, 남명은 행도(行道)의 측면에 장점이 있었던 것으로 평한 것이라 할 수 있다. 즉 두 선생의 학술적 특징을 정맥과 고풍으로 평한 것이지, 남명을 퇴계보다 낮게 평하려는 의도를 가지고 그렇게 말한 것은 아닐 것이다.

---

30) 安德文, 『宜庵集』 권7, 부록2, 趙宜陽 撰, 「贈別宜庵翁序」. "但老先生, 以玉山爲師, 以德山爲友, 古人學問之淺深, 不可擬論, 而寒岡鄭先生詩, 退陶正脉終天慕山海高風特地欽之句, 已有定案矣."

31) 安德文, 『宜庵集』 권7, 부록2, 柳疇睦 撰, 「三山圖誌跋」. "之三山者, 我東方道德學問正脉高風之所在處."

32) 金益載(2008), 49~53면 참조.

정인홍은 정구가 정맥과 고풍으로 말한 것에 대해 민감하게 반응하였
다. 특히 퇴계를 정맥으로 본 것에 대해, 퇴계는 정맥이 될 수 없는 점을
들어 강하게 비판했는데, 그 내용이 학술적인 면을 가지고 논하기 보다
는 퇴계의 행적을 거론해 논한 감이 없지 않다.

남명학과 퇴계학의 접경지대라 할 수 있는 대구·칠곡·성주 등지에 살
던 인물들은 이와 같이 정맥과 고풍으로 평하는 민감한 사안에 대해 거
론하지 않고 다른 시각으로 논평하였는데, 그 가운데 칠곡에 살던 이동
급(李東汲)의 다음과 같은 논평은 주목할 만하다.

> 바닷가를 따라 동쪽으로 옥산서원의 무변루(無邊樓)에 올랐으니, 무변
> 루의 광풍제월(光風霽月)이 곧 회재 선생의 기상이다. 또 동쪽으로 가서
> 다시 북쪽으로 올라가 도산서원의 탁영담(濯纓潭)을 완상하였으니, 탁영
> 담의 연비어약(鳶飛魚躍)이 곧 퇴계 선생의 실리(實理)이다. 또 북쪽으로
> 갔다가 남쪽으로 내려와 덕천서원의 세심정(洗心亭)에 올랐으니, 천인벽
> 립(千仞壁立)이 남명 선생의 풍절(風節)이다.33)

이동급은 옥산서원 무변루에서의 광풍제월(光風霽月)을 회재의 기상
으로, 도산서원 앞 탁영담의 연비어약(鳶飛魚躍)을 퇴계 학문의 실리(實
理)로, 덕천서원 앞 세심정에서 느끼는 천인벽립(千仞壁立)을 남명의 풍
절(風節)로 특징졌다. 이는 세 선생의 학문을 기상·실리·풍절로 포착하
여 특징적으로 드러낸 것으로 오해의 소지가 적다. 왜냐하면 해당 서원
의 상징적인 의미가 있는 건물 이름을 취해 각 선생의 특장을 거론하고
있기 때문에 정맥과 고풍처럼 오해의 소지가 적다.

---

33) 安德文, 『宜庵集』 권7, 부록2, 李東汲 撰, 「三山院詩序」. "遵海而東登玉山之
無邊樓, 光風霽月, 先生之氣像也. 又東而北, 玩陶山之濯纓潭, 鳶飛魚躍, 先
生之實理也. 又北而南 上德山之洗心亭 壁立千仞 先生之風節也"

옥산서원의 무변루는 황정견(黃庭堅)이 지은 「염계선생화상찬(濂溪先生畵像贊)」의 '풍월무변(風月無邊)'에서 따온 것으로 광풍제월과 같은 한없이 맑고 드넓은 기상을 의미한다. 회재는 우리나라에서 최초로 태극무극(太極無極)에 대해 조한보(曺漢輔)와 논쟁을 벌여 성리학을 정착 발전시키는 데 초석을 놓은 인물로, 북송 때 「태극도설(太極圖說)」을 지은 주돈이(周敦頤)에 비견된다. 따라서 옥산서원에 제향된 회재의 학문적 특징을 주돈이를 평한 광풍제월에 비유하는 것은 상징성이 있다.

도산서원 앞의 탁영담은 도산구곡의 제5곡에 해당하는 것으로, 무이구곡의 제5곡에 무이정사가 있는 것에 견주어진다. 그런데 탁영담은 그냥 못이 아니고, 천리를 관찰하고 체득하는 장소로서 『중용』에 '연비려천 어약우연(鳶飛戾天 魚躍于淵)'이라고 한 것을 실증하는 상징적인 곳이다. 도산서원 앞의 탁영담 가 왼쪽 언덕을 천연대(天淵臺)라 하고, 오른쪽 언덕을 천광운영대(天光雲影臺)라 하는데, 천연대는 '연비려천 어약우연'에서 취한 것이고, 천광운영대는 주자의 「관서유감(觀書有感)」의 '천광운영공배회(天光雲影共徘徊)'에서 취한 것이다.

이를 보면, 천리를 관찰하고 체득하여 그와 하나가 되려고 노력한 정신이 연비어약 또는 천광운영 속에 그대로 드러나 있다고 할 수 있다. 그러므로 퇴계학을 실리로 평한 것은 그 특징을 잘 포착한 것이라 할 수 있다.

남명의 기상은 천인벽립 또는 추상열일(秋霜烈日)로 일컬어진다. 특히 덕천서원 앞에 있는 세심정은 『주역』「계사전(繫辭傳)」의 '성인이 이로써 마음을 씻고[聖人以此洗心]'라는 문구에서 따온 것으로, 마음속의 티끌을 말끔히 제거하여 한 점 부끄러움도 없는 진실무망한 경지에 이른 것을 상징하는 말이기 때문에 남명의 천인벽립의 풍도와 기절을 잘 보여준다.

이러한 점에서 보면, 이동급이 세 선생의 학문적 특징을 광풍제월·연비어약·천인벽립으로 끄집어낸 것은 논란의 소지를 없애면서 그 성향을 단적으로 잘 포착했다고 하겠다. 후대 성주에 살던 이원조(李源祚)도 퇴계는 도산서당의 암서헌(巖棲軒), 남명은 삼가의 뇌룡정(雷龍亭), 회재는 옥산서원의 무변루(無邊樓)에서 그 특징을 찾았다.[34] 암서헌은 주자의 「운곡이십육영(雲谷二十六詠)」 중 한 수인 「회암(晦庵)」의 '암서기미효(巖棲冀微效)'에서 따온 것으로 주자를 존모하는 퇴계의 마음이 드러난 이름이며, 뇌룡정은 『장자』의 '시거이용현 연묵이뇌성(尸居而龍見 淵默而雷聲)'에서 따온 것으로 평소에는 깊이 침잠해 천리를 탐구하다가도 때로는 우레나 용처럼 자기 목소리와 신비한 조화를 드러내고자 한 남명의 정신지향이 단적으로 드러난 이름이다. 무변루 역시 앞에서 언급한 것처럼 회재의 정신적 지향을 잘 보여주는 이름이다.

셋째, 안덕문이 삼산서원을 표장하고 경상좌도의 옥산서원과 도산서원을 탐방하여 직접 회재와 퇴계의 학덕을 체득하려고 한 점에 대해 경상좌도 학자들의 반응이 어떻게 나타나고 있는지 살펴보기로 한다.

경상좌도 퇴계학파 학자들은 경상우도의 인물 안덕문이 먼 길을 마다않고 옥산서원·도산서원을 찾아 회재와 퇴계의 학덕과 체취를 직접 맛보려고 탐방한 것에 대해 높게 평하였다. 특히 집안의 대청마루에 삼산서원도를 그려 걸어놓고 세 선생을 존모하는 것에서 그치지 않고, 직접 두 선생을 제향한 서원을 찾아 그 학문적 체취를 느끼고자 한 것에 대해

---

34) 安德文, 『宜庵集』 권7, 부록2, 李源祚 撰, 「三山圖誌跋」. "不但如涉巖棲, 訪雷龍, 俛仰於無邊樓下, 想像其遺躅而已, 想公當日必能討論名理講問緒餘, 不虛作一行, 而今不可考, 爲可恨也."

큰 의미를 부여하였다.

조거선(趙居善)은 "장중(章仲:安德文)은 삼산서원을 유람하면서 세 선생의 장구(杖屨)를 엄연히 다시 모시는 듯이 했고, 세 선생의 가르침을 숙연히 다시 듣는 듯이 했다. 계성(溪聲)과 산색(山色) 사이를 유람하면서 인(仁)과 지(智)를 풍영(風詠)하는 지취를 일으켰으니, 그림을 보며 오래 된 화선지를 들여다보는 것이 현장을 유람한 뒤 도서(圖書)에서 그것을 징험하는 것이 훨씬 의미가 있게 되는 것만 어찌 같겠는가."[35]라고 하여, 유적지를 찾아 체험하고 맛보는 정취를 높게 평하였다.

유치호(柳致皜)도 "공이 삼신산을 유람하지 않고 삼산을 유람한 것은 단지 선현의 유적을 우러러 존모하고 경물에 마음을 두지 않았기 때문이다. 선현의 향기로운 자취를 눈으로 직접 보고 발로 직접 밟아보며 기쁘게 존모하고 감격해 분발하여 충만히 마음속에 터득함이 있었으니, 어찌 사방을 유람하며 기이하고 장엄한 곳을 끝까지 찾아다는 세상의 유람객과 비교하겠는가."[36]라고 하여, 기이한 구경거리가 많은 삼신산을 유람하지 않고 선현의 유적이 있는 삼산서원을 유람한 데에 그 의미를 부여하였다.

이상정(李象靖)의 문인 김굉(金㙊)은 이러한 안덕문의 유람을 두고 "이 사람은 참으로 감발하여 흥기함이 있는 사람이고, 참으로 고인을 존

---

35) 安德文,『宜庵集』권7, 부록2, 趙居善 撰,「題安章仲三山院序後」. "夫章仲遊於三山之內, 而先生之杖屨, 儼然如復侍矣, 先生之謦咳, 肅然如更聞矣. 周旋乎泉聲岳色之間, 而興起乎仁智風詠之趣, 則與其鑽古紙於圖畫, 曷若遊於斯而後驗之於圖與書者, 爲尤有味也."

36) 安德文,『宜庵集』권7, 부록2, 柳致皜 撰,「三山圖誌後」. "乃不游彼而游此者, 特以其景慕賢躅, 而非爲景物役也. 遺芬剩馥, 目寓身履, 欣慕感發, 而充然有得於心, 又豈與世之浪遊四方窮奇極壯者, 比哉."

모하는 데 뜻을 둔 사람이다."37)라고 하였으며, 이해수(李海秀)는 "공은 일찍이 화공으로 하여금 칠분(七分)의 삼산서원도를 그리게 하여 좌우에 걸어두고 아침저녁으로 와유(臥遊)하는 자료를 삼았었는데, 다시 한가한 날 명승을 유람하는 도구를 준비해 가지고 직접 찾아가 십분(十分)의 진경을 구경하고 돌아왔으니, 공은 풍류학자라고 할 만하다."38)라고 하였다. 김굉은 고인을 진정으로 흠모하는 사람으로, 이해수는 풍류학자로 안덕문을 논평하였다.

경상좌도 퇴계학파 학자들은 안덕문이 옥산서원과 도산서원을 직접 찾아가 배알한 것에 대해 이와 같이 그 의미를 부여하면서도, 한편으로는 외형적인 삼산서원에서 구하지 말고 돌아가 세 선생의 책 속에서 그 심법(心法)과 도덕(道德)을 추구하라 충고하고 있다. 특히 당시 경상좌도에서 중망이 있던 학자들이 그런 충고를 빠뜨리지 않고 있다.

퇴계의 후손 이야순(李野淳)은 "그러나 이는 오히려 거칠고 외적인 것입니다. 세 선생의 유풍과 여운, 심법과 도적(道的)의 안에는 각자 절로 무형의 한 산이 있을 것이니, 공은 돌아가서 그것을 구하십시오.……저 무형의 산에 나아가 그 산맥과 길을 세세히 찾아 얕은 데로부터 깊은 데로 나아가고, 낮은 데로부터 높은 데로 나아가 끝내 커다란 본체와 형세를 보게 되면, 나의 눈에 일찍이 산이 없지 않을 것이고, 나의 마음에 일찍이 산이 없지 않을 것이니, 저 유람록과 그림은 있어도 괜찮고, 없어도 괜찮을 것입니다."39)라고 하여, 유형의 산에 머물지 말고 무형의 산

---

37) 安德文, 『宜庵集』권7, 부록2, 金㙆 撰, 「書三山院序後」. "此眞有所感發而興起者矣, 眞有志慕古者矣."
38) 安德文, 『宜庵集』권7, 부록2, 李海秀 撰, 「三山圖誌跋」. "嘗使工畫者, 描寫七分三山, 揭之坐右, 爲朝夕臥遊之資, 又以暇日辦濟勝具, 往觀其十分眞境而歸, 公可謂風流學者矣."

에서 세 선생의 심법과 도의 표적을 찾으라 권유하였다.

　이정국(李楨國)은 "세 선생의 학문은 궁리하여 이치를 밝히고, 집의 (集義)하여 호연지기를 길러 그것을 온축해 덕행이 되고, 그것을 발휘하여 문장이 됨으로써 우주에 동량이 되고 어두운 세상에 일월처럼 된 것이니, 어찌 유독 산에 오르고 물을 완상하면서 기이한 기상을 드날려서 얻어지는 것이겠습니까."40)라고 하였고, 유범휴(柳範休)는 "단지 산에 오르고 물가에 임하여 호탕하게 '나는 고인을 존모한다.'고 말한다면 이는 허경(虛景)일 따름입니다."41)라고 하였고, 이우(李㙔)는 "그대가 세 선생을 존모하는 것은 참으로 지극합니다. 그러나 삼산의 수석 사이에서 구할 뿐이라면 그것은 근본이 아닙니다. 한 때의 의기(意氣)는 쉽게 흩어질 것이니 허경이 되기 쉬워 일을 완성하지 못합니다. 세 선생이 세 선생이 된 것은 삼산에 있지 않고 세 선생의 정신과 심법이 미묘한 데에 있습니다."42)라고 하였다.

---

39) 安德文,『宜庵集』권7, 부록2, 李野淳 撰,「贈別宜庵翁序」. "然此猶是粗也外也. 三先生遺風餘韻心法道之之中, 各自有無 形一山, 公歸而求之.……就夫無形之山, 而細尋其脊脉蹊逕, 自淺而深, 自低而高, 卒窺其體勢之大焉, 則吾之目未嘗無山, 吾之方寸, 亦未嘗無山. 彼所爲錄與圖也, 有之亦可, 無之亦可."

40) 安德文,『宜庵集』권7, 부록2, 李楨國 撰,「贈別宜庵翁序」. "三先生之學問, 窮理以明之, 集義以養之, 蘊之爲德行, 發之爲文章, 棟樑乎宇宙, 日月乎昏衢, 豈獨登山玩水, 暢發奇氣, 而得之哉."

41) 安德文,『宜庵集』권7, 부록2, 柳範休 撰,「書三山院序後」. "只使登山臨水, 而嘐嘐然曰我慕古人, 則是虛景而已."

42) 安德文,『宜庵集』권7, 부록2, 李㙔 撰,「送安章仲歸宜庵序」. "夫子之慕三先生者, 固至矣. 然徒求之三山水石之間, 則非其本也. 一時意氣, 恐易銷散, 易成虛景不濟事. 三先生之所以爲三先生者, 不在於三山, 而在於三先生精神心法之微."

이를 통해 볼 때, 대체로 삼산의 외적인 허경에 머물지 말고, 책 속에서 세 선생의 정신과 심법을 구하는 것이 근본이라는 점을 언급하고 있다.

이상에서 살펴보았듯이, 안덕문은 삼산이라는 명칭을 정립하고, 삼산 서원도를 그리고, 「삼산도명」을 짓고, 서문을 쓴 뒤, 현장을 탐방하여 세 선생을 추모하고, 그 지역의 명망 있는 학자들을 찾아가 자신이 가지고 있는 그림과 글을 보여주고 논평을 구하여 『삼산도지』를 편찬함으로써 삼산서원의 명칭과 위상을 정립하였다.

그리고 이 삼산서원을 직접 탐방하여 세 선생의 학덕을 체험하는 한편, 『삼산도지』 등을 보여주며 경상좌도 사인들의 공감대를 이끌어내 세 선생을 함께 추존하는 것이 바람직하다는 융합의 정신을 만들어냈다. 특히 경상우도 남인계 학자들에게는 어느 한 선생의 학맥에 속한 학문성향에서 벗어나 세 선생의 학문을 하나로 합하여 계승하는 융합의 학문을 제시하였다. 이는 학맥으로 전승된 특정학파의 설만을 고수하는 당시 영남의 일반적인 학풍에 비해 볼 때, 학계에 새로운 변화를 촉구한 것으로 받아들여진다. 이러한 점이 경상우도 학자들에게서 나타났다는 것은, 이 지역 학자들이 비교적 사승의 연원으로부터 자유로웠기 때문에 가능했다.

이러한 융합의 학문이 경상우도 남인계 학자들에게 큰 영향을 미쳐 19세기 후반 곽종석(郭鍾錫)은 "그대는 유독 듣지 못했소, 옛날 우리 도가 없어지지 않았을 적엔, 하늘이 퇴계 선생 같은 분을 강좌에 내시고, 남명 선생을 강우 지역에 우뚝 서게 하셨지요. 나이도 동갑에 정신적으로 교유를 하셨는데, 성대한 도와 후중한 덕이 모두 같았지요. 그 연원이 바다 밖으로 수수(洙水)·사수(泗水)에 닿았고, 산남으로는 멀리 낙양(洛陽)·민중(閩中)까지 뻗혔던 것을."[43)]이라고 하여, 남명과 퇴계를 나란

히 일컬으며 그 도와 덕이 다르지 않았다는 점과 그 연원이 다르지 않았
다는 점을 말하였다.

이것이 조선후기 경상우도 학자들에 의해 새롭게 형성된 남명학과 퇴
계학을 동등하게 보면서 그 장점을 겸하여 융합하려 한 학문정신이다.
그리고 그런 융합의 초석을 놓은 인물이 18세기 후반에 활동한 안덕문
이다.

IV. 맺음말

이상에서 의령에 살던 안덕문이 삼산서원이라는 명칭과 위상을 정립
하고, 이를 통해 회재·퇴계·남명 세 선생을 나란히 추숭하여 학문의 융
합을 추구한 점에 초점을 두고 살펴보았다. 지금까지 논의한 것을 바탕
으로 결론을 도출하면 다음과 같다.

18세기 후반 영남에는 '삼산'이라는 명칭이 생겨났는데, 이는 경상우
도 의령에 살고 있던 안덕문에 의해 정립되었다. 삼산은 세 곳의 명산을
의미하는 것이 아니라, 회재·퇴계·남명을 제향하는 세 서원이 있는 산
을 상징적으로 의미하는 말이다. 안덕문은 심성수양을 중시하며 일상에
서 이를 실천하는 학문성향을 견지하였는데, 어느 특정한 스승에게 나
아가 수학하지 않고 영남을 대표하는 세 선생의 학문과 덕행을 사숙하
여 융합하려 하였다. 그는 이를 실천하기 위해 화공에게 명해 삼산도를

---

43) 郭鍾錫, 『俛宇集』 권1, 「入德門賦」. "子獨不聞, 夫昔者斯文之未喪也, 有若
　　陶山夫子天降於江之左, 南冥先生壁立乎嶺之右, 年同庚交同神, 道同盛德
　　同厚, 洙泗乎海外, 閩洛乎山南者否."

그려오게 한 뒤, 병풍을 만들어 대청에 펼쳐놓고 늘 흠모하였다.

안덕문은 삼산서원도를 통해 세 선생의 유풍을 본받으며 삼산서원의 명칭과 위상을 정립하는 데서 그치지 않고, 삼산서원을 찾아 세 선생의 학덕을 직접 체득하려 하였다. 그의 이런 활동은 세 선생의 학덕을 추숭하며 본받고자 하는 지취에서 비롯된 것이지만, 자신이 정립한 삼산서원의 명칭과 위상을 표장하여 영남사림들로부터 공인받으려는 의도도 다분히 있었던 것이다.

그는 삼산서원도·삼산도명 등을 준비해 가지고 옥산서원·도산서원을 찾아가 배알하였으며, 중도에 저명한 학자들을 방문하여 삼산도 등을 보여주며 논평을 요청하였다. 그의 이런 노력에 의해 경상좌도 학자 19명의 글을 받았고, 그의 사후에도 7인이 발문을 더 지었다. 이들이 지은 글을 통해 볼 때, 경상좌도 퇴계학파 학자들도 안덕문이 삼산서원의 명칭과 위상을 정립한 것에 대해 대체로 동의하였다. 그럼으로써 남명학파가 몰락한 뒤 상대적으로 침체되었던 덕천서원을 도산서원·옥산서원과 동등한 지위에 올려놓는 성과를 이룩했다.

이러한 안덕문의 삼산서원을 표장하기 위한 노력에 대해 경상좌도 퇴계학파 학자들은 대체로 긍정적인 반응을 보이면서도 구체적으로는 남명과 퇴계의 학문을 동일하게 보지 않는 변별적인 인식을 드러냈다. 그 중에 대표적인 언급이 정구(鄭逑)가 말한 '퇴도정맥 산해고풍(退陶正脈 山海高風)'을 정안(正案)으로 삼아, 퇴계는 정맥으로 남명은 고풍으로 논평하는 인식이 밑바탕에 깔려 있다.

그러나 남명학파와 퇴계학파의 접경지역에 거주하던 학자들은 정통성을 척도로 하여 정맥과 고풍으로 보는 인식을 배제하고 도학의 범주 안에서 세 선생의 특징을 드러내는 쪽으로 논평하여 다른 인식을 보였다. 그 가운데 주목할 만한 점이 옥산서원 무변루(無邊樓)의 광풍제월(光風霽月)을 회재의 기상으로, 도산서원 앞 탁영담(濯纓潭)의 연비어약(鳶飛魚躍)을 퇴계 학문의 실리(實理)로, 덕천서원 앞 세심정(洗心亭)에서 느끼는 천인벽립(千仞壁立)을 남명의 풍절(風節)로 포착하여 세 선생의 특징을 드러낸 것이다.

또한 경상좌도 학자들은 안덕문이 세 선생을 제향한 서원을 찾아 학문적 체취를 직접 느끼려 한 점에 대해 큰 의미를 부여하면서도, 거기에서 그치지 말고 세 선생의 책을 통해 심법(心法)과 도적(道的)을 추구하라고 충고하기도 하였다. 이는 세 선생을 존모하는 데서 그치지 말고 그 도를 추구해 계승하는 것이 보다 본질적임을 환기시킨 것이다.

안덕문의 이러한 지향과 노력을 통해 삼산은 삼산서원을 의미하며, 영남을 추로지향으로 만든 세 선생을 함께 존모해야 한다는 인식을 제고했다. 그리고 이를 통해 특정 문하의 사설만을 준수하는 학풍에서 벗어나 세 선생의 학문을 하나로 아울러 계승하고자 하는 새로운 융합의 학문을 제시하게 되었다. 이는 이상정(李象靖)이 혼륜간(渾淪看)과 분개간(分開看)에 치우친 시각을 극복하고자 통간(通看)을 제시한 것과 마찬가지로, 자기 학파의 학설만을 고수하는 분개간적 시각을 극복하고 동질성을 찾아 융합을 추구하는 눈을 뜨게 한 것으로 평가된다.

특히 경상우도 학자들은 이런 융합의 학문을 지향해 당색과 학파에 구애되지 않고 학술교류를 하여 학문이 울흥하는 터전을 만들었다. 19세기 경상우도 지역은 타 지역과 달리 퇴계학파의 한주학맥(寒洲學脈) 및 정재학맥(定齋學脈), 기호학파의 노사학맥(老沙學脈), 성호학파(星湖學派)의 성재학맥(性齋學脈) 등이 공존하면서 활발하게 학술활동을 전개해 그 어느 지역보다도 성대한 학술이 일어났는데, 모두 이 지역에 뿌리를 내린 남명학을 근간으로 하면서 사설을 추종하는 성향을 보인다. 이러한 배경에는 안덕문이 어느 특정 학파의 학설만을 고수하려 하지 않고 융합의 학문정신을 제시한 영향이 일정하게 작용한 것이라고 생각한다.

〈참고문헌〉

朱　熹,『晦庵集』, 문연각 사고전서.

郭鍾錫,『俛宇集』한국고전번역원, 한국문집총간 제340책, 2004.

金聖鐸,『霽山集』, 한국고전번역원, 한국문집총간 제206책, 1998.

朴致馥,『晩醒集』, 炳燭契, 2003.

安德文,『宜庵集』, 경상대학교 도서관 문천각 소장.

宋浚吉,『同春堂集』한국고전번역원, 한국문집총간 제107책, 1993.

李　瀷,『국역 星湖僿說』, 한국고전번역원, 1982.

鄭　逑,『寒岡集』, 한국고전번역원, 한국문집총간 제53책, 1990.

김준형 외,『입산마을의 역사와 문화』, 의령문화원, 2008.

金益載,「내암 정인홍의 현실대왕과 그 문인집단의 사승의식」, 경상대 박사학위논문, 2008.

오이환,『남명학의 새 연구 하』, 한국학술정보(주), 2012.

崔錫起,「南冥의 神明舍圖·神明舍銘에 대하어」,『남명학연구』제4집, 경상대 남명학연구소, 1995.

_____,「傳統名勝의 인문학적 의미」,『경남문화연구』제29호, 경상대 경남문화연구원, 2008.

_____,『남명과 지리산』, 경인문화사, 2006.

※ 이 글은『남명학연구』제40집에 수록된「안덕문의 삼산서원 위상정립과 그 의미」를 수정 보완한 것이다.

제3장
하익범(河益範)의 삶과 문학

Ⅰ. 머리말

진양 하씨(晉陽河氏)는 하공신(河拱辰) 계열, 하진(河珍) 계열, 하성(河成) 계열로 나누어지는데, 하공신 계열의 후손 중 창주(滄洲) 하징(河憕, 1563~1624)을 파조로 하는 가문을 창주가(滄洲家)라 칭한다. 본고에서 다룰 사농와(土農窩) 하익범(河益範, 1767~1813)은 창주 하징의 7대손이다. 하징은 남명의 재전문인으로, 남명학을 적극 계승한 인물이다. 그러나 인종반정 이후 남명학파가 몰락하면서 남인화·노론화 될 때, 그의 손자 하명(河洺, 1630~1677)이 기호학파 송시열(宋時烈)의 문하에 나아가 배움으로써 이 집안은 그 후 노론의 당색을 갖게 되었다.

하징은 남명학파에서 중추적인 역할을 한 인물이다. 따라서 그의 후손들이 비록 노론으로 당색을 바꾸고, 우암학파(尤庵學派)로 학문적 연원을 달리했지만, 그들의 정신세계 속에 남명학이 온전히 사라진 것은 아니다. 본고의 목적이 하익범의 남명학 계승양상을 고찰하는 데 있는 것은 아니지만, 위와 같은 창주가의 정신사적 맥락 속에서 하익범에게서도 그런 면이 있을 것으로 보인다. 이 문제는 경상우도 지역 정신사를 살피는 데 매우 중요한 사안이다.

본고는 하징의 7대손으로 18세기 후반부터 19세기 전반기에 활동한 하익범의 삶과 문학을 밝히는 것이 목적이다. 하익범은 아직까지 학계에 전혀 알려지지 않은 인물이다. 따라서 우선 하익범의 생애를 먼저 살펴보고, 그의 삶의 지취가 어디에 있었는지를 추적할 것이다. 그리고 이를 바탕으로, 그의 문집 대부분을 차지하고 있는 기행문학에 초점을 맞추어 그 내용을 개괄해 보고, 산수기행시문에 나타난 작가의식을 고찰해 보고자 한다. 이 글은 하익범이라는 인물의 삶의 지취와 그것이 기행문학에 어떻게 투영되어 있는지, 그 정신세계는 어떤 것인지를 밝히는 것이 주목적에 해당한다.

이 글은 1940년 하익범의 현손 하우식(河祐植)이 편찬한 3권 1책의 『사농와집』을 저본으로 하였다. 이 책은 경상대학교 도서관 문천각에 소장되어 있다.

II. 생애와 삶의 지취

1. 생애

하익범의 자는 서중(叙中), 호는 사농와(士農窩), 본관은 진양이다. 진양 하씨 창주가는 남명 조식의 재전문인인 하징을 파조로 하는 진주 단목리(丹牧里)에 세거한 문중을 말한다. 이 창주가는 17세기 중엽까지 남명학파의 주요 구성원으로, 그 이후로는 기호학을 수용하여 진주 지역의 대표적인 노론가문으로 성장 발전해 왔다.[1]

창주가는 조선전기에 진주 지역의 대표적인 사족으로서 그 위상을 정립하였다. 창주의 6대조 하순경(河淳敬)은 문과에 급제하여 성균관 직강을 역임하였고, 세조 조에는 좌익원종공신에 책훈되었다. 그리고 그의 세 아들 하기룡(河起龍)·하기린(河起麟)·하기서(河起犀)가 나란히 문과

---

1) 김학수, 「진양하씨 창주가의 가계와 학문의 연원」, 『진양하씨 창주후손가 선비의 묵향』(2004), 한국정신문화연구원, 330면.

에 급제함으로써 문호가 더욱 성대해졌다. 하기룡이 진주 북면에 있는 사죽리(沙竹里) 단목(丹牧)으로 이주한 뒤, 이 가문에서 문인·학자들이 대대로 배출되어 진주의 명문가가 됨으로써 세칭 '단목 하씨'로 불리게 되었다.

하징의 고조부 하유(河鮪)는 교위(校尉)를 지냈고, 증조부 하우치(河禹治)는 무과에 급제하여 사천현감·안주목사 등을 지냈으며, 조부 하숙(河淑)은 어득강(魚得江)의 사위로 효행이 있었고, 부친 하국보(河國寶)는 생원이었다. 하징은 하위보(河魏寶)의 다섯째 아들로 태어났는데, 하국보에게 입양되었다. 하숙은 하위보·하진보(河晉寶)·하국보 삼형제를 두었는데, 하위보와 하진보는 모두 남명의 문인이다. 하진보는 1554년 문과에 급제하여 1588년 김해부사로 재직할 때 신산서원(新山書院)을 건립하여 남명의 위패를 봉안하는 데 주도적인 역할을 하였다.[2]

하징은 하위보·하진보의 영향으로 가학을 통해 남명학을 계승했고, 또 남명의 문인인 정인홍(鄭仁弘)[3]과 정구(鄭逑)에게도 배워[4] 남명학파의 주요 인물로 등장한다. 정구는 하징을 고명하다고 인정하였고, 인근에 유배되어 있던 심광세(沈光世)는 하징을 통유(通儒)로 평가하였다. 이처럼 중망을 입은 하징은 남명 재전문인 대에 남명학파의 주도적 인물로 부상하였다. 그는 크게 현달하지는 못했지만 문학과 행의(行誼)로 지역사회에서는 명망이 높았다.[5]

---

2) 한국학중앙연구원 장서각, 『진양하씨 창주후손가 선비가의 묵향』(2004), 한국학중앙연구원.
3) 李相弼, 『남명학파의 형성과 전개』(2005), 와우출판사, 147~151면.
4) 한국학중앙연구원 장서각, 『진양하씨 창주후손가 선비가의 묵향』(2004), 한국정신문화연구원, 24면.
5) 河益範, 『士農窩集』 권3, 附錄 「家狀」. "嗣進士諱憕 淑於冥翁之學 爲世推重 寒岡鄭文穆公許之以高明 休翁沈公敬之以通儒 享臨川書院 學者 稱滄洲

인조반정 이후『남명집』에 정인홍 관련 문자를 삭제하는 문제로 하징의 손자 하명이 하홍도(河弘度)의 문인에서 이탈하여 송시열의 문인이 됨으로써, 이 집안은 노론화 되어 남명관련 사업에 참여하지 않았다.[6]

하익범은 하명의 5대손이다. 하익범의 고조부는 하윤우(河潤宇)로 유망(儒望)이 있었고, 증조부 하응운(河應運)은 문행(文行)과 지절(志節)로 이름이 높았고, 조부 하재악(河載岳)은 송시열과 송준길(宋浚吉)의 문묘종사를 청하는 소를 올렸고, 부친 하진태(河鎭兌)는 효행으로 교관에 추증되고 정려가 내렸다.[7]

하익범은 1767년(영조 43) 진주 단목리 본가에서 태어났다. 그는 타고난 자질이 강의(剛毅)하고 온후하였으며 지기(志氣)가 녹록치 않았다. 그는 어려서 "즐거운 세상엔 명교(名敎)를 구해야지, 요임금은 어떤 사람인가 순임금도 평범한 사람이었네.[樂地求名敎 堯何舜亦人]"라는 시를 지었는데, 식자들이 원대한 뜻을 가진 학자가 될 것으로 기대했다.[8]

하익범은 학문과 행의(行誼)가 있는 명문가에서 태어나 가정교육을 받으며 성장하였다. 그러다 33세 때인 1799년 부친의 명으로 송시열의 5세손인 송환기(宋煥箕)를 회덕(懷德)으로 찾아가 집지하고 문인이 되었다. 그때 송환기는 하익범에게 주자서를 읽으라고 권유하였고, 하익범은 그 후 주자서에 심취하였다. 하익범은 또 이의조(李宜朝)에게 예학을 배

先生 自是名位雖遜 而以文學行誼 克世其家"

6) 李相弼,『남명학파의 형성과 전개』(2005), 와우출판사, 182면.

7) 河益範,『士農窩集』권3, 附錄,「家狀」. "考諱鎭兌 號杏亭 以孝贈敎官旌閭 祖諱載岳 上疏請尤春二先生從祀 曾祖諱應運 號智靜齋 以文行志節 著於 辛壬之際 高祖諱潤宇 有儒望"

8) 上同. "英宗丁亥 生府君于丹洞舊第 生而資稟剛毅溫厚 志氣不碌碌 與羣兒 遊 若仙鶴之在雞羣 七八歲作詩曰 樂地求名敎 堯何舜亦人 識者 已以遠大 期之"

윘으며, 이의조가 『가례증해(家禮增解)』를 편찬하는 데 일조하기도 하였다.9)

이를 통해 보면, 하익범은 젊어서 가학을 통해 학문이 어느 정도 완성된 뒤에, 송환기와 이의조에게 나아가 기호학파의 성리학과 예학을 배워 그 학맥에 속한 것을 알 수 있다. 그가 굳이 그렇게 한 것은 노론의 당색을 갖고 살아가기 위한 방편이었을 것이다. 기호학파에서 가장 정통성이 있는 우암학파, 그것도 우암의 5세손의 문인이 된다는 것은 정치적으로나 사회적으로 상당한 의미를 갖는다. 그것은 가문의 생존권과 직결된 문제였기 때문에 몰락한 남명학파의 근거지에 뿌리는 둔 사족으로서는 살아남기 위한 포석일 수 있다. 사대부정치 시대의 특성을 고려하면 이러한 선택은 가문의 유지를 유해 불가피한 것으로 인정된다.

그렇지만 하익범은 기득권 세력에 편승해 입신출세를 꿈꾸지 않았다. 그것은 자기 가문의 존재방식에 대한 확고한 인식이 있었기 때문이다. 하익범은 1800년 과거시험에 응시 차 한양에 갔다가 거자(舉子)들이 분주히 돌아다니는 것을 보고서 과거를 포기하고 돌아왔다. 왜 그랬을까? 아무리 고지식한 독서인이라 할지라도 그 정도 세상사는 알 것이 아닌가. 그것은 삶의 존재방식이 달랐기 때문이다. 그는 권력의 틈바구니 속에 나아가 피비린내 나는 정쟁을 하며 사는 것을 원치 않았다. 그보다는 문학과 행실로 이름이 나 명문가의 명성을 잃지 않으면서 가세(家勢)를

---

9) 上同. "以親命贊謁性潭宋先生 先生一見 嗟異歎其得見之晚 府君既遊函筵 操守踐履之方 出處語默之節 處己接物之道 一遵師門繩尺 而至於名理微妙 經旨纏繞 亦皆論難同異 剔抉窮覈 而所成書者 惟大學講義一卷耳 先生仍 勸讀朱子書 府君平生受用 多在於此……府君又學禮于李鏡湖先生之門 經禮曲禮之疑 儀文制度之節 無不討論卞質 支分節解 鏡湖翁深與之 其所次 輯家禮增解 亦頗得府君之助云"

유지하는 것이 보다 중요한 삶의 방식이라고 자각하였기 때문이다.

현손 하우식이 지은 「가장」에 의하면, 하익범은 과거를 포기한 뒤 방안에 들어앉아 좌우에 도서를 두고 세상사를 단념한 채 위기지학을 한 것이 십 수 년이라고 하였다.[10] 이것은 무엇을 의미하겠는가? 과거를 통해 입신양명하는 길보다는 학문과 지절을 가진 사대부로서 살아남으려한 것이다. 이런 점에서 하익범의 삶은 가학의 전통을 잘 계승하고 있다 하겠다.

하익범은 47세의 젊은 나이에 별세했고, 그의 생애에 있어 특별한 전환점이 눈에 뜨지 않는다. 굳이 그의 생애를 구분하려 한다면, 1799년 송환기에게 집지를 하고, 1800년 과거시험을 보러 상경하였다가 세태를 보고 위기지학을 하기로 결심한 시점을 기준으로, 생의 전반기와 후반기로 나누어 볼 수 있다. 왜냐하면 이 시점을 기준으로 삶의 존재방식이 변했기 때문이다. 즉 전반기는 가학을 통한 사인으로서의 존재방식을 익히는 기간이었다면, 후반기는 그것을 바탕으로 외연을 넓히고 삶의 지취를 다지는 기간이었기 때문이다.

하익범은 체질적으로 유람을 좋아하는 성품을 지녔다. 그런데 1799년·1800년을 기준으로 할 때, 전반기에는 유람한 기록을 거의 남기지 않은 반면, 후반기에는 유람할 때마다 거의 기록을 남기고 있다. 그는 1794년 한양에 갔다가 남한산성을 유람하였고, 1796년에는 합천의 황계폭포와 가야산 등을 유람하였다. 그리고 1797년에는 배를 타고 한산도와 미륵산을 유람하였다.[11] 그러나 이에 대한 기록이 없다. 그런데 1799년 송

---

10) 上同. "旣入場屋 見擧子奔波 歎曰 此豈士子發身之道乎 自是 遂廢擧業 退掃一室 左圖右書 不問門外事 囂囂然者 十數年 如一日"

11) 河益範, 『士農窩集』 권2, 「遊頭流錄」. "士農主人性喜遊 甲寅歲 北遊京師 觀國之光 登南漢 望見仁王三角之雄峙 丙辰秋 由黃溪瀑 入伽倻溯紅流 訪

환기에게 찾아갈 때부터는 날짜별로 자세한 기록을 남기고 있다. 이런 점에서 그의 생애 후반기에 남긴 기행문학 작품은 주목된다. 또한 그의 문집 가운데 기행문이 눈에 띄게 많으며, 시에도 기행시가 다수 있다. 이를 통해 볼 때, 하익범의 문학은 기행문학 작품 속에 농축되어 있다고 보이며, 결국 이를 통해 그의 삶의 지취를 읽어낼 수 있을 것으로 생각된다.

　현전하는 『사농와집』에는 성리설·경설·예설 등의 학술적 논설이 발견되지 않는다. 현손 하우식이 쓴 「가장」에 "부군께서 사문(師門)에 유학하신 뒤로 조수천리(操守踐履)의 방도와 출처어묵(出處語默)의 지절(志節)과 처기접물(處己接物)의 도리를 한결같이 사문의 법도를 따르셨다. 그러나 명리(名理)가 미묘하고 경지(經旨)가 얽혀 있는 곳에 대해서는 동이를 논난하고 핵심을 분석하였는데, 책으로 완성한 것은 『대학강의(大學講義)』 한 권뿐이다.……부군께서는 또 이경호(李鏡湖 : 李宜朝) 선생의 문하에서 예학을 배우셨다. 경례(經禮)·곡례(曲禮)의 의문, 의문(儀文)·제도(制度)의 절도에 대해 토론하고 질정하며 대지(大支)를 나누고 구절(句節)을 분해하지 않음이 없었는데, 경호 선생이 깊이 허여하였다. 경호선생이 『가례증해』를 편찬할 적에 부군의 도움을 자못 얻었다."[12] 라고 한 것을 통해, 그의 학문성향을 가늠해 볼 따름이다.

雲仙遺跡 丁巳秋七月旣望 與尹戚丈統制 用巨艦 浮于海 會獵于閒山島 登彌勒 望日本對馬島 下山斫棕櫚樹 是年冬 大雪中 登會稽之換鵝亭"
12) 河益範,『士農窩集』권3, 附錄,「家狀」. "府君旣遊函筵 操守踐履之方 出處語默之節 處己接物之道 一遵師門繩尺 而至於名理微妙 經旨纏繞 亦皆論難同異 剔抉窮覈 而所成書者 惟大學講義一卷耳……府君又學禮于李鏡湖先生之門 經禮曲禮之疑 儀文制度之節 無不討論卜質 支分節解 鏡湖翁深與之 其所次輯家禮增解 亦頗得府君之助云"

　이를 통해 우리는, 하익범이 경학과 예학에 상당한 조예가 있었음을 알 수 있다. 경학에 있어서는 『대학강의』 1권의 저술이 있었으나 현존하지 않는다. 또 예학에 있어서는 이의조가 편찬한 『가례증해』를 편찬하는 데 교정을 볼 정도로 식견이 있었음을 알 수 있다.

　송환기와 송능상(宋能相)은 모두 한원진(韓元震)의 문인으로 경학에 조예가 깊었으며, 성리설로는 호론(湖論)에 속한다.13) 송환기는 한원진에게 수학한 뒤, 송능상에게도 배웠다.14) 한편 이의조도 송능상의 문인으로, 1781년 남간정사(南澗精舍)에서 송환기와 함께 강학하기도 하였다.15) 이를 통해 볼 때, 하익범은 우암학파의 한원진－송능상－송환기·이의조로 이어지는 학맥에 속한다.

　하익범이 도의지교를 맺었던 인물로는 정국채(鄭國采), 조복(趙濮), 유지현(柳之賢) 등이 있다. 정국채는 정문부(鄭文孚)의 후손이고, 조복은 조려(趙旅)의 후손이다.

　하익범의 인품에 대해 강의강개(剛毅慷慨)하다는 평과 온량개제(溫良愷悌)하다는 극단적인 평이 있었는데, 이에 대해 정필현(鄭必賢)은 '강건한 자질로 유손하게 일을 처리했다'고 평했다.16) 다시 말해, 그는 온화한 성품을 지녔으면서도 한편으로는 의지가 굳세고 강개한 마음을 갖고 있었던 듯하다. 그가 생의 후반기에 산수 유람을 많이 한 것도 강의(剛

---

13) 崔錫起,『한국경학사전』(1998), 성균관대학교 대동문화연구원.

14) 민족문화추진회,『한국문집총간해제 5』(2001),「性潭集 해제」, 413~420면.

15) 河益範,『士農窩集』권2,「潭行日記」4월 乙巳日. "參奉丈 延安人 丁未生 名宜朝 字孟宗 自號鏡湖 受學於雲坪宋先生門 與性潭丈席同門 而爲當世 禮學宗匠"

16) 河益範,『士農窩集』권3, 附錄,「家狀」. "然竊考當時諸賢之稱述 或曰剛毅 慷慨 或曰溫良愷悌 蓋府君溫良處極溫良 剛毅處極剛毅 故人各以所見稱之 爾 惟鄭公必賢曰 剛健之資 濟以柔遜 則於府君 亦可謂庶幾"

毅)한 데서 오는 강개한 마음을 달래려고 한 측면이 없지 않을 듯하다. 그러나 그 강개한 마음이 어떤 것이었는지에 대해서는 뚜렷한 증거를 포착할 수 없다.

2. 삶의 지취

조선시대는 사대부정치 시대이다. 사대부정치의 속성은 나아가면 대부가 되고 물러나면 사(士)의 신분으로 돌아오는 것이다. 그런데 현실정치권에서 사인이 벼슬길에 나아가기란 여간 어려운 것이 아니었다. 그러므로 벼슬길에 나아가지 못하고서도 살아가는 방법을 터득하고 실천해야만 했다.

16세기 사화를 경험한 사인들은 특히 자기정체성 문제를 심각하게 고심하였고, 그 결과 자신의 존재방식을 스스로 결정하여 다양한 삶의 양태를 드러낸다. 그 가운데 정치권에 나아가지 않으면서 자기 정체성을 뚜렷이 하는 인간형이 등장하는 바, 대체로 현실참여형·은일자적형·지적탐구형으로 분류된다.17) 이 중 남명의 경우는 왕도정치를 이상으로 하는 뚜렷한 이념을 갖고, 그것을 실현할 수 없는 세상에는 나아가지 않겠다는 확고한 지절을 보이며, 현실세계에 발을 딛고서 자신의 정체성을 뚜렷이 세워 처사적 삶의 전범을 보인 인물이다.

남명을 기점으로 조선의 사인들은 자신들의 삶의 방식에 대해 분명한 자각을 하게 되었다. 그래서 그들은 벼슬길에 나아가지 않고서도 사인으로 사는 방법을 스스로 개척해 그 어느 시대 사인보다 각성된 의식을 보인다. 그들은 강학을 통해 의리를 깨우치고, 수신을 통해 스스로를 도

---

17) 姜貞和,「16세기 遺逸文學 연구」, 경상대 박사학위 논문, 2006, 39~65면.

덕적 인간으로 완성시키려 하였다. 그럼으로써 높은 도덕성과 우수한 학문으로 사회적 인정을 획득하려 하였다.

또한 이들은 자신을 위한 위기지학에 머물지 않고, 적극적이고 능동적으로 사회적 역할을 다하려 하였다. 그리하여 서당을 세워 인간다운 삶을 가르치며 향촌을 교화하였고, 사창을 만들어 흉년에 빈민을 구휼하였으며, 향약을 만들어 공동체 사회의 윤리적 질서를 확립하였고, 국난이 닥치면 물심양면으로 진심진력하여 난국을 극복하려 하였다.

이처럼 각성된 사인들의 존재방식 속에서 주목되는 점이, 정치권에 나아가 자신을 더럽히는 것보다 오히려 처사로서 중망을 유지하는 것이 더 의미 있는 것으로 인식되었다는 점이다. 특히 사림정치와 산림정치가 행해지던 조선중기에는 그런 분위기가 널리 퍼졌다. 한 마디로 과거에 급제해 출세하는 것보다 학문적 우위를 확보하는 것이 더 알아주는 시대를 만든 것이다. 여기에 조선사대부정치의 특징이 있다.

하익범이 살던 시대는 정조·순조 시대이다. 이때는 권력을 장악한 거대 여당인 노론의 몇몇 벌열에 의해 정치가 좌지우지되던 시대이다. 이 시대는 이미 사림정치·산림정치가 막을 내리고 벌열정치·세도정치가 확립된 시기였다. 당시에는 중앙의 몇몇 벌열이 정치를 농단하고 있어, 지방의 사족들은 거의 권력층에 진입할 수 없었다. 그것이 현실이었다. 그래서 근기 지방의 사인들은 새로운 삶의 돌파구를 모색하지 않을 수 없었으니, 그런 시대적 산물이 우리 역사상 조선후기 영·정조 시대에 나타나는 이른바 실학이다.

그러나 영남·호남·호서 어느 곳을 막론하고 지방의 사인들은 새로운 변화를 추구하지 못하고 그전의 삶의 방식을 그대로 답습하고 있었다. 그래서 이들에게는 여전히 존천리(存天理)·알인욕(遏人欲)의 성리학적 실천을 통한 도덕적 완성이 최대의 관심사였다. 아래 인용문은 하익범의 외증손 권재규(權載奎)가 쓴『사농와집』서문의 일부이다.

> 사(士)는 혁혁한 사공(事功)과 훌륭한 문장을 첫 번째 할 일로 삼는 것은 아니다. 오직 실심(實心)을 써서 실학을 힘써 천성을 독실하게 지키며 담박하게 외물에 끌림이 없는 것이 사의 본령이다.18)

권재규는 정재규(鄭載圭)의 문인으로 단성(丹城)에 살았다. 당색으로는 노론에 속하고, 학맥으로는 노사(蘆沙) 기정진(奇正鎭)의 연원에 속한다. 위 인용문에 드러나듯이, 구한말의 사인들에 이르기까지 입덕(立德)·입공(立功)·입언(立言)의 삼불후(三不朽) 가운데 공업을 세우고 문장을 남기는 것보다도 도덕적 주체를 확립하는 입덕이 사인의 본령이라고 생각하고 있었다.

위 인용문의 '용실심(用實心)·무실학(務實學)'은 바로 성리학적 수양론에 해당한다. 권재규는 위와 같은 관점에서 속유들이 사공과 문장의 말단에 분주하며, 절문근사(切問近思)하고 평상실천(平常實踐)하는 실질적인 학문을 추구하지 않는 세태를 비판하였다.19) 그러한 세태가 바로 세상에 진유(眞儒)가 적은 이유로 인식한 것이다.

권재규가 말한 실심·실학은 위인지학(爲人之學)이 아닌 위기지학(爲己之學)을 가리킨다. 이는 조선후기 나타난 경세치용·이용후생·실사구시의 현실 개혁적 실학이 아니라, 자신의 심성수양을 위한 존양·성찰의

---

18) 河益範,『士農窩集』卷頭, 權載奎 撰「士農窩文集序」. "夫士也 未必以巍巍事功 炳炳文章 爲第一義 惟其用實心 務實學 篤守天界 而泊然無慕乎外者 是士之本領也"
19) 上同, "嗟 夫世之所謂士者 大率歆動奔走於事功文章之末 而不肯反求於切近問思平常踐履之實 此所以少眞士也"

위기지학을 말한다. 근기 지역의 실학은 현실제도개혁을 부르짖은 반면, 재야 사림의 실학은 도덕성 회복을 우선시한 것이다.

이러한 가치 인식은 그 전부터 내려온 성리학적 가치체계이다. 그러나 권재규는 도덕이 무너지고 유교가 쇠락하는 시대에 살면서 그런 가치체계를 다시 확립하는 것을 사명으로 삼았던 사람이다. 그러기에 그의 눈에 하익범이 진정한 사인으로 보였던 것이다.

권재규는 하익범에 대해, 여러 세대 문행(文行)의 가문에서 훈도되었다는 점과 강학과 수신을 필생의 계획으로 삼았다는 점을 들어 진정한 사인으로 평가하고, 과거장에 분주히 돌아다니는 속유들과 차별화를 꾀하였다. 권재규는 하익범의 강학과 수신에 관한 구체적인 사실을 거론해 무실(務實)을 내세우며, 이것이 사공·문장보다 결코 못하지 않다는 점을 강조했다.[20] 결국 권재규는 용실심·무실학을 하익범의 정신적 지표로 본 것이다.

그러면 이러한 하익범의 무실정신(務實精神)이 그의 글에 어떻게 나타나고 있는지를 살펴보기로 한다. 하익범은 1792년에 지은 「영귀정우음(詠歸亭偶吟)」이라는 시에서 다음과 같이 노래하고 있다.

증점(曾點)은 청광(淸狂)했으니 어찌 감히 짝하리,　點也淸狂敢作班
영귀정 밖에서 실컷 한가로이 놀리라.　詠歸亭外剩偸閒

---

20) 上同. "蓋公生於累世文行之家 肧胎擩染 固已多矣 其少也 嘗業文赴擧 見士趨奔競 甚恥之 卽廢擧 分於畎 以講學修身爲畢生計 其講學也 不爲詞章口耳之資 而惟以實用 就正於性潭宋先生之門 反復問誨 因成講義一通 又就李鏡湖先生 辨質禮疑 多蒙奬許 其修身也 以剛毅之資 濟之以豈弟 行己處事 不激不隨 事親而無愧 爲孝子 子與昆弟 而不見其有爾我 族戚知舊 各盡仁禮 內而一門雍肅 外而一鄕矜式 鳴呼 公之務實 如此 豈可以無巍巍之事功 炳炳之文章而少之哉"

아득히 상하에서 천리가 유행하는 곳,　　　　　悠然上下同流地
봄날 해가 서산에 기운 줄도 몰랐네.　　　　　　不知春日已西山[21]

이 시에는 하익범의 삶의 지취가 무르녹아 있다. 이 시는 제목에서 보
이듯이, 영귀정에서 우연히 읊은 것이다. '영귀(詠歸)'는 『논어』에서 유
래한 말로, 조선시대 사인들이 자연 속에서 천리(天理)가 유행하는 것을
체득하며 천인합일의 삶을 지향하는 말로 유행하던 것이다. 『논어』 「선
진」 제24장에 다음과 같은 일화가 있다. 어느 날 공자는 자로·증석(증
점)·염유·공서화와 함께 앉아 있다가 각자의 뜻을 말해보라고 하였다.
이에 자로·염유·공서화는 모두 자신들의 정치적 포부를 말했다. 그리고
증점의 차례가 되었다.

　　　증석(증점)이 아뢰기를 "저는 늦은 봄날 봄옷이 완성되면 갓을 쓴 어른
　　　5~6인과 동자 6~7인과 함께 기수(沂水)에 가서 목욕하고, 무우(舞雩)에서
　　　바람을 쏘이고, 시를 읊조리며 돌아오고자 합니다."라고 하니, 공자가 말
　　　씀하시기를 "나는 증점의 뜻을 허여한다."라고 하였다.[22]

증점이 말한 것은 자연 속에서 천리와 하나가 되는 삶의 방식을 말한
다. 이는 세속적 가치를 추구하는 것이 아니라, 자신의 심성을 온전히
하는 삶의 방식이다. 그래서 조선시대 성리학자들에게는 이 증점의 일
화가 삶의 지표로 인식되었다. 위의 시를 보면, 이런 삶의 지취를 물씬
풍기고 있다.
　하익범은 어느 날 영귀정에서 노닐고 있었다. '영귀'라는 말을 돌아보

---

21) 河益範, 『士農窩集』 권1, 詩, 「詠歸亭偶吟」.
22) 『논어』 「先進」 제24장. "曰莫春者 春服旣成 冠者五六人 童子六七人 浴乎沂
　　風乎舞雩 詠而歸 夫子喟然歎曰 吾與點也"

니, 자신은 증점과 어깨를 나란히 할 수 없다. 그래서 증점의 '시를 읊조리며 돌아오고자 한다.[詠而歸]'를 자처하지 않는다. 그리하여 영귀정 밖에서 실컷 한가로이 노닐었다고 노래한다. 그러나 이는 어디까지나 겸손의 미덕에 불과하다. 밖[外]은 안[內]을 자처하지 않은 것이지, 실제로는 영귀정이다. 영귀정에서 우연히 읊은 시인데, 영귀정에 오르지 않았을 리가 있겠는가.

제3구의 '상하동류(上下同流)'는 '연비려천 어약우연(鳶飛戾天 魚躍于淵)'에 잘 나타나듯이, 이 세상 상하에서 천리가 함께 유행하는 것을 가리킨다. 하익범은 천리가 유행하는 곳에서 그것을 만끽하다가 해가 서산에 기우는 줄도 모르고 있었다. 이는 단순히 자연에 몰입하고 자연과 융화하는 것이 아니라, 천인(天人)이 합일되는 경지를 말한다. 본성을 잃지 않고서 본연 그대로 사는 삶이다. 이것은 내 안에서 삶의 본질을 찾는 구도행위로, 그 어떤 것보다 근원적이다. 그래서 공자는 증점의 뜻을 허여한 것이다.

이러한 삶의 방식이 조선시대 도학자들의 정신적 지향이다. 다시 말해, 하익범은 입신출세적 지향보다 증점의 삶의 방식을 택하고 선호한 것이다. 이것의 그의 삶의 지취이다. 이런 지취는 아래의 시에서도 발견된다.

산들 바람 따뜻한 봄날 파릇파릇한 신록,　　　　風輕日暖綠陰柔
두 소매 펄럭이며 소원 푸는 상쾌한 때.　　　　雙袂飄飄爽欲秋
증점은 청광(淸狂)했으니 어찌 배울 수 있으리,　點也淸狂那可學
산을 보며 남은 흥취 긴 강을 떠가네.　　　　　看山餘興泛長流[23]

---

23) 河益範,『士農窩集』권1, 詩,「蟾津舟中 次一蠹鄭先生韻」.

이 시는 섬진강에서 배를 타고 가다가 정여창(鄭汝昌)의 유적지를 지
나며 정여창의 「악양(岳陽)」이라는 시에 차운한 것이다. 이 시에서도 작
자는 청광(清狂)한 증점(曾點)을 거론하고 있다. 청(清)은 깨끗하고 맑다
는 의미이고, 광(狂)은 지향은 높고 크지만 행실이 아직 미치지 못하는
사람을 일컫는 말로 증점과 같은 사람을 가리킨다.

시인은 증점의 경지를 배울 수 없다고 하였지만, 그것은 배우고 싶다
는 말의 역설적 표현이다. 그래서 배를 타고 긴 강을 내려오면서 산수를
보는 흥취에 취해 있다. 이 시의 '여흥(餘興)'은 바로 증점이 '욕호기 풍
우무우 영이귀(浴乎沂 風乎舞雩 詠而歸)'라고 한 것과 다르지 않다.

아래 시는 이러한 하익범의 지취가 현실생활 속에서 구체화되어 나타
나는 모습이다.

밭 갈아도 굶주림이 그 속에 있는 줄 아네,	耕也吾知餒在耕
밭갈이는 의당 이 집 주인처럼 해야 하리.	耕之宜若主翁耕
내 마음의 밭을 갈아 갈고 또 갈아야지,	耕我心田耕復耕
이 같이 밭가는 것이 진정한 밭갈이인걸.	耕能如是是爲耕[24]

이 시는 희작처럼 보인다. 매 구 첫 자와 마지막 자가 모두 '경(耕)'
자로 되어 있다. 그러나 이 시의 내용을 보면 장난삼아 지은 시가 아님
을 알 수 있다. '마음의 밭을 갈고 또 갈겠다.'는 것은 자신의 본성을 회
복하고 또 회복해서 일신우일신(日新又日新)하겠다는 것이다. 그러니까
이 시는 자신의 지취를 일상 속에서 실천하고자 하는 다짐을 노래한 것
이다. 여기서 우리는 다시 하익범의 정신적 지향이 어디에 있는지를 확
인할 수 있다. 바로 증점처럼 자연에 동화되는 삶을 추구하면서 마음의

---

24) 上同, 「次趙季而耕谷韻」.

밭을 갈고 또 갈아 도덕적 주체를 완성시키려 한 것이다.

III. 기행문학 작품 개관

1. 기행시

하익범은 수백 편의 시를 지었을 것으로 추정되지만, 현전하는『사농와집』에는 103수의 시만 전하고 있다. 이를 분류해 보면, 오언절구 19수, 칠언절구 45수, 오언율시 3수, 칠언율시 30수, 장편 오언고시 3수, 칠언고시 1수, 연구(聯句)로 지은 오언절구 1수 및 칠언절구 1수이다. 이를 다시 유형별로 분류해 보면, 기행을 하면서 지은 시가 약 60수, 일상 속에서 자신의 심회를 노래한 시가 약 25수, 만사가 11수, 증시(贈詩)가 7수이다.

이러한 분류를 통해 볼 때, 하익범은 칠언시를 즐겨 지었음을 알 수 있다. 또한 기행을 하면서 산수자연이나 그것을 통해 느끼는 감흥을 노래한 시가 많다는 것이 특징이다. 특히 기행시가 절반 이상을 차지하고 있다는 것은 그의 문학에 있어 주목할 만한 점이다. 이러한 점에 착안하여 본고에서는 그가 남긴 기행시를 중심으로 그의 시를 개괄해 보도록 하겠다.

하익범의 기행시 약 60수는 산수를 유람하면서 지은 시와 송환기의 문하로 찾아갈 때 지은 시로 크게 나누어 볼 수 있다. 산수를 유람하면서 지은 기행시 중에는 지리산을 유람할 때 지은 것이 가장 많다. 이 외에 화양동(華陽洞), 가야산 홍류동(紅流洞), 함안 심원사(深源寺)와 의상대(義湘臺), 남해 금산(錦山) 등을 유람하며 지은 시도 몇 수씩 보인다.

지리산 기행시로는 「입덕문(入德門)」·「세심정차판상운(洗心亭次板上韻)」·「취성정차판상운(醉醒亭次板上韻)」·「등천왕봉이수(登天王峯二首)」등 16수가 있다.

산수를 유람하면서 지은 시편을 보면 산수자연과 하나가 되어 현실을 초탈한 듯한 정신세계를 노래한 시와 최치원(崔致遠), 정여창(鄭汝昌), 조식(曺植) 등 선현을 회고하는 시가 주류를 이룬다.

전자는 자연과 하나가 되는 삶을 추구하는 탈속적 경계를 드러내며, 산수를 통해 본성의 덕을 자각하고 그것과 하나가 되기를 지향하는 인지지락(仁智之樂)을 노래하고 있다. 후자는 역사적 인물에 대한 회고를 통해 선인의 지절이나 불우한 삶을 탄식하는 정조가 대부분이다.

전자에 해당하는 대표적 작품으로는 「영신대(靈神臺)」·「등천왕봉이수(登天王峯二首)」·「홍류동차최고운운(紅流洞次崔孤雲韻)」·「화양동근차우암선생소차무이도가시운경신-파곶(華陽洞謹次尤菴先生所次武夷櫂歌詩韻庚申－巴串)」등이 있으며, 후자의 대표적 작품으로는 「입덕문」·「세심정」·「취성정」·「등광풍루안의(登光風樓安義)」·「칠불암」·「쌍계사차최고운영각운(雙溪寺次崔孤雲影閣韻)」·「화양동근차우암선생소차무이도가시운경신」등이 있다.

또 충청도 회덕(懷德)으로 스승을 찾아갈 때 지은 시편이 다수 있는데, 새로운 스승을 찾아가는 구도자적 심경이 잘 드러나 있다. 하익범은 정국채(鄭國采)와 함께 산청·안의·거창·지례(知禮)·김천·황간·옥천을 거쳐 회덕으로 가서 송환기에게 집지하고 문인이 되었다. 하익범의 행차는 학문적 식견을 넓히기 위해 큰 스승을 찾아간 측면과 집안간의 세교를 다지는 두 가지 의미도 겸하고 있었다.[25] 하익범의 5대조 하명(河

---

25) 河益範, 『士農窩集』 권2, 「潭行日記」. "承庭命 將就正於潭上先生 而兼講誼

洺)이 송시열·송준길의 문인이 된 뒤로 세교가 이어져 왔고, 하익범의 부친 하진태(河鎭兌)도 송환기와 교유를 하고 있었다.26)

하익범은 정국채와 말머리를 나란히 하고 장거리 여행을 하면서 여러 편의 시를 지었는데, 때론 연구로 한 구씩 읊기도 하며 느긋한 여행을 하였다. 그러니까 그 여행은 혜초의 구도여행과는 성격이 다른 여유 있는 유람이라고 하겠다. 그러나 집안간의 세교를 다지고 학술적 안목을 넓히기 위한 걸음이었던 만큼, 그의 심경은 산수를 즐기기 위한 유람과는 또 다른 모습을 보인다. 당시에 지은 시를 보면, 그런 그의 마음이 잘 그려져 있다.

어제 강성(江城)에서 만나기로 한 약속,　　　　　昨日江城會
여러 군자들 어기지 않고 모였지.　　　　　　　　多君不負期
신안(新安)에서 모두 함께 출발하여,　　　　　　新安同發軔
회덕으로 스승을 찾아 떠나네.　　　　　　　　　懷德有前期27)

강성(江城)은 단성현(丹城縣)을 가리키고, 신안(新安)은 단성현 경내의 지명이다. 이 시를 보면, 여러 벗들과 단성에서 만나 하룻밤을 보낸 뒤, 회덕을 목적지로 길을 떠나는 작가의 심경을 읽을 수 있다. 그것은 산수유람을 떠나는 자의 마음이 아니다. 그래서 자못 경건하고 근신한 군자의 모습을 연상케 한다.

하익범은 이런 마음가짐으로 여정에 올랐다. 다음 시는 이런 마음으

於尤庵同春堂霽月三先生後裔 蓋近世之未遑 而實家君平日宿營也"

26) 한국학중앙연구원 장서각,『진양하씨창주후손가 선비가의 묵향』(2004), 한국학중앙연구원, 244면.

27) 河益範,『士農窩集』권1,「與鄭士觀國采作潭上行 到新安江上口呼 己未」.

로 도의 영역에서 이탈하지 않으려는 작가의 심경을 잘 묘사하고 있다.

호서와 영남이 나누어지는 한 줄기 물,	湖嶺相分只一水
반걸음만 벗어나도 영남 땅이 아닐세.	纔離跬步便非此
현우(賢愚)가 우리 마음에서 연유함을 보라,	試看賢愚由我心
털끝만큼 차이가 천리나 멀어지는 것을.	差之毫釐卽千里28)

이 시는 작자가 영남과 호서의 경계가 되는 황간의 한 시냇물을 건너
면서 감회를 노래한 것이다. 하나의 경계선이 이쪽과 저 쪽을 구분하듯
이, 우리 마음속 생각도 미미한 기미가 결국 하늘과 땅만큼이나 현격한
차이를 불러온다. 시인은 마음을 붙잡고 심성을 수양해 어진 사람이 되
는 길을 마음속에서 싹트는 일념을 어떻게 지향하느냐에 있다고 보고,
극도의 긴장감을 유지하고 있다. 도덕적 주체성 확립을 최우선으로 하
는 조선시대 성리학적 수양론을 그대로 보여준다.

하익범은 이런 마음가짐과 긴장감을 시종 유지하고 있기에 동행하는
벗들과 연구를 지으며 짐짓 여유 있는 여행을 하면서도 그 긴장의 끈을
놓지 않고 있다.

한 걸음씩 지팡이 짚고 점점 깊이 들어가니,	寸寸携筇轉入深
찬 연못에 가을 달이 내 마음을 비추네.	寒潭秋月照吾心
아마도 사문(師門)에 들어가면 백설이 깊겠지,	擬立師門深白雪
또한 강석에 참석하여 청금(靑衿)을 여미리라.	且從講席斂靑衿
천리서 온 물고기가 학문의 바다를 구경하고,	千里遊魚觀學海
삼춘에 날기를 배운 새 깊숙한 숲에서 나오네.	三春習鳥出幽林
스승에게 가르침을 받는 일 어려운 일 아니니,	承薰爐鞴非難事

---

28) 上同, 「渡黃澗倉村溪 感吟」.

경계는 처음에 달렸네, 그대들 정성을 다하게.　　　誠在權輿子尙諶[29]

　이 시는 회덕으로 가면서 정국채·조복(趙濮)과 함께 연구로 지은 시인데, 이중 하익범이 지은 것은 제2구·제5구·제8구이다. 제2구를 보면 하익범의 정신은 한담(寒潭)·추월(秋月)처럼 밝고 냉정하게 깨어있다. 스승을 찾아가는 긴장감과 경건함 때문이다. 제5구를 보면 하익범은 학해(學海)를 보기 위해 천리나 먼 길을 헤엄치는 물고기에 자신을 비유하고 있다.

　그것을 이어 정국채는 제6구에서 봄에 깨어난 새끼 새가 나는 연습을 한 뒤 깊숙한 숲 속에서 바깥 구경을 하러 나온 것에 비유하고 있다. 그것이 이들의 심경이었다. 또 제8구를 보면 하익범의 근신하고 경계하는 마음이 잘 드러나 있다.

2. 기행문

　하익범의 기행문은『사농와집』권2 잡저에 실린「담행일기(潭行日記)」·「담락행일기(潭洛行日記)」·「금악연승록(錦嶽聯勝錄)」·「유두류록(遊頭流錄)」·「의상대유록(義湘臺遊錄)」·「관사록(觀槎錄)」등 총 6편이다. 몇 통의 편지글과 제문을 제외하면 이 기행문이 하익범이 남긴 산문의 주요 작품이다. 여기서는 이 6편의 내용을 개괄적으로 살펴보도록 하겠다.

　「담행일기」는 하익범이 1799년 4월 12일부터 5월 2일까지 20일 동안 송환기를 회덕 소제(蘇堤)로 찾아가 집지하고 강학한 일을 기록한 것이다. 앞에서 언급했듯이, 이 행차는 대대로 이어진 집안간의 우의를 다지

---

29) 上同,「與諸友聯句 二首」.

기 위한 측면과 학문적 외연을 넓히기 위한 측면을 겸한 것이었다. 이 행차에 하익범은 정국채와 동행했다. 본래 삼종제인 하길범(河吉範)도 동행하기로 했으나, 중로에 천연두가 유행한다는 말을 듣고 그는 중도에서 포기했다. 또 「담행일여정사관조사홍유희부지현기회어산음이독사관이과거(潭行日與鄭士觀趙士興柳希夫之賢期會於山陰而獨士觀已過去)」라는 제목의 시로 미루어 보건대, 산음(山陰 : 山淸)에서 조복·유지현(柳之賢)을 만나기로 한 것을 알 수 있으며, 「황간로중송사흥희부완냉천(黃澗路中送士興希夫玩冷泉)」라는 시를 통해 보건대, 이 두 사람과 동행하다가 황간에서 헤어진 것을 알 수 있다.

하익범은 정국채와 함께 산청·안의·거창을 거쳐 지례에 이르러 4월 17일 이의조(李宜朝)를 방문하였다. 하익범이 이때 이의조에게 집지했다는 기록은 없다. 아마도 송환기에게 집지하러 가는 길이었기 때문에 이의조에게 먼저 집지하지는 않았을 듯하다.

하익범은 다시 김천·황간·영동·옥천·증약(增若)을 지나 4월 20일 드디어 회덕에 이르러 송환기에게 배알하였다. 그리고 22일 집지의 예를 행하고 문인록에 이름을 올렸다. 하익범은 5일 동안 강석에 나아가 학문을 질정한 뒤, 4월 25일 귀로에 올라 5월 2일 귀가하였다. 그는 이 「담행일기」 말미에 다음과 같이 기록하고 있다.

> 왕복 몇 천 리의 길에 눈으로 보고 귀로 들은 경물의 아름다움은 이루 다 서술할 수 없다. 구호(舊好)를 강구하고 신교(新交)를 맺은 점에 있어서는, 듣지 못한 것을 듣고 보지 못한 것을 보았으니, 실로 평생 처음 있는 일이었다. 이에 이 사실을 모아 기록해 둔다.[30]

---

30) 河益範, 『士農窩集』 권2, 「潭行日記」. "往還幾千有餘里 耳目所歷景物之美 不可殫叙 而至若講舊好結新交 聞其所不聞 見其所未見 實生平初事 乃裒

이를 보면, 이 여정의 목적은 강구호(講舊好)·결신교(結新交)에 있었음을 분명히 확인할 수 있고, 또 그는 이 여행을 통해 처음으로 견문을 크게 넓힌 점에 감격해 하고 있다. 「담행일기」 뒤에 짤막한 「담상답문(潭上答問)」이 있는데, 상례(喪禮)에 관해 질의 응답한 내용이다.

「담락행일기」는 1800년 3월 2일부터 4월 6일까지의 일정을 기록한 것인데, 과거응시 차 한양에 갔다가 돌아오는 길에 청주 화양동(華陽洞)에 들러 송시열의 유적을 보고 회덕의 송환기에게 나아가 열흘 동안 『대학』을 강하고 돌아온 것을 기록한 것이다.

이 일기에는 하국진(賀國津)에서 배를 먼저 타려고 시정잡배들처럼 뛰어다니는 사인들의 행실을 지적한 것, 사육신의 묘에 배알한 것, 과거 시험장에 응시생을 다 수용할 수 없었던 점, 화양구곡을 유람한 것, 법주사를 구경한 것 등을 소상히 기록하고 있는데, 그 중에서도 화양구곡의 송시열 유적에 대해서는 특별히 상세하게 기술하고 있다.

이를 보면 하익범이 송시열을 얼마나 존모했는지를 알 수 있다. 더구나 화양서원 일치당(一治堂)에 올라 "평생 선생을 우러렀는데 지금 이 강당에 올라 바람을 쏘이고 시를 읊조리니, 선생을 친히 모시고 있는 듯이 황홀하여 백년이 멀게 느껴지지 않았다."[31]라고 한 것이나, 읍궁암(泣弓巖)에서 석벽을 어루만지며 자신도 모르게 눈물을 떨구었다고 한 것[32]을 보면, 그가 송시열을 존모하는 마음이 어떠했는지를 알 수 있다. 그는 성지를 순례하는 듯한 마음으로 화양구곡을 둘러본 것이다.

「금악연승록」은 1803년 9월 9일부터 19일까지 11일간 남해 금산을 유

而錄之"
31) 河益範, 「士農窩集」 권2, 「潭洛行日記」. "平生仰止之餘 登此堂風乎詠 而怳 如此身之親侍函筵 不覺百有年之爲遠也"
32) 上同. "摩挲石壁 不覺淚落"

람하고 쓴 것이다. 일정을 간추려 보면, 하익범은 여러 벗들과 사천을 거쳐 삼천포에 이르러 배를 타고 늑도·창선도를 지나 남해읍에 이른 뒤, 하익범 형제만 육로로 용문사(龍門寺)를 거쳐 금산에 올라 보리암과 여러 봉우리를 두루 둘러보고 다시 남해읍으로 돌아왔다. 그리고 다시 화방사(花芳寺)·노량(露梁)을 거쳐 배를 타고 섬진강을 거슬러 올라 하동까지 가서 달밤에 유람한 뒤 육로로 귀환하였다.

「유두유록」은 1807년 3월 25일부터 4월 9일까지 14일 동안 지리산을 유람하고 쓴 기행문이다. 처음에는 정국채·정계채(鄭繼采)·허원(許元)·조복·조호(趙浩)·하치범(河致範)·하길범(河吉範) 등과 함께 하기로 하였으나, 날씨가 좋지 않아 모두 포기하고 오직 조복 및 종들과 동행하였다. 이들이 유람한 여정은 사자령 − 입덕문 − 덕천서원 − 세심정 − 중산촌 − 향적사터 − 석문 − 천왕봉 − 석문 − 영신대 − 벽소령 − 냉천참(冷泉站) − 삼기참(三岐站) − 당치(堂峙) − 칠불암 − 삼신동 − 신응사(神凝寺) − 국사암 − 불일암 − 쌍계사 − 쌍계석문 − 화개동 − 악양 − 횡포 − 마치(馬峙) − 평촌동(坪村洞) − 가례암촌(家禮巖村) − 토항촌(土項村) − 오대사를 거쳐 귀가하는 것이었다. 이 「유두류록」은 전인들의 두류산유람록을 많이 보았기 때문인지, 다른 기행문에 비해 소회를 기록한 것이 많다.

「의상대유록」은 1807년 4월 22일부터 25일까지 4일간 함안 여항산 의상대(義湘臺)를 유람하고 쓴 기행문이다. 1729년 4월 하익범의 증조부 하응운(河應運)은 정식(鄭栻)·조야(趙埜)와 도의지교를 맺고 함안 의상대를 유람하였다. 그 뒤 하익범 부친 하진태가 조야의 후손 조대이(趙大而)와 의상대를 유람하며 세교를 다졌다. 그리고 이 유람은 정식의 손자 정명원(鄭明遠)의 청으로 세교를 다지는 의미에서 함께 한 것이다. 하익범은 당시 지리산 유람에서 돌아온 지 얼마 되지 않은 때였지만, 기꺼이 따라 나섰다. 이들은 여항산의 심원사와 의상대를 둘러보고, 다시 관란정(觀瀾亭)을 구경한 뒤, 배를 타고 노닐다가 헤어졌다.

「관사록」은 1811년 3월 6일부터 25일까지 20일 동안 밀양·동래·부산·신산서원 등을 유람하고 쓴 기행문이다. 하익범은 병이 나 한 동안 칩거하다가 기운을 소생하고 약 처방을 받기 위해 길을 떠났다. 그런데 이러한 구실보다는 일본으로 떠나는 통신사 일행의 행차를 구경하고, 배를 타고 부산 앞 바다를 유람하고 싶었던 점이 더 컸던 듯하다.

하익범은 반성 – 원북 – 군북 – 영산 – 부곡을 거쳐 밀양에 이르러 영남루를 구경하고 권자신(權子愼)에게 진찰을 받고 약을 조제하였다. 그리고 이종 형제들과 함께 활천(活川) – 양산 – 물금을 거쳐 동래산성을 둘러보고 동래부에 이르렀다. 또 부산부에 이르러 배를 타고 통신사 일행이 배에 올라 음악을 연주하는 것을 구경하였다. 다시 부산 앞 바다의 여러 포구를 유람한 뒤, 김해에 이르러 조식(曺植)과 신계성(申季誠)을 모신 신산서원(新山書院)에 배알하였다. 그리고 김해 일대를 구경한 뒤 창원 – 함안 – 원북을 거쳐 귀가하였다.

이상에서 살펴본 하익범의 기행문 6편은 크게 두 종류로 나눌 수 있다. 즉 「담행일기」·「담락행일기」는 구도관광의 기행문이고, 「금악연승록」·「유두류록」·「의상대유록」·「관사록」은 산수 유람의 기행문이다. 따라서 전자는 경건함과 긴장감이 유지되는 반면, 후자는 산수 자연에 동화되는 넉넉하고 여유로운 정신세계를 드러내고 있다.

이러한 6편의 기행문 가운데, 단연 돋보이는 것이 「유두류록」이다. 다른 기행문은 유람하거나 여행한 일정, 만난 사람 등 일기체의 범범한 서술이 대부분을 차지한다. 그런데 「유두류록」은 남명 조식의 「유두류록」의 영향을 받은 흔적이 뚜렷하다.

남명의 「유두류록」은 역사에 대한 회고, 자아성찰과 심성수양이 주요 특징으로 드러난다. 남명은 지리산을 유람하다가 한유한(韓惟漢)·정여창(鄭汝昌)·조지서(趙之瑞) 등의 유적을 만나 그 역사를 회고하며 선현의 불행을 탄식했고, 산을 오르내리며 자아를 성찰하고 심성을 수양하였다.[33]

그런데 하익범의 「유두류록」에도 이와 유사한 성향의 언설이 보인다. 우선 선현의 유적을 만나 역사를 회고한 기록을 살펴보기로 한다. 하익범은 지리산 유람을 끝내고 악양을 지나 횡포(橫浦 : 현 하동군 횡천면)에서 천왕봉에 오르지 않고 대원사로 갔던 정국채 등을 만났다. 그 때 정국채가 한유한의 유적지가 근처에 있으니 가서 보자고 제안했다. 이에 하익범은 다음과 같이 답하였다.

　　한녹사(韓錄事 : 한유한)의 청수(淸脩)한 고절(苦節)을 간절히 우러른 지 오래였습니다. 이번 여행에 산수를 실컷 구경하였으니, 다시 철인이 사시던 곳에서 남은 향기를 맛본다면 참으로 남명 선생께서 이른바 '십층 봉우리에 위에 옥 하나를 올려놓고, 천 이랑 수면 위에 달이 하나 뜬 격이네.'라고 하신 것일 것입니다.[34]

남명은 산수의 아름다움을 만끽한 것보다 한유한·정여창·조지서 등 선현의 유적을 둘러보고 그에 대해 회고한 것을 유람의 더 귀중한 의미로 생각해, 위 인용문에 보이는 것처럼 '산봉우리 위의 옥'과 '수면 위의

---

33) 崔錫起, 「남명의 산수유람에 대하여」, 『남명학연구』 제5집(1996), 경상대 남명학연구소, 77~103면.

34) 河益範, 『士農窩集』 권2, 「遊頭流錄」. "錄事之淸脩苦節 艷仰久矣 今行旣飽山水 重把遺芬於哲人攸居 則眞冥翁所謂十層峰頭冠一玉 千頃水面生一月者也"

달'에 비유하였다.

남명의 이 말은 후학들에게 산수 유람의 진정한 의미를 되새기게 하였고, 산수 유람이 단순히 산수자연을 즐기기 위한 것이 아니라 산수에 깃든 역사를 돌아보고 다시 현실을 비추어보는 거울이 되게 하였다. 이런 점에서 남명 후학들의 산수 유람은 유람을 하면서 역사를 회고 하고 현실을 비춰보는 또 다른 공부였다. 하익범에게서도 그런 의식이 뚜렷이 보인다.

또한 이들의 산수 유람은 산수를 통해 세상을 보는 것뿐만이 아니라, 산수를 통해 인간 자체를 들여다보는 공부이기도 했다. 그래서 남명의 경우처럼 가파른 비탈길을 오를 때는 선으로 나아가기가 그처럼 어렵다는 점을 생각했고, 경사진 길을 내려올 때는 악으로 빠지기가 그처럼 쉽다는 점을 각성했다.35) 하익범의 유람록에도 남명의 이러한 일화를 그대로 기억하며 다음과 같이 기록하고 있다.

> 처음 산에 오를 때는 한 걸음 오르면 다시 한 걸음을 내딛기 어렵더니, 내려올 적에는 단지 발만 들어도 몸이 저절로 아래로 쏠려 눈 깜빡할 사이에 쌍계사에 도착했다. 나는 여러 벗들에게 말하기를 "선을 따르기는 산을 오르는 것처럼 힘들고 악으로 빠지기는 산을 내려오는 것처럼 쉽다는 말씀이 어찌 이 때문이 아니겠는가. 스스로 경계할 수 있을 것일세."라고 하였다.36)

'종선여등 종악여붕(從善如登 從惡如崩)'은 본디 『국어(國語)』에 나오

---

35) 최석기, 위의 논문.
36) 河益範, 『士農窩集』 권2, 「遊頭流錄」. "初登時 一步更難一步 及至趨下 徒自擧趾 而身自流下 轉眄之頃 已到雙磎 余謂諸友曰 從善從惡之喩 豈非以此歟 可以自儆哉"

는 말인데, 남명이 산을 오르고 내릴 때의 형세에 비유함으로써 유명한
일화가 되었다. 하익범도 남명이 경험한 것을 그대로 느끼며 자신을 경
계하고 있다. 이러한 점이 바로 인간의 본성을 들여다보며 자아를 성찰
하는 도학자적 수양론을 드러낸 것이다.

다음 일화는 하익범의 정신세계가 이런 성리학적 심성수양론에 근본
하고 있음을 보여준다.

> 술이 얼큰하게 취한 뒤 나는 장남 삼아 내능(乃能 : 鄭繼采의 字)에게
> 말하기를 "자네는 무쇠 같은 사람일세. 상하 수백 리의 높고 험한 산을 걸
> 어 다녔는데, 어찌 끝내 가죽신을 벗지 않는가. 이는 다리 힘이 좋아서 그
> 럴 뿐 아니라, 마음속의 큰 인내심 또한 군건하기 때문일 걸세."라고 하자,
> 내능이 빙그레 웃으며 "남이 나를 귀히 여기고 마음을 알아주니, 그대는
> 나의 포숙아가 아니겠는가."라고 하였다. 내가 말하기를 "그러네. 어찌 산
> 에 대해서만 그러하겠는가. 이 마음으로 실지를 밟으면 사수(泗水)·수수
> (洙水) 가에서 노닐 것이니, 향상하는 데 무슨 어려움이 있겠는가. 그대는
> 힘을 쓰시게."라고 하였다.[37]

수수(洙水)와 사수(泗水)는 공자가 살던 노나라의 강 이름이다. 후세에
공자의 학문을 수사학(洙泗學)이라 일컬으니, '사수·수수 가에서 노닌
다.'는 말은 공자의 문하에서 노니는 것을 비유한다. 그만큼 높은 경지에
올라갔다는 의미다. 그런데 위 인용문에서 '이 마음으로 실지를 밟으면'
이라는 말을 주목해 볼 필요가 있다. 군건한 인내심으로 실지에서 공부

---

37) 上同. "酒酣 余戲謂乃能曰 子是鐵漢 經行上下數百里高險 又何如而終不解
一皮靴 此非徒脚力之能然 心之大耐 亦可槩也已 乃能莞爾曰 人之相與貴
相知心 君不可爲吾叔牙耶 余曰 諾 奚徒能於山 以是心踏實地 遊於泗洙之
上 於向上乎 何有 子其勉焉"

를 하라는 말은, 성리학적 심성수양을 의미한다. 이러한 정신이 바로 인지지락(仁智之樂)의 구체적 내용에 해당한다.

하익범은 산수를 인간과 별개의 자연으로 보지 않고, 인간과 함께 하는 것으로 본다. 지리산도 마찬가지이다. 그것이 비록 인간세상에서 떨어져 있어 신선이 사는 별천지로 느껴지지만, 원시의 자연으로 인간세상과 동떨어진 것이 아니라, 선인들의 발자취가 스미어 있어 더 의미 있는 것으로 파악한다. 아래 인용문에는 이런 의식이 잘 드러나 있다.

> 아! 방장산처럼 숭고하고 웅장하고 빼어난 산이 해동의 한 귀퉁이에 있다 보니, 천자가 봉선(封禪)을 하는 데 이름이 오르지 못하고, 단지 진(秦)나라·한(漢)나라 임금들이 가보고 싶다는 탄식만 불러일으키게 하였다. 이는 한스러워할 만하다. 그러나 수련을 한 최문창후(崔文昌侯), 고결한 한녹사(韓錄事), 박아(博雅)한 점필재(佔畢齋)·탁영(濯纓), 도학의 일두(一蠹)·남명(南冥) 등 여러 선생들이 연이어 명승을 찾아 이 산 속에서 소요하거나 살았다. 그 분들의 이름이 만고에 남아 이 산과 함께 영원할 것이니, 어찌 이 산의 행운이 아니겠는가.[38]

여기서 우리는 실로 중요한 사실을 발견하게 된다. 지리산은 최치원·한유한·김종직·김일손·정여창·조식 등 선현들이 다양한 지취를 가지고 이 산에 발자취를 남겨 도학군자가 살았고, 박아(博雅)한 유학자가 노닐었고, 고결한 지조를 가진 분이 깃들었고, 선단(仙丹)을 수련한 장소가 되었다는 것이다. 하익범은 이것이 이 산의 웅장하고 빼어난 산세보다

---

38) 上同. "噫 以若方丈之崇高雄勝 僻在海東 名不登於天子之禪封 徒起秦漢君裳裳之歎 雖若可恨 而修錬如崔文昌 高潔如韓錄事 博雅如佔畢濯纓 道學如一蠹南冥 諸先生踵武搜勝 徜徉棲息於其中 名留萬古 與之齊壽 亦豈非玆山之幸歟"

더 큰 의미가 있다고 말한 것이다.

높은 산과 훌륭한 인물의 만남, 명산과 현인의 만남은 상호 상승작용을 한다. 예컨대 지리산 천왕봉이 남명을 만나지 못했으면 우뚝한 돌덩이로서의 의미밖에는 없었을 것이다. 그러나 남명을 만남으로써 하늘과 맞닿은 정신세계를 가진 봉우리로 거듭 난 것이다. 산봉우리에 덕의 이미지가 붙여진 것이다. 마찬가지로 남명도 천왕봉을 만나 자신의 덕을 하늘에 닿게 하였다. 그래서 후인들에게 천왕봉과 남명은 그 이미지가 하나로 연상되게 하였다. 이것이 바로 『시경』에 '높은 산을 우러르고, 훌륭한 행실을 따르네.[高山仰止 景行行止]'라고 한 것이다. 이처럼 높은 산과 현인의 높은 행실은 하나로 합쳐지는 것이다.

명산과 현인이 하나로 연관되는 것은 위 인용문에 보이듯이 어진이가 그 산과 연관을 맺으며 덕을 드러냈기 때문이다. 그런데 이는 공자가 산·수를 보고서 인(仁)·지(智)의 덕을 읽어 낸 것과 그 맥이 닿아 있다.39) 그러니까 산수는 그냥 산과 물이 아니라, 인간과 관계를 가짐으로써 인간의 정신세계 속에 상징적인 가치로 인식된 것이다. 이런 관점에서 지리산은 그냥 산이 아니라, 도학·박아·고결을 상징하고, 선가의 수련을 포함한다. 이렇게 되면 지리산은 문화의 산실이 되고, 학문과 수련의 도량이 된다. 이것이 하익범이 바라보는 지리산이다.

---

39) 『論語』「雍也」제23장. "子曰 知者樂水 仁者樂山 知者動 仁者靜 知者樂 仁者壽"

IV. 산수기행 시문에 나타난 작가의식

1. 인지지락(仁智之樂)에로의 심취

하익범의 현손 하우식(河祐植)이 지은 「가장」에는 "부군께서는 아름다운 산수를 좋아하셨다.[府君雅好佳山水]'라고 하였다. 또 하익범 본인도 「유두류록」 서두에서 "사농와 주인은 성품이 유람을 좋아하였네.[土農主人性喜遊]'라고 하였다. 또 그는 「중양일에 벗들과 방어산에 올라 어계 조 선생의 시에 차운함[重陽日 與諸友 登防禦山 用趙漁溪先生韻]」이라는 시에서 "아름다운 산과 고운 물에 내 마음 길이 가 있네.[佳山麗水我心長]'라고 하였다. 이를 보면, 하익범은 분명 산수벽이 있었다. 다음 시는 이런 하익범의 정신세계를 잘 보여준다.

사월 어느 날 화개동을 지나면서,	四月花開洞
파리한 노새에게 짐짓 채찍질 않네.	瘦驢故不驅
강과 산이 이와 같이 좋으니,	江山如是好
부지런히 노력해 앞으로 나아가세.	努力向前頭[40]

하익범은 이처럼 산수에 몰입한다. 왜 그랬을까? 먼저 그의 시를 통해 산수벽을 갖고 산수자연에 몰입하는 정신세계를 살펴보기로 한다. 하익범은 1807년 3월 25일부터 4월 9일까지 지리산 중산리를 경유 천왕봉에 올랐다가 주능선을 따라 세석을 거쳐 영신암·칠불사·삼신동·쌍계사 등을 구경하고 하동을 거쳐 귀환하였다. 이때 영신암에서 지은 것으로 보이는 「영신대(靈神臺)」란 시를 보자.

---

40) 河益範, 『士農窩集』 권1, 「花開路上」.

방장산 영신암에 이르러 보니,	方丈靈神境
그대와 함께 신선이 되겠구나.	偕君羽化能
저 아래 속세 사람들 굽어보니,	俯視塵寰客
시끄러운 소리 우리 벗이 아닐세.	囂囂非我朋[41]

이 시를 보면 작자는 이미 세속과 거리를 둔 정신세계에서 노닐고 있다. 속세에서 뚝 떨어진 선계에 이르러 금방 신선이 될 것만 같은 기분을 만끽하고 있다. 그래서 시인은 세속의 요란하고 분주한 사람들과 가까이 하고 싶지 않은 것이다.

하익범은 왜 이처럼 산수벽을 갖고 자연에 몰입하며 선계에서 세속적 가치와 거리를 두려고 한 것일까? 이에 대한 답은 그의 지취와 연결시켜 찾을 수 있다. 증점(曾點)은 천인합일의 경지를 추구하여 하늘이 부여해 준 본성을 잃지 않고 본연 그대로의 삶을 지향하였다. 그것이 증점의 삶의 방식이다. 하익범의 삶도 증점의 삶의 방식을 그대로 따르고 있다. 그래서 그의 의식의 저변에는 증점의 경우처럼 천인합일을 추구하는 정신이 깊이 깔려 있다. 그가 산수자연에 몰입한 이유는 바로 여기에 있다. 다시 말해, 신선이 되고 싶었던 것이 아니라, 세속적 가치로부터 거리를 두고 본연지성을 지키며 살고 싶었던 것이다.

이러한 하익범의 정신적 지향은 천왕봉에 올라 지은 시에서도 잘 나타난다.

명산이 바다 밖 삼한 땅에 있다고 했지,	名山云在海之外
방장산이 그 중에서도 가장 신령스럽네.	方丈其中最有靈
골짜기들 깊이 감춰 아래로는 끝이 없고,	衆壑深藏下無際

---

41) 上同, 「靈神臺」.

봉우리들 우뚝 솟아 푸른 하늘에 닿을 듯,   千巖削立直磨靑
탄환처럼 자그만 땅 삼한의 나라에,   彈丸地小三韓國
보배 같은 바다 둘러 만 리가 아득하네.   寶帶波環萬里溟
이곳에서 하늘까지 멀지 않음 아노니,   坐我去天知不遠
하룻밤 선계에서 꿈속 혼이 깨어나네.   一宵仙榻夢魂醒[42]

이 시의 마지막 구를 보면, 시인은 선계인 천왕봉에 올라 꿈속처럼 혼
몽했던 정신이 술을 깬 것처럼 번쩍 깨어남을 느끼고 있다. 그 선계는
하늘과 멀지 않은 곳이다. 이는 역설적으로 말해, 속세와 멀찌감치 떨어
졌음을 암시하는 것이다. 그곳에서 속세의 세상사를 하찮게 여기며 넓
고 큰 세계를 지향하고 있다.

다음 시는 가야산을 유람하고 지은 것인데, 역시 현실세계를 초탈해
선계를 찾는 마음을 잘 드러내고 있다.

굽이굽이 홍류동 계곡 첩첩의 산봉우리,   曲曲紅流疊疊巒
세상에서 뚝 떨어진 곳에 신선세계 있네.   仙區留在別人間
천 번 백번 굽이돌아 끝없이 감추어진 곳,   千回百轉藏無盡
종소리 산 밖으로 새는 것 허락하지 않네.   不許鍾聲漏出山[43]

이 시는 가야산 홍류동 최치원의 유적지에서 최치원의 시에 차운한
것이다. 시인은 그곳이 속세에서 멀리 떨어진 선계임을 드러내고, 깊숙
이 감추어진 그 선계의 정신에 해당하는 종소리를 속세와 단절된 것으
로 노래하고 있다.

이러한 시편들을 보면, 그의 산수 기행시에는 속세의 저속함에 물들

---

42) 上同,「登天王峯」.
43) 上同,「紅流洞次崔孤雲韻」.

지 않고 현실세계를 초탈하여 선계에 노닐면서 정신적 자유를 만끽하고
자 하는 지향이 있음을 알 수 있다. 이러한 정신적 지향은 물론 현실세
계의 답답함과 불화를 달래기 위한 것일 수 있지만, 하익범에게는 그런
면보다는 오히려 세속적인 삶으로부터 벗어나 때 묻지 않은 삶을 살고
자 하는 의도가 농후하다.

다음 시는 이런 별천지에서 자연과 하나가 되어 사는 삶의 즐거움을
노래한 것이다.

구곡에서 참으로 조물주 솜씨를 보니,	九曲天工見信然
한 줄기 협곡 열려 평평한 시내 되었네.	巖開一串作平川
선생께서 이런 명승을 가지고 계시다니,	先生有此諸名勝
이곳은 인간세상이 아닌 별천지로구나.	除是人間別有天[44]

이 시를 보면 송시열이 살던 화양구곡은 세속과 뚝 떨어진 별천지이
다. 그곳은 선계처럼 느껴진다. 그러나 송시열은 신선이 아니다. 그렇다
면 무엇인가? 바로 증점처럼 세속적 가치를 지양하고 자연에 동화되어
천리에 합하는 삶을 말한다. 이는 때 묻지 깨끗한 정신세계를 지향하는
작가의 이상향이다.

이러한 정신적 지향은 공자가 태산에 올라 천하를 작게 여긴 것[登泰
山而小天下]과 맞닿아 있고, 궁극적으로는 공자의 '도를 즐기면서 근심
을 잊는다.[樂以忘憂]'와 안회의 '그 즐거움을 바꾸지 않았다.[不改其樂]'
의 '즐거움'을 지향하는 것과 통한다.[45] 그리고 그것은 공자가 『논어』에

---

44) 上同, 「華陽洞 謹次尤菴先生所次武夷櫂歌詩韻 庚申 -巴串-」
45) 張源哲, 「南冥思想과 顏淵(其一)」, 『남명학연구』 창간호, 경상대 남명학연구소,
1991, 128~135면.

서 "지혜로운 자는 물을 좋아하고, 어진 자는 산을 좋아한다. 지혜로운
자는 동적이고, 어진 자는 정적이며, 지혜로운 자는 즐겁고, 어진 자는
변치 않는다."라고 한 인지지락(仁智之樂)으로 귀결된다.

인지지락은 산수를 통해 내 본연의 덕성을 함양하는 즐거움을 말한
다. 이것은 산수의 아름다운 경관을 즐기는 것이 아니라, 그것을 통해
내 본성의 순수함을 되찾아 즐거워하는 것이다.

이런 정신적 지향을 하익범은 다음과 같이 표현해 놓았다.

> 우리들의 이번 유람은 비록 평소의 숙원을 풀기 위한 것이었지만, 단지
> 흐르는 물과 우뚝한 산의 기이한 경관만을 구경하고 동정의 이치를 터득
> 해 우리들의 인지지락을 이룩함이 없었다면, 어찌 매우 부끄러워하고 두
> 려워할 만한 일이 아니겠는가.46)

산수의 아름다움을 구경하는 것은 피상적인 것이다. 하익범은 이런
대상을 통해 천지에 유행하는 천리를 관찰하고, 다시 그것을 내 심성에
서 발견해 인지지락을 완성하는 것이다. 이것이 증점이 지향하고자 했
던 것이다. 결국 하익범이 산수벽을 갖고 산수자연에 몰입한 것은 증점
처럼 인지지락을 추구하고자 한 것임을 알 수 있다.

2. 원두처(源頭處)를 향하는 구도의식

하익범의 기행시·기행문은 산수 유람과 구도관광(求道觀光)으로 구분
해 볼 수 있다. 그런데 이 두 가지 경우 모두 원두처를 향하는 구도의식

---

46) 河益範, 『士農窩集』 권2, 「遊頭流錄」. "吾輩今行 縱遂平昔之宿願 若但賞流
峙之奇絶 而無得於動靜之理 以遂吾仁智之樂 則豈不可愧可懼之甚者歟"

을 드러내고 있다. 따라서 그의 기행문학 작품에 나타난 주요한 특징 중 하나가 구도의 염원을 드러내고 있는 것이다.

하익범이 스승 송환기의 문하로 찾아간 것은 세교를 다지려는 것과 아울러 도를 구하려는 의도가 있었다. 다음 시는 이런 그의 마음을 잘 보여준다.

차가운 샘물 예로부터 한천(寒泉)에서 흘러오는 것, 　冷泉流自古寒泉
축하하네, 그대 지금 행차 숙연이 있기 때문. 　　　賀子今行有宿緣
입구에 이르렀으니 응당 소매 먼지 씻으리, 　　　到頭端合塵衿洗
원두에 넓고 넓은 하늘이 있기 때문일세. 　　　　爲有源頭浩浩天47)

한천(寒泉)은 주자가 살던 한천정사(寒泉精舍)를 가리키니, 곧 주자를 말한다. 하익범은 황간에서 냉천(冷泉)을 마시다 그 근원으로 주자를 떠올렸다. 그는 송환기를 통해 주자를 만나려는 것이다. 그리고 그가 말하는 주자는 천(天)이며 리(理)에 해당한다. 이는 한 마디로 도를 구하려는 의식이다.

다음 시는 도를 구하기 위해 스승을 찾아갈 때 동행한 절친한 벗 조복(趙濮)의 시에 차운한 것이다.

먼 길을 가는 사람 모두 가까운 데서 시작하리, 　行遠人皆必自邇
여러 군자들 서면에서 물을 거슬러 근원을 찾네. 　多君西上溯源流
문을 나서거든 산의 지름길로 향해 가지 말라, 　出門莫向山蹊去
발을 내딛는 곳 모름지기 실지를 경유해야 하네. 　立脚須從實地由
화살처럼 곧장 상류의 머리에 이르려 해야지, 　　會到上頭如矢直
어찌 중간 중간에 때때로 쉬어감이 있으리. 　　　寧敎半道有時休

---

47) 河益範, 『士農窩集』 권1, 「黃澗路中 送士興希夫玩冷泉」.

찾아갈 곳엔 더구나 기이한 구경거리 있으니,   前程況復奇觀在
초심 공부로 전진하며 그대는 걱정하지 말라.   進進初工子莫憂[48]

『중용』에서 말한 '먼 곳에 가려면 반드시 가까운 곳으로부터 시작한
다.[行遠必自邇]'의 마음으로 작자는 근원을 향해 물을 거슬러 오르고 있
다. 그러나 그는 산의 지름길을 택하지 않는다. 그러면서 입각처가 실지
가 아니면 그 공부는 공허하다는 점을 경계하고 있다. 또 중간에 노닐며
쉬엄쉬엄 가는 것을 경계하고, 화살처럼 곧장 근원으로 나아가길 다짐
한다. 이는 산수 유람이 아니라, 구도의 여행이다.

그런데 이런 구도의식은 스승을 찾아 떠난 여정에서만 나타나는 것은
아니다. 산수 유람을 하면서도 이런 마음은 그대로 유지된다.

방장산 아주 높아 하늘 밑에 있지만,   方丈雖高在天下
나는 오를 수 없다고 말하지 말게.   諸君休道我不能
노력해서 오르고 또 올라 상봉에 앉아,   努力躋攀峰上坐
정상에서 다시 층층의 허공을 보게나.   試看頂上尙餘層[49]

밑에서 보면 정상은 하늘과 닿아 있는 듯이 보인다. 그러나 산봉우리
에 올라 보면, 하늘은 또 저 멀리 있다. 『중용』의 가르침은 인도를 닦아
천도에 이르는 것이다. 다시 말해, 인간이 심성수양을 통해 본연지성을
회복함으로써 하늘과 하나가 되는 것이다. 이 시의 마지막 구를 보면,
힘들게 천왕봉에 올라서 다시 까마득한 하늘을 우러르고 있다. 이것이
바로 천(天), 즉 리(理)에 다가가고자 하는 구도의식이다.

---

48) 上同, 「次士興韻」.
49) 上同, 「登天王峰 二首」.

하익범은 일행과 덕천서원 뒤 동당촌(東堂村)에 이르렀는데, 날씨가
매우 불순했다. 그래서 대부분의 사람들은 천왕봉으로 오르는 것을 포
기하고 대원사로 향했다. 그러나 구도의지가 강렬했던 하익범은 조복
및 노비 몇 명과 함께 천왕봉에 올랐다가 영신대·칠불암·신응사·불일
암·쌍계사를 거쳐 악양을 지나 전대촌(田垈村)에서 대원사로 갔던 일행
을 만났다. 다음 시는 그 당시 지은 것이다.

산 아래 흐르는 물 근원으로부터 흘러온 것,	山下潺湲始發源
근원을 미루어보면 산이 바로 물의 근원일세.	推源山是水之源
만약 진경(眞境)을 찾으려 한다면 산 위에 올라보게,	若使尋眞山上到
두류산 근원을 친견토록 그대에게 허락하리니.	許君親見頭流源[50]

이 시는 절친한 벗 정국채를 지목해 희롱한 것이다. 하익범의 「유두
류록」 4월 5일조의 기록을 보면 다음과 같은 말이 있다.

> 5일. 횡포(橫浦)를 지나 전대촌(田垈村)에 들어가 벗 정미회(鄭美會)를
> 방문하였는데, 정국채가 이미 와 있었다. 정국채가 대원사에서 지은 절구
> 한 수를 보여주며 은근히 자랑하는 뜻을 드러냈다. 내가 웃으며 말하기를
> "군자의 경쟁에 이런 점이 있군요. 그대는 물의 큰 근원을 보았고, 저는
> 산의 상봉에 올랐으니, 비록 인지지락을 함께 하지는 못했지만 각각 한 단
> 서를 얻었습니다. 나의 분수에 있어서는 다행이니, 어찌 대소·고하로 말할
> 수 있겠습니까. 동정이 서로 기다리고 고대(高大)가 서로 바탕이 된다면,
> 어찌 하나이면서 둘이고 둘이면서 하나인 데로 귀결됨 없겠습니까."라고
> 하고서, 서로 박장대소하고 자리를 파하였다.[51]

---

50) 上同, 「是行至東堂村 諸友多以登天王爲危 分向大源寺 今會于田垈戲吟」.
51) 河益範, 『士農窩集』 권2, 「遊頭流錄」. "五日 過橫浦 入田垈 訪鄭友美會舍
    伯 與士觀已來會 士觀以大源詩一絶示之 隱然有自多之意 余笑曰 有是哉

　이러한 정황과 위 시의 제목을 보면, 하익범은 전대촌 정미회의 집에
서 정국채 등을 만나 각자의 산수 유람에 대해 농담을 주고받은 것을 알
수 있다. 그런데 위의 시를 보면, 하익범은 물의 근원을 찾아 대원사를
유람하고 온 정국채를 비아냥거리는 듯한 느낌을 준다. 「유두류록」의
기록을 보면, 정국채가 대원사에서 지은 시를 자랑하므로 그에 응수해
지은 시이기 때문에 상대를 경시하는 듯한 어감이 있다. 그러나 「유두류
록」에서 하익범이 한 말을 보면, 산수 유람의 궁극적인 목적이 인지지락
에 있음을 알 수 있다. 이런 점에서 산의 정상에 오르는 것이나 물의 근
원을 찾는 것이나 모두 구도의 여정이라고 하겠다.

3. 역사에 대한 회고

　하익범은 지리산 유람을 끝내고 돌아오는 길에 대원사를 유람하고 온
정국채 등을 횡천에서 만나 한유한(韓惟漢)의 유적지인 가례암(家禮巖)
을 찾아 선철이 남긴 자취를 돌아보았다. 그러면서 남명이 유람을 하다
가 한유한·정여창·조지서 등을 만난 것이 산수의 아름다움을 본 것보다
한층 높다는 말을 되새겼다.
　그것은 산수를 인간과 동떨어진 자연으로 보지 않고 인간의 역사와
함께 한 산수로 보는 자연관이다. 그래서 그 산수는 그 땅에서 산 사람
들의 역사를 고스란히 간직하고 있는 산수로 인식하고, 그 산수를 통해
인간과 세상을 회고하며 다시 현실을 돌아보는 자각의 시간을 갖는 것

君子之爭也 足下觀水之大源 不佞登山之上峰 雖不與同其仁智之樂 而各得
其一端 於吾分 亦幸矣 又何大小高下之可言耶 動靜以相須 高大以相資 則
亦豈無一而二 二而一之歸耶 相與撫掌而罷"

이다.

　하익범의 「유두류록」에 남명의 경우처럼 옛날 세상과 옛날 사람들을 회고하며 다시 현실을 반추하는 생각을 촌철살인의 방식으로 그려내지는 못하고 있지만, 그런 의식이 언뜻언뜻 보인다. 다음 시는 회덕으로 송환기를 찾아갈 때 지은 시인 듯한데, 선현에 대한 추모의 정은 물론 공자처럼 결백한 도덕을 지닌 성현을 그리워하는 마음이 간절히 묻어나고 있다.

광풍제월 같은 흉금에다 경세제민의 근심,	光霽胸襟經濟憂
두 현인의 정미한 광채 이 누각에 빛나네.	兩賢精彩耀斯樓
빼어난 형세 동남에서 최고일 뿐 아니니,	勝形不但東南最
강한(江漢)에 빨아 추양(秋陽)에 말린 결백 아! 그리워.	江漢秋陽我思悠[52]

　이 시는 정여창이 창건하고 송시열이 기문을 지은 안의의 광풍루(光風樓)에 올라 지은 것이다. 마지막 구의 '강한(江漢)'과 '추양(秋陽)'은 『맹자』에 보이는 "공자의 도덕은 양자강이나 한수(漢水)의 물에 빨래를 하여 가을볕에 말린 흰 옷이 희고 흰 것처럼 더 나은 것이 없다.[江漢以濯之 秋陽以暴之 皜皜乎不可尙已]"라고 한 증자의 말을 가리킨다. 이는 공자가 별세한 뒤 동학들이 유약(有若)을 공자처럼 섬기려 하자, 증자가 그 불가함을 지적하며 공자의 도덕을 비유한 말이다.

　이 시는 제목을 통해서 알 수 있듯이 광풍루에 올라 정여창과 송시열을 회고하며 그리워한 것이다. 그들의 광풍제월 같은 마음과 경세제민

---

52) 河益範, 『士農窩集』 권1, 「登光風樓 安義 ○一蠹鄭先生刱建 尤庵宋先生撰 記文」.

의 이상을 작자는 이 누각에서 회상한 것이다.

이 시는 스승을 찾아 떠나는 여행이었기 때문에 구도적 열망이 강렬
하다. 그런 열정 때문에 선현의 유적을 만나 역사를 회고하며 그런 그리
움을 드러내는 것은 당연하다. 그런데 아래에 소개할 세 편의 시는 지리
산을 유람하면서 지은 것으로, 역사를 돌아보는 시각이 이와는 사뭇 다
르다. 우선 칠불사와 관련된 전설을 듣고 이를 어떻게 노래하고 있는지
살펴보기로 한다.

신라 말의 유풍이 이곳에 그대로 남아,	羅季遺風此地存
암자 안에 일곱 부처와 삼존불이 있네.	庵中七佛與三尊
높은 누각 영지에 비춘 일 어디에 있던가,	高樓照影池何有
단지 이는 황당한 불가의 말일 뿐이네.	除是荒唐釋氏言[53]

칠불사의 창건과 관련된 설화는 여러 가지로 전한다. 그중에는 신라
신문왕(제31대)의 일곱 아들이 옥부선인의 피리소리를 듣고 입산하여
도를 깨닫고 창건하였다는 설이 있고, 또 가락국 김수로왕의 일곱 왕자
가 입산수도하여 성불했다는 설도 있고, 또 김부 대왕의 일곱 아들이 성
불했다는 설도 있다. 김부는 한자로 김부(金溥)·김부(金富)·김부(金夫)
등으로 표기하는데, 대체로 신라 마지막 왕인 경순왕으로 본다.

김부 대왕의 부인이 성불한 아들을 만나러 왔으나 만나지 못하고 영
지(影池)에 비친 아들의 모습만 보고 돌아갔다는 전설을 두고서, 하익범
은 불가의 황당한 말이라고 일축하고 있다. 이러한 사유는 대체로 조선
시대 유학자들이 천왕봉에 올라 성모를 석가의 어머니 마야부인이라고
하는 설을 황당하다고 평가한 것과 같다. 이는 유가의 현실주의적 사고

---

53) 上同, 「七佛庵」.

에 의해 불가의 설화를 황당무계한 것으로 보는 시각이다.

다음 시는 칠불사에서 내려와 신응사(神凝寺)에서 지은 것이다. 신응사 앞의 시내 너럭바위에는 최치원이 새겼다는 '세이암(洗耳巖)'이라는 각자가 있다. 하익범은 이를 보고 역사를 회고하며 최치원을 만난다.

한가한 날 소요함 내 뜻에 꼭 맞으니,	暇日逍遙適我意
강과 산 어디인들 시 짓기 제격일세.	江山何處不宜詩
형산(衡山)을 호걸스레 유람하고 내려온 날,	衡嶽豪遊飛下日
모춘(暮春)의 화기에 시 읊조리며 돌아가네.	暮春和氣咏歸時
승려를 만나 앉아서 빼어난 산수 얘기,	逢僧坐說烟霞勝
술잔을 들고 도리어 더딘 세월 잊누나.	對酒還忘歲月遲
세이암 앞에서 오래도록 서 있나니,	洗耳巖前良久立
운선(雲仙)이 남긴 뜻 그 누가 그를 알리.	雲仙遺意孰知之[54]

형산(衡山)은 중국 오악 중의 남악이다. 지리산이 남악이므로 형산에 비유한 것이다. 제3구는 한유(韓愈)·주자가 형산을 유람한 것처럼 지리산유람을 자랑스럽게 여기는 마음이고, 제4구는 『논어』에 보이는 증점(曾點)의 기상이다. 그러다 그는 세이암에서 최치원을 만난다. '운선(雲仙)'은 '고운 신선(孤雲神仙)'이라는 말이다. 고운 최치원은 유선(儒仙)으로 불린다. 본래 유자였는데 선인이 되었다는 뜻이다.

또 조선시대 사인들에게 선가는 불가와 다르게 인식된다. 선계는 현실세계의 불화가 없는 무릉도원쯤으로 인식된다. 따라서 최치원 같은 경우는, 갈등과 불화가 없는 선계의 신선이 되었다는 의미와 현실세계에서의 불화 때문에 선계에 발을 들여놓았다는 의미가 복합적으로 들어

---

54) 上同, 「神凝寺」.

있다. 그러므로 조선시대 유자들이 지리산을 유람하면서 최치원을 비판
적으로 평한 경우는 극히 드물다.

하익범은 산수를 실컷 구경하고 인지지락에 취해 있다. 게다가 술을
마시고 나서 세월조차 잊었다. 그가 세이암에서 오랫동안 서 있었던 마
음을 알 수는 없다. 그러나 분명한 것은 최치원을 회고하고 있었다는 점
이다. 그는 최치원이 남긴 세이암의 뜻에 몰입해 있었던 듯하다. 귀를
씻는다는 말은 세속적 가치와 단절을 의미한다. 세속적 가치로부터 거
리를 두는 것이다. 그럼으로써 자신의 본연을 잃지 않으려는 것이다.

하익범은 또 쌍계사의 최치원 영정을 모신 영각(影閣)에서 다음과 같
이 읊었다.

삼신동 빼어난 형승 청구에서 제일일세,	三神形勝擅靑丘
신령스런 곳은 속인이 노닐 곳이 아니네.	靈境誠非俗子遊
흐르는 물소리에 봄날은 길기만 하고,	流水聲中春日永
푸른 산 깊은 곳에 학의 둥지 그윽하네.	碧山深處鶴巢幽
남명선생 세 번이나 이 산을 유람했고,	冥翁三到江山幸
운로(雲老)는 천년토록 지팡이 신발을 남겼네.	雲老千年杖舃留
오늘은 강한(江漢)의 그리움 견디기 힘들어라,	是日難堪江漢思
중들도 오히려 춘추 향사를 알고 있네.	緇徒猶解享春秋[55]

제1구에서 제4구까지는 속세와 떨어진 선계를 그린 것이다. 그리고
경련(頸聯)에서는 그 선계에 남명 조식과 고운 최치원의 자취가 남아 있
음을 상기시킨다. 그런데 최치원은 쌍계사에 영각이 있어 봄·가을로 제
사를 받는다. 생각이 여기에 미치자, 시인은 강한(江漢)에 빨아 추양(秋

---

55) 上同, 「雙溪寺 -次崔孤雲影閣韻」.

陽)에 말린 듯이 결백한 공자의 도덕이 이 세상에 널리 유행하지 못함을
못내 안타까워한다. 승려들도 최치원에게 제사를 지내는데, 유가에서는
그렇지 못함을 한탄한 것이다.

하익범의 시에는 '강한(江漢)'이라는 시어가 자주 등장한다. 그것은 공
자의 도덕을 의미하며, 유학의 도를 의미한다. 또 쌍계사를 두고 보면,
그 도를 실천한 구체적 인물이 남명 조식과 고운 최치원이다. 그런데 이
런 선철들이 현실세계에서 그 도를 펴지 못하고 누차 선계로 발을 들여
놓은 것이다. 아마도 시인의 슬픔은 여기에 있었을 것이다.

이상에서 살펴본 바와 같이, 하익범의 기행 시문에 나타난 역사에 대
한 회고는 구도적 열망과 유학의 도가 현실세계에 온전히 행해지지 않
음을 안타까워하는 의식이 중심축을 형성하고 있다.

4. 남명정신의 환기

하익범의 기행 시문에 나타난 또 하나의 특징이 남명정신을 환기시키
며 그것을 본받고자 하는 것이다. 이는 남명학의 계승이라는 측면에서
눈여겨 볼 만하다. 하익범은 지리산을 유람하면서 덕천서원에 참배하였
는데, 그 때의 심정을 다음과 같이 기록해 놓았다.

> 저녁에 덕천서원에서 묵었다. 다음 날 아침 사당에서 선생에게 참알(參
> 謁)하고 첨배(瞻拜)할 적에 강한(江漢)에 대한 생각이 배나 간절하였다.56)

'강한(江漢)'은 앞에서 언급했듯이, 공자의 결백한 도덕을 상징한다.

---

56) 河益範, 『士農窩集』 권2, 「遊頭流錄」. "暮宿德川書院 翌朝 參謁瞻拜之際
    倍切江漢之思"

공자의 결백한 도를 몸소 실천한 남명에게 배알하면서, 하익범은 도에 대한 그리움을 간절히 느끼고 있다. 이러한 그의 그리움은 그가 입덕문 (入德門)을 들어설 때부터 이미 절실히 다가온다.

남명 선생 승천하여 하늘로 올라간 뒤,	冥老乘箕後
몇 년 동안이나 이 문 닫혀 있었던가.	幾年閉此門
구름을 헤치고서 머리 들고 바라보니,	披雲翹首立
방장산은 마치 무슨 말을 하는 듯하네.	方丈若有言[57]

기성(箕星)은 북두(北斗)와 상대적으로 남방의 별을 의미하며, 은나라 어진 정승 부열(傅說)을 기미성(箕尾星)에 비유한다. 여기서는 남명이 세상을 떠나 기성이 되었다는 것을 말한다.[58] 하익범은 남명이 별세한 뒤로 입덕문을 통해 구도하러 가는 사람들이 끊어졌음을 안타까워하며, 남명을 그리워하는 마음을 지리산을 통해 전해 들으려 하고 있다.

이런 절실한 마음은 덕천서원 앞의 세심정(洗心亭)에 이르러 지은 시에 더욱 잘 묘사되어 있다.

몇 년 동안 부지런히 우러렀던가,	幾年勞仰止
오늘에야 이 문안으로 들어왔구나.	今日入斯門
냇가 고목은 선천의 빛깔 그대로고,	樹老先天色
시냇물은 활발한 수원에서 흘러온 것.	川通活水源
그 정신은 소미성(少微星)에 숨어 있고,	精神微宿隱

---

57) 河益範, 『士農窩集』 권1, 「入德門」.

58) 남명은 처사의 대표적 인물이기 때문에 처사성인 少微星으로 비유된다. 그러나 때로는 殷나라 傅說처럼 어진 정승의 그릇이었다는 의미에서 箕尾星에 비유되기도 한다.

그 기상은 두류산에 남아 있네.   氣像頭流存
백세 뒤에도 선생의 풍도 듣는 자,   百世聞風者
오히려 티끌과 번민 능히 씻으리.   猶能滌累煩[59]

시인은 냇가 고목에서 선천(先天)의 빛깔을 보고, 흐르는 냇물에서 근
원이 있는 물을 본다. 천리가 이곳에 유행하고 있음을 드러낸 것이다.
그리고 그것은 남명의 도가 이곳에 남아있음을 상징적으로 드러낸다.
조선후기 박치복(朴致馥, 1824~1894)은 남명이 처사를 상징하는 소미성
(少微星)의 정기를 받고 태어났다는 설화에 근거해 "천상에서는 소미성,
인간 세상에선 조 남명. 남명이 이 세상에 내려오니, 소미성이 인간에
있었네. 소미성이 빛을 잃자, 남명은 천상으로 돌아갔네."라고 읊었다.[60]
　하익범은, 남명의 정신은 처사로 상징되는 소미성에 있으며, 남명의
기상은 두류산에 남아 있다고 함으로써 남명의 정신과 기상이 여전히
존재하고 있음을 환기시키고 있다. 그리하여 백세 뒤에라도 남명의 풍
도를 듣는 자는 티끌 번민을 능히 씻을 수 있다는 말로 미련(尾聯)을 마
무리하고 있다. 이 시의 경련(頸聯)과 미련은 남명정신이 시인의 가슴속
에 그대로 간직되어 있음을 잘 보여준다.
　세심정은 물가에 있고, 그 위에 취성정(醉醒亭)이 있었다. 덕천서원을
창건한 뒤 1582년 하항(河沆)이 냇가에 정자를 짓고 '세심정'이라고 이름
을 하였는데, 덕천서원을 설계한 최영경(崔永慶)이 정자의 이름을 '취성
정'으로 바꾸었다. 그 뒤 임진왜란 때 덕천서원이 소실되고 취성정만 남
게 되었다. 1609년 덕천서원을 복원하고, 1611년 사당을 새로 지은 뒤,

---

59) 上同, 「洗心亭 次板上韻」.
60) 崔錫起, 「晚醒 朴致馥의 南冥學 繼承樣相」, 『남명학연구』 제23집, 경상대 남
　　명학연구소, 2007, 250~251면.

취성정을 다시 지었다. 그런데 그 이전에 덕천서원 유사 유종일(柳宗日)
이 남명이 산천재 앞에 세웠던 상정(橡亭)을 본떠 다시 초가 정자를 짓
고 '세심정'이라 이름을 하였다. 이후로 덕천서원 앞에는 세심정과 취성
정 두 정자가 있게 되었다. 그런데 이러한 일을 자세히 기록한 사람이
바로 하익범의 7대조 창주(滄洲) 하징(河憕)이다.[61] 그러니 하익범은 이
두 정자에 올라 감회가 남달랐을 것이다. 다음 시는 취성정 현판의 시에
차운한 것이다.

> 한가한 날 진경 찾아 이 정자에 올라서,　　　暇日尋眞上此亭
> 선생의 지결인 취성(醒醒)의 뜻을 여쭈어보네.　先生旨訣問醒醒
> 천한 세속인들 혼매하게 취한 지 오래니,　　　嗟爾世人昏醉久
> 원하건대 천년토록 이 이름 잊지 말기를.　　　願言千載顧玆名[62]

　하익범은 취성정에 올라 남명정신의 진결인 '취성(醒醒)'의 의미를 생
각하고 있다. 취성이란 말은 술에 취한 듯한 혼몽함에서 깨어난다는 뜻
이다. 즉 성성은 남명이 자신의 마음을 늘 경각시키기 위해 허리춤에 차
고 다녔던 성성자(惺惺子)란 방울의 '성성(惺惺)'이다. 세상 사람들은 모
두 혼몽한 상태에 빠져 있다. 그런데 이 정자만이 그런 데서 깨어나라는
의미를 머금고 의연히 서 있다. 하익범은 '성성'이라는 의미심장한 말을
되새기며, 그 이름이 오래 지속되길 바란다. 이를 보면, 그의 가슴속에
남명정신이 뿌리 깊이 박혀 있음을 알 수 있다.
　이런 정신을 소유한 하익범은 시냇가에 사는 권경칙(權擊則)이라는
노인을 통해, 다시 남명의 이런 법이 전해지고 있음을 본다.

---

61) 崔錫起, 『남명과 지리산』(2006), 경인문화사, 163~164면.
62) 上同, 「醉醒亭 次板上韻」.

온 세상 사람들 모두 혼몽하게 취했건만,	擧世皆昏醉
아름다운 군자께서 유독 불러 깨우시네.	嘉君獨喚醒
시냇가 노인의 여유 있는 마음의 법,	溪老餘心法
바로 남명선생의 옛날 그 법일세.	冥翁舊典刑63)

권경칙의 심법을 취성(醉醒)으로 본 시인은 그것이 남명이 전한 옛날의 법전임을 상기하고 있다.

이상에서 살펴보았듯이, 하익범의 정신세계 속에는 마음속에 티끌 하나도 용납하지 않고 깨끗이 씻어내 천도의 경지에 오르려고 한 남명정신이 근간을 형성하고 있다.

V. 맺음말

이상에서 하익범의 생애와 삶의 지취, 그리고 그가 남긴 기행문학 작품에 주목하여 기행시와 기행문을 개관하고, 그 속에 투영된 작가의식을 살펴보았다. 본고에서 고찰한 하익범의 삶의 지취와 문학세계는 다음과 같이 정리할 수 있다.

하익범은 하징(河憕) 및 그의 손자 하명(河洺)으로 이어진 가학을 계승한 바탕 위에 송시열의 후손 송환기(宋煥箕)에게 경학과 성리학을 배우고, 기호학파 이의조(李宜朝)에게 예학을 배워 한원진(韓元震) − 송능상(宋能相) − 송환기(宋煥箕)·이의조(李宜朝)로 내려오는 우암학맥에 속하게 되었다. 그는 송환기에게 집지함으로써 학문적 외연을 넓히는 동시에 송시열 가문과 세교를 돈독히 하는 두 가지 임무를 충실히 수행했다.

---

63) 上同,「贈權擊則」.

하익범의 삶의 지취는 자연에 동화되는 삶을 산 증점(曾點)의 방식을 추종하면서 인지지락(仁智之樂)을 추구한 데 있다. 이러한 삶의 방식은 실심(實心)·실학(實學)으로 위기지학(爲己之學)을 하는 용실심무실학(用實心務實學)의 무실정신(務實精神)으로 나타난다.

그의 문집에는 기행시와 기행문이 대부분을 차지하여 문학적 특징으로 부각된다. 그의 기행시는 크게 산수 유람과 구도관광(求道觀光)으로 대별할 수 있는데, 전자는 지리산 등의 산수를 유람하면서 지은 것이고, 후자는 스승의 문하에 나아가고 한양을 관광하면서 지은 것들이다. 기행문은 모두 6편으로 구도관광을 통해 기록한 것과 산수 유람을 기록한 기행문으로 나눌 수 있는데, 그중에서 지리산을 유람하고 쓴 「유두류록」이 문학적 완성도가 가장 높다.

그의 기행문학 작품에 나타난 작가의식으로는 크게 네 가지를 들 수 있다.

첫째, 산수 유람을 좋아하는 성품으로 자연에 몰입하는데, 그것은 현실에서의 불화를 달래기 위한 측면보다는 증점의 경우처럼 천인합일의 경지를 추구하는 인지지락에 심취하는 정신이 근간을 이루고 있다.

둘째, 산수 유람이건 구도관광이건 그의 기행문에는 원두처(源頭處)를 향하는 구도의식이 깊게 스미어 있다.

셋째, 그의 기행 시문에는 선인의 유적을 만나 역사를 회고하는 작가의식이 잘 드러나 있는데, 선현의 도덕과 지절(志節)을 흠모하기도 하고 선현의 불행을 탄식하기도 하며 불교의 황당한 설을 비판하기도 한다.

넷째, 그의 기행시문에는 남명정신을 환기시키며 그것을 본받고자 하는 작가의식이 강렬하게 드러나 있다.

이러한 하익범의 기행문학의 특성은 다음과 같은 점에서 문학사적 의

의를 찾을 수 있다.

첫째, 조선후기 재야 사인으로서 자신의 존재방식에 대한 확고한 자각 위에 입공(立功)·입언(立言)보다는 입덕(立德)에 더 가치를 두는 도덕적 주체 확립을 우선시함으로써 도학적 무실정신(務實精神)을 건실히 유지하고 있다는 점이다. 조선후기 성리설이 이론탐구에 치우쳐 실천이 경시되던 시대에 이런 정신을 환기시킴으로써 지역사회에서 남명의 심성수양론적 실천정신을 되살리는 역할을 하였다.

둘째, 산수 유람은 물론 구도의 여정을 자세히 기록한 기행문학 작품을 생산함으로써 조선시대 기행문학의 발전에 기여하였다. 특히 도학적 정신세계를 유기류의 기행문에 투영한 점이 주목된다. 또한 산수 유람을 통한 기행문과 기행시에도 조선후기 재야 지식인이 추구하던 세속에 때 묻지 않는 결백한 정조를 잘 드러내고 있어, 실학사상이나 명청소품 위주로 변하고 있던 서울·근기 지방의 문풍과는 달리 여전히 성리학적 전통에 충실하고 있음을 보여준다.

셋째, 조선후기 지방 사족의 일상을 일기류의 형식으로 소상히 기록해 놓음으로써 처사문학의 구체적 양상을 엿볼 수 있게 한다.

〈참고문헌〉

1. 원전 자료

『論語大全』, 학민문화사 영인본.
河益範, 『士農窩集』, 경상대 남명학연구소 소장.

2. 논저

姜貞和, 「16세기 유일문학 연구」, 경상대 박사학위 논문, 2006.

김학수, 「진양하씨 창주가의 가계와 학문의 연원」, 『진양하씨 창주후손가 선비가의
    묵향』, 한국학중앙연구원, 2004.

민족문화추진회, 「性潭集 해제」, 『한국문집총간해제 5』, 민족문화추진회, 2001.

李相弼, 『남명학파의 형성과 전개』, 와우출판사, 2005.

張源哲, 「南冥思想과 顔淵(其一)」, 『남명학연구』 창간호, 경상대 남명학연구소,
    1991.

崔錫起, 「남명의 산수유람에 대하여」, 『남명학연구』 제5집, 경상대 남명학연구소,
    1996.

_____, 『남명과 지리산』, 경인문화사, 2006.

_____, 『한국경학가사전』, 성균관대 대동문화연구원, 1998.

한국학중앙연구원 장서각, 『진양하씨 창주후손가 선비가의 묵향』, 한국학중앙연구
    원, 2004.

※ 이 글은 『남명학연구』 제25집에 수록된 「사농와 하익범의 삶과 문학」을 수정
    보완한 것이다.

제4장
박치복(朴致馥)의 남명학 계승양상

I. 머리말

인조반정으로 북인정권이 무너진 뒤, 북인에 속했던 남명학파는 급격히 침체되어 학맥이 제대로 이어지지 못했고, 경상우도 지역(이하 '강우지역'이라 칭함) 사인들은 남인이나 노론에 속할 수밖에 없었다. 그리하여 퇴계학맥에 속하거나 노론의 학맥에 편입됨으로써 18세기 이후 강우지역은 노론과 남인이 혼재하게 되었다.[1]

19세기의 정치적 상황은 소수 벌열 가문의 세도정치로 대다수 지방 사족들은 정권에서 소외되어 사실상 당색이 유명무실해졌다. 사회적으로는 중앙권력의 부패로 민생수탈이 극에 달했고, 서구열강이 문호개방을 거세게 요구하여 위기가 고조되었다. 이런 급변하는 환경 속에서 사림은 위기의식을 느끼지 않을 수 없었다.

그러나 이런 절박한 상황은 오히려 유학을 부흥시키는 계기가 되어 도(道)를 보위(保衛)하려는 자구노력이 나타났는데, 특히 지방의 사인들에게서 더 활발하게 일어났다. 영남의 경우, 좌도·우도 모두 정치적으로는 소외되었지만, 학술적 분위기는 사뭇 달랐다.

퇴계학파의 근거지인 좌도에는 학맥이 뚜렷이 전해져 퇴계의 도를 보위하는 것으로 사명을 삼았다. 그들은 퇴계를 정점에 두고, 그 설을 지키며 따르려 함으로써 존사위도정신(尊師衛道精神)이 투철하였다. 반면, 강우지역은 남명학파의 몰락으로 학문이 극도로 침체된 상황에서 대체

---

1) 이에 관해서는 李相弼 교수의 「18세기 江右地域 南冥學派의 分布와 動向」(『남명학연구』 제11집, 2001)에 상세히 기술되어 있다.

로 남인들은 퇴계학파에 속하고, 노론은 율곡학파에 속하여 자신들의
정체성을 찾지 못하고 있었다.

그런 분위기가 약 2백 년가량 이어져 내려오다가, 19세기 중반에 이르
면 학문이 갑자기 크게 일어난다. 이런 특이한 현상을, 뒷시대 조긍섭(曺
兢燮, 1873~1933)은 '수백 년 사이에 없었던 현상'이라고 하면서, 대표적
인 학자로 박치복(朴致馥)·허유(許愈)·정재규(鄭載圭)·김인섭(金麟燮)·
최숙민(崔琡民)·조성가(趙性家)·김진호(金鎭祜)·곽종석(郭鍾錫) 등 14인
을 거론하였다. 그리고 그들의 학문연원이 대개 노사(蘆沙) 기정진(奇正
鎭), 성재(性齋) 허전(許傳), 한주(寒洲) 이진상(李震相)에게서 나온 것이
라 했다.2)

조긍섭이 지적한 대로 19세기 중반 이후 강우지역에는 노론계의 노사
학맥, 근기남인계의 성호학을 계승한 성재학맥, 퇴계학맥을 계승한 한주
학맥, 이렇게 세 학파가 강우지역에서 동시에 일어나 활발한 학술활동
을 하였다. 여기에 퇴계의 정맥을 이은 유치명(柳致明)의 문인계통의 학
자들과 강우지역의 남명학을 계승한 가학의 전통을 이은 학자들이 더
있었다.

그리하여 이 지역은 학문의 집합장이 된 듯하였고, 당색과 학파를 초
월하여 활발한 교유를 하며 토론을 벌였다. 그러면서 이들은 급변하는
시대적 상황에 공동으로 대처하여 도를 보위하려는 노력을 하였고, 이
지역에서 배출된 남명을 정점에 두고 공동으로 추숭하면서 그 공감대를
확장해 나갔다.

이런 점에서 19세기 후반 강우지역의 학문은 조선후기 사상사의 한

---

2) 鄭景柱, 「江右地方 許性齋 門徒의 學風」, 『남명학연구』 제10집, 경상대 남명
학연구소, 2000, 169면.

장을 구성할 만큼 풍성하고 흥미롭다. 그 가운데 심(心)을 주재리(主宰理)로 보는 이진상의 설에 대한 논쟁,『대학』의 명덕(明德)과 명덕을 해석한 허령불매(虛靈不昧)에 대한 논쟁,『중용』의 인심도심(人心道心)에 대한 논쟁, 태극동정(太極動靜)에 대한 논쟁 등 성리설의 핵심명제에 대한 토론이 다양하게 제기되었다.

따라서 19세기 후반 강우지역에서 일어난 이러한 학술동향을 밝히는 일은 조선말의 유학이 어떻게 전개되었는가를 구명하는 데 있어 매우 중요한 의미를 갖는다. 또한 이는 강우지역 학문의 정체성을 찾는 데에도 중요한 단서를 제공할 것이다.

본고에서 다루고자 하는 박치복(朴致馥, 1824~1894)도 조긍섭이 거론한 인물 가운데 중요한 한 사람이다. 박치복은 함안 사람으로 퇴계학맥을 이은 유치명에게 수학하였고, 다시 허전의 문하에 들어감으로써 영남 퇴계학맥과 근기 성호학맥을 겸하여 수용하였다. 그리고 삼가(三嘉)에서 오랫동안 강학하여 이 지역의 학문을 일으키는 데 선도적 역할을 하였다. 이런 점만으로도 박치복은 19세기 강우지역 학술의 중심에 있다고 할 수 있다.

본고에서는 박치복의 학문성향 가운데, 특히 남명학 계승양상에 초점을 맞추어 살펴보고자 한다. 이를 위해 우선 19세기 강우지역의 학술동향과 박치복의 학문성향을 개관해 볼 것이며, 그 다음 그의 남명학 계승양상을 몇 가지 관점에서 고찰해 볼 것이다.

II. 19세기 강우지역의 학술동향과 박치복의 학문성향

1. 19세기 강우지역의 학술동향

① 우리 역사상 16세기는 기득권을 가진 사대부 층과 재야 신진사림들이 충돌하면서 참혹한 사화가 일어나고, 그런 정치적 소용돌이 속에서 외척과 권간이 정권을 농단하여 암울한 먹구름이 드리운 시기였다. 이처럼 얼어붙은 정국에서 학자들은 출사를 단념하고 심성수양과 학문연구에 몰두함으로써 도덕과 학문이 높은 학자들이 지방에서 두각을 나타내기 시작했다. 그리하여 지방의 학문이 크게 진작되었고, 수많은 인재들이 그들의 문하에서 배출되었다.

그 중에서 특히 영남의 남명(南冥) 조식(曺植, 1501~1572)과 퇴계(退溪) 이황(李滉, 1501~1570)의 영향력은 실로 대단하여 문하에 수백 명의 제자들이 배출되었다. 18세기 실학자 이익(李瀷)은 이런 영남의 분위기를 다음과 같이 표현하였다.

중세 이후 퇴계는 소백산 밑에서 태어나고, 남명은 두류산 동쪽에서 태어났는데, 모두 영남 지역이다. 북도는 인(仁)을 숭상하고, 남도는 의(義)를 주로 하였다. 그리하여 유교의 교화와 기절(氣節)을 숭상함이 바다처럼 넓고 산처럼 우뚝하게 되었다. 우리나라의 문명이 이 두 분에 이르러 절정에 도달했다.[3]

---

3) 李瀷, 『星湖僿說』 天地門, 「東方人文」. "中世以後 退溪生於小白之下 南冥 生於頭流之東 皆嶺南之地 上道尙仁 下道主義 儒化氣節 如海濶山高 於是 乎 文明之極矣"

이익은 남명과 퇴계에 의해 우리나라 문명이 극에 도달했다고 했다. 왜 이들에 의해 우리나라 문명이 극에 도달했다고 본 것일까? 이들의 학문성취를 보면, 퇴계는 주자학을 이 땅에 정착시켰을 뿐만 아니라, 이론적으로 더 발전시켜 도학(道學)을 밝힌 공이 있다. 또 남명은 성리학을 폭넓게 수용하되 염번취간(斂繁就簡)하여 반궁실천(反躬實踐)함으로써 도학을 몸으로 실천한 공이 크다. 즉 퇴계는 도학자로서의 지도(知道)의 측면에서, 남명은 도학자로서의 행도(行道)의 측면에서 자기 색깔이 분명히 드러난다.

남명과 퇴계의 이런 학문성향은 후학들에게 깊은 감명을 주었고, 한 시대의 학풍이 그들을 추향하여 요즘말로 하면 박사급 제자가 수백 명씩 배출되었다. 그리하여 영남은 급속히 문명화되었고, 결국 추로지향(鄒魯之鄕)이란 명성을 얻게 되었다. 성호는 이러한 역사적 사실을 간파하고서 문명의 극에 달했다고 한 것이다.

이들에 의해 형성된 남명학파와 퇴계학파는 경상좌도와 경상우도를 중심으로 면면이 이어져 오며 지대한 영향을 미쳤다. 좌도의 퇴계학파는 김성일(金誠一) → 장흥효(張興孝) → 이현일(李玄逸) → 이재(李栽) → 이상정(李象靖) → 유치명(柳致明) → 김홍락(金興洛)으로 이어지며 구한말까지 그 학맥을 유지하였다.

그러나 강우지역의 남명학파는 남명의 고제로서 북인정권의 영수였던 정인홍(鄭仁弘)이 인조반정에 의해 처형된 뒤, 급격하게 침체의 길로 접어들었다. 특히 정인홍의 죄목이 폐모살제(廢母殺弟)의 강상죄(綱常罪)에 해당했기 때문에 남명학파에 끼친 부정적 영향은 지대할 수밖에 없었다. 그리하여 17세기 후반 이후로는 학맥이 제대로 이어지지 못하였다.

또 인조반정에 의해 북인정권이 몰락함으로써 정치권이 재편되어, 강우지역의 사인들은 서인이나 남인의 당색을 갖지 않을 수 없었고, 18세기에 이르러서는 거의 노론화 또는 남인화 되었다. 그리하여 경상좌도의 퇴계학맥을 이은 학자의 문인이 되기도 하고, 기호 노론계 학자의 문인이 되기도 하였다.

그러나 이들이 퇴계학맥이나 기호학맥에 속하더라도 남명에 대한 인식만큼은 그들과 달랐다. 예컨대 기호학파 학자 중에는 이식(李植)·김창협(金昌協)·이현익(李顯益) 등처럼 남명을 심하게 폄하하는 사람들이 있지만,[4] 강우지역 노론계 인사들은 남명을 폄하하는 사람이 거의 없다. 이는 단적으로 말해, 이 지역 노론계 학자들의 의식이 이식·김창협·이현익 등의 인식과는 다르다는 것을 말해준다.

또한 이 지역에 살던 남인들도, 경상좌도의 퇴계학파 학자들의 남명에 대한 인식과는 상당히 다르다. 17세기 이 지역에 살던 남인 가운데 조임도(趙任道)는 처음부터 퇴계학파의 문하에서 수학하였지만, 남명과 퇴계를 아울러 존모하는 성향을 보였다. 이는 가문의 내력을 무시할 수 없는 측면이 있기는 하지만,[5] 남명학과 퇴계학의 융화를 시도한 측면에서 새로운 인식을 한 것으로 평가된다.[6]

18세기에 이르면 보다 진전된 인식이 나타난다. 이 시기 이 지역의 대표적 인물이라 할 수 있는 박태무(朴泰茂)는 16세 때 제문을 지어 가지

---

4) 鄭仁善, 「澤堂 李植의 학문성향과 남명학 비판」, 경상대 교육대학원 석사학위논문, 2005.
5) 澗松은 남명의 문인인 大笑軒 趙宗道(1537~1597)이 三從兄이며, 남명을 보신 용암서원의 원장을 지낸 蘆坡 李屹(1557~1627)의 사위이다.
6) 許捲洙, 「南冥·退溪 兩學派의 融和를 위해 노력한 澗松 趙任道」, 『남명학연구』 제11집, 경상대학교 남명학연구소, 2001, 374면.

고 남명의 묘에 찾아가 배알하였다. 그는 알묘문(謁墓文)에서 다음과 같
이 말하였다.

> <선생은> 작록(爵祿)을 보길 자신을 더럽히는 것처럼 하였으니, 동강
> (桐江)에 살던 엄자릉(嚴子陵 : 嚴光)의 무리였을까? 소장(疏章)을 올려
> 아뢰길 근면하고 간절하게 하였으니, 이윤(伊尹)·부열(傅說)처럼 세상을
> 널리 구제하려는 뜻이 있으셨네. 기절(氣節)을 힘써 뜻을 고상하게 하였으
> 니, 태원(太原)의 주당(周黨)의 무리였을까? 학문이 순수하고 심원하였으
> 니, 정자·주자의 정학(正學)을 얻으셨네. 나는 선생이 어느 정도의 경지에
> 오른 분인지 잘 모르겠네. 한 마디로 말한다면 "성인의 진퇴의 뜻을 터득
> 하셨고, 군자의 도를 행하고 간직하는 기미를 살피셨네. 높기는 천 길 하
> 늘을 나는 봉황새 같으셨고, 만 리 상공을 나는 큰기러기처럼 속세를 훌쩍
> 떠나셨네. 그러니 우리 동방을 통틀어도 다시 태어나기 어려운 호걸이시
> 네."라고 하겠네. 만약 선생이 백이(伯夷)와 같은 세상에 태어나셨다면, 완
> 악한 사람은 청렴해지고 나약한 사람들은 자신을 세웠을 것인데, 선생이
> 백이에게 양보했을까? 백이가 선생에게 양보했을까?[7]

후한 때 사람 엄광(嚴光)·주당(周黨)은 광무제의 부름에 응하지 않고
은거자락한 인물이다. 남명이 벼슬하지 않은 것을 두고서, 엄광·주당 같
은 인물이라 의심을 하는 사람이 있었고, 또 남명의 학문이 노장사상에
물들었다는 등 순수성을 의심하는 사람도 있었다. 그래서 박태무는 엄
광·주당을 끌어다 남명이 그들과 다르다는 점을 부각시키고, 그런 의심

---

7) 朴泰茂, 『西溪集』 권4, 「謁墓南冥先生文」. "視爵祿而若浼 桐江子陵之徒歟
   章奏勤懇 有伊傅匡救之意 勵氣節而高尙 太原周黨之流歟 學問純深 得程
   朱淵源之正 則吾未知先生是何如人也 一言蔽曰 得聖人進退之義 占君子行
   藏之機 卓乎如千仞之鳳 飄然如萬里之鴻 而振東方不再出之豪傑也 若使先
   生與伯夷 並世而生 使頑懦廉而立 先生讓伯夷耶 伯夷讓先生耶"

을 불식시키기 위해 "남명 선생은 경세제민의 이상으로 보면 이윤·부열과 같은 뜻을 품었고, 학문의 순수성으로 보면 정자·주자의 정학을 얻은 분이다."라는 어투로 단호하게 말한 것이다.

박태무는 당색으로 보면 남인이고, 학맥으로는 이재(李栽, 1657~1730)의 문인이 되어 퇴계학맥을 이은 사람이다. 그러나 그는 강우지역의 정서를 그대로 유지한 인물로 남명을 퇴계 못지않게 추숭한 사람이다. 이처럼 강우지역 남인계 학자들은 대부분 퇴계학맥에 속하였지만, 그들은 좌도 퇴계학파 학자들과는 달리 남명을 퇴계와 동등하게 인식하였다. 이는 근기남인계의 이익이 남명과 퇴계를 대등하게 일컬은 것과 일맥상통하는 인식이다.

이를 통해 볼 때, 강우지역에서는 17세기 중반 이후 조임도처럼 남명과 퇴계를 아울러 존숭하는 의식이 형성되기 시작하였고, 18세기에 이르면 남명과 퇴계를 동등하게 인식하는 견해가 나타난다. 그런데 이런 인식은 강우지역에 국한된 지역적 정서가 아니고, 남인계에 널리 공감대를 형성하기 시작하였다. 특히 근기남인계의 거유인 이익이 남명과 퇴계를 대등하게 평한 뒤로, 이런 인식은 점점 그 폭을 넓혀 갔다.

예컨대 퇴계학파 이현일의 문인인 김성탁(金聖鐸, 1684~1747)은 다음과 같이 말하고 있다.

> 우리 동방 유학의 성대함은 본조 명종과 선조 때에 이르러 극에 달했는데, 퇴계·남명 두 선생이 한 시대에 같이 태어나 유림의 종주가 되었으니, 마치 하늘에 남두(南斗)와 북두(北斗)가 있고 땅에 대산(岱山)과 화산(華山)이 있는 것과 같다.[8]

---

8) 金聖鐸, 『霽山集』권13, 序, 「河謙齋先生文集序」. "我東儒學之盛 至本朝明宣之際 極矣 而退陶南冥兩先生 幷生一時 爲儒林宗主 如天之有南北斗 地

김성탁은 남명과 퇴계를 남두성(南斗星)와 북두성(北斗星), 대산(岱山 : 泰山)과 화산(華山)에 비유하여 대등하게 논하고 있다. 이런 인식은 이전의 경상좌도 퇴계학파에서 찾아볼 수 없는 견해라는 점에서 그 의의가 크다.

이상에서 살펴보았듯이, 18세기 이후 강우지역 남인계 학자들은 남명과 퇴계를 동등하게 인식하는 견해가 나타난다. 게다가 남명은 노론계의 인사들로부터도 존숭을 받았다. 그리하여 19세기 강우지역에서는 남인·노론의 당색을 떠나 모두 남명을 추숭하였다.

② 앞에서 언급했듯이 19세기 강우지역에는 이진상, 허전, 기정진의 문하에서 수학한 사람들이 학파를 형성하면서 새롭게 분위기를 이끌었다. 이진상은 성주에 살던 정구(鄭逑)의 문인인 이정현(李廷賢, 1587~1612)의 8대손으로 1852년 유치명(柳致明)의 문하에 나아가 명덕(明德)·심성(心性)·리기(理氣) 등을 질의하며 토론하였다. 유치명은 퇴계의 설에 따라 심(心)을 합리기(合理氣)로 보았는데, 이진상은 리(理)를 주재의 실(實)로 파악하여 1860년 심즉리설(心卽理說)을 제창하였다.

그 후 약 10여 년 뒤 이정모(李正模)·이두훈(李斗勳)·윤주하(尹胄夏)·장석영(張錫英)·김진호(金鎭祜)·곽종석(郭鍾錫) 등이 입문하여 한주학파가 형성되었다.9)

허전은 이익(李瀷) → 안정복(安鼎福) → 황덕길(黃德吉)로 이어지는 근기 남인계의 학맥을 이은 사람이다. 그는 김해부사로 재임하던 1864년

之有岱華焉"

9) 權五榮, 「19세기 강우학자들의 학문동향」, 『남명학연구』 제11집, 경상대 남명학연구소, 2001, 148~157면.

부터 1867년까지 3년여 동안 학당을 개설하고 인재양성을 하였는데, 그
때 입문한 대표적 인물이 박치복·김인섭·이익구(李翊九)·김진호·윤주
하·조병규(趙昺奎)·노상직(盧相稷)·강병주(姜柄周)·허훈(許薰)·하용제
(河龍濟) 등이다.10) 그런데 허전의 문인들 가운데 근 60% 정도가 강우지
역 학자들이라고 한다.11)

　기왕의 연구에 의하면, 강우지역에서 허전의 문도가 크게 일어날 수
있었던 이유에 대해, 허전이 정구의 학문계통을 근기 지방으로 전파한
허목(許穆)의 학통을 계승하였기 때문에 그의 등장은 정구는 물론 남명
학문연원의 지역적 동질성을 회복하는 데 결정적 계기가 될 수 있었다
는 점과 지리멸렬한 농촌현실과 부패한 중앙 정권 권력층의 가렴주구에
대응하기 위한 시대적 요청이었다는 점을 들었다.12) 이 두 가지 요인은
강우지역 학술을 흥기시키는 데 중요한 작용하였을 것으로 판단된다.

　기정진의 새로운 학설은 1874년에 지은 「납량사의(納凉私議)」와 1878
년에 쓴 「외필(猥筆)」에 들어있는데, 강우지역 출신으로 이러한 기정진
의 학문을 전수받은 대표적인 인물이 조성가(趙性家, 1824~1925)와 정재
규(鄭載圭, 1843~1911)이다. 이 외에도 기정진의 문인으로 크게 학문을
성취한 최숙민(崔琡民, 1837~1905)이 있다.

　이들에 의해 강우지역에서 노사학파도 크게 일어나 이 지역 학문의
활성화에 큰 몫을 하였다. 이 학파는 정재규의 학문이 권재규(權載奎)·
이교문(李教文)·이교우(李教宇) 등에게 전해져 20세기 전반까지 활발하
게 학술활동을 전개하였다.13)

---

10) 權五榮, 위의 논문 참조.
11) 鄭景柱, 위의 논문 참조.
12) 鄭景柱, 위의 논문 참조.
13) 鄭基敏, 「松山 權載奎의 學問性向과 蕭寺同遊에 대한 연구」, 경상대 석사학

이상에서 살펴보았듯이, 19세기 중반 이후 강우지역은 어느 지역보다 학문이 울흥하였는데, 그 이유는 무엇일까? 이에 대해서는 다각도로 치밀한 접근과 분석이 필요할 것이다. 그 가운데서 필자는 위에서 살펴본 허전의 문도가 크게 일어날 수 있었던 두 가지 요인 외에, 다음과 같은 몇 가지 이유를 덧붙이고자 한다.

첫째, 강우지역은 남명의 영향으로 박학(博學)을 지향하여 비교적 사상이 개방적이고 자유로웠기 때문에 다양한 사상을 수용할 수 있었다. 그리하여 이 지역 사인들은 어느 한 선생의 문하에만 출입하지 않고 여러 문하에 출입하는 독특한 분위기를 형성하였다. 즉 도통에 의한 일인전법(一人傳法)의 학통을 중시하기보다는, 의리를 밝히고 심신을 함양하는 데 필요하다면 다양한 사상을 수용하는 개방적 태도를 취하는 학풍이 있었던 것이다.

둘째, 강우지역 사인들은 어쩔 수 없이 정치적으로 노론 또는 남인이 되었지만, 그들이 속했던 학파로부터 비교적 자유로울 수 있었기 때문에 그 학파의 설에 크게 구속되지 않고 자기들의 사상을 전개할 수 있었다. 경상좌도 퇴계학파의 경우는 철저히 퇴계의 학설만을 고수하여 그와 다르면 배척하였다. 그러나 강우지역에서는 열띤 토론이 벌어지기는 하였지만 그들을 배척할 세력도 분위기도 조성되지 않았다.

셋째, 1870년 남명을 모신 덕천서원이 훼철됨으로써 이 지역의 정신적 지주를 잃게 되었다는 위기의식에 때문에 당파와 학파를 초월해 남명을 추숭하는 사업에 동참하였다. 그리하여 산천재를 찾아 학술모임을 열기도 하고, 여럿이 남명의 유적을 탐방해 남명정신을 고취하기도 하였다. 이런 일련의 남명추숭사업은 도를 부지하여 시대적 위기를 극복하려 한 것인데, 한편으로는 학문을 크게 진작시키는 계기가 되었다.

넷째, 19세기 강우지역에서는 정치적으로 노론이나 남인의 당색을 갖는 것이 별 의미가 없게 되었기 때문에 정치적·사회적으로 공감대를 형성하기 쉬웠다.

2. 박치복의 학문성향

① 19세기 후반 강우지역의 학문을 진작시킨 중요한 인물 중 한 사람이 박치복이다. 박치복은 위에서 열거한 세 학파 중 성재학파에 속한다. 그러나 그가 허전만을 사사한 것은 아니다. 박치복이 허전의 문하에 나아간 것은 41세 때였다. 그는 23세 때 이미 유치명의 문하에 나아가 몇 달 동안 머물며 퇴계학을 접하였다. 그리고 유치명의 문인 김홍락·김휘수(金徽壽)·우지호(柳止鎬) 등과 경전의 본지를 토론하였다.

박치복은 유치명의 문하에서 수학하며 심성이기(心性理氣)·예의상변(禮儀常變) 등을 질문하였는데, 그때마다 '봄날 얼음이 풀리듯이 의문이 풀렸다.'고 술회하였다. 또한 "우리 도는 원래 근원으로 소급함을 귀히여기니, 한 마디 말씀을 전해 듣고 내 혼미함을 타파하였네.[吾道元來貴溯源 單傳一語破吾昏]"라는 시구를 지었는데, 「연보」를 지은 권상연(權相淵)은 이 시구를 통해 박치복이 유치명에게 얻은 바가 깊었다고 하였다.[14]

---

14) 朴致馥, 『晚醒集』 부록 권1, 權相淵 撰 「年譜」 23세조. "三月 往拜柳先生 因留書舍 先生留侍數月 柳先生敎戒懇到 每令於容貌辭氣上加功 退與金公興洛金公徽壽柳公止鎬 討論經旨 且有唱酬聯句 ○先生有日記云 見柳先生問心性理氣禮儀常變 隨問劈破 渙然如春冰釋 又有詩云 吾道元來貴溯源 單傳一語破吾昏 觀此 則先生之所得於柳先生者 深矣"

이를 통해 볼 때, 박치복은 유치명을 통해 퇴계와 이상정(李象靖)에게
서 전해진 성리설을 수용하였다는 것을 확인할 수 있다. 그러면 박치복
의 이러한 학문성향을 후인들은 어떻게 평가하고 있는지 살펴보기로 한
다. 조긍섭은 박치복의 「묘갈명병서」에서 다음과 같이 말하였다.

> 대체로 퇴계 선생 이후 그의 학설을 종지로 하여 학문을 한 사람들 중
> 에 영남과 근기의 두 학파가 있게 되었다. 영남의 학풍은 정밀하고 엄격하
> 여 항상 경전의 본지를 지키며 자신에게 돌이켜 요약을 한다. 근기의 학풍
> 은 크고 넓어 대부분 실용에 응하고 시대를 구제하는 것을 급히 여긴다.
> 영남의 학풍은 금양(錦陽 : 葛庵 李玄逸)·소호(蘇湖 : 大山 李象靖)를 거
> 쳐 정재(定齋 : 柳致明)에 이르렀고, 근기의 학풍은 성호(星湖 : 李瀷)·순
> 암(順菴 : 安鼎福)으로부터 성재(性齋 : 許傳)에 이르렀다. 정재와 성재에
> 이르러서 그 전파가 더욱 넓어지고 영역이 더욱 확장되었다. 그러나 추향
> 하고 믿는 바가 구별되어 각기 자신들이 전해들은 바를 높일 뿐, 그 울타
> 리를 터서 하나로 합친 사람은 없었다. 오직 선생만이 이 두 학파에 입문
> 하여 그 실마리가 되는 종지를 균평히 이어받아 요지를 지켜서 성대하게
> 한 지방의 영수가 되었다. 그러니 어찌 '저기서도 싫어함이 없고 여기서도
> 싫어함이 없으니, 거의 밤낮으로 힘을 써 명예를 끝마치길 구하는 자이
> 리.'라고 한 분이 아니겠는가?[15]

조긍섭은 영남 남인의 학풍과 근기 남인의 학풍을 정엄(精嚴)과 굉박
(閎博)으로 특징을 짓고, 그들의 학문태도를 수경반약(守經反約)을 주로

---

15) 朴致馥, 『晚醒集』 부록 권2, 曺兢燮 撰, 「墓碣銘幷序」. "盖自陶山以後 宗而
學者 有嶺畿之二派 嶺學精嚴 常主於守經反約 畿學閎博 多急於應用救時
嶺學歷錦陽(갈암)蘇湖(대산)以至於定齋柳氏 畿學從星湖順庵以及於性齋許
氏 則波流益漫 門牆寢廣 然趨信旣別 各卲所聞 未或有決其藩而一之者 獨
先生遯遊二氏間 均能承緒旨而旨指要 蔚爲一方之領袖 豈所謂在彼無惡 在
此無射 庶幾夙夜 以求終譽者 非耶"

하는 경향과 응용구시(應用救時)를 급무로 여기는 경향으로 정리하였다. 이러한 논의는 오늘날의 관점에서 보면, 상당히 설득력이 있다.[16]

그리고 조긍섭은 이 두 학파의 학풍이 각각 별도로 전해내려 왔는데, 박치복이 이 두 학파의 학문을 모두 공평히 수용하여 하나로 합했다고 하였다. 이는 단순히 두 학파의 학문을 겸했다는 차원이 아니라, 두 학파의 장점을 모두 수용해 이를 하나로 융합하여 새로운 학풍을 열었다는 것을 의미한다. 그래서 '성대하게 한 지방의 영수가 되었다'고 평하였다.

그런데 허전의 문인 노상직(盧相稷)은 박치복의 학통을 평가하는 시각이 조긍섭과는 사뭇 다르다. 그는 박치복의 학문연원을 다음과 같이 평하였다.

> 선생은 타고난 자질이 빼어난데다 일찍 평상(坪上 : 柳致明의 거소)으로 찾아가 스승을 만나 계상(溪上 : 退溪)·소호(蘇湖 : 大山)의 학문하는 종지를 듣고서, 두문불출하며 공부를 한 뒤 천인(天人)·성명(性命)의 오묘한 뜻을 강론하여 남방에서 도를 창도하자, 선비들의 추향이 조금 바르게 되었다. 유정재(柳定齋) 선생이 돌아가시자, 선생은 유 선생을 섬기던 바로써 허 선생을 섬겼다. 대개 허 선생의 학문은 퇴계·한강·성호를 조술하였으니, 도를 닦고 덕을 세우는 것이 유 선생과 약속하지 않았지만 합치되었다. 선생은 끝내 이를 이어받아 후학들에게 전해주었으니, 어찌 성대하지 않겠는가.[17]

---

16) 性齋의 문인 盧相稷은 深齋의 이러한 논평을 "畿嶺之說 不過文人脣吻間一時 機軸之發 不足深辨"이라고 평가절하한 뒤, 圃隱으로부터 내려온 도통론을 전개하며 退溪와 南冥을 동일시하고, 퇴계로부터 전해진 近畿나 嶺南의 학은 모두 법도와 심법이 같다고 하여 분별을 반대하였다(鄭景柱의 위의 논문 참조).

17) 朴致馥, 『晩醒集』 부록 권2, 盧相稷 撰 「行狀」. "先生天稟既出類 而早自得 師於坪上 聞溪湖爲學宗旨 杜門掃几 講天人性命之奧 倡道南方 士趍稍正

노상직은 유치명과 허전의 학문이 퇴계를 연원으로 한 데서 나왔기 때문에 근원적으로 같다는 관점을 견지하고 있다. 그것은 그 나름의 시각이기도 하겠지만, 그가 박치복의 행장을 지은 것이 1929년이었다는 점을 주목하면, 시대적 현실인식도 상당히 작용한 것으로 보인다.

이처럼 박치복의 학문에 대해, 조긍섭처럼 서로 다른 성향의 영남학과 근기학을 처음 하나로 합했다는 관점과 노상직처럼 본래 같은 계통의 학문을 두 선생을 통해 이어받았다는 시각 차이가 있었음을 알 수 있다.

그런데 그보다 더 중요한 것이 퇴계학파와 성호학파의 장점을 모두 수용하여 강우지역에서 새로운 학풍을 선도하였다는 점이다. 이는 학문 연원을 위주로 하여 평가하는 것이 아니라, 학문이 침체된 지역에서 두 학파의 장점을 겸취해 새로운 학풍을 열었다는 점에서 그 의의를 논하는 것이다.

성호의 실학풍과 퇴계의 성리학풍을 합하였다는 것은, 조선 성리학의 도학적 성향을 그대로 수용하면서 현실문제도 등한시하지 않으려 한 것으로, 정덕(正德)과 이용(利用)·후생(厚生) 두 측면을 모두 중시하는 시각이다. 따라서 조선중기 정덕에 치우쳤던 도학풍이나 조선후기 이용·후생에 치우쳤던 실학풍의 단점을 모두 극복하고 새로운 학풍을 열고자 한 것으로 평가된다. 이런 점에서 강우지역의 박치복에 의해 일어난 새로운 학풍은 그 의의가 크다고 하겠다.

아래의 자료는 이런 점을 잘 보여준다.

　　선생이 40세 이전에 과거를 폐지하고 도를 구한 것은 가정의 교훈을 따

及柳先生歿 而先生以所事於柳先生者 事許先生 盖許先生之學 祖述退溪寒岡星湖 凡所以修道立德 與柳先生 不約而契 先生終能以是承授 豈非盛歟"

른 것이다. 그리고 60세 이전에 도를 행하는 데 뜻을 두었던 것은 백성들이 곤궁하고 초췌한데 이들을 구제할 방법을 생각하지 않는다면 이는 하늘이 재능을 부여한 뜻을 저버리는 것이라고 스스로 생각했기 때문이다.18)

이는 노상직이 지은 「행장」에 있는 내용인데, 도를 구하는 측면과 이를 현실에 적용하려 했던 측면을 잘 언급하고 있다. 이런 점에서 박치복의 학문은 분명 영남의 도학과 근기의 실학을 겸하였다고 하겠다.

② 박치복의 학문성향에 있어서 또 하나 주목할 만한 점이, 강우지역에서 새롭게 제기된 한주(寒洲) 이진상(李震相)의 심즉리설에 대해 동의하지 않았다는 점이다.

당시에 이한주(李寒洲)의 심즉리설이 한창 행해져 남쪽 지방의 선비들이 그의 설을 추종하는 자가 많았다. 그런데 선생이 평소 들은 바와 서로 어긋나는 점이 있으면, 선생은 논리를 갖추어 논의를 해서 그 점을 분변하였는데, 한결같이 주자와 퇴계 및 정재(定齋)의 설로 준거를 삼아, 모두 분명히 귀결점이 있게 하였다. 병세가 위중할 적에도 편지를 써서 정녕하게 학자들에게 주었는데, 애매모호하고 짜임새가 없는 설을 지어 뜻이 분명한 것을 그르치는 짓을 하지 말라고 경계하였다.19)

---

18) 上同. "强仕以前 廢擧求道者 從庭訓也 耳順以前 有意行道者 自以爲生民困瘁 不思所以拯救之 則負天所降才之意也"

19) 朴致馥,『晩醒集』부록 권2, 曹兢燮 撰「墓碣銘幷序」. "當是時 有寒洲李氏心理之論 方行 南方之士 多宗之其說 若有與先生平日所聞相莛楹者 先生具爲論以辨之 一稟雲陶(주자의 雲谷과 퇴계의 陶山)及坪上(定齋 거소)成說 以爲準據 皆鑿鑿有歸宿 疾革猶爲書丁寧以授學者 戒毋爲鶻圇無間架之說 所誤意炯炯也"

이를 보면, 박치복은 이진상의 심즉리설을 지지하지 않았음을 알 수 있다. 그가 직접 이진상의 심즉리설에 대해 논쟁한 것은 찾아볼 수 없다. 그러나 그가 지은 「명덕변(明德辨)」에 명덕을 심합리기(心合理氣)로 보지 않고 리(理)로 보는 심즉리설에 대해 "대저 '성(性)'이라 하고 '심(心)'이라 하고 '정(情)'이라 하고 '명덕(明德)'이라 한 것들은 그것이 리(理)가 되는 점은 같다. 그러나 말을 한 명의(名義)는 같지 않다. 이는 글자의 곡절을 각기 다르게 한 것이다. 그런데 이를 몰밀어 하나의 리(理)자로 포괄해 말하면 눈금이 없는 저울이나 눈금이 없는 자처럼 명리(名理)의 미묘한 점과 성인이 말씀하신 깊은 뜻을 분석할 길이 없을까 염려된다."[20]라고 한 것을 보면, 이진상의 심즉리설에 대해 반대 입장을 한 것으로 여겨진다.

박치복은 주변에 살던 허유(許愈, 1833~1904)와 곽종석(郭鍾錫, 1846~1919)이 적극적으로 이진상의 설을 지지하고, 또 그의 문하에 있던 이정모(李正模, 1846~1875)·김진호(金鎭祜, 1845~1908) 등이 이진상의 문하에 입문하여 혹자는 심즉리설로 돌아서자, 상당히 곤혹스러웠던 듯하다. 그는 허전의 문하에 급문한 뒤로 성리설보다는 실용의 행도(行道)에 더 관심을 두었기 때문에 성리설에 대해 깊이 연구하지 않은 듯하다. 실제로 그의 문집에는 성리설이 극히 적다.

그런데 만년에 이진상의 심즉리설이 널리 유행하면서 그의 문하에서도 논쟁이 벌어지자, 자신의 견해를 밝히지 않을 수 없게 되었다. 그러나 그는 직접 전면에 나서 치열한 논쟁을 벌이지는 않고, 주자와 퇴계의

---

20) 朴致馥, 『晩醒集』 권8, 雜著, 「明德辨」. "大抵曰性曰心曰情曰明德 其爲理則一 而立言之名義不同 使字之曲折各異 若槪以一理字 籠罩說去 則吾恐無星之秤 無寸之尺 無以析名理之微妙 聖言之閫奧"

정론에 따라 학자들의 질문에 답하였을 뿐이다.[21]

대신 그의 학문을 이어받은 김진호가 전면에 나서 허유·곽종석 등과 치열한 논쟁을 벌였는데, 김진호는 이진상의 설을 일부 수용하긴 하였지만 거의 퇴계의 설에 근거해 이들과 논쟁을 하였다.[22] 이런 점에서 김진호는 박치복의 학문을 충실히 계승한 적전(嫡傳)이라 할 수 있다.

「연보」에 의하면 박치복은 71세 때 임종하기 직전 김진호에게 리(理)에 관한 설을 써 주었다고 하는데, 이 역시 자신의 견해를 전수한 것으로 받아들여진다.[23]

이런 점에서 19세기 강우지역의 다양한 사상적 전개 가운데 박치복의 학문성향이 변별될 수 있을 것이다. 즉 박치복과 이진상은 모두 유치명에게 수학하였지만, 이진상은 퇴계학파의 전통적인 설에서 벗어나 독자적인 설을 주장하였고, 박치복은 퇴계학파의 설을 고수하는 입장이었다.

또한 이진상은 허전의 문하에 나아가지 않아 성리학의 범주에 천착한 반면, 박치복은 허전의 문하에 나아가 근기 성호학의 영향을 받음으로써 현실문제에 적극적인 성향을 갖게 되었다. 그럼으로써 그는 지리한 심성·리기의 논쟁으로 사림이 분열되는 것을 바라지 않고, 영남의 성리

---

21) 李容九가 지은 「墓誌銘幷序」에 "甲午 疾革 作理氣說 一宗朱子退陶之遺旨 以開學者"라 하였다. 박치복은 69세 때 柳定齋의 氣淸理澈에 바탕하여 「明德辨」을 지어 主理說에 반대하였다. 또 許愈가 人心道心과 理氣에 대해 편지를 보내오자, 이에 답하였는데, 치열한 논쟁을 전개하지는 않았다.

22) 崔錫起, 「勿川 金鎭祜의 학설에 대하여」, 『물천 김진호의 학문과 사상』, 술이출판사, 2007, 35~116면.

23) 朴致馥, 『晩醒集』 부록 권2, 「年譜」. "書證金致受說 : 說曰 至無而至有 至虛而至實者 理也 太極之 沖漠無朕者 眞體之至虛至無也 太極之流行發育者 實體之至有至實也 若以流行運用者 爲非理之眞體 則此退陶夫子所謂不知理者也 豈不自誤而誤人哉"

학풍과 근기의 실학풍을 겸하여 정도를 지키고 현실을 구제하는 학문에
관심을 두었다.

III. 박치복의 남명학 계승양상

1. 남명유적 탐방 및 추숭사업

박치복은 함안에 살다가 37세 때인 1860년 삼가(三嘉) 대전촌(大田村)
으로 이주하여 백련재(百鍊齋)를 짓고 은거하였다. 그 다음해 배우러 찾
아드는 학생들이 많아 별도로 만성와(晩醒窩)를 지어 거소로 삼았다. 그
는 백련재에서 강학하며 김종직(金宗直)의 유의(遺意)에 따라 소학강규
(小學講規)를 만들어서 학생들을 감독하고 고과하여 공령(功令)·기송(記
誦)의 공부 외에 근실지학(近實之學)이 있음을 알게 함으로써 강우지역
의 유풍을 일변하게 하였다.24) 당시 이정모(李正模)·김진호(金鎭祜) 등
70여 명의 학생들이 모여 학업을 익혔다고 한다.25)

박치복은 41세 때인 1864년 김해로 가서 성재(性齋) 허전(許傳)에게 배
알하였다. 허전은 1864년 3월부터 1867년 7월까지 김해부사로 재임하였
는데, 관내에 공여당(公餘堂)을 열고 강학하여 학풍을 크게 진작시키며
많은 인재를 양성하였다.

---

24) 朴致馥, 『晩醒集』 부록 권2, 「연보」 38세조. "先生處百鍊齋 未幾月 遠近來學
　　者甚衆 齋舍至不能容 故別建是窩 爲靜坐講究之所 倣畢齋金先生小學設敎
　　之遺意 爲小學講規 以督諸生 朔望考其課 至於出入進退威儀坐作 亦皆檢
　　察矯揉 使知功令記誦之外 有所謂近實之學 江右儒風 自此一變"
25) 金鎭祜, 『勿川集』 부록 권1, 「年譜」 18세조 참조.

한편 그는 틈틈이 주변의 서원을 두루 찾아 보살피며 학문을 독려하였다. 또한 남명을 모신 신산서원(新山書院)의 원장을 맡았고, 1866년에는 덕천서원에 배알함으로써 남명과 한강(寒岡) 정구(鄭逑)를 연원으로하는 이 지역 사족들이 일시에 그를 추향하였다. 이처럼 그는 침체되었던이 지역 학문을 흥기시키는 데 큰 역할을 하였다.

박치복이 언제부터 남명을 추숭하게 되었는지는 알 길이 없다. 박치복이 남명의 유적지를 찾은 것으로 가장 먼저 나타나는 것이 1865년(을축년)에 백운동을 유람하였다는 것이다.[26]

그의 문집에는 「백운동십팔곡념운공부(白雲洞十八曲拈韻共賦)」 18수외에 유도기(柳道夔)·하우석(河禹錫)·권헌기(權憲璣) 등과 함께 유람하며 지은 시가 2수 더 있다. 이 시편들은 모두 1866년 이후에 지은 것인데, 정확한 연대를 고찰할 수 없다. 그리고 박치복을 포함하여 유도기·하우석·권헌기·조성가(趙性家)·하겸락(河兼洛)·하재문(河載文)을 '백운동칠현'이라고 일컬은 말이 전해지는 것[27]으로 보아, 박치복은 이 지역의 인사들과 함께 남명유적을 탐방한 듯하다. 그러나 그때 지은 박치복의 시에는 남명을 추모하는 내용이 거의 보이지 않는다.

1866년 5월 허전이 덕천서원에 배알하고 난 뒤, 박치복은 김인섭(金麟燮)·권인두(權仁斗) 등과 함께 단성 완계서원(浣溪書院)에서 허전을 모시고 회강(會講)하였는데,[28] 박치복도 당시 덕천서원에 배알하였을 것으로 짐작된다. 그러나 역시 남명에 대한 언급은 보이지 않는다.

그로부터 약 10년 뒤엔 1877년 8월 이진상·김인섭 등과 두류산을 유

26) 朴致馥, 『晚醒集』권2, 詩, 「白雲洞與柳丹城章一道夔河江界禹錫諸公同遊」라는 시의 주에 "乙丑春 嘗遊此"라고 하였다.

27) 손성모, 『산청의 명소와 이야기』, 현대문예, 2000, 87면 참조.

28) 朴致馥, 『晚醒集』부록 권2, 「연보」 43세조 참조.

람할 적에 산천재에 들러 지은 시를 보면, 박치복의 남명에 대한 추모정
신이 확연히 드러난다.

만 길의 방장산이 대동 세계에 우뚝 솟아,	萬仞方壺殼大東
높이 우러르니 떳떳한 본성을 지키고 있는 듯.	嵓嵓仰止秉彝同
성신(誠身) 명선(明善)의 학문 실추 않고 홀로 전한 비결,	
	誠明不墜單傳訣
비루하고 나약한 이도 백세토록 그 풍도 듣네.	鄙懦猶聞百世風
무너진 담장을 차마 보며 잠시 머문 뒤에,	忍見頹垣留劫後
벽에 걸린 네 성현 초상을 공손히 우러르네.	恭瞻遺像揭綃中
우리 유가의 해와 달이 머리 위에 있으니,	吾家日月臨頭上
혼미한 세상의 길이 불통이라 한하지 말라.	莫恨昏衢路不通29)

1868년, 1870년, 1871년 서원철폐령이 내려 47개 서원을 제외하고는 모
두 훼철되었는데, 덕천서원도 1870년 헐렸다. 이는 이 지역 사람들에게
커다란 충격이 아닐 수 없었다. 그들의 정신적 지주인 남명을 모셔놓은
서원이 헐렸으니, 그 비통함이란 이루 말할 수 없었을 것이다. 시인은
우뚝한 천왕봉을 우러르며 병이지성(秉彝之性)을 떠올린다. 즉 천왕봉을
바라보며 떳떳한 본성을 붙잡고 지킨 남명을 떠올린 것이다.

그리고 다시 남명의 학문을 『중용』의 성신(誠身)과 명선(明善)의 비결
을 전한 것으로 보았다. 남명은 1568년 선조에게 올린 「무진봉사(戊辰封
事)」에서 『중용』의 명선과 성신을 가지고 임금에게 완곡하게 아뢰었다.
시인은 그것을 남명의 지결로 본 것이다.

시인은 다시 현실의 퇴락한 사당을 보며 비감에 젖다가, 이내 머리 위

---

29) 朴致馥, 『晩醒集』 권1, 「丁丑八月與李上舍汝雷(震相)金持平聖夫作頭流行
　　共宿山天齋」.

의 일월(日月)을 떠올리며 애써 평정을 유지하려 한다. '오가일월(吾家日月)'은 남명이 경(敬)과 의(義)를 비유한 말이다. 일월은 변치 않고 항상 머리 위에 있으니, 눈앞의 길은 혼미하지만 일월의 빛을 밝히면 다시 밝은 세상을 회복할 수 있다는 희망을 떠올린 것이다. 이 시는 비감 어린 참담한 정조를 노래한 것이지만, 박치복의 남명에 대한 추모가 잘 드러나 있다.

강우지역 학자들은 1870년 덕천서원이 훼철된 뒤, 남명을 기리는 사업을 해야 할 필요성을 절실히 느꼈다. 그리하여 계를 만들고, 학술모임을 열며, 남명의 유적을 찾아 감회를 노래하고, 뇌룡정 등을 중건하며, 문묘종사를 청하고, 『남명집』 간행을 다시 추진하는 등 다양한 추숭사업을 하였다.[30] 이 시기에 백운동·입덕문·탁영대·덕천·산천재·세심정 등 남명유적을 찾아 노래한 시가 유난히 많이 생산된 것도 이러한 현상을 반영한다.

이런 남명추숭사업은 박치복보다 조금 연하의 허유·곽종석·김진호 등 다음 세대 학자들에 의해 추진되었다. 박치복은 특별히 남명추숭사업을 주도한 것이 없다. 다만 김해의 신산서원이 훼철된 뒤, 그 지역 유림들이 산해정을 중건하고 나서 박치복에게 기문을 청하여, 박치복이 그 기문을 지은 것이 전할 뿐이다.

남명선생이 돌아가신 뒤, 사림들이 산해정 동쪽에 신산서원을 건립하였는데 임진왜란 때 불타버렸다. 허죽암(許竹庵 : 許景胤)·안죽계(安竹溪 : 安熹) 등 여러 현인들이 폐허가 된 뒤에 중창을 하였으나, 산해정은 힘이 미치지 못하여 중건하지 못하였다. 그래서 서원의 누각에 그 편액을 걸어 두어 상상할 수 있도록 한 것이 3백 년이나 되었다. 지금 임금 무진년

---

30) 權五榮, 위의 논문 참조.

(1872) 조정의 명령으로 서원이 철거되어 제사를 받들던 유허지가 무너져 무성한 풀밭이 되었다. 김해부의 사인들이 모두 한숨을 쉬며 "서원이 폐지되는 것은 하늘의 뜻이지만, 정자를 복원하지 못하는 것은 그 책임이 우리들에게 있다."고 하고서 김해부사 이 수령[李侯]을 찾아가 고하였다. 그러자 이 수령이 "이는 나의 책임이오."라고 하고서 약간의 돈을 내 충당하게 하고, 학전(學田) 몇 이랑을 조사해 내주었다. 이에 온 경내의 사류들이 서로 권면하여 재물을 내고 공사를 감독해 혹시라도 남보다 뒤처질까 걱정하였다. 그래서 강당의 옛터를 개척해 그 제도를 새롭게 해서 정면 5칸 측면 1칸의 집을 지었다. 공사가 반쯤 진척되었을 때, 그 고장 사람이 편지를 보내 내게 그 일을 기록해 달라고 청하였다.[31]

이 인용문은 산해정을 중건하게 된 배경을 비교적 소상히 알려주고 있다. 다만 그 일을 주관한 사람의 이름과 중건 연월이 기록되어 있지 않아 아쉬움을 남긴다. 박치복이 산해정을 중건하는 일에 직접 관여하지는 않았지만, 그가 중건 기문을 지었다는 것은 산해정 중건에 일조한 것으로 볼 수 있다. 따라서 남명추숭사업의 일환으로 일어난 남명유적 복원사업에 박치복도 동참하였다고 하겠다.

이 시기 남명유적복원사업은 산해정 중건 외에도 삼가의 허유·정재규(鄭載圭) 등이 뇌룡정을 중건한 것, 진주의 정제용(鄭濟鎔)·조병진(曺秉鎭)·조원순(曺恒淳) 등이 산천재를 중건한 것 등을 들 수 있다.

---

31) 朴致馥,『晩醒集』권12,「山海亭重建記」. "先生沒後 士林建書院于亭之東 龍蛇之訌 厄於灰燼 許竹庵安竹溪諸賢 重刱於創痍之餘 而亭役則力絀未及 擧 揭其扁於院樓 以寓存想者 垂三百年 今上戊辰以朝令撤院 俎豆遺墟 鞠 爲茂草 府之人士 咸咨嗟曰 院之廢天也 亭不復 其責不在吾輩乎 入告府伯 李侯 侯曰 吾責也 捐若干銅 以需之 査出學田幾頃 於是一境 競勸鳩財董工 猶恐或後 拓講堂舊址 而新之其制 衺六楹 深一室 半功既竣 社中人致書請 記其事"

2. 남명의 문묘종사를 위한 노력

19세기 후반 남명을 추숭하는 사업 가운데 문묘종사를 청하는 것도 매우 중요한 현안이었다. 남명의 문묘종사를 청하는 상소를 3백 년 동안 45차례나 올렸다. 그리고 이 시기에 허전이 1883년 상소를 하였고, 뒤를 이어 박치복이 소를 올렸으며, 1887년에는 경상도 생원 장우원(張祐遠) 등이 소를 올렸다.[32]

박치복이 남명의 문묘종사를 청하는 상소를 올린 것은 그의 나이 65세 때인 1888년이었다. 그때 박치복이 소두(疏頭)가 되었는데,[33] 동참한 사람들은 자세치 않다. 장우원의 상소는 1887년 12월 8일 올린 것인데, 그 비답에 "문묘에 종사하는 것은 예의 중요한 것이므로 갑자기 시행할 수 없다."라고 하였다. 그런데 박치복의 상소에 "지난해 성상의 비답 중에 '문묘에 종사하는 것은 예의 중요한 것이므로 갑자기 시행할 수 없다. 너희들은 물러나 학업을 닦으라.'[34]라고 하서서, 신 등은 물러나 향리의 집에 엎드려 있었습니다."[35]라고 한 말이 보이는 것으로 보아, 장우원의 상소에 박치복도 동참한 사실을 알 수 있다. 장우원은 어떤 인물인지 자세치 않지만, 소두가 된 것을 보면 당시 중망을 받고 있던 인물임에 틀림없다.

박치복은 이 상소에서 3백 년 동안 남명의 문묘종사를 청한 것이 45

---

32) 權五榮, 위의 논문 참조.
33) 朴致馥, 『晚醒集』 부록 권1, 「연보」 65세조.
34) 『高宗實錄』 권20, 고종 20년 12월 8일조. "慶尙道生員 張祐遠等 疏請文貞公 曺植陞廡 批曰 陞廡 禮之重也 不可遽然施之 爾等退修學業"
35) 朴致馥, 『晚醒集』 권4, 「請南冥曺先生從祀文廟疏」. "去年聖批中 若曰 陞廡 禮之重 不可遽然施之 臣等退伏鄕廬"

회에 이른다고 하면서, 그 논의의 공정성과 하늘의 뜻이 정해진 지 오래
되었음을 들어 공정한 사론에 의한 오랜 숙원임을 역설하였다. 그는 남
명을 동방 명세(名世)의 현인으로 평가하고, 그의 학문은 경(敬)·의(義)
를 협지(夾持)하고 성신(誠身)·명선(明善)에 모두 도달한 것으로 보았다.
또한 남명은『대학』과『중용』에 힘써 표적을 분명히 세우고 정자와 주
자를 연원으로 하여 공부하였다는 점을 드러냈다. 그리고 퇴계와 동시
에 이름을 나란히 하여 훈지(壎篪)가 창화(唱和)하듯 하였다고 하였다.[36]

박치복이 남명의 연원을 주자와 정자에 둔 점, 그리고『대학』과『중
용』을 통해 득력하였다는 점, 경·의를 협지하고 성신·명선에 모두 도달
하였다는 점 등은 남명의 학문이 순수한 정주학의 학통에 있다는 것을
강조한 것으로, 남명의 학문이 조선 성리학의 정통임을 밝힌 것이다.

박치복은 남명의 문묘종사뿐만 아니라, 조선전기 영남 사림파의 영수
였던 김종직(金宗直)과 김일손(金馹孫)의 문묘종사도 청하였다. 이를 보
면 도를 보위하고 선현을 추숭하여 시대적 위기감을 극복하려는 노력의
일환으로 남명 등의 문묘종사를 소청한 것으로 보인다.

---

36) 上同. "植卽東方命世之賢也 其生也 實有參天地關盛衰之運 而其學 則敬義
夾持 誠明兩到 勔庸學而立的 紹洛媻而作程 嘗誦許魯齋言曰 志伊尹之志
學顏子之學 出則有所爲 處則有所守 乃刻意體行 在林壑而非潔身亂倫也
辭徵辟而非果於忘世也 其作成人材 則當世大儒鄭文穆逑金文貞宇顒 皆出
其門 而其餘名儒碩彦 指不勝僂 蓋我東名理之學 嶠南最盛 金文敬宏弼鄭
文獻汝昌李文元彥迪李文純滉 接武繼作 而植實與文純 時同名齊 可謂壎唱
而篪和矣"

3. 『기언(記言)』의 산삭개정 요청과 『남명집』 중간을
위한 노력

박치복은 『남명집』을 중간하기 위한 교감을 하였고, 또 허목(許穆, 1595~1682)의 문집인 『기언』을 보간(補刊)한다는 소식을 듣고 한양에 있는 보간소에 편지를 보내 자신의 견해를 밝혔다. 이 두 가지 일은 문집 간행과 관련된 박치복의 남명추숭사업으로 평가된다. 여기서는 우선 박치복의 문집 개간(改刊)에 관한 입장부터 살펴보고, 『기언』의 일부를 이정(釐正)하거나 산삭(刪削)할 것을 요청한 내용과 『남명집』 중간을 위한 노력을 차례로 고찰해 보기로 하겠다.

박치복은 선현의 문자에 대한 개정에 대해, 자신의 입장을 다음과 같이 밝혔다.

> 주렴계는 말하기를 "수레를 정비하지 않으면 멀리 갈 수가 없고, 말을 정밀하게 하지 않으면 후세에 전할 수 없다."라고 하였으니, 대체로 후세에 전하는 글은 교감을 삼가지 않을 수 없습니다. 이정(二程)의 글을 인간(印刊)할 적에 장남헌(張南軒 : 張栻)은 '호문정(胡文定 : 胡安國)의 손을 거쳤기 때문에 고치기 어렵다'는 견해를 피력했고, 주자는 '대현의 문자는 엄정하게 정정(訂正)해서 후인들에게 기롱을 받지 않도록 해야 하니 호문정을 염두에 두어서는 안 된다'고 하였습니다. 주자의 '중화(中和)'에 대한 2통의 편지가 초년의 견해로 투철한 소견이 아니라는 이유에서 『절약통편(節酌通編)』[37]에는 빼버렸습니다. 퇴계 선생의 문집을 교정할 적에 그 일을 주관하는 어진 이도 엄히 두려워하며 감히 손을 대지 못하였습니다. 그러자 김학봉(金鶴峯 : 金誠一) 선생이 "만약 엄히 두려워한다는 이유로 감히 손을 대지 못한다면, 이는 선생을 높이는 것이 아니다."라고 하고서,

---

37) 이 책은 퇴계의 『朱書節要』와 張顯光의 『朱文酌海』을 합해 만든 것이다.

붓을 들고 빼버려 지체하거나 어렵게 여김이 없었습니다. 그러므로 그 책을 만들 적에 모두 어긋나지 않도록 하고 의문점이 없도록 질정해서 백세가 지난 뒤 성인을 기다려도 한 글자 한 구의 하자도 없게 된 것이 대체로 이 때문입니다.[38]

박치복은 선현의 문집을 간행할 적에는 주자나 김성일의 견해처럼 문제가 될 만한 문자는 개정을 하거나 산삭을 해서 선현에게 누를 끼치지 말아야 한다는 관점을 가지고 있었다. 그런데 당시 『남명집』을 중간할 때의 개정문제에 대해서는, 위와 같은 일반적인 원칙과는 다른 견해를 피력하였다.

오직 남명 선생의 문집만은 그렇지 않습니다. 『남명집』은 정인홍(鄭仁弘)이 하늘을 찌를 듯한 기세에 패악하고 자고자대하는 마음으로 편집한 것입니다. 한강(寒岡 : 鄭逑) 선생이 문인 이육(李堉)을 보내 "모모 편지는 빼버려야 하고, 모모 조항은 산삭해야 하며, 모모 명(銘)은 넣어야 합니다."라고 청했으나, 정인홍은 "선생의 글을 누가 감히 산삭하고 빼버린단 말인가?"라고 하였습니다. 아! '누가 감히 산삭하고 빼버린단 말인가[誰敢刪拔]'라는 4자가 실로 남명 문하의 어긋난 길이 되었으니, 진주 지역에서는 지금까지도 이런 생각이 확고합니다. 지금은 정한강 선생의 뜻으로 전에 새긴 책판을 깎아내고 빼버릴 것은 빼버리며, 보완할 것은 보완해서 한 부의 완성된 책을 만들려 하고 있습니다. 그래서 남명의 도가 다시 세상에

---

38) 朴致馥, 『晚醒集』 권9, 「山天齋抵京中記言補刊所文」. "濂溪周子曰 車之不攻 不可以遠致 言之不精 不可以傳後 盖傳後之文 不可以不謹於勘校也 二程書之印也 南軒以曾經文定之手 難於改易 朱子以爲大賢文字 當嚴加訂正 無使後人譏之 不可使肚裏有胡文定 朱夫子中和二書 以見解之初 不通透見 刪於節酌之編 退溪先生之集之讐校也 主管之賢 嚴畏不敢下手 鶴峯金先生曰 若以嚴畏而不敢 則非所以尊先生也 奮筆刪削 無所遲難 故其爲書也 皆建不悖質無疑 百世以俟聖人 而無一字一句之疵類者 盖以此也"

밝혀질 수 있게 되었습니다. 그런데 또 수백 년 뒤에 유감으로 여길 것이 있으니, 바로 미수(眉叟 : 許穆)가 지은 남명선생의 신도비명입니다. 이 글은 본래 기록의 오류로 몇 조항의 잘못 된 곳이 있습니다. 지금『남명집』을 간행하려 하는데, 이론을 가진 자들이 이를 가지고 구실을 삼아 비방이 사방에서 이르니, 속히 사실에 근거해 이정(釐正)하지 않을 수 없게 되었습니다.[39)]

박치복은 선현의 글 가운데 문제가 될 만한 것은 철저한 교감을 거쳐 산삭하거나 교정해서 후대에 이론이 없도록 만들어야 한다는 원칙을 가지고 있었지만, 그 당시 간행하려 한『남명집』은 정구(鄭逑)의 뜻에 따라 개정한 것이어서 산삭하거나 교정 보완할 것이 별로 없다는 견해를 가지고 있었다. 그런데 다만 문제가 되는 것이 허목이 지은 남명의 신도비명은 몇 군데 오류가 있기 때문에 개정하지 않을 수 없다는 것이다.

허목은 남명의 신도비명을 '남명조선생신도비명(南冥曺先生神道碑銘)'이라 하지 않고 '덕산비(德山碑)'라 이름을 붙였으며, 비문 속에도 역적으로 처형된 정인홍의 이름을 넣고 자손록(子孫錄)이 없으며 남명의 기절(氣節)만 강조한 듯한 점 등등의 이유로, 서인을 추종하는 유림과 후손들로서는 불만이 없을 수 없었다.[40)] 박치복은『남명집』을 개정하여

---

39) 上同. "惟南冥先生集 則不然 倻鄭以熏天勢焰 狠愎自高 方其纂緝也 寒岡先生 遣門人李增 請曰 某書當拔 某條當删 某銘當入 鄭曰 先生之文 誰敢删拔 嗚呼 誰敢删拔四字 實爲冥門之廣階 汾晉之間 至今斷斷也 今以鄭先生之意 刻削前板 拔其當拔 補其當補 將成一部完帙 於是乎 冥翁之道 庶乎復明於世 而厥亦有數百年 遺憾者在焉 眉爺所撰神道碑銘 以本錄之誤 有數條爽實處 今方入刊 而異論者 執爲口實 訕詬四至 不可不亟爲據實釐正者也"

40) 許捲洙,「近畿南人學者들의 남명에 대한 관심」,『남명학연구』제22집, 경상대학교 남명학연구소, 2006, 226~227면.

중간하려 할 때 이런 불만의 소리를 잘 알고 있었으므로 『기언』의 간역소에 「덕산비」 이정(釐正)을 청한 것이다.

그러나 정작 그보다 더 큰 문제가 『기언』의 별집에 실린 「답학자서(答學者書)」였다. 이 글이 공개되자, 「덕산비」에 불만을 갖고 있던 후손과 노론계 인사들은 남명에 대한 허목의 생각에 심각한 문제가 있다고 받아들였고, 급기야 허목에 대한 공박으로 표출되었다. 다음 인용문은 허목의 「답학자서」에 실린 남명과 관련된 내용이다.

> 남명 같은 사람은 말을 크게 하고 행실을 높게 하며 우뚝 서서 상대를 돌아보지 않는 사람입니다. 만승의 천자 같은 존귀한 사람에게도 굽히지 않고, 부귀를 뜬구름처럼 여겨 한 세상을 가벼이 보고 고인에 대해서도 오만합니다. 그가 숭상하는 바는 오직 '추상열일(秋霜烈日) 벽립만인(壁立萬仞)' 여덟 자에 있으니, 그의 뜻이 높지 않은 것은 아닙니다. 그러나 그의 학문을 논하면, 한 번 전하여 정인홍을 얻었습니다. 정인홍의 학술은 오로지 법가(法家)를 써서 참혹하고 각박하여 은혜가 없습니다. 말끝마다 춘추대의를 일컫는데, 그 법을 바르게 하면 아들이 어미의 악을 폐할 수 있다고 하여, 인륜의 중요한 것을 버리고 돌아보지 않았습니다. 그는 자기 몸에 극형이 내려져도 잘못을 깨닫지 못하였습니다. 지금도 그의 무리들은 은근히 스승을 존경하여 마음속으로 '남명의 전법이 여기에 있다.'고 합니다. 이런 사람들은 사방의 변경으로 쫓아내 나라 안에 살지 못하게 해야 할 자들입니다. 남명의 말폐가 이와 같은 데까지 이르렀습니다. 그러나 남명은 옛날 이른바 고사(高士)입니다. 그 사람이 세상이 있으면 나는 그를 만나 그 사람됨을 한 번 알고 싶습니다. 그러나 그와 벗이 되는 것을 나는 하지 않을 것입니다. 구암(龜巖 : 李楨)은 옛날의 어진 대부로 예를 알고 옛 것을 좋아하는 사람입니다. 이 두 사람을 비교해 보면, 남명은 높고 구암은 높지 않으며, 남명은 기이하고 구암은 기이하지 않습니다. 세상 인정은 기이한 것을 좋아하고 높은 것을 사모합니다. 그러나 구암은 폐단이 없습니다.[41]

허목은 이 글에서 남명이 만년에 절교한 구암(龜巖) 이정(李楨, 1512~ 1571)의 손자 이곤변(李鯤變)의 처지를 옹호하며 남명을 폄하하는 발언을 거침없이 서술하였다. 그는 남명을 고사(高士)로 평가하며 남명을 숭상할 만한 점은 '추상열일 벽립만인' 여덟 자뿐이라 하고, 이정은 '옛날의 현대부로서 예를 알고 옛 것을 좋아하는 사람'이라고 하여 은근히 남명을 이정보다 못한 인물로 평하였다. 또 남명의 제자 정인홍을 혹평하면서 '남명의 말폐'가 그와 같은 데 이른 것이라 하여, 남명까지 서슴지 않고 폄하하였다. 위 인용문 마지막에 '구암은 폐단이 없습니다.'라는 말은 남명과 이정을 비교하면서 상대적으로 남명을 이정보다 못한 인물로 본 것이다.

박치복은 허목의 「답여학자」가 남명을 심하게 폄하하고 있어 심각한 문제를 초래할 수 있다고 판단해, 『기언』을 보간하는 사람들에게 아래와 같이 삭제를 요청하였다.

> 『기언』에 실린 「답학자서」는 오로지 이곤변(李鯤變)을 변론해 주기 위해 지은 것입니다. 한 편의 대의가 한 쪽을 칭송하고 한 쪽을 폄하하는 뜻이 너무 심하여 모든 사람들이 놀란 눈빛을 하고, 듣는 사람들은 경악을 금치 못합니다. 당시의 사세로 헤아려 보면, 혹 그럴 만한 이유가 있을 것

---

41) 許穆, 『記言』別集 권6, 「答學者書」. "如南冥者 能大言高行 特立不顧 不屈 於萬乘之尊 視富貴如浮雲 輕一世而傲前古 其所取尙 專在於秋霜烈日壁立 萬仞八字 其志不爲不高 而論其學 則一傳而得仁弘 仁弘之術 專用法家 慘 刻無恩 言必稱春秋之義 正其法 則其子可以廢母之惡 去人倫之重而不顧 至於身被極刑 而猶不覺悟 至今其人隱然尊師 其心竊謂曰 '南冥之傳法在 此' 此當迸諸四裔 不與中國者也 南冥之末弊 至於如此 然南冥者 古之所謂 高士 若其人在世 吾亦願見而一識其爲人也 然與之友 則吾不爲也 龜巖古 之賢大夫之知禮好古者也 視二人 則南冥高 龜巖不高 南冥奇 龜巖不奇 人 情莫不好奇而慕高也 然龜巖無弊"

입니다. 그러나 미수 선생은 남명 선생보다 1백 년 뒤의 사람이고, 살던 곳도 1천 리나 멀리 떨어져 있습니다. 남명의 '벽립만인 열일추상'의 기상은 대개 들어서 알고 있었겠지만, 학문의 깊고 독실함과 조예의 정미하고 심오한 점은 제대로 알지 못한 점이 있을 것입니다. 미수 선생이 남쪽으로 내려왔을 때 맨 먼저 이씨(李氏)를 알게 되었으니, 누가 이씨의 말을 믿을 수 없다고 했겠습니까? 미수 선생이 하겸재(河謙齋 : 河弘度) 선생과 교유를 하게 된 뒤에야 남명 선생의 실질적인 학문을 성대하게 들었습니다. 그래서 놀라 말씀하기를 "존장의 말씀을 듣지 않았다면 저는 거의 남명의 죄인이 될 뻔 하였습니다."라고 하였습니다. 이는 전에 들은 것이 사실이 아니라는 것을 깊이 통탄한 것입니다. 그렇다면 이 편지가 미수 선생의 문집에 실린 것은 선생의 본의가 아님이 분명합니다. 천행으로 사문에서 미수 선생의 문집을 보간하는 일을 하시니, 이때를 만나 정자·주자·퇴계의 문집을 간행하던 예를 기준으로 한다면, 이런 글은 삭제하자고 논의해야 할 것입니다. 만약 "사체가 어렵고 신중하니 누가 감히 산삭하고 빼버리겠는가?"라고 하신다면, 저희들이 간여할 바가 아닙니다. 또한 비문으로 살펴보면, 한강(寒岡) 선생이 일찍 남명 선생을 사사했고, 미수 선생은 한강 선생의 적전입니다. 이 편지를 문집에 실어 후세 사람들에게 보이는 것이, 어찌 선생을 존숭하는 사람들이 편안히 여길 바이겠습니까? 고인이 말하기를 "선비는 좋은 금이나 아름다운 옥과 같아 저절로 정해진 값이 있다."라고 하였습니다. 한 이름난 선비도 그러한데 하물며 대현에 있어서 이겠습니까? 남명은 저절로 남명이니, 백세 뒤에도 그 평가는 바뀌지 않을 것입니다. 그런데 한 마디 말이 혹 중도를 잃어 선생의 성덕과 대업에 손상을 끼친다면 잘못이 아니겠습니까? 저희들은 미수 선생을 존경해 우러르니, 여러 군자들과 어찌 사이가 벌어지겠습니까? 지금 누누이 말씀드리는 것을 받아들이시길 바랍니다. 이는 단지 남명 선생을 위하는 길뿐만이 아닙니다. 삼가 바라건대 잘 생각해 도모하시고 속히 답을 주시면 천만 다행이겠습니다.[42]

---

42) 朴致馥, 『晚醒集』 권9, 「山天齋抵京中記言補刊所文」. "至如記言中 與學者
一書 專爲分疏李鯤變作 而一篇大意 予奪太甚 萬目睢盰 羣聽愕眙 揆以當

박치복은 「답학자서」를 허목이 이곤변을 변론해 주기 위해 지은 글로 보았다. 그는 그 이유로 내용이 전적으로 억울함을 호소하는 것이고, 또 한 쪽을 칭찬하고 한 쪽을 폄하하는 것이 너무 심하다는 점을 들었다.

박치복은 또한 허목이 남명의 학문에 대해 제대로 알지 못하는 상황에서 남쪽으로 내려 왔을 때 먼저 이곤변을 만나 그가 남명을 비방하는 말만 듣고서 남명에 대한 부정적 판단을 하였는데, 하홍도(河弘度, 1593~1666)를 만나 남명의 학문에 대해 듣고 나서야 자신의 판단이 잘못됐다는 것을 알았다는 점을 지적하였다. 허목이 하홍도에게 '남명의 죄인이 될 뻔하였다.'고 한 말은 이전의 생각이 잘못되었다는 것을 시인한 것이다.

박치복은 이런 점을 들어 「답학자서」가 『기언』에 실린 것은 허목의 본의가 아니기 때문에 삭제하는 것이 옳다고 주장했다. 즉 선현의 덕에 누가 되는 문자는 과감하게 삭제하거나 교정해야 한다는 자신의 원칙을 천명한 것이다. 박치복은 또한 남명 → 정구 → 허목의 학통을 제시하며, 「답학자서」를 남긴다면 결국 허목에게도 미안한 일임을 지적하고, 다시 남명은 백세 뒤에도 그 평가가 바뀌지 않을 것이니 「답학자서」로

時事勢 容有然矣 眉爺與冥翁 世相後百年 地相距千里 其壁立萬仞烈日秋霜氣像 則槪得聞而知之 而學問之淵篤 造詣之精深 盖有未諦者存焉 南下之日 首與李氏通家 孰謂李氏之言不可信哉 及其與河謙齋先生遊 盛聞冥翁實學 乃驚曰 '不聽尊言 吾幾爲冥翁罪人' 盖深歎前聞之失實也 然則是書之載在刊集 非先生之本意也 審矣 天幸斯文補刊之役 又丁斯時 若律之以程朱子退陶集之例 則此等文字 當在可議 若曰 '事體難愼 誰敢刪拔云乎' 則非鄙等之所與聞也 且以碑文攷之 寒岡嘗師冥翁 而先生乃寒岡之的傳也 留此書以示後世 豈尊先生者之所可安也 古人曰 '士如良金美玉 自有定價' 一名之士 猶然 況大賢乎 冥翁自冥翁 百世無改評 而一言之或失其中 不瑕有損於先生之盛德大業乎 鄙等之尊仰眉爺 與僉君子 奚間 則今此縷縷陳說冀蒙聽許者 非但爲冥翁地已也 伏願紆思永圖 亟示回諭 千萬幸甚"

인해 허목에게 손상을 끼치는 일은 잘못이라고 하였다.

이상에서 살펴보았듯이, 박치복은 허목의 『기언』을 보간하던 사람들에게 편지를 보내 허목이 지은 「덕산비」를 이정(釐正)해야 한다는 점과 「답학자서」를 문집에서 삭제할 것을 건의하였다. 그러나 박치복의 이러한 간청은 받아들여지지 않았다.

박치복이 남명을 추숭한 사업 중 또 다른 하나가 『남명집』을 중간하여 보급하는 일이었다. 그러나 『남명집』을 중간하는 일은 정치적·사회적으로 미묘한 사안이 얽혀 있어 매우 어려운 일이었다. 기왕의 연구에서 밝혀졌듯이, 『남명집』은 여러 번 이정중간(釐正重刊)이 이루어졌는데, 그때마다 잡음이 끊이질 않았다.

박치복이 활동하던 19세기 후반에도 『남명집』을 중간하자는 의논이 개진되어 논의가 분분하였다. 박치복은 1893년 여름 지역 사림의 요청으로 산천재에 가서 『남명집』을 교감하였는데, 가벼이 산삭하거나 위치를 옮기는 것을 허락하지 않는 입장이었다. 그것은 정구의 의도대로 이미 이정(釐正)을 거쳤기 때문이라는 시각에 의한 것이었다. 다만 『학기류편』의 경우 약간의 의의(疑義)만 지적하였을 뿐이다.[43]

당시 『남명집』 중간은 1893년 교감을 하여, 1894년 판각을 시작해 1895년 문집과 속집을, 1896년 『학기』를, 1897년 「편년(編年)」을 완간한 것으로 추정된다.

이때 문집 중간을 주도한 인물은 남명의 후손 조원순(曺垣淳, 1850~1903)이다. 그는 1889년부터 본격적으로 이정중간의 논의를 제기하면서,

---

43) 朴致馥, 『晩醒集』 부록 권1, 「年譜」 70세조. "夏往德山山天齋 : 士林以南冥集重刊勘定事 固請先生 先生不得已有行 然不許輕易刪動 但就學記 標出若干疑義"

정인홍의 독단으로 문집을 소홀히 편집하여 오류가 많으므로 존위(尊衛)의 일심으로 이정하면 뒷날 중간할 때 일을 덜 것이라 주장하였다. 그러나 대현의 문집은 선배의 손을 거친 것이므로 한 글자도 가감해서는 안 된다는 물의가 일어 의견이 분분하였다. 그럼에도 불구하고 조원순은 하겸진(河謙鎭)·조긍섭 등 소장 학자들에게 맡겨 대폭 수정하였다.44)

그러나 뒤에 물의가 끊이질 않고 일어나자, 조원순은 1903년 두방재(斗芳齋)에 교정청을 설치하고 김진호 등에게 부탁하여 재교정에 들어 갔다.45)

4. 현실인식의 측면에서 본 남명정신 계승

박치복이 65세 때인 1888년에 올린 「상시폐소(上時弊疏)」에는 그의 현실인식과 현실에 대처하는 의식이 잘 나타나 있다. 박치복은 이 상소문 첫머리에 "날마다 보건대 생민은 물이 새는 배 안에 앉아 있는 것과 같고, 나라의 형세는 면류관의 구슬이 떨어질 듯, 산이 무너질 듯 위태로워 화가 목전에 당도한 듯합니다. 그런데 온 조정은 입을 다물고 귀를 막고 있어 아무도 놀라는 사람이 없습니다."46)라고 하여, 당시 민생의 처지와 조정의 대처를 심각하게 진단했다.

이어 그는 나라의 근본은 백성을 안정시키는 데 달려있고, 백성을 안

---

44) 金侖壽, 「남명집의 册版과 印本의 系統」, 『남명학연구』 제2집, 경상대 남명학연구소, 1992, 236면.

45) 金鎭祜, 『勿川集』 부록, 「연보」 59세조 참조.

46) 朴致馥, 『晚醒集』 권4, 「上時弊疏」. "日見生民坐在漏船 國勢危如綴旒土崩之患 迫在呼吸 而擧朝喑聾無人警欸"

정시키는 방법은 수령을 신중히 선택하는 데 있다고 전제하였다. 그리고서 당시의 수령 임명에 대해, 정사는 뇌물로 이루어지고 인재는 국량에 따라 부리지 않아 자질이 부족한 자들이 높은 자리를 차지하고 있다 비판한 뒤, 다음과 같이 아뢰었다.

> 관리는 바야흐로 칼이 되고, 백성은 바야흐로 고기가 되어 그들을 죽이고 뼈를 바르고 껍질을 벗기고 살을 도려냅니다. 온갖 악행과 온갖 비린내로 원망이 천지간에 가득합니다. 그들의 울부짖으며 쓰러지는 참상과 형편없이 유리걸식하는 고통을 만약 정협(鄭俠)의 유민도(流民圖)처럼 그려 성상께 올린다면 우리 성상의 자애롭게 아랫사람을 근심하시는 어진 마음으로 반드시 측은히 상심하시어 비단과 옥도 편안하지 않으실 것입니다.47)

박치복은 관리를 칼에 백성을 고기에 비유하여 백성들이 관리들에게 난도질당하는 것으로 현실을 묘사했다. 그는 시정잡배들이 뇌물을 주고 벼슬을 사서 관리가 되었기 때문에 이처럼 백성들이 유리걸식하는 참혹한 상황에 처해 있다고 보고, 이를 임금에게 알리려 한다고 하였다.

이러한 박치복의 현실인식은 남명이 「을묘사직소」에서 "하지만 이미 그 형세가 극도에 달하여 지탱할 수 없고 사방을 둘러보아도 손쓸 곳이 없다는 것을 알면서도, 낮은 벼슬아치는 아래에서 시시덕거리며 주색만을 즐기고, 높은 벼슬아치는 위에서 세월만 보내며 재물만을 늘리고 있습니다. 물고기의 배가 썩어 들어가는데도 그것을 바로잡으려고 하지 않습니다. 게다가 궁궐 안의 신하는 당여를 만들기를 용이 못에서 끌어

---

47) 上同. "官方爲刀 民方爲肉 屠之剮之剝之割之 羣惡庶腥 冤塞天地 其呼號顚踣之狀 鎖尾仳離之苦 若使鄭俠圖 進於乙覽 則以我聖上子惠憫下之仁 必惻然傷心錦玉靡安矣"

들이듯이 하고, 궁궐 밖의 신하는 백성을 수탈하기를 이리가 들판에서 날뛰듯이 하니, 가죽이 다 헤어지면 털도 붙어 있을 데가 없다는 것을 알지 못하는 것입니다."48)라고 한 것과 유사하다.

박치복은 이처럼 현실을 진단하고 당시의 문제점으로 군인과 관료들이 녹을 받지 못하는 현실, 무당 등 잡색(雜色)이 조정에서 활보하고 있다는 점, 조정에서 혁신을 강조하며 제도를 고치지만 진정한 유신은 덕을 새롭게 하는 것으로부터 시작해야 한다는 점, 세가의 자제를 뽑아다 외국어를 가르치는 것의 부당함 등을 진달하였다.

그러나 그는 서구 열강이 거세게 밀려오는 국제정세를 전혀 읽지 못하여 전통적인 사고에 의한 현실대처방안밖에 제시하지 못하였다. 유신은 제도를 변경하는 것이 아니라 덕을 새롭게 하는 것이라는 논조도 그렇거니와, "하늘은 변치 않고 도도 변치 않으니 성인의 도를 어찌 시행할 수 없는 시대가 있겠습니까? 나라를 유지하고 공고히 하는 길은 성인의 도를 피부에 젖어들게 하여 인심을 굳게 단결시켜 임금을 버리는 것은 큰 죄가 되고 죽음으로써 지키는 것은 선도(善道)가 된다는 점을 알게 하는 것입니다."49)라고 한 말을 보면, 그의 인식이 전통논리에서 벗어나지 못하고 있음을 알 수 있다.

그는 서양을 오랑캐로 보고 우리를 중화(中華)로 보며, 서양인을 금수로 보고 우리를 사람[人]으로 보는 시각을 갖고 있었다. 그러므로 신설

---

48) 曹植, 『南冥集』 권2, 「乙卯辭職疏」. "已知其勢極而不可支 四顧無下手之地 小官嬉嬉於下 姑酒色是樂 大官泛泛於上 唯貨賂是殖 河魚腹痛 莫肯尸之 而且內臣樹援 龍拏于淵 外臣剝民 狼恣于野 亦不知皮盡而毛無所施也"

49) 朴致馥, 『晚醒集』 권4, 「上時弊疏」. "天不變 道亦不變 聖人之道 豈有不可行之時乎 國之所以維持鞏固 以聖人之道 淪肌浹髓 固結人心 知遺君之爲大憝 守死之爲善道"

(新說 : 개화)을 주장하며 임금의 이목을 어지럽히는 이유를 임금이 경연에 나아가 유신(儒臣)을 접하지 않고 만고의 역사로 귀감을 삼지 않기 때문인 것으로 보았다.[50] 이런 점에서 그의 현실인식과 대처방식은 일정한 한계를 드러낸다.

5. 남명에 대한 인식 및 논평

1) 소미성(少微星)과 기미성(箕尾星)·문곡성(文曲星)

남명을 소미성에 비유한 설화는 세 가지로 나타나는데, 하나는 중국 술사가 서장관으로 중국에 간 허봉(許篈)에게 "당신네 나라에 도학이 높은 사람이 머지않아 좋지 않은 일이 있을 것입니다."라고 예언한 것이고, 하나는 술사 남사고(南師古)가 "소미성의 정기가 사라져가니 반드시 처사에게 재앙이 있을 것이다."라고 예언한 것이며, 하나는 토정(土亭) 이지함(李之菡)이 벗 박지화(朴枝華)에게 소미성이 정기를 잃어가는 것이 조 남명과 관련된 일일 것이라고 예언한 것이다.[51]

이런 설화에 의해 남명은 처사를 상징하는 소미성으로 인식되었다. 그것은 사대부정치 시대 출처의 문제에 있어 상징적인 면을 보여주었기 때문이다. 남명은 무도한 시대에 태어나 사인의 자존심과 정체성을 끝까지 잃지 않음으로써 사인의 현실대처방식에 하나의 새로운 전형을 만들었기 때문에 천상의 소미성으로 영원히 기억된 것이다.

박치복이 지은 『대동속악부(大東續樂府)』28수를 보면, 「논개암(論介

50) 上同. "雖在一天之下 而非與我同類者也 彼夷我華 彼獸我人……今之爲新說 以熒惑殿下之視聽者 誠以殿下之不御經筵 不接儒臣 不以萬古爲龜鑑故也"
51) 정우락, 『남명 설화 뜻풀이』, 남명학연구원 출판부, 2001. 46~49면.

巖)」·「열서곡(裂書哭)」·「대명송(大明松)」·「김장사(金壯士)」 등 임진왜란
이나 병자호란 등 국난 때에 의리와 절개를 지킨 인물들의 이야기를 소
재로 한 것이 많다. 이 28편의 악부시에 들어 있는 「소미성」은 남명을
소재로 해 지은 것인데, 남명에 대한 그의 인식이 잘 드러나 있다.

천상에서는 소미성,	天上少微星
인간 세상에선 조 남명.	人間曺南冥
남명이 이 세상에 내려오니,	南冥降海山
소미성이 인간에 있었네.	少微在人間
소미성이 빛을 잃자,	少微晦精象
남명은 천상으로 돌아갔네.	南冥歸天上
천상과 인간세상 지척처럼 가까우니,	天上人間如咫尺
별인지 사람인지 나는 모르겠네.	星耶人耶吾不識
방장산은 천 길 우뚝 푸르고,	方丈山碧千仞
두류산 물은 골짜기를 돌아 흐르네.	頭流水匯萬疊
높은 산은 우러를 수 있고 맑은 물은 갓을 씻을 수 있지,	
	高山可仰水可濯
내 선생을 그리워해도 아! 미칠 수 없구나.	我懷夫子嗟莫及
하늘에 소미성이 있어 전형을 드리우니,	惟有微垣典型垂
만고토록 그 자리에서 빛나고 빛나리라.	萬古瑤躔光翕翕
밝게 빛나는 기성(箕星)·미성(尾星) 자리,	煌煌析木次
규성(奎星)의 화려함과 계명성(啓明星)의 선량함.	
	奎華啓明良
선생은 남쪽 지방에서 태어나,	先生起南服
호걸스런 기상을 동국에 떨치셨네.	豪氣振扶桑
높고 높은 경의의 학문으로,	巖巖敬義學
두류산처럼 끄덕도 않으셨네.	頭流山不鳴
성상(星象)에 관계된 점으로 말한다면,	若言干星象
성상은 정해진 분야가 분명하니,	星象定分明

상나라 때면 미성·기성이 되었을 것이고,	在商可爲尾箕星
송나라 때면 문곡성·무곡성이 되었으리.	在宋可爲文曲星
그렇지 않다면 상서로운 세상에 경성(景星)이 되었을 테고,	
	不然爲瑞世之景星
그렇지 않다면 현인을 모으는 때 덕성(德星)이 되었으리.	
	不然爲聚賢之德星
식견 좁은 남방에서 태어나신 것 애석하네,	可惜南生管見小
하필이면 구구하게 소미성이란 말인가.	何必區區少微星[52]

남명은 도학이 무너진 어려운 시대에 태어나 처사로서의 전형을 보여 주고 갔다. 그것은 사인의 정체성과 자기 각성을 명확히 보여준 것이다. 그래서 시인은 남명이 천상으로 돌아갔지만, 여전히 이 세상 사람이라고 하며 '별인지 사람인지 모르겠다.'고 노래했다. 이는 남명에 대한 그리움이다.

그러나 또 한편으로 생각해 보면, 시인의 말처럼 남명이 은나라 고종을 만났으면 부열(傅說) 같은 현신이 되었을 것이고, 송나라 인종을 만났으면 부필(富弼) 같은 정승이나 적청(狄青) 같은 명장이 되었을 것이라고 상상해 볼 수 있다.[53] 이는 남명을 소미성으로만 인식하는 차원을 넘어 반전을 시도한 것이다. 그래서 시인은 남명을 한 시대를 빛나게 할 영웅으로 묘사하며, 동방을 그렇게 만들지 못했음을 못내 아쉬워했다.

이상에서 살펴본 것처럼, 박치복의 남명에 대한 인식은 소미성으로 상징되는 처사의 차원을 넘어 기미성·문곡성으로 상징되는 부열·부필

---

52) 朴致馥, 『晚醒集』 권3, 「大東續樂府」 「少微星」.
53) 박치복은 「少微星」이라는 시의 自註에 "傅說爲箕尾 宋仁宗生而哭不止 術士 云 元子之哭 將以求良弼也 因呼曰文有文曲 武有武曲 哭遂止 文曲卽富弼 武曲卽狄青也"라고 주석을 붙여 놓았다.

같은 훌륭한 정승의 자질을 가진 인물로 평가하고 있다. 이는 박태무(朴泰茂)의 제문에 남명을 이윤(伊尹)이나 부열에 비유한 것[54]과 마찬가지 인식으로, 나라를 구제할 명재상·현신의 자질을 갖춘 인물로 본 것이다.

2) 남명학의 순정성 강조

박치복은 「청남명조선생종사문묘소(請南冥曺先生從祀文廟疏)」에서 "그의 학문은 경(敬)·의(義)를 함께 가지고, 성(誠)·명(明)에 모두 이르고, 『대학』과 『중용』을 힘써 표적을 세우고, 낙양(洛陽 : 程子)과 무원(婺源 : 朱子)을 이어 공부를 해 나갔습니다."[55]라고 하였고, 또 「뇌룡정석채상향향문(雷龍亭釋菜常香享文)」에서도 "이윤의 뜻에 마음을 두고 안자의 학문을 배웠으며, 낙양의 정자와 무원의 주자의 통서를 이었습니다."[56]라고 하였다.

이를 보면, 박치복은 남명의 학문을 정자·주자를 연원으로 하는 순정한 학문으로 누차 강조하고 있음을 알 수 있다. 그것은 남명의 학덕에 누(累)가 될 만한 문자를 삭제해 시비를 없애려고 한 당시 강우지역 학자들의 정서와 무관하지 않다.

남명을 노장사상에 물들었다고 보는 시각을 차단하기 위해서는 연원이 바르다는 것을 드러내지 않을 수 없다. 그래서 정자와 주자의 연원을 이었다고 한 것이다. 또한 그것만으로는 사람들이 의심을 할까봐, 경·의를 함께 가졌다고 했고, 『중용』의 성(誠)·명(明)에 모두 이르렀다고

---

54) 朴泰茂, 『西溪集』 권4, 「謁墓南冥先生文」. "章奏勤懇 有伊傅匡救之意"

55) 朴致馥, 『晩醒集』 권4, 「請南冥曺先生從祀文廟疏」. "其學 則敬義夾持 誠明兩到 勉庸學而立的 紹洛婺而作程"

56) 朴致馥, 『晩醒集』 권13, 「雷龍亭釋菜常香享文」. "伊顔志學 洛婺統緒"

했으며, 『대학』·『중용』을 힘써 학문의 표적을 세웠다고 했다. 이 모두 주자학의 핵심에 해당하는 내용이다.

실제로 남명은 경·의를 협지(夾持)하였고, 『중용』의 명선과 성신을 주 내용으로 하는 「무진봉사」를 선조에게 올렸고, 『학기류편』「성도(誠圖)」·「역서학용어맹일도도(易書學庸語孟一道圖)」 등에서 『대학』·『중용』·『주역』·『서경』 등의 요지를 간추려 도식화하였다.

이를 보면 남명이 『대학』·『중용』을 학문의 중심으로 한 것을 확인할 수 있다. 그런데 『대학』·『중용』은 바로 주자가 임종하기 직전하기 30여 년 동안 수정한 주자학의 정수가 담긴 책이다. 이런 근거로 박치복은 남명의 학문이 주자에 연원을 두었다고 본 것이다.

또 하나 남명이 끝까지 벼슬을 사양한 것을 두고서, 후한 때의 엄광(嚴光) 같은 인물이 아니냐는 비판이 있었는데, 이는 남명 자신이 스스로 밝힌 바 있다. 남명은 자신이 지은 「엄광론(嚴光論)」에서 엄광에 대해 '성인의 도를 추구한 사람'으로 인정하였다.[57] 그것은 그가 왕도정치의 이상을 가지고 있던 인물로 보았기 때문이다. 그러나 엄광은 왕도정치를 펼 수 있는 임금이 아니라고 보았기 때문에 출사를 하지 않은 것이다.

남명은 엄광과 자신의 다른 점을 다음과 말하며 자신의 정체성을 밝혔다.

> 어떤 사람이 남명 선생에게 "당신은 엄광과 비교해, 누가 더 낫다고 생각하느냐?"라고 묻자, 남명 선생은 "아! 엄자릉(嚴子陵)의 기절(氣節)을 내가 어찌 따라갈 수 있겠는가? 그러나 엄자릉은 나와 도를 함께 하는 사람이 아니다. 나는 이 세상을 잊지 못한 자로, 공자를 배우고자 하는 사람이다."라고 하셨다.[58]

---

57) 曺植, 『南冥集』 권2, 「嚴光論」. "余以爲嚴子陵 聖人之徒也"

남명은 왕도정치를 이상으로 하고 있는 점에서는 자신이나 엄광이 같다고 보았다. 그러나 엄광은 왕도를 펼 수 없다고 보아 현실을 등진 사람이다. 그렇지만 남명은 '자신은 세상을 잊지 못하는 자'라고 하여, 엄광과 선을 긋고 구별하였다. 백이는 성인이지만 세상을 등진 인물이고, 공자는 성인이지만 현실을 등지지 않은 사람이다. 남명은 결국 백이나 엄광처럼 현실을 훌쩍 떠나 등지는 것을 택하지 않고, 공자처럼 끝까지 현실에 남는 길을 택했다는 자신의 정체성을 명백히 말한 것이다.

이런 점에서 남명의 학문정신을 단적으로 대변하는 '이윤의 뜻에 마음을 두고, 안자의 학문을 배웠다.[志伊尹之志 學顏子之學]'는 말은 출처의 문제에 있어 시사하는 바가 크다. 이는 백이·엄광과 다른 공자·안연의 처세방식을 따랐다는 것을 의미한다. 따라서 허목의 「답학자서(答學者書)」에서처럼 남명을 고사로 보아 한 세상을 깔 본 사람으로 평가한 것은, 남명을 올바로 알지 못한 상태에서 부정적인 시각으로만 본 것이다.

박치복은 허목의 『기언』을 보간하는 사람들에게 「답학자서」 같은 글은 빼버리는 것이 좋겠다는 의견을 개진한 바 있고, 그 폐해를 심각하게 인식하였다. 그리하여 「청남명조선생종사문묘소」에서도 "남명 선생은 일찍이 허노재(許魯齋 : 許衡)의 '이윤의 뜻에 마음을 두고 안자의 학문을 배워 세상에 나아가면 훌륭한 일을 함이 있고, 초야에 있으면 자신을 지키는 바가 있다.'라는 말을 외우며 각고의 노력으로 몸소 실천하여 몸은 초야에 있었지만 결신난륜하지 않았으며, 임금의 부름을 사양하였지만 세상사를 잊는 데 과감하지 못했습니다."[59]라고 하였다.

---

58) 曺植, 『南冥集』(아세아문화사 영인본, 142면) 裵紳 撰, 「行錄」. "又有問者曰 先生孰與嚴子陵 曰惡 子陵氣節 其可跂歟 然子陵與吾不同道 余未忘斯世 者也 所願學孔子也"

59) 朴致馥, 『晩醒集』 권4, 「請南冥曺先生從祀文廟疏」. "嘗誦許魯齋言曰 志伊

이를 두고 보면, 박치복은 남명을 노장사상에 물들거나 세상을 등진 사람이 아닌, 공자를 배우는 안연 같은 사람으로 평가한 것인데, 이는 곧 남명의 학문이 순정하지 않다는 비판론자들의 인식을 불식시키기 위해 그 정통성을 드러낸 것이다.

3) 남명의 기상에 대한 재평가

남명의 기상은 '추상열일(秋霜烈日)' 또는 '천인벽립(千仞壁立)'으로 상징된다. 이는 강한 기절과 의리를 드러낸 말이다. 조금도 흔들림이 없는 드높은 기상, 그리고 조금의 사사로움도 불허하는 춘추대의로 단련된 고도의 정신세계를 의미한다. 남명의 문하에 곽재우처럼 절의정신(節義精神)이 강했던 사람, 정인홍처럼 춘추대의를 강조한 사람이 나왔던 것도 남명의 그와 같은 정신세계에서 영향을 받은 것이다.

그런데 남명의 천인벽립·추상열일로 대변되는 꼿꼿하고 우뚝한 정신세계는 그 시대가 만들어낸 것이기도 하다. 부도덕한 정권과 타락한 시대에 자신을 더욱 엄격히 수행해 도덕성을 제고하고 학문정신을 드높였기 때문에 그런 정신세계를 이룩한 것이다. 그런데 그것은 또 성리학의 도학적 수양을 몸으로 실천해서 얻어진 것이다.

그의 「산명사도(神明舍圖)」 등에서 보이듯이, 마음이 움직이기 이전의 존양, 움직인 뒤의 성찰, 사욕의 기미가 발견되면 즉석에서 물리치는 극치, 이런 수양을 몸으로 실천함으로써 드높은 도덕성이 생긴 것이다. 「신명사도」에 보면 『주역』 뇌천(雷天) 「대장괘(大壯卦)」의 대장기(大壯

尹之志 學顔子之學 出則有所爲 處則有所守 乃刻意體行 在林壑而非潔身亂倫也 辭徵辟而非果於忘世也"

旒)를 목관(目關)·이관(耳關)·구관(口關) 옆에 세우고 삼엄한 기상으로 성
찰하는 것이 있다. 또 「신명사명(神明舍銘)」에는 '건백물기(建百勿旗)'·
'동미용극(動微勇克)'·'진교시살(進敎廝殺)' 등의 말이 보이는데, 이는 사
욕을 엄하게 살피다가 그런 기미가 보이면 즉석에서 물리치는 극기(克
己)를 말한다.

이를 보면, 남명은 존양·성찰·극치의 실천을 통해 추상열일·천인벽
립 같은 고도의 정신을 소유한 인물이지, 독립특행(特立獨行)하는 고사
(高士)가 아니다. 다시 말해 천인합일을 몸소 실험하고자 한 도학자이지,
세상을 멀리하고 세태를 깔본 고사가 아니다.

그런데 후세 남명을 일컬을 때, 흔히 맹자가 말한 "백이의 풍도를 들
은 사람은 완악한 사람도 청렴해지고, 의지가 나약한 사람도 뜻을 세우
게 된다."[60]는 말을 인용해, 완악한 사람도 청렴하게 하고 의지가 나약
한 사람도 뜻을 세우게 할 정도로 사람들을 경동시킨다는 점을 들었다.
이 역시 자칫 오해하면, 남명을 백이처럼 세상을 등진 사람으로 볼 소지
가 많다. 위에서 살펴보았듯이, 남명은 분명 백이·엄광과 다른 점을 드
러내며 공자를 배우고자 하는 사람이라고 하였으니, 여기에 남명의 정
체성이 있는 것이다.

남명의 진정성을 잘 모르는 사람들은 남명을 백이와 같은 인물로 오
해하기도 하였다. 그러나 박치복은 「답성회산채규(答成悔山釆奎)」라는
글에서, "경(敬)으로써 안을 곧게 하고 의(義)로써 밖을 방정하게 하며,
이윤의 뜻에 마음을 두고 안자의 학문을 배운 것이, 남명 선생이 남명
선생이 된 이유입니다. 그러나 이는 여러 현인들이 모두 행하는 것입니
다. 다만 백세 뒤에 그의 풍도를 듣고 완악한 이도 청렴해지며 의지가

---

60) 『孟子』「萬章 下」. "聞伯夷之風者, 頑夫廉, 懦夫有立志"

나약한 사람도 뜻을 세우게 한 것은 남명 선생이 혼자 하셨던 일입니
다."61)라고 하였으며, 또 「남명조선생뇌룡정석채고유문(南冥曺先生雷龍
亭釋菜告由文)」에서 "공손히 생각건대, 우리 남명 선생은, 우리 남쪽 지
방의 사기를 진작시키셨지. 그 풍도를 들으면 완악한 이도 청렴해지고
나약한 이도 뜻을 세우며, 경과 의를 열어 보여주셨네."62)라고 하였다.

이처럼, 박치복은 남명의 학문이 경·의로 대표되는 정주학임을 전제
하면서 남명정신의 특성을 '완부렴 나부립(頑夫廉 懦夫立)'으로 드러냈
다. 이것이 바로 남명을 백이와 다르게 보는 인식이다. '완부렴 나부립'
은 남명이 도학의 실천을 통해 후세에 영향을 미친 것이지, 백이처럼 무
도한 세상과 타협하지 않음으로써 후세에 영향을 끼친 것은 아니다. 그
런 점에서 박치복은 '추상열일' 또는 '천인벽립'으로 일컬어지는 남명의
기상에 대해 경의학을 전제함으로써 백이와 다른 성향으로 평가한 것이다.

4) 산해정(山海亭)의 명칭에 대한 해석

1870년 서원철폐령이 내려져 김해에 있던 신산서원(新山書院)이 훼철
된 뒤, 그 지역 사림들이 산해정을 중건하면서 박치복에게 기문을 청하
자, 박치복은 「산해정중건기(山海亭重建記)」를 지어 주었다. 그는 이 기
문에서 '산해(山海)'의 의미를 궁구하여 다음과 같이 말하였다.

---

61) 朴致馥, 『晚醒集』 권5, 「答成悔山采奎」. "夫敬以直內 義以方外 志伊尹之志
　　學顔子之學 此先生之所以爲先生 而諸賢之所同也 聞風百世 頑廉懦立 先
　　生之所獨也"
62) 朴致馥, 『晚醒集』 권13, 「南冥曺先生雷龍亭釋菜告由文」. "恭惟先生 振我南
　　服 頑懦聞風 敬義啓鑰"

지면에서 한 치 높은 곳으로부터 하늘에 닿을 정도로 우뚝한 봉우리에
이르기까지 모두가 산이다. 졸졸 흘러나오는 샘물로부터 시작해서 온갖
냇물이 모여들어 언제 그칠지 모르는데도 가득 차지 않고, 바닷물이 빠져
나가 언제 그칠 지 모르는데도 고갈되지 않는 것이 모두 바다이다. 그렇다
면 천하에 가득한 것은 단지 산과 바다일 뿐이니, 이는 어찌 하나의 언덕
이나 골짜기가 얻어 오로지 하는 바이겠는가? 그렇지만 산은 높더라도 꼭
대기 위는 이미 태산에 속하지 않고, 바다는 크더라도 오히려 형기(形氣)
의 테두리에서 벗어나지 않는다. 그러니 지극한 도의 큰 모양은 산과 바다
로 개괄할 수 있는 것이 아니다. 조 남명 선생은 젊은 시절 김해 처가에서
살았다. 신어산(神魚山) 아래 삼차(三叉) 바닷가에 집을 짓고 도를 강구했
는데, 그 정자의 이름을 '산해(山海)'라고 했다. 이는 아마도 언덕을 인해
태산처럼 높은 경지를 상상하고, 한 항구를 근거해 하늘과 닿아 있는 바다
를 추상한 것이리라. 그 형이상의 도는 물질 밖으로 초월하니, 비의할 만
한 이름이나 형상이 없다. 선생이 산해정이라고 이름을 붙이신 뜻이 아마
도 이런 데 있을 것이다.63)

박치복은 산해정의 '산해'의 뜻을, 자기가 살고 있는 작은 언덕에서
태산처럼 하늘과 닿아 있는 높은 경지로 오르겠다는 뜻과 자기가 살고
있는 바닷가 한 귀퉁이에서 하늘과 닿아 있는 망망한 대해처럼 넓고 깊
은 경지를 이룩하겠다는 뜻으로, 그 이름을 지은 것이라 생각했다.

그래서 박치복은 남명에 대해 "내가 생각건대, 선생의 도는 태산도 그

---

63) 朴致馥,『晚醒集』권12,「山海亭重建記」. "自地高一寸 至于峻極于天 皆山
也 自涓涔濫觴之始 至于百川注之 不知何時已而不盈 尾閭泄之 不知何時
止而不渴 皆海也 然則盈天下者 只是山與海而已 豈一邱一壑之所得而專哉
雖然 山雖高 而頂上已不屬泰山 海雖鉅 而猶不離於形氣之囿 則至道之大
又非山與海之所可槪也 南冥曺先生 少日就養于金官之婦氏鄕 築室講道于
神魚山下三叉海上 扁其亭曰山海 盖因培塿而想泰山之高 據一港而推稽天
之浸 而若其形而上之道 則超乎有物之表 而無名狀可擬 先生之所寓意者
其不在玆乎"

보다 높지 않고, 영해(瀛海)도 그보다 크지 않다."[64]라고 평했다. 태산은 중국의 오악 가운데 하나로 가장 높은 산으로 상징된다. 영해는 구주(九州)의 밖에 있는 대해를 가리킨다. 이 세상의 형상하고 이름 붙일 수 있는 가장 큰 것도 남명의 정신적 지향만 못하다는 박치복의 평가를 보면, 그가 남명을 추앙하는 마음이 어떠했는지를 짐작할 수 있다.

IV. 맺음말

이상에서 박치복의 남명학 계승양상에 대해 살펴보았다. 앞에서 언급한 바와 같이 19세 후반 강우지역은 유학이 새롭게 부흥하여 학술활동이 활발하게 전개되었으며, 시대정신을 반영한 새로운 학설이 다양하게 제기되어 조선성리학의 마지막 학술토론장이 되었다. 따라서 이 시기의 학자들의 학문과 사상을 구체적으로 밝히고, 조선후기 학술사의 흐름 속에서 거시적으로 살핀다면, 조선 성리학이 대미를 장식하는 현상을 발견할 수 있을 것이다. 그것이 비록 개화사상과 다른 보수적 전통의 틀 속에 있는 것이라 할지라도, 그들의 급변하는 시대에 대처하는 의식은 우리의 정신사에서 중요한 의미를 가질 수 있다.

본고에서는 이 시기에 활동한 박치복의 남명학 계승양상이라는 좁은 주제를 가지고 살펴보았지만, 이러한 고구 역시 위와 같은 거시적인 관점에서 보다 폭넓은 논의가 필요할 것이다. 그러나 필자의 안목이 부족한 관계로 그 점에 대해 충분히 고려하지 못하였다.

필자는 본고에서 박치복의 학문성향이 유치명을 통한 정통 퇴계학파

---

64) 上同, "余謂先生之道 泰山不足高也 瀛海不足大也"

의 학설을 수용한 점과 허전을 통해 근기 남인계 성호학의 실용주의를 수용한 점에 주목하여, 박치복은 이 두 가지 학문을 겸함으로써 전통의 학설을 바탕으로 하면서 시대의 변화에 능동적으로 대응하는 치용(致用)의 학문을 겸한 것으로 보았다.

이런 점에서 그의 학문성향은 이진상의 심즉리설이나 노사학파의 주리론이 전통의 성리설을 바탕으로 새로운 설을 전개한 것과 다르다고 하겠다. 또한 양자를 겸취하였다는 점에서 퇴계학파나 성호학파의 학문성향과도 변별될 수 있다. 그리고 양자를 겸하여 학문이 침체되었던 강우지역에서 새로운 학문을 선도하였다는 점에서 학술사적으로 그 의의가 크다고 하겠다.

본고에서는 박치복의 남명학 계승양상은 크게 다섯 가지로 나누어 보았다.

첫째, 박치복의 남명유적 탐방과 추숭사업으로는, 산천재·백운동 등 남명유적을 찾아 추모하고 시를 지은 것과 김해에 산해정을 중건할 적에 기문을 지어 준 것 등을 들 수 있다. 특히 1877년 산해정에서 지은 시에는 남명을 추모하는 정신이 잘 드러나 있다.

둘째, 남명의 문묘종사를 위한 노력으로, 박치복은 1888년 소두(疏頭)가 되어 상소문을 올렸으며, 그 전에도 상소에 동참하였다.

셋째, 박치복은 허목의 문집인 『기언』에 남명을 사실과 다르게 폄하한 「답학자서(答學者書)」를 삭제해 줄 것과 「덕산비(德山碑)」의 개정을 요청하였고, 『남명집』 중간을 위해 교감을 보는 등의 노력을 하였다.

넷째, 현실인식의 측면에서 본 남명정신 계승으로는, 「상시폐소(上時弊疏)」에 나타난 현실인식과 민생구제정신이 남명의 상소와 유사하다는 점을 들 수 있다.

다섯째, 남명에 대한 인식 및 논평으로, 남명을 소미성으로 상징되는 처사로만 보는 인식을 넘어 부열(傅說)·부필(富弼)처럼 어진 재상, 명망 있는 정승의 자질을 가진 분으로 평가했고, 남명의 학문을 정자·주자를 계승한 정학(正學)으로 보았으며, '추상열일 천인벽립'으로 일컬어지는 남명의 기상에 대해 경의학을 전제함으로써 백이와 다른 성향으로 재평가하였고, 산해정의 '산해(山海)'에 대한 해석을 통해 남명의 정신 지향을 태산보다 높고 영해(瀛海)보다 크다고 평했다.

〈참고문헌〉

1. 원전 자료

金聖鐸, 「霽山集」, 한국문집총간 제206책, 민족문화추진회, 1998.
金麟燮, 『端磎集』, 경상대 남명학연구소 소장 복사본.
朴泰茂, 『西溪集』, 경상대 남명학연구소 소장 복사본.
朴致馥, 『晚醒先生文集』(영인본), 炳燭契, 2003.
_____, 『晚醒先生文集』附錄(2권), 경상대 남명학연구소 소장 복사본.
實錄廳, 『高宗實錄』, 국사편찬위원회 영인본.
李 瀷, 『星湖僿說』, 여강출판사 영인본.
李震相, 『寒洲集』, 경상대 남명학연구소 소장 복사본.
曹 植, 『南冥集』, 아세아문화사 영인본.

2. 논저

손성모, 『산청의 명소와 이야기』, 현대문예, 2000.
정우락, 『남명 설화 뜻풀이』, 남명학연구원 출판부, 2001.
權五榮, 19세기 강우학자들의 학문동향」, 『남명학연구』 제11집, 경상대 남명학연구소, 2001.

李相弼, 「18세기 강우지역 남명학파의 분포와 동향」, 『남명학연구』 제11집, 경상대 남명학연구소, 2001.

金侖壽, 「남명집의 册版과 印本의 系統」, 『남명학연구』 제2집, 경상대 남명학연구소, 1992.

鄭景柱, 「강우지역 許性齋 門徒의 학풍」, 『남명학연구』 제10집, 경상대 남명학연구소, 2000.

鄭基敏, 「松山 權載奎의 학문성향과 蕭寺同遊에 대한 연구」, 경상대 대학원 석사학위논문, 2006.

鄭仁善, 「澤堂 李植의 학문성향과 남명학 비판」, 경상대 교육대학원 석사학위논문, 2005.

崔錫起, 「勿川 金鎭祜의 학설에 대하여」, 『勿川 金鎭祜의 학문과 사상』, 술이, 2007.

許捲洙, 「南冥·退溪 양학파의 융화를 위해 노력한 澗松 趙任道」, 『남명학연구』 제11집, 경상대 남명학연구소, 2001.

_____, 「近畿 學者들의 남명에 대한 관심」, 『남명학연구』 제22집, 경상대 남명학연구소, 2006.

※ 이 글은 『남명학연구』 제23집에 수록된 「만성 박치복의 남명학 계승양상」을 수정 보완한 것이다.

제5장
강병주(姜柄周)의 학문과 문학

Ⅰ. 머리말

인조반정 이후 학문이 한 동안 침체되었던 경상우도 지역은 19세기에 이르러 학술이 다시 흥기하기 시작하였다. 조선후기 경상우도 지역 사인들은 정치적으로 남인계나 노론계에 속하고, 학맥도 퇴계학맥이나 기호학맥에 속한 경우가 많았다. 그러나 19세기 이 지역 사인들에게는 당색이 정치적으로 큰 의미를 갖지 못했고, 학맥으로도 그 학파의 주류가 될 수 없었기 때문에 타 지역 사인들에 비해 당색·학맥에 구애받지 않았다.

예컨대 조성가(趙性家)·최숙민(崔琡民)·정재규(鄭載圭) 등은 전라도 장성의 노사(蘆沙) 기정진(奇正鎭)에게 수학하여 이 지역에 노사학단을 형성했고, 허유(許愈)·곽종석(郭鍾錫) 등은 성주의 한주(寒洲) 이진상(李震相)에게 수학하여 한주학단이 형성되었으며, 성호학파(星湖學脈)의 성재(性齋) 허전(許傳)이 김해부사로 내려오자 박치복(朴致馥)·김인섭(金麟燮) 등이 그 문하에 나아가 성재학단이 형성되었다.

또 이들은 당색·학맥에 구애되지 않고 상호 교유하였는데, 그 구심점에는 이 지역의 정신적 지주인 남명 조식이 늘 위치하고 있었다. 이들은 인륜의 도가 무너지고 외세의 침략이 거세지는 19세기 말의 현실에 대응하는 논리를 찾고자 공동으로 노력하였고, 자신의 주체적 역량을 강화하여 무도함에 대응하려 함으로써 침체되었던 이 지역의 학문을 크게 일으켰다.

이 시기에 진주에 살며 일찍이 한양에 살던 허전(許傳)의 문하에 나아

가 수학한 강병주(姜柄周, 1839~1909)라는 인물이 있다. 그는 당색으로는
남인이고, 학맥으로는 성호학맥에 속한다. 그러나 그는 경상우도 노사학
맥·한주학맥의 학자들은 물론, 기호지방의 소론계 학자들과도 교유하였
다. 그는 8권 4책의 문집을 남겼는데, 그 안에는 학술을 집약해 그린 10
여 개의 도표가 있으며, 시대인식과 현실대처 등을 살펴볼 수 있는 시문
이 있다.

강병주는 19세기 경상우도 사인의 현실인식과 대응방식을 살필 수 있
는 중요한 인물 중 한 사람인데 아직까지 연구가 전무하다. 이 글은 성
재학단의 문인들을 집중 조명하는 기획의 하나로 시도하게 되었다. 강
병주에 대한 연구가 전혀 없기 때문에 이 글에서는 우선 강병주의 생애
와 인물성격, 현실인식과 현실대응양상 등을 고찰하고, 그의 학문적 성
향과 특징을 살펴볼 것이다.

이를 통해 그가 현실을 어떻게 인식하고 어떻게 대응하고 있는지, 그
의 학문정신과 학술적 특징은 무엇인지를 드러내 보고자 한다. 그리고
그가 남긴 160여 수의 시를 분석해 시세계의 특징을 몇 가지로 나누어
살펴보고자 한다.

II. 생애와 학문

1. 생애와 인물성격

강병주의 자는 학수(學叟), 호는 옥촌(玉邨)·두산(斗山), 본관은 진양이
다. 그는 1839년 12월 17일 곤양(昆陽) 옥산리(玉山里) 본가에서 태어났

다. 부친은 강준(姜濬)이고, 모친은 진양 하씨로 하결(河潔)의 후손 하시원(河始元)의 딸이다. 조부는 강석좌(姜錫佐)이고, 증조부는 강득후(姜得垕)이다. 8대조 강렴(姜濂)은 남명 조식을 사사하였으며, 덕행으로 중망을 받았다.[1] 이를 통해 이 가문이 남명학파의 일원이었음을 알 수 있다.

강병주는 어려서 조부에게 글을 배웠고, 소년 시절에는 하달홍(河達弘, 1809~1877)의 문하에 나아가 수학하였다. 하달홍은 옥종 안계 마을의 모한재(慕寒齋)를 근거지로 겸재(謙齋) 하홍도(河弘度)와 남명 조식의 학문을 배우고 계승한 학자이다.

강병주는 19세 때 냉정동(冷井洞 : 현 서울시 종로구 교남동)에 살던 허전(許傳, 1797~1886)을 찾아가 문인이 되었다. 허전은 이익－안정복－황덕길로 이어진 성호학맥을 이은 학자로, 1835년 별시 문과에 급제하여 병조 참의, 김해부사 등을 지냈다.

강병주는 24세 때인 1862년 조정에서 초야의 사인들에게까지 구언(求言)을 하였는데, 밤새워 상소문을 작성하였으나 부친의 명으로 올리지 않았다. 이는 젊어서 경세적인 욕구가 강렬했음을 보여주는 일화이다. 그는 25세 때 부친상을 당해 삼년상을 치렀다. 이후 여러 차례 집안의 상을 치루고, 모친의 명으로 다시 학업에 정진하였다.[2]

1880년 김홍집(金弘集)이 일본에 다녀온 뒤 황준헌(黃遵憲)이 지은 『조선책략(朝鮮策略)』을 국왕에게 올려 서양문물을 받아들이려 하자, 1881년 영남 유림에서는 이에 반대하여 만인소를 올렸다. 당시 경상도 예안(禮安)의 이만손(李晩孫)이 소두(疏頭)가 되었다. 제1차 상소 때 강병주는

---

1) 姜柄周, 『斗山居士文集』 권7, 附錄, 李道樞 撰, 「行狀」. "生諱濂 號晩松 師事南冥先生 以德行見重"
2) 上同. "大夫人乃命居業 定省之暇 必就書塾 深衣大帶 終日端坐 俯誦仰思 以主敬明理爲本 而必驗夫日用作爲之間"

상주 산양(山陽)의 회소(會所)로 갔다. 그는 지나는 길에 선배인 삼가에 살던 박치복(朴致馥)·허유(許愈) 등 방문하여 의견을 구했으며, 다시 성주로 가서 이진상(李震相)을 방문하여 시폐(時弊)를 자문하였다. 그는 회소에 이르러 이진상의 아들 이승희(李承熙)와 함께 상소의 일을 논의하였다. 상소문은 참판을 지낸 강진규(姜晉奎)가 지었고, 글씨는 퇴계의 필첩을 잘 쓴다는 이유로 강병주가 쓰게 되었다.

강병주는 1885년 봄 모친의 명으로 회시(會試)를 보러 한양에 갔다. 스승 허전에게 배알하고, 벗들과 함께 종남산(終南山 : 木覓山)을 유람하였다. 1886년 스승이 별세하자, 위차(位次)를 만들어 놓고 곡하였으며 심상(心喪)을 하였다. 그는 48세 때인 1887년 겨울 진주 두방산(斗芳山) 밑의 양곡(陽谷)으로 이주하였다가, 1889년 은열공 강민첨(姜民瞻)의 사당을 두방리 옛터로 옮겼다. 1891년 겨울 모친상을 당하였는데,『사의(士儀)』에 따라 상례를 치렀다.

1894년 강병주는 하성원(河聖源)·조호래(趙鎬來)와 함께 대원사에서 남명의『학기류편(學記類編)』을 교정하였으며, 1907년 스승이 지은『사의』등을 김진호(金鎭祜)·허운(許運) 등과 함께 이택당(麗澤堂)에 모여 간행하기로 논의하였다. 또 1907년부터『주자대전』을『근사록』·『주자어류』의 예에 따라 문목별로 분류하여 가려 뽑아 초학자들이 공부하기 편리한 책을 만들고자 하였는데 완성하지는 못하였다. 또 1899년 집안의 세보(世譜)를 수찬하고, 은열공 연보 중 오류를 고쳤다. 또 강대수(姜大遂)의「연보」, 강렴(姜濂)의『실기(實記)』를 활자로 인쇄해 반포하였다.

강병주는 1896년 8월 조성가·조병규(趙昺奎) 등과 함께 천왕봉에 올라 노인성을 구경하고 남명의 고풍을 회고하였다.3) 또 1897년에는「남명선

---

3) 姜柄周,『斗山居士文集』권3,「頭流行記」및 趙昺奎,『一山文集』권4,「答姜

생연보」를 만든 뒤 서문을 받기 위해 남명의 후손 조연(曺淵)과 함께 강화도로 이건창(李建昌)을 방문하였다. 마니산(摩尼山)·정수사(淨水寺) 등을 유람하며 10여 일 동안 머물렀는데, 이건창과 존화양리(尊華攘夷)·귀왕출패(貴王黜覇)·주리주기(主理主氣) 등을 논하였다.

1900년 강병주는 곤양 금오산 밑에 있던 진양 정씨의 오산서숙(鰲山書塾)에서 생도들에게 강학하였는데, 생도들을 교육하면서 심술을 개명(開明)하고 기질을 변화시키는 것을 선무로 삼았다. 1901년에는 이도묵(李道默)·곽종석 등과 함께 오산서숙에서 향음주례(鄕飲酒禮)를 행하였다.

1908년 이남규(李南珪)·허유(許愈)·윤주하(尹冑夏)·조원순(曺垣淳) 등이 잇따라 별세하자, 강병주는 동지들이 연이어 세상을 뜨고 세도가 날로 그릇되어 가는 현실을 개탄하였다. 이해 겨울 그는 두방재(斗芳齋)에서 병을 조섭하였는데, 날마다『시경』위풍(衛風)「기욱(淇澳)」을 암송하였다.「기욱」은 위나라 무공이 나라가 망한 뒤에 검소한 덕으로 다시 중흥한 것을 찬양한 시이다. 강병주가 이 시를 자주 읊조린 것은 위나라 무공처럼 자수(自修)하는 것이 급선무임을 알리기 위함이었다.

강병주는 1909년 4월 17일 별세하였으니, 향년 71세였다. 임종하기에 앞서 자식들에게『논어』의 '전전긍긍(戰戰兢兢)'을 힘쓰라고 훈계하고, 『사의』에 따라 상을 치를 것을 분부하였다. 강병주는 진양 정씨 정충환(鄭忠煥)의 딸과 결혼하여 아들 둘을 두었다.[4]

이런 그의 생애를 통해, 우리는 두산 강병주라는 인물의 성격을 어느 정도 파악할 수 있다. 즉 그는 실천과 실용을 강조하는 학문정신을 견지

學叟柄周」참조.

4) 이상의 생애에 관한 내용은『斗山居士文集』권7에 수록된 李道樞가 지은「行狀」을 주로 참고하여 쓴 것이다.

했던 19세기 말 경상우도 성재학단의 주요 문인 중 한 사람이며, 서양의 신문물이 물밀듯이 밀려오던 시기에 유학의 도를 보전하는 것을 사명으로 생각한 학자였으며, 상소를 올리는 데 적극적으로 참여할 만큼 현실을 외면하지 않고 적극적인 행동으로 보여준 지식인이었으며, 인륜의 도가 무너져가는 세상에 선현의 문집을 중간하고 젊은 자제들을 부지런히 가르치며 도를 부지하기 위해 부단히 노력한 인물이라고 하겠다.

지금 하응로(河應魯)·곽종석·김진호·이도추(李道樞) 등의 만장과 제문이 남아 있는데, 이도추의 만장을 보면 강병주의 인물됨을 잘 말해 주고 있다.5) 동문 김진호(金鎭祜)는 제문에서 다음과 같이 말하고 있다.

　　아, 형은 순수하고 강직한 데다 정밀하고 명석하였는데, 나는 비루하고 우둔한 데다 어리석고 용렬하였네. 그러므로 같은 문하에서 도를 들었고, 같은 학술을 배웠지만 깨달은 조예의 깊고 옅음은 같지 않았네.……아, 형은 신체가 나약하여 외모가 훤칠하지 않아 고목의 가지처럼 왜소하였네. 그러나 우뚝하게 자립한 모습은 응결된 산봉우리처럼 드높고 소나무처럼 늠름하였네. 형이 경서를 연구할 적에는 그 핵심을 미세하게 분석하였네. 형의 문장은 근원이 있는 물처럼 성대하게 흘러내리다 바위에 부딪히며 물결을 일으키는 것 같았고, 형의 시는 맑고 원대하며 힘이 있어서 마치 금성(金聲)과 죽성(竹聲)이 번갈아 울리는 것 같았네. 그렇다면 경연이나 비서각에서 알아주는 임금을 만나 돕더라도 남음이 있었을 것인데, 어찌하여 벼슬길에 나아가지 못하였던가. 이는 실로 천명이로구나.6)

---

5) 李道樞, 『月淵集』 권3, 詩, 「挽姜學叟」. "千里趨師席 薰陶以達材 富瞻攬百氏 精微徹三才 剛明復溫雅 渾成德器恢 世棄君平久 窮途任低廻"

6) 金鎭祜, 『勿川集』, 附錄 권4, 祭文, 「又姜柄周字學叟」. "嗚呼 兄純剛而精明 吾鄙鈍而愚庸 所以聞道同門 向學同術 而悟詣之淺深不均……嗚呼 兄體纖而貌不揚 枵然若槁木之柯 至於自立之特 凝然嶽峙而松挺 兄之劬經 毫分縷解其肯綮也 之文則有源之水 汪洋必下 而石激之輒起浪也 之詩則淸遠有

이를 보면, 강병주의 외모는 물론 성품·학문·자질·시문 등이 어떠했는지를 알 수 있다. 또 김진호는 허유·박공원(朴光遠) 등과 섣달그믐을 보내며 지은 시에 "두방재의 늙은 벗 마음이 어찌 그리 장대한가, 가수(嘉樹)의 후산(后山 : 許愈) 선생 의리가 가볍지 않네. 더구나 동향에는 취미를 함께 하는 사람들 있으니, 젊은 학자들과 더불어 여생을 함께 하리."7)라고 하였다.

이러한 이도추와 김진호의 평을 통해 보면, 강병주는 강직하고 명석한 자질을 가진 인물로, 신체는 비록 왜소하였지만 마음은 장대하였으며, 경서의 핵심을 꿰뚫어 알 정도로 경학에 밝았으며, 문장은 성대하면서도 격렬한 면이 있었으며, 시는 맑고 원대하고 힘이 있었음을 알 수 있다.

2. 현실인식과 현실대응

『두산집』의 발문을 지은 강재옥(姜在玉)은 "공은 평생 초야에서 덕을 숨기고 도를 품고서 시대를 상심하고 나라를 걱정하셨다."8)라고 하였으며, 「행장」을 지은 이도추(李道樞)는 "비록 강호의 깊숙한 곳에 살았지만, 임금에게 충성하고 나라를 걱정하는 마음은 하루도 잊은 적이 없었다. 조정에 선왕의 법전이 없어진 것을 보고서는 날마다 지난날 어지러

力 金竹交鑠也 然則經幄木天隨遇而有餘矣 胡爲未嘗易一布也 實命矣"

7) 金鎭祜, 『勿川集』 권2, 詩, 「麗堂除夕 與退而丈 朴光遠 姜學曳炳周 姓叔宗遠聲稷元益基燾 同集 二首」. "……斗芳老友心何壯 嘉樹先生義不輕 況有同鄕同臭子 靑靑雜珮共餘生"

8) 姜柄周, 『斗山居士文集』, 권7, 附錄, 姜在玉 撰, 跋. "畢生晦藏於邱壑 而傷時憂國"

웠던 전철을 찾아 밤마다 고개를 들고 한숨을 쉬다가 눈물을 흘렸다.[9] 라고 하였다. 이를 보면, 강병주는 재야 학자였지만 현실을 외면하지 않고 직시하며, 시대를 상심하면서 국가와 임금을 걱정한 인물임을 알 수 있다.

이러한 그의 상시우국(傷時憂國)의 충정은 16세기 남명 조식이 세상사를 잊지 못해 나라를 걱정하고 백성을 가엽게 여겨 매번 달 밝은 청명한 밤이면 홀로 앉아 슬피 노래를 부르고, 노래를 마친 뒤에는 눈물을 흘렸다고 한 것과 같은 맥락에 있는 것으로 보인다.[10]

강병주의 현실인식은 남명의 경우와 매우 닮아 있다. 그는 나라를 걱정하여 눈물을 흘리는 데서 그치지 않고, 현실의 폐단을 직언하고 구제책을 제시하는 것을 잊지 않았다. 1881년 개화에 반대하여 영남 유생들이 만인소를 올릴 적에 강우지역 학자들은 소극적이었다. 그런데 강병주는 경상좌도 유림들이 중심이 되어 올리는 만인소에 참여하여 직접 상소문을 쓰기까지 하였다. 또 그는 1902년 척사위정(闢邪衛正) 등의 내용을 담은 만언소를 올리려 하다가 그만두었다.

이를 두고 곽종석은 "공은 곤궁하였지만 자기 집안을 걱정하듯 나라를 걱정하였다. 임인년(1902) 정월 목욕재계하고 만언소를 지어 사설(邪說)을 물리치고 시폐를 구제하며 인륜을 부지하고 조정의 기강을 떨칠 방도를 극렬히 논하여 대신에게 올리려 하다가, 그럴 만한 자리에 있지 않다는 이유로 그만두었다. 여기서 공이 정성으로 이 세상을 잊지 못한 면을 알 수 있다."[11]라고 하였다.

---

9) 姜柄周,『斗山居士文集』, 권7, 부록, 李道樞 撰,「行狀」. "雖處江湖之遠 而忠君憂國之心 未嘗一日忘焉 見朝廷掃盡先王成憲 日尋亂轍 每中夜 仰屋歔歔 繼以泣下"

10) 崔錫起(1991), 93면 참조.

이런 점은 그의 글에서도 직접 확인할 수 있다. 그는 곽종석에게 보낸 편지에서 "가장 애통해 할 만한 점은, 조정의 기강이 떨치지 못하여 흉악한 자들이 설치고 있는 것입니다. 흉악한 자들이 국정을 맡으면 오랑캐들의 계략을 펼 수 있으며, 오랑캐의 계략이 멋대로 행해지면 군주의 형세는 날마다 더욱 외로워질 것이고, 백성들은 날마다 더욱 초췌해질 것입니다. 그러니 장차 이를 어찌한단 말입니까?"[12]라고 하였다.

이처럼 강병주의 현실인식은 행동하는 지식인의 모습을 보여주고 있다. 그러면 그가 현실에 어떻게 대응하고 있는지를 살펴보기로 한다.

첫째, 조정의 대신들에게 건의하거나 상소하여 시폐를 바로잡으려 하였다. 강병주는 승지 이승우(李勝宇)에게 편지를 보내 '어찌 해 볼 수 없는 시대라 여겨 두 손을 놓고 앉아서 망할 날만을 기다려는 안 된다'는 의견을 간곡히 전달하였다.[13] 또 스승의 아들 허운(許運)에게 보낸 편지에서 "오늘날의 칠적(七賊)은 을사오적보다 심합니다. 그런데 온 나라 사대부들 가운데 어느 한 사람도 소를 올려 적의 머리를 참수하길 청한 사람이 있다고 들어보지 못하였습니다. 이는 약간의 강경하고 정직한 사기조차 저 흉악한 자들에게 꺾여 다한 것이 아니겠습니까?"[14]라고 하

---

11) 姜柄周,『斗山居士文集』권7, 부록, 郭鍾錫 撰,「墓碣銘」. "窮而憂國如憂家 歲壬寅月正 沐浴齊戒 製萬言疏 極論闢邪捄弊 扶人紀振朝綱之方 欲叩閤 呈上 旋謂其不在位而罷 此可以見惓惓不忘於斯世者也"

12) 姜柄周,『斗山居士文集』권2, 書,「與郭鳴遠」. "最可痛惋者 朝綱不振 羣凶 翺翔 羣凶用事 則虜謀得售 虜謀肆行 則主勢日益孤 生靈日益瘁 將如之何 如之何"

13) 姜柄周,『斗山居士文集』권2, 書,「與李承旨穉敬-勝宇-」. "竊譬諸親病危劇 或試靑芝丹砂 或炳丹田氣海 凡所得爲者 盡爲之 此人子之至情也 故古之 仁人志士 立於危亡之朝 盡心瘁躬 誓以克復天命未改之前 猶拳拳不弛焉 顧惟 今之國勢 尙有圖回扶持之理 固不可以膏肓危症而束手坐視而已"

14) 姜柄周,『斗山居士文集』권2, 書,「與許大始-運-」. "今之七賊 甚於乙巳之五

였다.

이처럼 강병주는 현실문제에 대해 방관하지 않고 적극적으로 대처하려는 생각을 갖고 있었다. 그는 1881년 만인소를 올리는 데 참여하였는데, 일찍 허전의 문하에 나아가 배움으로써 근기 남인계 인물은 물론 경상좌도의 퇴계학파 학자들과도 폭넓은 교유가 있었고, 또 현실대응자세가 남들보다 강경했기 때문에 경상좌도 유림이 주도하는 만인소에 참여한 듯하다.

둘째, 집안의 자제들 및 지역의 유생들에게 유학의 도를 부지해야 한다고 강력하게 주문하였다. 강병주는 족손 강재옥(姜載玉)에게 보낸 편지에서 다음과 같이 말하였다.

> 불행히도 어지러운 시대를 만났으니, 구차하게 성명(性命)을 보존하는 것에 대해 어찌 생각이 없을 수 있겠는가. 부자간에는 효도와 자애를, 형제간에는 우애와 공손을, 부부간에는 공경과 순종을, 종족 간에는 화목을 하려고 하며, 마을 사람들끼리는 서로 기뻐하는 마음을 갖고자 하고, 사사로운 노여움을 드러내려 하지 않고, 사사로운 분노는 가슴에 담아두려 하지 않고, 재산이 있건 없건 서로 소통하려 하고, 곤궁할 적에는 서로 구제하려 하고, 환난에 처했을 적에는 서로 구휼하려 하는 것, 이것이 흉악함을 피하고 길함을 맞이하는 대략이다. 삼가 가법을 지키며 중화의 제도를 변치 않는다면 또한 수사선도(守死善道)하는 의리 아닌 것이 없으리라. 부지런히 힘쓰라.15)

賊 國中士大夫 未聞有一人疏請斬七賊頭者 無乃如干剛正之氣 摧盡於彼之
凶虐也耶”

15) 姜柄周, 『斗山居士文集』권2, 書, 「與族孫在玉」. “不幸遭亂代 苟存性命 得
無念乎 父子欲其孝慈 兄弟欲其友恭 夫婦欲其敬順 宗族欲其和睦 里閈欲
其相歡 私怒欲其不逞 私忿欲其不蓄 有無欲其相通 困竇欲其相濟 患難欲
其相恤 此避凶迎吉之大略也 謹守家法 無變華制 亦未必非守死善道之義也

도가 무너지고 나라가 망한 시대를 살아가는 삶의 방식을 말해주고
있다. 구차하게 목숨을 부지하며 살지라도 가법(家法)을 지키고 유학의
도를 변치 말고 살면, 그것도 수사선도(守死善道)하는 의리에 부합될 것
이라는 말이다. 그는 족손에게 일상에서 어떻게 해야 하는지를 소상히
일러주고 있다.

이처럼 강병주는 집안의 젊은이들에게 유학의 도를 지키며 살아가는
방도를 일러주었을 뿐만 아니라, 유학의 도를 손상시키는 일이 일어났
을 때는 강력히 대응하라는 주문도 하였다. 당시 향교의 나무 몇 그루를
내다 팔자는 의논이 일어나자, 강병주는 족손 강재준(姜在俊)에게 편지
를 보내 강력하게 저지하였다.[16] 또 곤양향교에 신학교를 세우자는 의
논이 일어나자, 곤양향교 유생들에게 편지를 보내 그 불가함을 강력히
전달하였다.[17]

勉旃焉"

16) 姜柄周, 『斗山居士文集』권2, 書, 「與族孫在俊」. "校土斥賣樹本取利云者
是誰主唱也 是何意見也 大抵 尊奉先聖先師 固在於誠禮 不在於田土也 而
靡此田土 曷以寓誠而備禮乎 追惟建邑設校之初 自上崇奉之典 其嚴且重
何如也 先父老 殫力周旋 立規綜密 又何如也 捐玆釋奠祭土者 未知其心有
先聖乎 有先王乎 有先父老乎 彼以見奪於新設之校藉口 然雖蠻貊之人 不
能無秉執之彛性 則安有至此之理乎 此計 未免肥已者之私矣 鄭門方發通聲
討 而鄭元鳳實主之 君與此諸氏 另加旋力 還推厥土 則萬幸"

17) 姜柄周, 『斗山居士文集』권2, 書, 「與昆陽鄉校諸公」. "不圖年來聞新設學校
者 恐未知所教何術 所學何事也 其所謂教 非吾先王之教也 其所謂學 非吾
先聖之學也 且聞江右各郡 皆有新設之名 而姑未有實設之跡 至若鄉校 尊
衛自如矣 竊聞此郡會席 有一二人 肆然出借鄉校 爲新學之說 而或默或附
和云 嗚呼 鄉校我先大王所創 而明倫興化 扶植正學 滋得國脈者也 私自擅
弄 招入外國之教 不幾犯於名教罪科乎 且麟經大義 至如尊王黜霸 內華外
夷 日星斧鉞 炳明森嚴於萬世矣 挽近以來 言堙教弛侮聖汗教之說 往往有
之 而豈料此鄉有此論乎"

셋째, 유학의 도를 보위(保衛)하기 위해 논도강학(論道講學)에 매진하였다. 강병주는 "치세에는 도를 행하는 책임이 윗사람에게 있고, 난세에는 도를 밝히는 책임이 아랫사람에 있다."[18]라고 하여, 그가 살던 시대처럼 난세에는 도를 밝히는 것이 지식인의 중요한 임무임을 강조하였다. 특히 이단의 사교(邪敎)가 횡행하는 시대에는 도술(道術)을 강명하는 것이 무엇보다 중요하다는 점을 역설하면서, 독서와 응사(應事)를 병행할 것을 주문하였다.[19]

강병주는 중국 역사를 읽다가 한나라 때 적의(翟義)·왕광(王匡)·번숭(樊崇)·매복(梅福)·공승(龔勝) 등의 행적에 대해 감개한 마음으로 다음과 같이 말하였다.

> 이 몇 사람들은 비록 역적을 토벌하고 난을 평정할 재주는 부족했지만, 능히 자신의 명예와 지절을 보전하였다. 이들은 공자께서 '도를 독실하게 믿고 배우기를 좋아하며, 죽음으로써 도를 지키며 도를 잘 보전하라.'라고 말씀하신 것에 거의 가까이 다가선 사람들일 것이다. 아, 사람이 학술이 없으면 호걸스럽고 준걸하더라도 도적이 된다. 그러나 경술(經術)이 있으면 비록 어지러운 시대를 만나더라도 자신의 명예와 지절을 보전할 수 있다. 그러니 사람이 학문에 대해 어찌 힘쓰지 않을 수 있으랴.[20]

---

18) 姜柄周, 『斗山居士文集』 권2, 書, 「與金孝兼」. "治世 行道之責 在上 亂世 明道之責 在下"

19) 姜柄周, 『斗山居士文集』 권2, 書, 「與鄭周贊-在浣-」. "見今 異言縱橫 講明道術 此其時也 幹家務 服親之勞 是道理也 竊見人家子弟 把應事讀書 作兩件事 此大不然 古人 讀書而窮應事之理 應事而循讀書之理 此以積力久久 乃成通儒也"

20) 姜柄周, 『斗山居士文集』 권2, 書, 「讀史四則」. "此數子者 縱乏討逆勘亂之才 而能保其名節 其於孔子之言 篤信好學 守死善道 庶幾近之矣 嗚呼 人無學術 雖豪俊 而歸於盜賊 苟有經術 雖亂代 而保其名節 人之於學問 可不勉哉"

전통 유학자들에게는 서양의 신문물과 기독교는 인륜의 도를 무너뜨리는 이단사교(異端邪教)로 보일 수밖에 없었다. 따라서 이를 물리치고 성인의 도를 지키는 것이 이들의 사명으로 인식되었다. 이러한 벽사위도의식(闢邪衛道意識)은 공자가 『논어』에서 '수사선도(守死善道)'라고 한 말에서 더욱 확신을 갖게 되었다. 이 시기 유학자들이 하나 같이 위정척사를 부르짖었던 것은 그들이 목숨보다 소중히 여기는 도를 지키기 위한 마지막 저항의 몸부림이었다.

이런 의식이 남들보다 강했던 강병주는 중국 역사 속의 인물에서 이런 점을 발견하고, 새삼 명예와 지절을 지키기 위해서라도 경술을 위주로 한 학문을 하지 않아서는 안 된다는 점을 역설한 것이다. 난세일수록 도를 밝힐 책임이 막중하다는 이런 인식은 그로 하여금 현실에 대응할 수 있는 원동력이 되게 하였다. 그래서 그는 벗들에게도 적극적으로 강학논도(講學論道)를 주장하였고, 스스로도 젊은이들에게 강학하는 것을 종신토록 게을리 하지 않았다.

넷째, 풍속을 교화하는 것을 또 하나의 임무로 생각하였다. 강병주는 19세 때 한양으로 찾아가 허전의 문하생이 되었다. 그리고 고향으로 돌아온 뒤 스승이 편지를 보내 심의제도를 알려주자, 그는 즉시 심의(深衣)를 만들어 입었다. 그래서 고을 사람들이 그를 '강심의(姜深衣)'라고 기롱하였다. 그러자 그는 "그것이 나를 부르는 명칭으로는 참으로 합당하다. 나는 이것을 전해 받은 바가 있으니, 바꿀 수 있는 것이 아니다."라고 하였다. 이후로 한두 사람들이 그를 따라 심의를 입었고, 끝내 모두 그를 따라 심의를 입어 마침내 한 시대의 풍속이 되었다. 이에 대해 후대 하겸진(河謙鎭)은 '성재(性齋)의 문도가 되기에 부끄러움이 없다.'고 칭찬하였다.[21]

또한 이를 직접 목격한 최숙민(崔琡民)은 훗날 편지에서 "지난날을 회상해 보니, 약관의 나이에 형은 '강심의(姜深衣)'라 세상 사람들의 비웃음을 받았고, 나는 광망하다고 세상 사람들의 미움과 괴이함을 받았지요. 그래서 우리 형님이 말씀하시길 '네가 하는 것은 한 방면의 학문에 가깝지만, 학수(學叟 : 姜柄周)는 이 시대에 앞장서서 창도하는 것이라 할 수 있으니, 그의 지향과 기개가 모두 예사롭지 않다.'라고 하셨습니다."[22]라고 하였다.

심의는 유학자들이 평소 서재에서 생활할 적에 입는 연거복(燕居服)으로, 곧 학자를 상징하는 옷이다. 이 옷을 늘 입고 지낸다는 것은 학자로서의 삶을 지향하는 것이다. 강병주는 허전의 문인이 된 뒤, 그런 학자로서의 지향을 결심하였기 때문에 늘 심의를 착용한 것이다. 그리고 그에게 '강심의'라고 기롱한 것은 당시에 진정한 학자가 없어 풍속이 퇴폐해졌음을 말해준다. 도를 지키고 보전하는 것을 무엇보다 소중하게 여겼던 강병주가 심의를 늘 착용한 것은, 구도적 열망인 동시에 풍속교화를 위한 솔선수범이라고도 하겠다.

강병주는 풍속교화를 위해 향음주례를 여러 차례 행한 듯하다. 그는 1898년 4월 21일 곤양 금오산 밑에 살던 정원항(鄭元恒)의 서숙 육영재(育英齋)에서 향음주례를 행하였고, 정원항은 그 일을 시로 남겨두었

---

21) 姜柄周,『斗山居士文集』卷頭, 河謙鎭 撰,「斗山集序」."及還 書示深衣制度 公卽制服以行 鄕人或相譏笑 稱姜深衣 公曰 '名我固當 吾有所受 非可變也' 其後稍稍有一二化者 卒乃翕然從之 遂以成俗 雖此一事 而亦見公無愧 爲文憲之徒也"

22) 崔琡民,『溪南集』, 권7, 書,「答姜學叟癸卯」."回思弱冠時 兄以姜深衣 取嘲于俗口 琡以狂妄爲世憎怪 吾先兄嘗言此近一方之學 學叟可謂首倡于斯時也 其志蓋 皆不草草矣"

다.23) 또 지역의 훌륭한 인물을 기리는 사당을 건립하여 채례(茶禮)를 지냄으로써 풍속을 교화하는 일도 적극 권장하였다. 강병주는 남해 금산(錦山)을 다섯 번이나 유람하였는데, 그곳에 고려 시대 백이정(白頤正)의 유적이 있다는 말을 듣고서 그 고을 유생들에게 편지를 보내 향교 부근에 사당을 건립하고 채례를 지낼 것을 권유하였다. 그리고 그것이 학문을 강론하고 풍속을 선하게 하는 데 도움이 될 것임을 강조하였다.24)

다섯째, 『남명집』·『학기류편』·『겸재집(謙齋集)』·『사의(士儀)』 등을 간행하는 일에 참여하여 세도를 부지하려 하였다. 『남명집』 중간은 1893년 교감을 완료하여, 1894년 판각을 시작해 1895년에 인출한 것으로 추정된다. 이때 문집 중간을 주도한 인물은 남명의 후손 조원순(曺垣淳, 1850~1903)이다. 『남명집』 중간에 대한 논의는 1889년부터 일어났는데, 선배의 손을 거친 대현의 문집에 함부로 손을 대서는 안 된다는 의견과 정인홍(鄭仁弘)이 독단으로 편찬하여 오류가 많기 때문에 존위(尊衛)의 일심으로 이정(釐正)해야 한다는 의견이 엇갈려 의견이 분분하였고, 여러 차례 교정을 거쳐 중간에 중간을 거듭하였다. 그리하여 1895년 세칭 갑오본이 만들어지고, 15년이 지난 뒤인 1910년 다시 경술본이 간행되었다. 전자는 남명에게 누(累)가 되는 문자를 삭제한 것이고, 후자는 갑오본이 지나치게 변개하였다는 여론에 따라 다시 수정한 것이다.25) 후자

---

23) 鄭元恒, 『嘐齋集』 권1, 詩, 「戊戌四月二十日 行鄕飮酒禮于育英齋 招韻賦懷 要姜友學叟相和」. "雍容升降位西東 鄕飮今看揖讓風 酒序齒毛先後酌 禮徵文獻古今通 威儀秩秩賓朋會 樂意洋洋長幼同 繼講詩書皦至理 斗山吾友合任功"

24) 姜柄周, 『斗山居士文集』 권2, 書, 「與海陽人士」. "海陽之人 苟能建祠於鄕校附近 以時釋菜 則不惟尊賢崇德之義當然 使一邑之人 百世之下 聞風興起 其於講學善俗之道 亦不無助"

25) 金侖壽(1992), 251~254면 참조.

는 갑오본이 간행된 뒤에 물의가 끊이질 않고 일어나자, 다시 조원순의
주도로 1900년 두방재(斗芳齋)에서 재교정에 들어갔다.[26] 당시 이 일에
참여한 사람은 강병주와 허유·김진호 등으로 보인다.[27]

강병주는 1895년 대원사 선방에서 남명의 『학기류편』을 교정하였고,
1897년에는 조원순의 족제인 조연(曺淵)과 함께 강화도로 이건창을 찾아
가 새로 간행한 『남명집』 갑오본을 증정하고, 「남명선생편년」의 서문을
요청하였다. 1900년부터 두방재에서 『남명집』·『학기류편』을 교정하였
는데, 강병주·조원순·하성원(河聖源)·조호래(趙鎬來)·하응로(河應魯) 등
이 모여 여러 차례 논의하였다.[28] 그러다 1903년 조원순이 별세하여 인
출이 지연되자, 강병주는 이승희·김진호 등에게 편지를 보내 이를 우려
하기도 했다.[29] 이 일은 1910년 조원순의 아들 조용상(曺庸相, 1870~
1930)이 선친의 유지를 받들어 인출하여 반포함으로써 일단락됐다.[30]

강병주는 모한재에서 하홍도의 『겸재집(謙齋集)』을 중간하는 일에도
참여하였는데, "이 때 이 일에 노력을 기울여야 하리, 세도를 부지하는
것이 이 일에 달렸으니."라고 하였다.[31] 그리고 스승 허전의 『사의(士儀)』

---

26) 金鎭祜, 『勿川集』부록, 「연보」59조 참조.
27) 郭鍾錫, 『俛宇集』권21, 「與姜學叟」에 "斗芳刊役 今抵何境 惟大家勘定 早
    完斯文 千萬之望也"라 하였고, 또 「答姜學叟」에 "山海集役 近聞得后山翁曁
    致受對同勘整 庶幾其集事也 世機極危險 惟伺便吹覓爲能事 甚爲二公憂之
    也"라고 하였다.
28) 河應魯, 『尼谷集』, 권1, 詩, 「壬寅秋 謀重刊南冥先生文集 與河台洲義伯-聖
    源- 姜玉村學叟-柄周- 曺復菴衡七-垣淳- 趙霞峯泰極-鎬來- 會斗芳齋 二首」.
29) 姜柄周, 『斗山居士文集』권2, 書, 「與李啓道-承熙」에 "冥翁集 謀印出不得
    可歎"이라 하였고, 「與金致受-鎭祜」에 "冥翁集 方謀印出 此事 何其猜嫉之
    彌不弛也 主幹無人 未知必就否也"라 하였다.
30) 김윤수(1992), 243면 참조.
31) 姜柄周, 『斗山居士文集』권1, 「慕寒齋重刊河謙齋先生文集 七月晦夜 大風

를 간행하는 일에도 참여하였다. 또한 『주자어류』를 간행하고서 "『주자어류』를 간행하는 일이 유림의 힘으로 능히 성취되었으니, 천심이 이 도를 다 없애려고 하는 것은 아님을 알 수 있다."[32]라고 하였다.

이런 그의 발언과 발자취를 보면, 강병주가 선현의 문집을 간행하는 일에 적극 참여한 것은 도가 무너져가는 시대에 도를 부지하기 위해서는 서책을 간행하는 일이 무엇보다 중요하다고 인식했기 때문일 것이다.

3. 학문의 성향과 특징

강병주는 어려서 고을의 월촌(月村) 하달홍(河達弘)의 문하에 나아가 『대학』·『주역』 등을 배웠다. 그리고 19세 때 한양에 살던 성재 허전의 문하에 나아가 제자의 예를 갖추었다. 그리고 남명에게 수학한 8대조 강렴(姜濂)으로부터 전해진 가학을 계승하였다. 또 노사 기정진의 문인 조성가(趙性家)·최숙민(崔琡民), 한주 이진상의 문인 곽종석(郭鍾錫), 송정(松亭) 하수일(河受一)의 10세손 하재문(河載文) 등을 종유하였다.[33]

이를 통해 볼 때, 강병주는 가학을 통해 남명학을 계승하였고, 하달홍을 통해 모한재를 근거지로 한 남명학과 겸재 하홍도의 학문을 계승하였으며, 허전을 통해 근기 남인계의 성호학맥을 이어받아 성호학의 실용정신을 계승하였다. 이것이 그의 학문적 기반이다.

雨 與趙月山-性宙-河月洲河尼谷 共賦」. "……此時此役宜加勉 世道扶持在此中"

32) 姜柄周, 『斗山居士文集』 권2, 書, 「與河乃雲-龍運」. "語類刊役 以儒林之力 能成就 可見天心之不欲全喪也"

33) 姜柄周, 『斗山居士文集』 권7, 河鳳壽 撰, 跋. "蓋自甫冠 請業於月村之門 受大學及易 贊謁性齋許文憲公 學禮得依歸焉 兼有家學淵源 承晚松敬義之傳 是受山海之詮者也 且從趙月皐河東寮許后山崔溪南郭俛宇諸賢而爛漫之"

그리고 곽종석 등을 통해 한주 이진상의 학문을 접하고, 조성가·최숙민 등을 통해 노사 기정진의 학문을 전해 들었고, 이건창 등을 만나 소론계 강화학파의 학문에 대해서도 들었다. 이렇게 볼 때, 그는 시골에 살았지만 당대의 여러 학설을 거의 접하였다고 하겠다. 이런 점에서 그는 개방적이며 박학한 학문성향을 가지고 있다고 하겠다.

『두산집』의 서문을 지은 하겸진은 '과거의 폐단으로 권귀에게 아첨하고 사장학이나 일삼는 시대에 강병주는 오로지 경술에 전념하여 남들이 우활하다고 하더라고 돌아보지 않았으니 도를 독실하게 믿고 옛 것을 좋아한 군자'라고 평하였다.[34] 또 1891년 모친의 명으로 과거시험에 응시하였을 때 홍문관의 관원으로 있던 이승우(李勝宇)·송언회(宋彦會)·윤태흥(尹泰興) 등이 시험관에게 강병주를 천거하였는데, 당시 그들이 천거한 내용을 정리하면 다음과 같다.

- 勖經飭行 爲親應擧 : 경전에 힘쓰고 행실을 단속하며, 모친을 위해 응시하였다.
- 經術文章 大嶺鴻儒 : 경술과 문장이 영남에서 뛰어난 홍유(鴻儒)이다.
- 博學篤孝 允合道薦 : 박학하고 효성이 돈독하여 도의 천거에 진실로 적합하다.
- 經學功令 名溢一省 : 경학과 문장으로 한 지방에서 명성이 자자하다.
- 讀萬卷書 奉百歲親 : 만권의 책을 읽었으며, 백세의 모친을 봉양하고 있다.
- 家數老實 一省居最 : 대대로 이어진 노숙하고 박실한 가학이 한 지

---

34) 姜柄周, 『斗山居士文集』卷頭, 河謙鎭 撰, 「斗山集序」. "自場屋帖括之習起而奔競作詞章 批抹之尙盛 而浮薄興趣 附媚悅於權貴之門 爲高塗澤 取飾於言句之末爲才 能飮酒讀離騷爲通 於是而有專心經術 衆皆指以爲迂妄而不顧 卒以此大困於時 無所成名而不悔 是豈非卓然篤信好古君子人哉"

방에서 최고이다.

- 巨室老儒 屢屈會圍 : 명문가의 노숙한 학자로 여러 차례 회시에서 낙방하였다.
- 好學本志 應擧親命 : 학문을 좋아하는 것이 본래의 지향인데 모친의 명으로 응시하였다.
- 吾南巨儒 親命赴擧 : 우리 영남의 거유로서 모친의 명으로 과거에 응사하였다.[35]

이런 평을 종합해 보면, 강병주는 당대 영남에서 경학으로 이름이 난 박학한 학자였음을 알 수 있다. 이를 대변하듯 그의 문집에서 눈에 띄는 것이 경학에 관한 10개의 도표이다.

이상에서 살펴본 것처럼, 강병주는 폭넓게 학문을 접하고 배워 개방적이고 박학한 학문을 지향한 경학자라고 할 수 있는데, 그의 근본적인 사유는 전통적인 주자학의 범주에서 벗어난 것은 아니었다. 그러나 그는 그런 사유 속에서도 통섭의 학문을 추구하였다. 그것은 다양한 학맥의 학설을 접하면서 어느 한 학맥의 설만을 고집하지 않았기 때문이다.

「행장」을 지은 이도추(李道樞)는 강병주에 대해 "궁리하여 치지(致知)하고, 역행(力行)하여 실천했다."[36]라고 평하였다. 이는 정주학에서 일반적으로 말하는 것이지만, 조선시대 학술사에서 보면 실천은 남명학의 특징이고, 궁리는 퇴계학의 장점이니, 곧 강병주는 이 양자를 겸하였다는 말이 된다. 이는 그가 스승 허전에게 올린 편지에서 "우리나라는 퇴계·남명 두 선생님이 정주학의 통서(統緒)에 접하셨는데, 풍운이 이미 적막해졌습니다. 사숙하여 일어난 사람 중에 그런 학자가 없지는 않지

---

35) 姜柄周, 『斗山居士文集』 권7, 부록, 李道樞 撰, 「行狀」.
36) 姜柄周, 『斗山居士文集』 권7, 부록, 李道樞 撰, 「行狀」. "窮理以致知 力行以踐實"

만, 시대가 또한 어긋나버렸습니다."37)라고 한 데에서도 입증된다.

강병주는 심성수양의 측면에서 남명의 성성법(惺惺法)을 천재진결(千載眞詮)로 보아 다음과 같이 말하였다.

성성(惺惺)은 경(敬)의 일로 우리 학문의 성시성종(成始成終)이다. 마음에는 적연부동(寂然不動)과 감이수통(感而遂通)이 있으며, 기미에는 선악이 있다. 고요할 적에도 사회(死灰)의 경지에 이르지 않고, 발하여도 어긋나지 않게 하는 것으로 성성(惺惺)이 아니면 무엇으로 하겠는가. 거울에 비유하면 사물이 비추지 않아도 밝음은 항상 보존되어 있고, 종에 비유하면 두드리지 않아도 소리가 그친 것은 아니다. 경이직내(敬以直內)의 가르침은 『주역』「곤괘」문언(文言)에서 나왔고, 계신공구(戒愼恐懼)의 잠계(箴戒)는 자사(子思)의 「중용」에 보이네. 이는 실로 천년 동안 전해진 진전(眞詮)이라네. 옛날 우리 남명 선생께서 항상 금방울을 차고 다니셨는데, 성성자(惺惺子)라 명명하였네. 당시 문하에서 이 가르침을 받은 사람들 국가에 중신이 되어 관복이 찬란하였고, 의병장이 되어 역사에 빛나는 이름을 남겼네.38)

강병주는 남명이 공자·자사로부터 전해진 진전(眞詮)을 얻었다고 평하는데, 이는 심성수양의 행도(行道) 측면에서 말한 것이다. 또 그는 "하늘이 우리나라를 돌아보시고 퇴계 선생을 내서서 도학을 창도해 밝히게 하여 주자의 적전으로 빛나게 하였네. 그리고 문목공(文穆公) 한강(寒岡:

---

37) 姜柄周, 『斗山居士文集』 권2, 「上性齋許先生」. "我東陶冥兩夫子 得接乎洛閩之統 而風韻已邈 私淑而作者 非無其人 時亦違矣"

38) 姜柄周, 『斗山居士文集』 권3, 「未惺齋記」. "惺惺 敬之事 吾學之成始成終者也 蓋心有寂感 幾有善惡 靜而不至於死灰 發而不使之差謬者 非惺惺 而曷以哉 譬之鑑 不照而明常存 諭之鍾 不叩而鳴 未已 內直之訓 起於坤繇 戒懼之箴 揭於思傳 是實千載眞詮 昔我南冥曹夫子 嘗珮金鈴 命之曰惺惺子 當時及門 佩服此訓者 或笙鏞國家 黼黻輝爀 或仗鉞勘亂 竹帛光耀"

鄭逑) 선생과 문강공(文康公) 여헌(旅軒 : 張顯光) 선생이 그것을 계승하여 발전시켰네."39)라고 하였는데, 이는 즉물궁리(卽物窮理)의 지도(知道) 측면에서 말한 것이다.

이처럼 강병주는 남명학과 퇴계학을 모두 겸취하는 학문을 지향하였다. 그가 "심성을 지키는 데에만 전적으로 힘쓰는 자는 이치를 보는 것이 대부분 밝지 않고, 오로지 강학만을 힘쓰는 자는 또한 근본을 세울 터전이 없다."40)라고 하여, 거경(居敬)과 궁리(窮理)를 겸할 것을 강조한 말에서 그런 점에 드러난다. 이런 점에서 강병주의 학문적 특징은 통섭을 지향했다고 하겠다.

강병주는 이런 통섭의 학문정신으로 사설(師說)과 다른 설을 펴는 학자들에 대해 거의 비판하지 않았다. 그는 양명학을 추종한 강화학파의 이건창에 대해 "명미당(明美堂) 이공(李公)은 우국이 깊고 절실하며 도를 믿는 것이 성실하고 돈독하니 세상에 어찌 다시 이런 사람이 있겠는가."41)라고 하였고, 이진상(李震相)의 주리설을 계승한 곽종석에 대해서는 "한주(寒洲)를 사사하여 학술이 순정하다."42)라고 하였으며, 이진상의 아들 이승희(李承熙)에 대해서는 "강재(剛齋) 형은 정학(正學)의 적전(嫡傳)으로 문장이 간결하여 일찍 존경을 받은 사람이다."43)라고 하였다.

---

39) 姜柄周, 『斗山居士文集』 권3, 「寒沙先生文集藏板齋記-强圉協洽」. "天眷東荒 是生退陶夫子 倡明道學 以光朱子嫡傳 而寒岡鄭文穆公 旅軒張文康公 續承羽翼之"

40) 姜柄周, 『斗山居士文集』 권2, 「與金永煥尹驥涉」. "竊嘗聞專務持守者 見理多不明 專力講學者 又無地以立本"

41) 姜柄周, 『斗山居士文集』 권2, 「答李元八」. "明美堂李公 憂國湙切 信道誠篤 世豈復有斯人哉"

42) 上同. "郭兄鳴遠 師事寒洲 學術醇正"

43) 姜柄周, 『斗山居士文集』 권2, 「答姓兄可範-龜相」. "剛齋兄 正學嫡傳 文章

또 이진상에 대해서도 "요순의 심법과 한주(寒洲)의 달이, 영남을 나누
어 비춰 곳곳이 밝구나."[44]라고 하여, 전혀 비판하지 않았다. 이는 자신
의 학설만을 근거로 하여 다른 학설을 비판하는 관점이 아니라, 다른 학
설도 인정하는 개방적인 학문관을 보여주는 것이다.

다음은 강병주의 학문적 특징을 살펴보기로 한다. 이도추(李道樞)는「행
장」에서 강병주가 젊은 시절 학문을 할 적에 주경명리(主敬明理)를 근본
으로 삼고 일상생활 속에서 징험하려 하였다고 기술하였으며,[45] 또 41
세 때 모한재에서 유생들을 가르칠 적에도 주경명리로 근본을 삼았다고
하였다.[46] 또한 곽종석도「묘갈명」에서 "일찍이 말씀하기를 '우리 유가
의 학문은 주경명리 외에는 다시 별도로 일삼을 것이 없다.'라고 하였으
니, 이것이 학문을 좋아한 발자취로 학술이 바른 데서 벗어나지 않은 것
이다."[47]라고 하였다.

이를 통해 볼 때, 강병주의 학문적 특징은 한 마디로 주경명리(主敬明
理)라 할 수 있다. 주경(主敬)은 심성수양을 실천해 덕성을 드높이는 것
이고, 명리(明理)는 사물의 이치를 명확히 탐구하는 것이다. 조선 성리학
자들은 대체로 거경과 궁리를 학문의 두 축으로 인식했는데, 강병주는
이를 보다 적극적으로 인식했다. 즉 '경을 주로 하고 이치를 밝히다'는
주경명리는 '마음을 경에 두고 이치를 궁구하다'는 거경궁리에 비해 주

簡潔 夙所敬仰者也"

44) 姜柄周,『斗山居士文集』권1「贈李剛齋-承熙-○時方刊寒洲集」

45) 姜柄周,『斗山居士文集』권7, 李道樞 撰,「行狀」. "以主敬明理爲本 而
必驗夫日用作爲之間"

46) 上同. "己卯 與崔元則諸公 講學于慕寒齋 遠近諸生 問業者多 公亹亹
不倦 要以主敬明理爲本"

47) 姜柄周,『斗山居士文集』권7, 郭鍾錫 撰,「墓碣銘」. "嘗曰 吾儒之學 除主敬
明理外 更別無事 此則其嗜學之蹟 而學術之不畔于正也"

체적이고 능동적인 성격을 보여준다.

강병주가 주경명리를 근본으로 삼은 것은 전통 성리학의 심성수양과 의리발명을 말한다. 그런데 그가 일상생활 속에서 반드시 증험하려 하였다는 점은 남명학의 실천주의와 성호학의 실용주의를 학문방법으로 중시하였음을 암시한다. 남명은 일상에서의 실천을 통한 도덕성 제고를 중시했고,[48] 성호는 실득(實得)을 통한 실용(實用)을 강조하였다.[49] 이를 보면 강병주는 남명학과 성호학을 겸취하는 학문을 지향한 것으로 보인다.

이런 주경명리의 학문정신으로 그가 이룩한 학술적 업적은 문집 잡저에 실린 10개의 도표에 드러나 있다. 그는 약관의 나이에『대학』과『중용』의 도표를 그려 스승 허전에게 질정을 구하였는데,[50] 지금 남아 있는 것은 그 후 수정을 가한 것으로 추정된다. 10개의 도표는 「대학경일장도(大學經一章圖)」·「대학전십장도(大學傳十章圖)」·「중용육대절도(中庸六大節圖)」(6개)·「진학차서도(進學次序圖)」·「성현언지도(聖賢言志圖)」·「지인도(知仁圖)」·「부동심도(不動心圖)」·「계사제일장도(繫辭第一章圖)」·「동명도(東銘圖)」·「일용인륜통오성도(日用人倫通五性圖)－술진북계설(述陳北溪說)」 등이다. 이 가운데 그의 학문을 단적으로 대변해주는『대학』과『중용』에 대한 도표를 중심으로 그의 학문적 특징을 검토해 보기로 한다.

「대학경일장도(大學經一章圖)」는『대학장구』경일장(經一章)의 요지를 도표화한 것이다. 우리나라에서『대학』에 대한 도표는 양촌(陽村) 권

---

48) 崔錫起(2006), 81면 참조.
49) 崔錫起(2003a), 122~128면 참조.
50) 姜柄周,『斗山居士文集』卷頭, 河謙鎭 撰,「斗山集序」. "自年弱冠時 已有志古人之學 讀庸學二書 通其大義 旣皆排列爲圖 裹足千里 從性齋許文憲公於漢師 質其是否 文憲公親爲批點"

근(權近)으로부터 만들어지기 시작하였는데,[51] 퇴계(退溪) 이황(李滉)은 이를 수용하면서 일부만 개정하였다.[52] 16세기까지는 대체로 권근·이황의 대학도가 통용되었는데, 17세기 이후로는 상단에 명명덕(明明德)·신민(新民)을 배치하고, 그 하단 중앙에 지어지선(止於至善)을 배열하는 형태의 그림이 등장하였다. 이는 삼강령의 지어지선이 명명덕·신민과 동등한 하나의 강령이 아니라, 명명덕과 신민의 준적(準的)이 되어야 한다는 사고를 반영한 것이다.

강병주의 「대학경일장도」도 상단에 명명덕·신민을 배열하고, 그 밑에 팔조목을 분속시켰다. 그리고 명명덕·신민의 두 축에서 명명덕 밑에는 지선(至善)에 이를 바를 구하여 아는 점과 지선에 이를 바를 구하여 얻는 점을, 신민 밑에는 지선에 이를 바를 구하여 얻는 점을 선으로 연결해 표시하였다. 그 다음 중앙에 지어지선을 표기하여 하나로 귀결되게 하였다. 그리고 그렇게 구하여 알고 얻은 공효를 드러내기 위해, 명명덕·신민의 양 축 밑에 팔조목의 공효를 써 넣고, 다시 그 밑에 명명덕·신민의 공효를 드러내기 위해 명명덕이 지선에 이를 바를 이미 안 것과 지어지선에 이를 바를 이미 얻은 것을, 신민 밑에는 신민이 지선에 이를 바를 얻은 것을 선으로 연결하여 표기하였다. 그리고 하단 중앙에는 지지(知止)로부터 능득(能得)에 이르는 육사(六事)를 차례로 표기하고, 주자의 설에 따라 지지(知止) 밑에는 시(始)를, 능득(能得) 밑에는 종(終)을 표기하였다.

---

51) 崔錫起(2003b) 참조.
52) 崔錫起(2005) 참조.

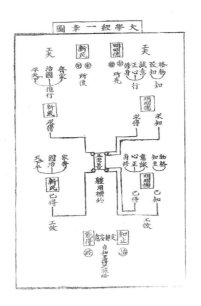

이 그림의 특징은 두 가지로 볼 수 있다. 하나는 명명덕·신민의 공부(工夫)와 공효(功效)를 강조하여 '구지(求知)'·'구득(求得)' 및 '이지(已知)'·'이득(已得)'을 팔조목의 지(知)·행(行)·추행(推行)에 각각 표기하고, 다시 선으로 연결시켜 지어지선으로 귀결되게 하였다는 것이다. 또 하나는 지지(知止)로부터 능득(能得)에 이르는 육사(六事)를 하단 중앙에 별도로 그려 넣었다는 것이다. 이는 이익(李瀷)의 「대학도」와 유사한 점으로 보아[53] 그 영향을 받은 것으로 보인다.

다만 이익의 「대학도」에는 육사를 팔조목의 공효 뒤에 선으로 연결시켰는데, 강병주의 이 도표에는 연결시키지 않았다. 이는 팔조목의 격물·치지를 구지(求知)로, 성의 이하를 구득(求得)으로 표기하고, 물격(物格)·지지(知至)를 이지(已知)로, 의성(意誠) 이하를 이득(已得)으로 표기하였

---

53) 崔錫起(2010a), 141면 참조.

기 때문일 것이다. 공부와 공효에 이미 지지(知止)와 능득(能得)의 의미
를 삽입했기 때문에 육사를 연결시키지 않고 하단에 독립적으로 그려
넣은 것이다.

「대학전십장도(大學傳十章圖)」는 『대학장구』 전십장(傳十章)의 요지
를 한 장의 도표로 그린 것이다.

　상단에는 명명덕·신민을 해석한 전 제1장·제2장을 좌우에 배열하고,
그 밑에 해당되는 팔조목을 표기하였다. 그리고 지어지선을 해석한 전
제3장을 약간 내려 중앙에 표기하고, 그 밑에 팔조목의 앞 글자만 세로
로 표기하였다. 그리고 그 아래 전 제3장 제1절·제2절 및 제4절의 도학
(道學)에 관한 것을 하나로 묶어 지(知)의 영역에 속함을 표현하였고, 그
옆에 전 제3장 제3절 및 제4절의 자수(自修)와 준율(恂慄)·위의(威儀)를
하나로 묶어 행(行)의 영역에 속하는 뜻을 드러냈다. 그리고 이 둘을 묶
어 하단에 명명덕이 지어지선한 것을 의미한다고 표기하였다. 또한 전
제3장 제5절의 '현기현(賢其賢)'·'락기리(樂其利)' 2절을 신민 밑에 배열

하고, 그 밑에 신민이 지어지선한 것을 의미한다고 표기하였다.

다음 한 단계 아래 중앙에 주자의 설에 따라 전 제4장을 표기하여 위 3장을 모두 귀결하는 의미를 드러냈다. 그리고 오른쪽 명명덕의 축 아래에는 격물치지를 해석한 전 제5장, 성의를 해석한 전 제6장, 정심수신을 해석한 전 제7장을 배열하였고, 왼쪽 신민의 축 아래에는 수신제가를 해석한 전 제8장, 제가치국을 해석한 전 제9장, 치국평천하를 해석한 전 제10장을 배열하였다.

이 그림은 전문(傳文)의 구조를 한 장의 그림으로 만들었다는 데 의의가 있으며, 작자의 독창적인 면은 지어지선을 해석한 전 제3장 5절을 주자의 설에 따라 도표화하되, 명명덕·신민 및 지(知)·행(行)·추행(推行)의 논리구조에 맞게 재배치하여 그렸다는 점에 있다.

「중용육대절도(中庸六大節圖)」는 주자의 『중용장구』를 저본으로 한 분절(分節)에 관한 설을 도표화한 것으로, 모두 6장의 그림으로 되어 있다. 그것은 작자가 『중용장구』를 6대절로 나누어 보는 설에 입각한 것이다. 주자는 『중용』을 33장 체제로 개편하여 『중용장구』를 만들었다. 그리고 「중용장구서」에서 '지분절해(支分節解) 맥락관통(脈絡貫通)'이라 하여 분절에 따른 논리구조와 논리접속의 이해가 해석의 핵심이라는 점을 암시하였다. 또 주자는 『중용장구』 각 장 뒤에 장하주(章下註)를 붙여놓았는데, 그 가운데 분절에 대해 언급한 제1장·제2장·제11장·제12장·제20장·제21장·제32장·제33장의 설[54]을 종합해 보면, 4대절로 분절

---

54) 제1장 주에 "其下十章 蓋子思引夫子之言 以終此章之義"라 하고, 제2장 주에 "此下十章 皆論中庸 以釋首章之義"라 하고, 제11장 주에 "子思所引夫子之言 以明首章之義者 止此"라 하고, 제12장 주에 "其下八章 雜引孔子之言 以明之"라 하고, 제20장 주에 "蓋包費隱兼小大 以終十二章之意"라 하고, 제21장 주에 "自此以下十二章 皆子思之言 以反覆推明此章之意"라 하고, 제32장 주

한 것을 확인할 수 있다. 이를 도표화하면 다음과 같다.

차 례	단락 구분	章 數	要 旨
제1대절	제01장~제11장	11	中庸
제2대절	제12장~제20장	9	包費隱兼小大
제3대절	제21장~제32장	12	天道人道
제4대절	제33장	1	總論一篇之要

그런데 명나라 초에 만들어진 『중용장구대전』을 보면, 전에 보이지 않던 「독중용법(讀中庸法)」이라는 글이 맨 앞에 실려 있다. 이 「독중용법」은 '주자왈(朱子曰)'로 시작하고 있어, 주자의 설임을 분명히 하고 있다. 이 「독중용법」에는 분절에 대해 분명하게 언급하고 있는데, 앞에서 살펴본 『중용장구』 장하주의 설과는 달리 6대절로 나누어 보고 있다.[55] 이를 도표화하면 다음과 같다.

차 례	단락 구분	章 數	要 旨
제1대절	제01장	1	說中和
제2대절	제02장~제11장	10	說中庸
제3대절	제12장~제19장	8	說費隱
제4대절	제20장~제26장	7	說誠
제5대절	제27장~제32장	6	說大德小德
제6대절	제33장	1	復申首章之義

에 "此篇言聖人天道之極致 至此而無以加矣"라 하고, 제33장 주에 "蓋擧一篇之要而約言之"라 하였다.

55) 胡廣 等 編, 『中庸章句大全』(1760년 內閣藏板本, 2000년 학민문화사 영인) 4~5면. "中庸當作六大節看 首章是一節 說中和 自'君子中庸'以下十章 是一節 說中庸 '君子之道費而隱'以下八章 是一節 說費隱 '哀公問政'以下七章 是一節 說誠 '大哉聖人之道'以下六章是一節 說大德小德 末章是一節 復申首章之義"

이러한 「독중용법」의 6대절설은 앞에서 살펴본 장하주의 4대절설과
다르고, 오히려 대전본 소주에 보이는 쌍봉 요씨(雙峯饒氏 : 饒魯)의 6대
절설과 유사하다.

우리나라에서는 권근이 최초로『중용장구』의 분절에 관한 설을 제기
하였다. 권근은 주자의 4대절설을 줄여 대지(大旨)는 3절로 나누고, 「독
중용법」의 6대절설을 줄여 세분오절(細分五節)로 나누어 요지를 파악하
였다.[56] 이는 4대절설·6대절설을 모두 수용하면서 개정설을 제기한 것
이다.

권근 이후『중용』의 분절문제를 거론한 설은 한 동안 보이지 않다가,
17세기 후반에 이르러 김만영(金萬英)이 다시 새로운 설을 제기하였다.
김만영은 「중용분절변의(中庸分節辨疑)」·「중용분위오대절(中庸分爲五大
節)」 등을 지어 독자적으로 5대절설을 제시하였다.[57] 또한 동시대 경주
지방의 학자 한여유(韓汝愈)도 쌍봉 요씨의 6대절설을 약간 개편하여 독
자적으로 6대절설을 주장하였다.[58] 이후 분절문제는『중용』해석의 중요
한 사안으로 부각되어 수십 개의 도표가 작성되면서 다양한 설이 전개
되었다.

강병주의 중용도는 「독중용법」의 6대절설에 의해 그린 것이다. 그는
도표만 그리고 설을 남기지 않아 정확한 요지는 파악할 수 없다. 다만
그림을 통해 그의 의도를 추정해 볼 수는 있는데, 「독중용법」의 요지파
악과는 다른 점을 발견할 수 있다. 강병주의 「중용육대절도」의 요지를
대절별로 정리하면 다음과 같다.

---

56) 崔錫起(2004), 192~202면 참조.
57) 崔錫起(2010b), 328~333면 참조.
58) 崔錫起(2009), 337~349면 참조.

차 례	단락 구분	章 數	要 旨
제1대절	제01장	1	性·道·敎
제2대절	제02장~제11장	10	中庸, 智·仁·勇
제3대절	제12장~제19장	8	費隱, 鬼神, 誠
제4대절	제20장~제26장	7	誠, 天道·人道
제5대절	제27장~제32장	6	聖人之道, 仲尼, 至聖, 至誠
제6대절	제33장	1	君子爲己之學

이와 같은 강병주의 6대절설은 기본적으로 「독중용법」에 근거하고 있다는 점에서 주자가 장하주에서 4대절로 나누어 본 설과는 다르다. 대체로 18세기에 이르면 주자의 여러 설을 분변해 정설(定說)을 확정하려는 노력이 나타나는 바, 조선의 주자학자들은 장하주의 설에 따라 주자의 설은 4대절설이 정설이라는 주장이 지배적이었다.

그런데 강병주의 설은 「독중용법」의 6대절설을 따라 분절하여 조선후기 주자학자들의 설과 달리 하고 있다. 게다가 그가 「독중용법」에 의거해 분절을 하였지만, 요지파악에서 제3대절의 제16장(귀신장)을 해석하면서 성(誠)을 중심으로 파악한 점, 제4대절의 요지를 성(誠) 중심으로 파악하고 있는 점, 제5대절을 성인지도(聖人之道)·중니(仲尼)·지성(至聖)·지성(至誠)으로 파악하고 있는 점 등은 「독중용법」의 요지와 변별성을 갖는다. 이런 점에서 강병주의 『중용』해석은 「독중용법」에 근거하여 분절을 하였지만, 요지파악은 일정하게 독자성을 갖고 있다.

이익은 주자의 『중용장구』를 따르지 않고 독자적으로 본지를 탐구하여 『대학』처럼 공자의 경(經)과 자사(子思)의 전(傳)으로 나누어 해석하였다.[59] 강병주의 『중용』해석은 이익의 해석을 수용하지 않고 있다는

---

59) 崔錫起(2003c), 86~91면 참조.

점에서, 그의 대학도가 이익의 대학도의 영향을 받은 점과는 또 다른 차별성을 갖고 있다. 그것은 그가 주자의 설에서 벗어난 이익의『중용』해석을 수용하지 못하고 있음을 반영하며, 이런 점에서 주자학적 범주에서 여전히 벗어나지 못하고 있는 경학관을 보여준다.

「진학차서도(進學次序圖)」는『논어』「위정(爲政)」의 '오십유오이지우학(吾十有五而志于學)' 1절을 진학(進學)의 차례로 보아 그린 그림인데, 지학(志學)을 심지소향지력(心之所向之力)으로, 사십이불혹(四十而不惑)을 지지명(知之明)으로, 오십이지천명(五十而知天命)을 지극정(知極精)으로, 육십이이순(六十而耳順)을 지지지(知之至)로 보아 모두 지(知)를 추구하는 과정으로 파악하고, 삼십이립(三十而立)을 행지시(行之始)로, 칠십이종심소욕불유구(七十而從心所慾不踰矩)를 행지지(行之至)로 보아 행(行)의 시종으로 파악하고 있다. 그리고 상단에는 심(心)을 중앙에 두고 지(知)와 행(行)을 좌우에 양 축으로 제시하였으며, 하단에는『중용』의 '불사이득 불면이중(不思而得 不勉而中)'을 양면에 쓰고 가운데 '성(誠)'을 써 넣었다.

이 그림은 저자의 독자적인 자득을 드러내고 있는데, '지학(志學)'을『대학』팔조목의 도에 뜻을 둔 것으로, '이립(而立)'을 격물치지(格物致知)하고 성의정심(誠意正心)한 공효가 지(知)를 탐구하는 데 그치지 않고 행(行)으로 연결되어야 함을 말한 것으로, '불혹(不惑)'을 사물 위에서 당연한 이치를 알아야 하는 것으로, '지천명(知天命)'을 도리 위에서 본원을 알아야 하는 것으로, '이순(耳順)'을 사리가 통해 들어와 어기는 바가 없는 것으로, '종심소욕불유구(從心所慾不踰矩)'를 성(聲)은 율(律)이 되고 신(身)은 도(度)가 되는 것으로 파악한 점이 돋보인다. 또한 '일이관지(一以貫之)'의 의미를 지·행의 관점에서 파악한 점, 궁극적으로 공부의 목표가 성(誠)에 있음을 드러낸 것도 특징적인 면모이다.

「성현언지도(聖賢言志圖)」는 『논어』「공야장」에 보이는 공자·안연·자로가 각기 자기의 포부를 밝힌 것을 도표화한 것인데, 자로의 경우는 제인이물지심(濟人利物之心)으로, 안연의 경우는 평물아지심(平物我之心)으로, 공자의 경우는 만물득기소지심(萬物得其所之心)으로 요지를 파악했고, 그 마음이 자로는 의기(意氣)에서 발한 것으로, 안연은 그 성분(性分)을 따른 것으로, 공자는 혼연천리(渾然天理)한 것으로 파악하고 있는 것이 독특하다.

「지인도(知仁圖)」는 『논어』「옹야」의 '지자요수 인자요산(智者樂水 仁者樂山)' 1절을 도표화한 것인데, 지자락(智者樂)의 락(樂)을 안연(顔淵)의 인(仁)에 비유해 『논어』의 '불개기락(不改其樂)'의 의미로, 인자수(仁者壽)의 수(壽)는 순(舜)의 지(智)에 비유해 『중용』의 '필득기수(必得其壽)'의 의미로 본 것이 독특하다.

이 세 도표에는 강병주의 독자적인 창의성이 발견되는데, 지행합일의 실천성이 강조된 점, 「지인도」에 보이듯이 성호학의 경세론적인 사유가 밑바탕에 깔려 있는 점 등이 돋보이는 특징으로, 그의 학문성향을 대변해 주고 있다.

이상에서 강병주의 학문적 특징을 대학도와 중용도, 그리고 『논어』에 근거해 그린 도표를 중심으로 살펴보았다. 이 도표들에 대해 족손 강재하(姜在夏)는 발문에서 "『대학』·『중용』의 도표를 보면, 선생의 학문의 실상을 엿볼 수 있다."[60]라고 하였다. 그의 말처럼 이 10개의 도표 가운데 대학도와 중용도가 강병주의 학설을 대변하는 것이다. 그 외의 도표

---

60) 姜柄周, 『斗山居士文集』 권7, 부록, 姜在夏 撰, 跋. "觀於庸學圖 可占學問之實也"

에도 독자적인 창의성이 드러나는데, 특히 『논어』를 중심으로 그린 도표를 보면, 사서의 요지를 융합하고 요약해서 공자의 도를 지켜나가려는 정신이 강하게 투영되어 있음을 알 수 있다.

또 강병주는 경잠(敬箴)·예잠(禮箴)·의잠(義箴) 등 3편의 잠을 지었다고 하는데,[61) 지금 문집에는 전하지 않는다. 그러나 그 명칭만으로 짐작해 보아도, 남명학의 요체라고 하는 경(敬)·의(義)에 예(禮)를 더한 것을 알 수 있다. 즉 강병주는 이 3잠을 통해 자신의 지향을 드러냈는데, 그것은 남명학을 자기의 방식으로 정립한 것이라 하겠다. 이 역시 도덕적 주체를 세우는 것을 도를 지키는 방법으로 생각해 고안한 것으로 보인다.

III. 시세계

1. 개관

지금 전하는 『두산거사문집』에는 권1에만 시가 수록되어 있는데, 총 135제 160수이다. 이 가운데 오언절구 2제 2수, 칠언절구 62제 87수, 칠언율시 68제 68수, 오언고시 2제 2수, 칠언고시 1제 1수이다. 이를 보면, 오언시보다 칠언시가 월등하게 많고, 또 대부분 칠언절구와 칠언율시 위주로 지었음을 알 수 있다. 대체로 이 시기의 시는 칠언시 위주로 지어졌는데, 강병주의 시에서도 그런 점이 눈에 띄게 나타난다.

경상우도 지역의 정신적 지주였던 남명 조식은 시를 짓는 행위를 완물상지(玩物喪志)로 여겨 시를 짓는 것은 본성을 황폐하게 한다는 시황

---

61) 姜柄周, 『斗山居士文集』 권7, 부록, 姜在玉 撰, 跋. "作敬禮義三箴以見志"

계(詩荒戒)를 강조하였다.62) 이런 가르침에 의해 남명학파에서는 시를 짓는 일을 극도로 경계하여 시를 별로 남기지 않았다. 이런 영향은 강병주에게도 나타난다. 그는 "시를 지으려 괴롭게 읊조리면 도리어 병에 가까우니, 어찌 농사짓고 독서하여 이 마음이 편안한 것만 같으랴."63)라고 하였으니, 그 역시 시황계에 대한 인식이 분명했음을 알 수 있다. 이렇게 볼 때, 강병주는 전문적인 시인이 아니고, 또 시를 즐겨 짓는 시인도 아니라고 하겠다.

그래서인지 그가 남긴 시도 160수밖에 남아있지 않다. 그리고 그중에서도 만장이 51제 68수로 3분의 1이 넘는다. 그 나머지 100수도 채 되지 않는 시에는 기행시가 가장 많고, 그 다음은 경물시와 벗들과 만나 수창한 시가 대부분이다. 그러나 그 속에는 작자의 현실인식과 현실대응이 드러나 있는 시편도 있어 작가의식을 엿보기에는 부족함이 없다. 여기서는 이런 시편들 속에 두드러지게 나타나는 특징을 도회교열(道晦教裂)의 비애, 역사회고의 감회, 위도부의(衛道扶義)의 정조, 남명정신의 고취 등 네 가지로 포착하여 강병주의 시세계의 특징으로 논하고자 한다.

2. 특징

1) 도회교열(道晦教裂)의 비애

강병주는 이도추(李道樞)에게 보낸 편지에서 "후산옹(后山翁 : 許愈)은 근후한 장자인데 갑자기 이 지경에 이르렀으니, 우리 고을의 젊은이들

---

62) 李相弼(2005), 84면 참조.
63) 姜柄周, 『斗山居士文集』 권1, 「鳴玉齋 酬李南棠志浩 李東湖志庸諸益」. "……詩到苦吟還近癖 爭如耕讀此心安"

이 더욱 애통합니다.……정학(正學)이 어두워지고 동지들은 떠나가니 의지해 우러러볼 분이 몇 사람이나 되겠습니까?"64)라고 하였다. 또 그는 이승희(李承熙)에게 보낸 편지에서도 "아, 세도가 떨어지고 어두워져 하늘과 성인을 속이는 설이 분분히 일어나고 있습니다. 실지의 견해가 밝고 지키는 바가 확고한 형께서는 대처하심이 마땅하시라 생각됩니다."65)라고 하였다.

이런 말을 통해 볼 때, 강병주는 도가 어두워지고 성인의 가르침이 무너지고 있는 현실을 매우 절박하게 인식하고 있음을 알 수 있다. 이런 현실인식은 시에 그대로 투영되어 나타나고 있다. 강병주는 하동 화개를 지나다 정여창(鄭汝昌)이 지리산을 유람한 뒤 배를 타고 섬진강을 내려갈 때 지은 시에 차운하여 다음과 같이 노래했다.

보리 색깔 더욱 누렇고 풀빛은 신록인데,　　　麥氣滋黃草色柔
동정호 지나는 행인의 소매 가을보다 차갑네.　　洞庭行袂冷於秋
향기로운 난초를 캐던 이, 아 누가 생각나는가,　芳蘭采采謇誰思
옛 나루터엔 아무도 없고 강만 저 혼자 흐르네.　古渡無人江自流66)

강병주는 도가 무너져가는 시대에 그 도를 지키는 것을 사명으로 하였기 때문에 정여창 같은 도학자를 절실히 그리워했다. 그래서 보리가 누렇게 익어가는 철이지만 그의 소매에는 가을보다 더 차가운 바람이 스며들고 있다. 시인이 살던 시대의 스산함이 그대로 묻어나고 있다. 그

---

64) 姜柄周, 『斗山居士文集』 권2, 書, 「答李擎維-道樞」. "后山翁 謹厚長者 遽至於斯 益痛吾黨之孤……正學晦冥 同志零落 所可倚望者 有幾人"
65) 姜柄周, 『斗山居士文集』 권2, 書, 「與李啓道」. "嗚呼 世降道晦 誣天罔聖之說 紛紜竝起 以兄實見之明 所守之確 想處之得宜矣"
66) 姜柄周, 『斗山居士文集』 권1, 「蟾湖歸路 敬次一蠹先生韻」.

리고 향기로운 난초 같은 사람은 없고 강만 혼자서 유유히 흘러가는 현
실을 시인은 쓸쓸히 바라보며 그려내고 있다.

강병주는 1897년 「남명선생연보」를 편찬한 뒤 강화도로 이건창을 찾
아가 발문을 청탁했다. 그 여행 때 충북 옥천을 지나다 다음과 같이 노
래했다.

충청 지방 다시 오니 다섯 해가 지난 봄,　　　　　　湖上重來五度春
푸른 깃발 주막에서 나그네 근심 새롭네.　　　　　　青帘到處客愁新
산과 시내 줄줄이 그 모습 눈에 익은데,　　　　　　　溪山歷歷顏猶慣
풍속은 옛날 순박한 모습이 전혀 아니네.　　　　　　俗尙殊非舊日淳67)

‘산천은 의구한데 인걸은 간 데 없다’는 시조의 한 구절을 연상케 하
는 시이다. 마지막 구의 ‘풍속은 옛날의 순박한 모습이 전혀 아니다’라
는 시인의 독백 속에서, 도가 무너지고 있는 그 시대의 풍상을 보는 듯
하다.

이처럼 도가 어두워지고 교화가 분열된 시대를 살면서, 작자는 이상
과 현실에 대해 끝없이 갈등하고 있다.

초료새는 산간의 무너진 인가에 깃들고,　　　　　　鷦棲山屋破
큰 기러기는 망망대해 하늘로 날아가네.　　　　　　鴻舉海天長
은혜와 의리 이 둘 모두 마음에 걸려,　　　　　　　恩義兩關念
빗소리 듣자니 부질없이 창자가 끊어지네.　　　　　聽雨空斷腸68)

---

67) 姜柄周, 『斗山居士文集』 권1, 「沃川途中-丁酉春冥翁年譜成 請跋文於李參
　　判建昌 與先生本裔淵偕行」.
68) 姜柄周, 『斗山居士文集』 권1, 「題壁」.

이 시는 시인이 어느 날 자신이 사는 벽에다 쓴 시이다. 초료새는 매우 작은 새로 비천한 데 살면서 자족하는 삶을 비유한 것이며, 큰 기러기는 바다를 건너 다른 곳으로 갈 정도로 큰 뜻을 품은 인물을 상징하고 있다. 현실에 순응하여 초료새처럼 살 것인가, 아니면 큰 기러기처럼 먼 곳으로 떠나 장대한 뜻을 펼 것인가. 시인이 빗소리에 애간장이 끊어지는 것은 큰 기러기 같은 뜻을 펼치지 못하고 초료새처럼 살고 있는 현실 때문일 것이다. 그 속에는 부모에 대한 은혜를 저버리지 못하는 것도 있을 터이다.

그러나 그는 의리를 떨치고 싶다. 그래서 창자가 끊어지는 아픔을 느끼며 슬프게 노래하고 있다. 이는 현실에 대처하는 작자의 마음이 강렬함을 보여주는 것이다. 다음 시는 이런 마음을 잘 드러내고 있다.

시사에 대한 관심 꿈에서도 깜짝깜짝 놀라,	時事關心夢亦驚
한밤중 불을 켜고 일어나 술잔을 기울이네.	深燈更起酒盃傾
푸른 하늘이 천상에 있는 것 무슨 의미던가.	蒼天在上終何意
흰 머리에 만난 자리 정회를 다하지 못하네.	白首逢場不盡情
안동 유림의 의로운 명성 모두 중망에 의지하니,	花府義聲皆倚重
진주 유림 맺은 조약 도리어 가벼울까 꺼려지네.	矗鄕條約反嫌輕
비바람 치는 밤이 길다고 그대들 탄식하지 마오,	風雨夜長君莫歎
마른 가지도 섣달 지나면 양기가 생기게 되리니.	枯柯經臘見陽生[69]

이 시에 보이듯, 작자는 도가 무너지고 있는 현실을 보면서 좌절하지 않고 희망을 갖자고 독려하고 있다. 제목을 보면 섣달그믐에 허유·김진호·박상태(朴尙台) 등과 만나 시사를 논의한 듯하다. 시의 내용에 화부

---

69) 姜柄周, 『斗山居士文集』 권1, 「麗澤堂守歲-許后山朴鶴山金勿川俱會」.

(花府 : 安東)의 유림들의 의로운 명성을 거론한 것으로 보아, 개화에 반대하는 만인소를 올릴 때 안동의 이만손(李晩孫)이 소두가 되어 주도한 것을 말하는 듯하다.

이 시에서 우리는, 성인의 도가 무너지고 있는 현실에 대한 시인의 비애는 단순히 세상을 슬퍼하는 차원에 머무는 것이 아니라, 그런 현실에 적극적으로 대처하여 무너져가는 도를 붙잡아 세우려는 의지를 곧추세우려 하고 있음을 알 수 있다. 즉 현실은 비참해도 도를 지키고 보전함으로써 다시 새로운 희망을 찾고자 하는 것이다. 이런 점에서 강병주는 도가 무너지는 시대의 아픔을 비통하게 노래하였지만, 결코 좌절하지 않고 희망의 불씨를 살려내려는 시대의식을 가진 시인이었다고 하겠다.

2) 역사회고의 감회

앞에서 언급했듯이, 강병주의 시는 기행시와 만시가 대부분을 차지한다. 기행시는 벗들과 산수를 유람하거나 외유를 할 때 지은 것들이다. 대체로 이런 시편들은 자연의 경물이나 여정의 객수(客愁)를 노래한 경우가 많다. 그런데 남명처럼 산수를 유람하면서 그 산수에 깃든 역사와 역사적 인물을 떠올리며 그 시대의 문제점과 그 인물의 지취를 노래한 경우가 있다.70) 역사는 현실을 비추어보는 거울이므로, 현실인식이 첨예한 시인일수록 유적지에서 느끼는 감회는 남다르게 나타난다.

강병주의 기행시에도 이런 작가의식이 강렬하게 나타난다. 강병주가 남해 금산을 유람할 때 노량 해협을 건너며 지은 시가 2편 있다. 노량은 이순신 장군이 왜적과 싸운 마지막 격전장으로 전사한 곳이다. 이곳에

---

70) 崔錫起(1996), 83~85면 참조.

서 강병주는 다음과 같이 노래하였다.

공적을 새긴 비석 바닷가에 아직 있는데,　　　鐫功片石尙江潯
충무공 모신 사당에는 귤나무만 무성하네.　　　忠武祠墟橘樹深
범선 위로 해는 높이 뜨고 노랫소리 맑은데,　　漕帆日高歌鼓晏
지나는 시인 무슨 일로 마음이 강개해지나.　　　騷人底事慨然心[71]

이 시의 '시인'은 작가 자신이다. 시인은 국가가 위기에 봉착했을 때 목숨을 바쳐 왜적을 물리친 충무공과 그 시대를 생각하고 있다. 그리고 자기가 살고 있는 시대도 그때처럼 어려움에 처해 있음을 절감하면서, 비분강개한 심경을 노래하고 있다.

강병주는 한양으로 향하다 충주 탄금대에서도 감개한 마음을 시로 읊었는데, 미련에 "지는 해에 무단히 초사 초혼가를 부르니, 영웅의 기풍 죽지 않고 소슬하게 불어오네."라고 하여, 강개한 마음을 드러냈다.[72] 이순신·신립처럼 국가를 위해 싸우다 장렬하게 전사한 인물의 유적지에서 느끼는 강병주의 감회는 비분강개한 정서로 나타난다. 이는 그가 처한 시대에 그런 인물을 그리워했기 때문일 것이다.

이상에서 살펴본 것처럼, 강병주의 시에는 역사적 인물을 만나 회고하면서 강개한 마음을 노래한 시편이 다수 있다. 그런데 강병주의 시에는 유적지에서 비분강개한 회포를 느낀 것 외에도, 선현을 그리고 추모하며 구도적 의지를 적극 다짐하는 시도 있다. 강병주는 겸재 하홍도의 유적이 있는 모한재(慕寒齋)에서 최숙민 등과 강학하였는데, 그가 남긴

---

71) 姜柄周, 『斗山居士文集』 권1, 「過露梁有感」.
72) 姜柄周, 『斗山居士文集』 권1, 「彈琴臺 起感相酬-申將軍崀戰亡所在忠州」.
　　"落日無端歌楚些 英風不死颯然回"

시 가운데는 모한재 주변을 노래한 것이 몇 편 있다. 그 가운데 모한재
와 경승루(敬勝樓)를 읊은 시를 살펴보기로 한다.

겸재 선생 백 년 전에 우뚝하게 일어나서서,	先生崛起百年前
남쪽 고을에 서재 짓고 빼어난 산수 만끽했네.	別業南州擅勝專
도가 합한 강당엔 허미수의 전서가 남아 있고,	道契堂留台嶺篆
참된 근원의 물은 남명 선생에게서 흘러오네.	的源水與德川連
문학이 지금까지도 실추되지 않은 이 모한재,	文學至今非墜地
누대는 그 모습 그대로 또한 하늘에 닿았네.	樓臺依舊亦關天
후생이 이곳에 와 단정히 서서 사모하는 마음,	來裔於斯端寓慕
베갯머리 졸졸졸 아직도 흐르는 물소리 들리네.	淙淙枕畔尙鳴泉[73]

'남명후제일인(南冥後第一人)'으로 추숭되며 17세기 남명학파의 구심
점으로 떠오른 하홍도가 강학하던 모한재에서, 강병주는 남명을 연원으
로 한 도가 면면히 이어지고 있음을 실감하며, 그 도를 이어가고자 하는
마음을 노래하고 있다.

경승루는 하홍도가 지은 건물로 훗날 모한재로 이름을 바꾼 뒤 모한
재의 부속건물이 되었다. '경승(敬勝)'이라는 뜻은 『단서(丹書)』의 '공경
이 게으름을 이기면 길하다.[敬勝怠則吉]'에서 취한 것으로, 경(敬)을 통
해 나태한 마음을 물리치고자 하는 심성수양을 드러낸 말이다. 강병주
는 경승루를 읊은 시에서 "이곳에서는 겸재 선생이 항상 상제를 대하였
듯이 엄숙해야 하니, 이곳에 있을 적에는 모여 앉아 시나 짓기에는 적합
하지 않네."라고 하였다.[74] 이를 보면, 시인은 경승루에서 하홍도의 마
음을 그대로 닮으려 하고 있음을 알 수 있다.

---

73) 姜柄周, 『斗山居士文集』 권1, 「慕寒齋 次板上韻」.
74) 姜柄周, 『斗山居士文集』 권1, 「敬勝樓」. "儼若先生恒對越 居斯不合競葩蕚"

이상에서 살펴보았듯이, 강병주의 시에는 선인들의 유적을 만나 역사를 회고하며 비분강개한 마음을 표현하거나, 선현들의 정신을 본받고 배우려는 정서를 노래한 것이 하나의 특징으로 나타나고 있다.

3) 위도부의(衛道扶義)의 정조

강병주의 시에서 가장 강렬하게 드러나는 특징이 위도부의의 정조이다. 그는 「자경(自警)」이라는 시에서 다음과 같이 읊었다.

남방 북방의 강함이 아닌 군자의 강함을 추구하자,　南北强非君子强
동명 서명이 지어졌으니 나의 잠명을 지어야 하리.　東西銘作自家銘
도는 사람에게서 멀지 않은데 사람이 스스로 멀리 하지,
　　　　　　　　　　　　　　　　　　道不遠人人自遠
비로소 알겠네, 충과 서가 집안에서 좋은 것인 줄을.　始知忠恕好門庭[75]

'남방 사람들의 강함이나 북방 사람들의 강함이 아닌 군자의 강함을 추구하겠다.'는 것은 『중용』에 보이는 중도(中道)를 구하겠다는 것이며, 송나라 때 장재(張載)가 「서명(西銘)」·「동명(東銘)」을 지어 자신을 경책하였듯이 자신도 경계하고 수양하는 잠명을 지어 구도적 삶을 살겠다는 것이다. 또 도는 인간의 일상생활 속에서 구해야 한다는 가르침에 충실하여, 충서(忠恕)가 인륜의 도임을 새삼 자각하는 내용이다. 제목과 연관하여 보면, 이 시는 인륜의 도를 지키는 것이 중요하다는 점을 스스로 경책한 것이다.

강병주는 이런 정신을 굳게 견지하며 살았다. 그래서 서재에서 공부

---

75) 姜柄周, 『斗山居士文集』 권1, 「自警」.

하는 유생들에게는 "이 도는 함부로 말하면 속인을 놀라게 할까 꺼려지니, 그대들은 자신을 강하게 하여 천연을 본받게."[76]라고 하여, 도를 구하는 데 매진할 것을 촉구하였다.

한편 그는 병자호란 때 청나라와의 화친에 반대하고 대명의리를 강력히 주장한 동계(桐溪) 정온(鄭蘊)의 유적지를 지나면서, 다음과 같이 노래하였다.

> 가야산 천만 봉우리는 부끄러운 기색을 띠었는데,   伽倻萬疊帶羞色
> 한 줄기 뻗어 내린 용산에는 밝은 태양이 빛나네.   一髮龍山白日輝
> 선생이 강상을 부지해 일으킨 것 누가 계승하랴,   扶植綱常誰繼者
> 지금까지 지나는 나그네들 누구나 눈물을 뿌리네.   至今行客涕相揮[77]

강병주는 강상을 부지해 일으킨 인물로 정온을 평하고 있다. 정온이 살았던 시대에는 대명의리가 중요한 이슈였다면, 강병주의 시대에는 인륜의 도를 지키는 것이 무엇보다 중요하다고 인식했기 때문에 강상부지를 내세운 것이다. 그런데 동계의 대명의리도 오랑캐[夷]가 아닌 문명[華]을 지켜야 한다는 것이고, 강병주의 사상도 오랑캐의 침입에 대항하여 유도(儒道)를 지켜야 한다는 것이기에 궁극적으로는 동질성을 갖는다.

이런 위도부의의 정신은 서양문물을 받아들여야 한다는 개화파의 주장에 강력 반발하게 되었고, 그것을 행동으로 보여준 것이 1880년 영남 유림들이 척사소(斥邪疏)를 올리는 일에 적극 가담한 것이다. 당시 강병주는 두방리 선조 사당에서 족형과 만나 소회(疏會)에 참석하겠다는 뜻

---

76) 姜柄周, 『斗山居士文集』 권1, 「贈齋居諸子」. "……此道浪言嫌駭俗 請君自强法天然"
77) 姜柄周, 『斗山居士文集』 권1, 「過龍泉精舍-桐溪先生廬墓所後葬先生于此」.

을 전한 듯하다. 그때 결연한 마음을 그는 다음과 같이 노래하고 있다.

산간의 추위 썰렁하고 눈은 하얗게 덮였는데,	山寒惻惻雪皚皚
궁벽한 집에서 서책 밀쳐두고 팔 베고 누웠네.	肱臥窮廬子史堆
이단의 설 시끄럽게 밀려와 격하게 분개하는데,	異說喧傳私激憤
유림에서 들고 일어나서 사기가 조금 확장되었네.	儒林弸起氣差恢
그만두어라, 우리나라에 맹자 같은 분이 없으니,	已矣東方無孟氏
또한 서축의 나라에 부처가 있는 것을 어찌하리.	又何西竺有如來
믿을 것은 떳떳한 인륜 끝내 실추되지 않는다는 것,	所恃天彝終罔墜
책 속의 성인과 현인들이 어찌 우리를 속이시리.	卷中賢聖豈欺哉[78]

강병주는 독서하다가 서책을 덮고 누워 시사에 분개하고 있다. 특히 서양의 기독교를 사설(邪說)로 규정하고 정도를 어지럽히는 이단으로 여기며, 양주·묵적의 설을 물리친 맹자 같은 인물을 간절히 바라고 있다. 그러면서 자신은 유교의 도를 끝까지 지키겠다는 각오를 다짐하고 있다.

강병주는 소두 이만손 등과 상경하다 천안 대추원(大秋院)에 이르러 다음과 같이 읊었다.

상소문 받들고 흙먼지 밟으며 천리 길을 가네,	封章千里躡行塵
영남에는 매화가 피어나는 시기에 출발하여.	大嶺之南梅發辰
도를 보위하여 의로운 선비를 모두 추대하니,	衛道咸推扶義士
뜻을 함께 한 이들 다 인륜을 중시하는 사람들.	齊聲均是秉彝人
집집마다 경서 외고 연주함은 주공과 공자의 도,	戶誦家絃周孔道
하늘이 감싸주고 땅이 길러줌은 요와 순의 인.	天涵地育舜堯仁

---

78) 姜柄周, 『斗山居士文集』 권1, 「斗芳先祠 與斗厂族兄-柄湖-感時有吟-庚辰冬斥邪疏道會時」.

소를 올리는 것 분수를 넘는 일이라 말하지 마소,　　休道進言謙越俎
임금에 대한 충성 본디 부모 효도를 말미암는 법.　　忠君本自孝吾親[79]

만인소를 올리러 가는 이유에 대해, 강병주는 도를 보위하고 의리를
부지하는 것으로 규정하면서, 영남 유림들은 위도부의(衛道扶義)에 대해
공감대를 형성하고 있음을 내비치고 있다.

이처럼 위도부의의 정조는 척사소를 올릴 때 읊은 시에 잘 드러나 있
다. 그런데 이런 의식은 그가 평소 도를 구하고 지키려는 의지를 가지고
있었기 때문에 가능한 일이었다. 그런 정신은 스승 허전에 대해 '위도숭
문(衛道崇文)을 자신의 책임으로 여긴 분[衛道崇文視己任]'이라고 한 데
에서 잘 드러난다.[80] 또 그는 참판 김학수(金鶴洙)가 체발을 반대하는
간언을 하였다가 고군산도(古群山島)로 유배를 가게 되었다는 소문을
듣고 당당하다고 칭찬하는 시를 지었으며,[81] 김진호·이건창 등의 만사
에서 한결같이 '우리 도가 그릇되는가[吾道非耶]'라고 탄식하며 눈물을
뿌린 것을 볼 때, 위도의식이 누구보다 강렬했음을 알 수 있다.

4) 남명정신의 고취

강병주의 시를 보면, 남명 및 남명학에 대한 언급이 자주 보인다. 이
는 그가 이어받은 가학의 영향 및 어릴 적 스승 하달홍(河達弘)을 통해
남명정신을 익숙히 듣고 체득하였기 때문일 것이다. 강병주는 미성(未惺)
이라는 호를 쓴 하래운(河來運)의 시에 차운하여 다음과 같이 노래했다.

---

79) 姜柄周, 『斗山居士文集』권1, 「到大秋院 被雪信宿 奉和疏首李蕉皐-晩孫-韻」.
80) 姜柄周, 『斗山居士文集』권1, 「上性齋先生函筵下」.
81) 姜柄周, 『斗山居士文集』권1, 「聞金參判-鶴洙-疏諫剃髮 配古羣山 賦此寄意」.

깨어남이 있어야 깨어나지 못함이 있는 것도 알지,   有惺方知有未惺
주인장은 성성법(惺惺法)으로 거듭 자신을 엄히 경책하네.

　　　　　　　　　　　　　　　　　　　　主人惺惺申嚴警
혼몽한 관문을 뚫어야 깨어남의 관문이 나타나지,   能透夢關是覺關
그 갈림길을 지나자마자 바로 진경이 눈앞에 있네.   纔過歧境便眞境
궁달은 분수에 달린 것이니 잊은들 어찌 해로우리,   窮通分內忘何妨
장부의 사업 생전에 부지런히 해야 또한 행복하네.   事業生前做亦幸
남명 선생 차시던 성성자 소리 오랫동안 적막했지,   冥老金鈴聲久寥
공경하게 마음을 닦는 그 법 오래오래 탄식케 하네.   欽欽心法發歎永[82]

이는 하래운의 호 '미성(未惺)'을 주제로 쓴 시이다. 남명은 성성자(惺惺子)라는 방울을 차고 다니며 혼몽한 정신을 일깨웠는데, 그런 심성수양법을 남명학을 계승한 19세기 하래운은 여전히 지키고 있었음을 알 수 있다. 이에 대해 강병주는 그 의미를 새삼 절실히 느껴 이 시를 지은 듯하다.

몽각관(夢覺關)은 주자가 『대학』을 해석하면서 격물치지의 지(知)의 영역, 즉 사물에 대한 이치를 분명히 깨달아야 혼몽한 상태에서 벗어날 수 있다는 의미로 쓴 말이다. 주자는 또 『대학』 팔조목의 성의(誠意)를 인간이 되느냐 귀신이 되느냐가 나뉘는 관문으로 보아 인귀관(人鬼關)이라 하였는데, 심성을 수양해 덕성을 갖춘 사람이 되느냐 그렇지 못하느냐 하는 분기점으로 본 것이다.

남명은 주자의 몽각관·인귀관을 모두 수용하여 「신명사도(神明舍圖)」성곽 상단 좌우에 '몽(夢)'과 '귀(鬼)'를 써넣었다. 이런 남명학으로 보면, 몽각관은 명선(明善)에 해당하고 인귀관은 성신(誠身)에 해당한다. 즉 사물에 대한 인식을 분명히 하고, 그것을 통해 자신을 한 점 티끌도 없는

82) 姜柄周, 『斗山居士文集』 권1, 「謹次河丈夾運未惺韻」.

진실무망한 마음으로 만들어 도덕적 삶을 영위하는 것이다. 그렇게 하는 데 필요한 도구가 바로 성성자이다. 강병주는 이런 성성의 의미를 하래운에게서 다시 발견하고서, 그 법을 지키는 하래운에게 경의를 표하는 한편 그 성성법의 위대함에 노래한 것이다.

1894년 강병주는 동료들과 함께 남명의『학기류편』을 교정한 뒤, 다음과 같은 시를 읊었다.

> 선생의 성대한 덕 후진이 드러낼 일 아니지만,　　　盛德殊非後進揚
> 동지들 부끄러운 마음 없이 아양곡을 연주하네.　　同襟無愧奏峨洋
> 비 개인 뒤 구름 낀 산에서 선생 기상 엿보고,　　　霽後雲山看氣像
> 저녁을 먹은 뒤 은하수엔 선생 모습 서려 있네.　　喫餘銀漢寓羹墻
> 온 골짜기 꽃이 환하니 모두 선생의 교화 때문,　　一洞花明均化跡
> 숲마다 새들이 지저귀니 나그네 마음 아련하네.　　千林鳥哢各心腸
> 대원사 선방에서 고심하며 무슨 일을 하였던가,　　攻苦禪房緣底事
> 우리들 모두 성대하게 드러내는 일에 종사했네.　　吾儕俱是斐然章[83]

강병주는 여러 벗들과 함께 대원사 선방에서 남명의『학기류편』을 교정하고 한 부를 정사(淨寫)한 뒤 이 시를 짓는다고 제목에서 말하였다. 자신들이 남명의 학덕을 감히 드러낼 수는 없지만 옛날 백아(伯牙)의 마음을 종자기(鍾子期)가 알아주었듯이, 자신들은 부끄러움 없이 그 일을 마쳤다고 술회하고 있다. 그리고 남명의 학문에 흠뻑 취해 비개 막 개인 뒤 구름이 벗겨지는 산봉우리에서 남명의 기상을 떠올리고, 밤하늘의 은하수를 보고서도 남명이 '은하십리끽유여(銀河十里喫猶餘)'라고 읊은 시구를 떠올리며 남명을 그리워하고 있다. 그리고 자신들은 남명의 학

---

83) 姜柄周,『斗山居士文集』권1,「學記校正一本淨寫時 同諸益唱酬-甲午」.

덕을 성대하게 드러내는 일에 종사하는 사람들, 즉 남명의 후예임을 자부하고 있다. 이런 강병주의 시를 보면, 그의 정신 속에 남명사상이 성대하게 흐르고 있음을 발견할 수 있다.

강병주는 갑오본이 나온 뒤『남명집』을 재개정하는 일에 관여하였는데, 당시 이도추 등과 하남(河南)의 사우(士友)들을 두루 방문하고 둔동(遯洞)을 지나며 지은 시에 "숲 속의 꾀꼬리 울어대 천기(天機)가 살아 움직이는 듯, 시냇가 사슴들 뛰놀고 풀빛은 파릇파릇. 인간 세상 험한 것이 돌길과 같은데, 순박한 풍속 한두 개가 이곳에 오히려 남아 있네."[84] 라고 하였다.

이 시는 둔동에 순박한 풍속이 남아 있는 것에 감발하여 읊은 것인데, 그 순풍이 꼭 남명의 덕화에 의한 것인지는 알 수 없겠으나,『남명집』을 중간하는 일로 사우들을 만나 협의하던 길에서 느낀 정서임을 감안할 때, 그 순풍이 남명의 풍화가 아니라고 할 수도 없다. 둔동은 현 하동군 적량면 마을로 광해 조 때 권극량(權克亮)이 은거했던 곳이라 한다. 강병주는 그곳에 사는 사우들을 만나고 오는 길에 험한 돌길을 걸으며 세상사의 어려움을 느끼는 한편, 오히려 순박한 풍속이 그곳에 남아 있는 것에 자극을 받아 남명의 도를 지키고자 하는 마음을 드러낸 듯하다.

만국에서 군사력을 강구한 것 어느 시대 일인가,　　萬國講兵何等時
적막한 곳에 들어앉으니 푸른 산이 감싸고 있네.　　寂寥深坐碧山圍
눈물을 흘리면서 화망(畫網) 선생의 고사를 읽어 보고,

　　　　　　　　　　　　　　　　　　涙看畫網先生史

---

84) 姜柄周,『斗山居士文集』권1,「南冥集重刊事 同李月淵 遍訪河南士友 過遯洞」.
　　"……林鸝互哢天機活 澗鹿交游草色痕 人世嶔崎如石逕 淳風一二此猶存"

꿈속에서 연파조수(煙波釣叟)가 낚시질 하던 곳 지나네.

夢過煙波釣叟磯

봄추위 잔설 속에서도 매화는 곧 피어나려 하고,　　　春寒殘雪梅前在

고요한 밤 졸졸거리는 냇물 대나무 끝에 들리네.　　　夜靜鳴泉竹末飛

직방(直方) 두 자는 선생의 진결 속에 남아 있으니,　直方二字存眞訣

내 만년에는 이 두 글자 따라 귀의처를 얻으리라.　　末路從玆得所歸[85]

　이 시는 입춘일에 하조헌(河祖憲)·하응로(河應魯) 등이 강병주를 찾아
왔을 때 밤새워『남명집』을 중간하는 일에 대해 논의하다가 지은 것이
다. 제3구의 화망선생(畫網先生)은 명나라 말 소무(邵武)로, 광택산(光澤
山)에 은거해 치발(薙髮)을 하지 않고 망건(網巾)을 쓰고 지냈던 인물이
다. 그는 노복과 함께 진장(鎭將)에 끌려가 심문을 받았는데, 망건을 벗
기자 노복으로 하여금 이마에 망건을 그리게 하였다고 한다. 그래서 그
를 '화망건(畫網巾)'이라 불렀고, 후대 절의(節義)를 지킨 대표적인 인물
로 칭송되어 '화망건선생(畫網巾先生)'이라 불렀다. 즉 대명의리(大明義
理)를 지키며 중화문명을 죽음으로 지킨 대표적인 인물로, 구한말 경상
우도 지역에 널리 회자되었다.
　제4구의 연파조수(煙波釣叟)는 당나라 때 관각학사(館閣學士)를 지낸
뒤 강가에서 낚시질이나 하며 은거한 장지화(張志和)를 가리킨다. 그는
안개 낀 물가에서 낚싯대를 드리고 살면서 '연파조도(煙波釣徒)'라 자호
하였다.
　강병주는 이 두 인물을 모두 절의를 지킨 인물로 여겨 도가 무너지는
자기 시대에 본받을 만한 사람으로 묘사한 것이다. 그리고 입춘일 얼음
장 속으로 시냇물이 다시 흐르고 한파 속에서도 매화가 피어나려 하는

---

85) 姜柄周,『斗山居士文集』권1,「立春二日 河月洲-祖憲-河尼谷-應魯-見訪」.

것을 떠올리며, 도가 다시 부흥할 희망을 놓지 않고 있다. 그러면서 그 도의 핵심을 남명학의 핵심인 '경이직내 의이방외(敬以直內 義以方外)'에서 찾아 자신의 귀의처로 삼고 있다. 즉 직(直)·방(方) 두 자가 남명선생의 진결(眞訣)이라는 말은, 곧 남명사상의 핵심인 경의(敬義)를 가리키는 것이다.

강병주는 정구(鄭逑)를 모신 회연서원(檜淵書院) 옛터를 지나며 "진원(眞源)은 당일 뇌룡정(雷龍亭)에서 배웠네.[眞源當日學雷龍]"[86]라고 하여, 정구의 학문의 근원이 남명에게 있다고 하였다. 정구는 남명과 퇴계 양문에서 수학한 인물로 남명학과 퇴계학을 겸취한 인물이다. 또 근기 남인계의 성호학은 정구와 퇴계 이황을 연원으로 했다고 보는 설이 지배적인데, 강병주는 성호학맥을 이은 사람으로 정구를 거론하고, 그의 학문이 남명에게서 연원하였다고 하고 있다. 이는 경상우도의 정신적 지주는 남명이었음을 말해주는 것이다.

IV. 맺음말

이상에서 논의한 것을 바탕으로 두산 강병주의 생애와 학문의 특징 및 시세계의 특징을 간추리면 다음과 같은 결론에 도달한다.

강병주는 강직하고 명석한 자질을 가졌으며, 신체는 왜소하였지만 마음은 장대한 인물이었다. 그는 경서의 핵심을 꿰뚫어 알 정도로 경학에 밝았으며, 문장은 성대하면서도 격렬한 면이 있었으며, 시는 맑고 원대하고 힘이 있었다.

---

86) 姜柄周, 『斗山居士文集』 권1, 「過檜淵院墟」.

강병주의 현실인식은 남명의 경우와 매우 닮아 있으며, 행동하는 지식인의 모습을 충분히 보여주고 있다. 그의 현실인식과 대응양상에서 적극적인 성향을 보이고 있다. 강병주는 개방적이고 박학한 학문을 지향한 학자이다. 그의 사유는 전통적인 주자학의 범주에서 벗어나지 않지만, 다양한 학파의 학설을 수용하여 통섭의 학문을 추구하였다.

강병주의 학문적 특징은 한 마디로 주경명리(主敬明理)라 할 수 있는데, 주경(主敬)은 심성수양을 실천해 덕성을 드높이는 것이고, 명리(明理)는 사물의 이치를 명확히 탐구하는 것이다. 이 주경명리는 조선 성리학자들이 흔히 말한 거경궁리(居敬窮理)에 비해 주체적이며 능동적인 면을 더 강조하는 의미가 있다.

그가 이룩한 학술적 업적은 문집 잡저에 실린 10개의 도표에 드러나 있다. 「대학경일장도(大學經一章圖)」·「대학전십장도(大學傳十章圖)」·「중용육대절도(中庸六大節圖)」<6개>·「진학차서도(進學次序圖)」·「성현언지도(聖賢言志圖)」·「지인도(知仁圖)」·「부동심도(不動心圖)」·「계사제일장도(繫辭第一章圖)」·「동명도(東銘圖)」·「일용인륜통오성도(日用人倫通五性圖)」 등이다.

이 가운데『대학』과『중용』의 요지를 도표화한 것에서 그의 경학적 특징을 확인할 수 있는데, 주자학을 바탕으로 하면서도 성호학을 계승한 독자적인 면이 발견된다. 특히 중용도는 조선후기 주자학자들이 정설론 본 주자의 장하주의 설을 따르지 않고, 대전본 앞에 있는「독중용법(讀中庸法)」을 따라 6대절로 나누어 파악한 것이 독특한데, 요지파악은「독중용법」을 따르지 않고 있어 독자성이 드러난다.

강병주는 160여 수의 시를 남겼는데, 그는 남명처럼 시 짓는 것을 완물상지(玩物喪志)로 보았다. 그가 남긴 시를 분석해 보면, 크게 도회교열

(道晦敎裂)의 비애, 역사회고의 감회, 위도부의(衛道扶義)의 정조, 남명정신의 고취 등 네 가지를 특징을 발견할 수 있다.

강병주는 19세기 후반 서양의 문물이 거세게 밀려드는 시대에 유학의 도가 무너지는 것을 안타깝게 여겨 위기지학에 매진한 학자이다. 그는 남명학의 본고장인 경상우도에서 태어나 남명학의 심성수양을 통한 도덕적 주체 확립과 실천을 학문의 바탕으로 하였고, 성호학맥을 이은 성재(性齋) 허전(許傳)에게 수학해 현실에 대한 관심과 경세적 사유를 전해 받았다.

그의 주경명리(主敬明理)의 학문관으로 볼 때, 주경은 남명학의 도덕적 실천성을 중시하는 행도(行道)와 닿아 있고, 명리는 궁리(窮理)에 진전을 이룩한 퇴계학의 지도(知道)와 닿아 있다. 전자는 남명학을 계승한 것이고, 후자는 성호학을 계승한 것이라 할 수 있다. 또 현실에 등을 돌리지 않고 적극적으로 세도를 부지하려 한 점에서 성호학의 경세론적인 사유가 들어 있다.

강병주의 도통의식 또는 학문연원에 대한 생각은, 한강(寒岡) 정구(鄭逑)가 퇴계·남명의 양문에서 수학하였지만 남명에게 더 영향을 받은 것으로 여김으로써 남명 - 한강으로 이어지는 경상우도 지역 남명학파로서의 학맥에 대한 견해를 드러내고 있다. 이는 동시대 허전 문하의 동문으로 경북 선산에 살았던 허훈(許薰, 1836~1907)이 퇴계 - 한강 - 미수(眉叟 : 許穆) - 성호(星湖 : 李瀷) - 순암(順菴 : 安鼎福) - 하려(下廬 : 黃德吉) - 성재(性齋 : 許傳)로 내려온 성호학맥을 우리나라 도학의 적통으로 인식한 것[87]과는 차별성을 갖는다.

---

87) 황위주, 「舫山 許薰의 삶과 學問性向」, 『남명학의 계승양상과 강우지역의 학술-경상우도 性齋 許傳의 학단을 중심으로』(경상대학교 남명학연구소 2011년 제1

  또한 강병주의 학문성향이 한주(寒洲) 이진상(李震相)의 심즉리설을
비판하지 않았고, 정제두(鄭齊斗)의 양명학을 계승한 강화학파 이건창의
설도 비판하지 않았으며, 노사(蘆沙) 기정진(奇正鎭)의 학설을 수용한 조
성가(趙性家)·최숙민(崔琡民) 등과 가깝게 지냈다는 점 등으로 보아, 성
리학적 내부에서 서로 다른 학설을 제기하는 것에 대해 크게 구애되지
않고 이를 통섭하여 공맹의 도를 부지하는 데 목표를 두었던 것으로 여
겨진다. 이런 점에서 강병주는 다른 학자들과는 구별되는 성향을 보인다.

〈참고문헌〉

胡廣 等 編, 『中庸章句大全』, 학민문화사 영인본.
姜柄周, 『斗山居士文集』, 경상대 도서관 문천각 소장본.
郭鍾錫, 『俛宇集』, 경상대 도서관 문천각 소장본.
金萬英, 『南圃集』, 경인문화사 영인 한국역대문집총간본.
金鎭祜, 『勿川集』, 경상대 도서관 문천각 소장본.
朴致馥, 『晩醒集』, 경상대 도서관 문천각 소장본.
李道樞, 『月淵集』, 경상대 도서관 문천각 소장본.
鄭元恒, 『嘐齋集』, 경상대 도서관 문천각 소장본.
崔琡民, 『溪南集』, 경상대 도서관 문천각 소장본.
河應魯, 『尼谷集』, 경상대 도서관 문천각 소장본.
河載文, 『東寮遺稿』, 경상대 도서관 문천각 소장본.
金侖壽(1992), 「남명집의 册版과 印本의 系統」, 『남명학연구』 제2집, 경상대 남명
        학연구소, 205~255면.
李相弼(2005), 『남명학파의 형성과 전개』, 와우출판사.
黃渭周, 「舫山 許薰의 삶과 學問性向」, 『2011년 경상대학교 남명학연구소 제1차
        학술대회 발표자료집』, 157~186면.

차 학술대회 발표자료집) 175면 참조.

崔錫起(1991),「南冥의 成學過程과 學問精神」,『남명학연구』창간호, 경상대 남명학연구소, 5994면.

_____(1996),「南冥의 山水遊覽에 대하여」,「남명학연구』제5집, 경상대 남명학연구소, 77~103면.

_____(2002)「星湖 李瀷의『大學』解釋과 그 意味」,『한국실학연구』제4호, 한국실학연구회, 167~218면.

_____(2003a),「17~8세기 學術動向과 星湖 李瀷의 경학」,『남명학연구』제16집, 경상대 남명학연구소, 103~161면.

_____(2003b),「陽村 權近의『大學』解釋과 그 意味」,『한문학보』제8집, 우리한문학회, 81~115면.

_____(2003c),「星湖 李瀷의『中庸』解釋과 그 意味」,『성호학연구』창간호, 안산시, 51~136면.

_____(2004),「陽村 權近의『中庸』해석과 그 意味」,『남명학연구』제17집, 경상대 남명학연구소, 163~214면.

_____(2005),「退溪의『대학』해석과 그 의미」,『한국의 철학』제36호, 경북대 퇴계연구소, 97~159면.

_____(2006),「南冥詩에 나타난 道學的 性向」,『남명학연구』제22집, 경상대 남명학연구소, 71~121면.

_____(2007),「南塘 韓元震의『중용』해석의 특징과 그 의미」,『동방한문학』제32집, 동방한문학회, 273~303면.

_____(2008),「『中庸』의 分節問題와 崔象龍의 解釋」,『한문학보』제19집, 우리한문학회, 1265~1291면.

_____(2009),「遁翁 韓汝愈의『中庸』解釋과 그 意味」,『대동한문학』제30집, 대동한문학회, 323~360면.

_____(2010a),「星湖學派의『대학』해석- 星湖·貞山·茶山을 중심으로-」,『한국실학연구』제19호, 한국실학학회, 123~159면.

_____(2010b),「南浦 金萬英의『中庸』해석과 그 의미」,『한문학보』제23집, 우리한문학회, 313~346면.

※ 이 글은『남명학연구』제31집에 수록된「두산 강병주의 학문과 문학」을 수정 보완한 것이다.

제6장
정재규(鄭載圭)의 학문정신과 『대학』 해석

Ⅰ. 머리말

경상우도 지역은 16세기 남명(南冥) 조식(曺植)이라는 걸출한 유학자가 배출됨으로써 학문의 고장으로 급속하게 발전하였다. 그러나 인조반정으로 북인정권이 몰락한 뒤, 17세기 중반 이후로 남명학파는 뚜렷한 학맥이 전승되지 못했다. 그런 영향으로 경상우도 지역 전체가 침체의 늪에 빠져 저명한 학자를 배출하지 못하였다. 이런 상태는 약 2세기 가까이 이어졌다. 그러다 19세기 후반부터 다시 학문이 일어나기 시작하였다.

19세기 중반 이후 경상우도 지역에서 형성된 주요 학단을 열거하면 다음과 같다. 만성(晚醒) 박치복(朴致馥)이 1860년 함안에서 삼가(三嘉)로 이주하여 황매산 밑에 백련재(百鍊齋)를 열고 학생들을 가르침으로써 만성학단(晚醒學團)이 형성되었으며, 1870년 허유(許愈)·곽종석(郭鍾錫) 등이 성주로 한주(寒洲) 이진상(李震相)을 찾아가 문인이 된 뒤, 이 지역 남인계 학자들이 그의 문하에 들어감으로써 한주학단(寒洲學團)이 성립되었다. 또 조성가(趙性家)·최숙민(崔琡民)·정재규(鄭載圭) 등이 전라도 장성으로 노사(蘆沙) 기정진(奇正鎭)을 찾아가 수학함으로써 경상우도 지역에 노사학단(蘆沙學團)이 형성되었고, 1864년 기호 남인계 성호학파의 성재(性齋) 허전(許傳)이 김해부사로 부임하여 강학을 하자 이 지역 남인계 학자들이 그의 문하에 나아감으로써 성재학단(性齋學團)이 형성되었다. 그리고 이 지역 남인계 학자들 중에는 정재(定齋) 유치명(柳致明)에게 수학하거나 그의 설을 추종하는 정재학단(定齋學團)이 있었다.

이처럼 19세기 후반 경상우도 지역에는 만성학단·한주학단·성재학단·노사학단·정재학단 등이 형성되어 활발하게 학문을 강론하였다. 그런데 이 지역 학자들은 대부분 남명학파의 연원을 가진 집안의 후예들이었으므로 그들의 정신적 밑바탕에는 모두 남명정신이 면면히 흐르고 있었다. 따라서 당색이나 학맥은 달라도 남명정신을 계승하고 있는 점에서는 모두 다름이 없었다.

19세기 후반 경상우도 지역의 이러한 학문동향에 대해 현대적으로 조명하는 작업은 아직 활발하게 일어나지 않고 있다. 그래서 이 시기의 경상우도 지역 노사학단에 대한 연구도 아직은 미미한 편이다.

이 글에서 다룰 노백헌(老柏軒) 정재규(鄭載圭, 1843~1911)는 경상우도 노사학단의 대표적인 학자이다. 그의 학술에 대한 연구는, 철학방면에서 전우(田愚)가 기정진의 성리설을 비판한 것에 대해 그가 재비판한 것을 다룬 논문[1]이 있고, 사학방면에서 노사학파의 형성과 위정척사운동을 다룬 논문[2]과 영남지역 노사학파의 형성과 활동을 다룬 논문[3]이 있다.

이처럼 기왕의 연구는 노사학파의 형성과 활동을 구명하고, 정재규가 전우와 성리설 논쟁한 것을 조명하였지만, 그의 학문과 사상을 전반적으로 밝히는 데까지는 나아가지 못하였다. 특히 경학에 관한 연구는 전혀 이루어지지 않고 있다.

정재규는 경학 관련 저술을 별도로 남긴 것이 없다. 그의 문집 잡저에 「논어차록(論語箚錄)」이 수록되어 있는데, 한적 10면 분량으로 『논어』 가운데 문제가 되는 부분에 대해 간략하게 자신의 견해를 피력해 놓은

---

1) 朴鶴來(2002), 445~473면.
2) 洪英基(1999), 71~100면.
3) 金鑪坤(2007), 1~260면

것이다. 그런데 그의 문집 가운데 분량이 매우 많은 편지글 속에는 사서(四書)에 대해 질의 응답한 것이 다수 보인다. 그 가운데는 『대학』과 『중용』에 관해 강론한 것이 특히 많다. 필자는 이에 주목하여 우선 그의 『대학』 해석에 한정하여 이 글에서 논의하기로 한다.

본고는 정재규의 경학 중 『대학』 해석에 주목하여 그 해석의 관점과 특징을 밝히는 것을 목적으로 한다. 이를 위해 우선 그의 학문정신에 대해 살펴보되, 특히 그의 문집에서 자주 거론되고 있는 현실대처방식에 주목해 고찰한 뒤, 그의 학문방법과 독서론에 대해 개략적으로 살펴볼 것이다. 이는 그의 학문적 입각점이 어디에 있는지를 먼저 고찰하기 위함이며, 그의 경학관을 엿보기 위한 예비적 시도이기도 하다. 그 다음 그의 『대학』 해석에 관한 자료를 검토하여 『대학』 해석의 기본관점, 『대학』 해석의 특징 및 의의 등을 살펴보고자 한다.

II. 현실인식과 학문정신

1. 수사선도의식(守死善道意識)과 독서종자양성론(讀書種子養成論)

정재규는 구한말의 전환기를 살았다. 그는 전통학문인 성리학을 기본으로 하고, 스승 기정진이 수립한 주리론적 사유를 근간으로 하면서 자신의 학술을 전개하였다. 그는 자기 시대 학풍의 문제점을 세 가지로 지적하였는데, 하나는 실천이 수반되지 않는 구이지학(口耳之學), 하나는 자기 성찰(省察)이 없는 점, 하나는 도덕보다는 문장에만 전념하는 것이다.[4] 곧 내실을 추구하는 위기지학(爲己之學)보다는 형식과 외양만을 추구하는 위인지학(爲人之學)으로 전락해 있다고 본 것이다.

이런 문제의식을 통해 그는 위기지학을 하여 도를 지키고 보전하는 것을 자신의 임무로 여겼다. 그래서 그는 오랑캐 풍속[夷]이 아닌 문명[華]을 지향하고, 금수가 아닌 인간[人]을 지향한다.[5] 그는 인간다움을 인륜이 있는 것으로 정의하고, 그것을 성인의 가르침인 인의예지신(仁義禮智信) 오상(五常)으로 보았다. 그가 개화를 반대하는 이유도 인륜을 무시하고 이욕에 빠지는 것을 경계하기 때문이다.[6]

이와 같은 관점에서 그는 서양문물을 이단으로 보았으며, 개화에 반대해 이단을 물리쳐야 한다는 생각을 확고히 하였다.[7] 그가 지향하는 것은 이(夷)가 아닌 화(華), 금수(禽獸)의 삶이 아닌 인륜(人倫)을 추구하는 것이었다. 이는 곧 도를 밝히고 실천하여 문명사회를 지탱해 나가는 것이다. 그래서 그는 정도(正道)를 보위하고 사도(邪道)를 배척하는 것으

---

4) 鄭載圭,『老柏軒集』권19,「答田斗泳-珪鎭-庚子」. "古人之學 只是明心 今人騰諸口 古人之學 求之己 今人求諸人 古人之學 蓄其德 今人役於文 足下吾知欲學古人之學者也"

5) 鄭載圭,『老柏軒集』권20,「答田元淑-溶奎-丙午」. "今日時象 陵夷二字 已屬歇後語 華而夷 人而獸 無一點子陽脈之可寄處 太息流涕之不足慟哭而已奈何奈何"

6) 鄭載圭,『老柏軒集』권25,「答閔希重-圭鎬-」. "人之所以爲人 仁義而已 此天之所以與我民彝 而聖人所以因而裁之以爲敎者也 是所固有而其有失其道者 無佗 利欲牷害之也 義利之辨 如薰蕕之判 而爲儒者 第一義 今之所謂開化者 化於利害之塗 而無君無父 易形易言 相率而入於禽獸之域 人之類 殆將滅矣"

7) 鄭載圭,『老柏軒集』권26,「與泮宮諸公」. "國家 所以崇儒而養士者 蓋將以講明斯道 扶持世敎 而若斯文化爲異端 人類淪於禽獸 而曾莫之恤飽煖恬嬉不思所以圖回之術 則國家所以培養之意 安在哉 凡我掛籍儒門者 孰非培養中物 而矧又太學禮義相先之地 賢士之所關也 斯文以之而不墜 四方於是乎取則 則遊息於斯 旰夕於斯者 其任吁亦重矣"

로 사상적 기틀을 삼았다.

이런 사상을 가지고 있던 그에게 1895년에 내린 삭발령은 바로 도를 파괴하는 극악무도한 행위로 여겨졌다. 그래서 그는 즉각 이를 반박하고, 도를 지키기 위한 행동을 취하게 된다. 그는 1896년 호남 지방의 학자들에게 보낸 편지에서 이 점을 강력히 주장하고 있다.[8] 정재규는 국가가 망하는 것, 백성이 고통을 당하는 것보다 더 중요한 문제로 인륜이 무너지는 것을 걱정하고 있다. 도가 없는 세상이 되는 것을 그는 가장 두려워하고 있었던 것이다. 그것은 인간다움을 유지하는 인륜이 없어지면 금수의 세상이 된다고 생각했기 때문이다. 그래서 그는 단발을 부모와 선왕(先王)과 선사(先師)를 배반하는 반인륜적 행위로 규정하고 있다.

이와 같은 관점에서 그는 신학문에 대해 매우 비판적인 인식을 보인다.[9] 신학문을 배우지 않을 수 없다는 주장이 거세게 일어날 때, 그는 불가하다는 입장을 견지하며 정도를 지키는 수정(守正)을 강조하고 있다.[10] 이 수정주의가 바로 위정척사운동으로 나타난다. 정재규는 신학문

---

8) 鄭載圭,『老柏軒集』권26,「與湖南諸公 丙申正月」. "至於剃髮之擧 則率我先王之民 聖賢之徒 而盡推以納諸禽獸之域 嗚呼 變到此極 國家之存亡 生民之魚肉 猶屬第二 天理亡矣 人紀絶矣 前聖後賢 相繼相傳之道 從此永息矣 古今天下 有此變乎……此髮一剃 則禽獸也 人而爲獸 是可忍乎 人而爲獸 是可忍乎 嗚呼 不受吾父母所生之全乎 不被吾先王培養之澤乎 不習吾先師聖學之傳乎 此髮一剃 則背吾父母也 背吾先王也 背吾先師也 是可忍乎"

9) 鄭載圭,『老柏軒集』권20,「答沈應章 丙午」. "時事言之 徒增憤鬱 不如且休而但新學方熾 邑邑立學 村村設校 年少才俊 莫不奔趨 此最大變 以愚慮之 此是滅人倫侮聖賢爲虜爲獸之前導 而六籍將灰 堯舜孔朱之道 掃地盡矣 人不能長生而不死 國不能長存而不亡 事固有大於死亡者 聖道滅絶 則天地亦不能以自立 而世之言者 擧以爲新學不可不知 悠悠之談 固不足論"

10) 鄭載圭,『老柏軒集』권16,「答沈建七 丙午」. "新學熾張之患 懷襄滔天 未足爲喩浮苴之逐波上下 自是時輩伎倆 何足論哉 但所可痛心者 素有儒望者

을 인륜을 멸하고 성현을 모욕하고 오랑캐가 되고 금수가 되는 전도(前導)로 보았다. 유가의 도를 해칠 패악한 것으로 본 것이다. 그는 사람의 목숨이나 나라의 존망보다 도를 더 중시하고 있다. 그것은 이 도가 없으면 이 세상이 자립할 수 없다고 보기 때문이다. 그런 관점에서 신학문은 그에게 도를 해치는 것으로밖에 보이지 않았던 것이다.

그는 예수교에 대해서도 무부무군(無父無君)의 논리로 보아 인륜을 무시한다는 점에서 이적(夷狄)의 금수로 여겼다.[11] 그리고 맹자가 양주(楊朱)·묵적(墨翟)을 물리친 것과 주자가 '정도를 해치는 사설(邪說)은 성현의 말씀을 기다릴 필요 없이 누구나 물리칠 수 있다.'고 한 것에 근거하여, 예수교를 이단으로 배척해야 한다고 역설하였다.[12]

서양의 신학문과 예수교를 사설로 간주하여 배척하면서 수호정도를 강조한 정재규는, 도를 지키기 위해 죽음을 불사하는 강경한 대응을 하고 있다. 그는 1895년 단발령에 대응하여 1896년 호남 유학자들에게 보낸 편지에서 다음과 같이 말하고 있다.

오늘날의 의로운 결단은 죽는 법이 있을 뿐입니다. 백 번 죽고 천 번 죽더라도 이 머리카락은 자를 수 없습니다. 만 번 죽고 억 번 죽더라도 이 머리카락은 자를 수 없습니다. 다만 '죽음으로 지킨다[守死]'는 아래에 '도

或倡爲新學不可不知之說　使少年才俊于于焉舍所學而爭趨耳　避禍之方云云　亦是恐動愚民之說　禍福之來　皆天也　非人力之所及　且天何嘗禍守正之人　而福趨邪之輩耶　假使不免於禍　亦命也　豈守正之罪哉"

11) 鄭載圭,『老柏軒集』권26,「與沚宮諸公」. "嗚呼　近日所謂邪蘇之敎　載圭等雖未知其說之云何　然要之　無父也無君也　其貪婪無恥　又夷狄中之禽獸也"

12) 上同. "載等竊聞之　鄒孟氏有言曰　能言距楊墨者　聖人之徒也　朱子釋之曰　邪說害正　人人得以攻之　不必聖賢　如春秋之法　亂臣賊子　人人得以誅之　不必士師也"

를 잘 보위한다.[善道]'는 2자가 있을 뿐입니다. 무엇 때문에 죽는 것이겠
습니까? 바야흐로 이 도를 잘 보위하기 위해서입니다. 각자 창가에 앉아
두 손을 마주잡고 죽음을 기다리겠습니까? 아니면 동지들이 손을 잡고 한
곳에 모여 함께 죽겠습니까?13)

　정재규는 '죽음으로써 도를 지켜야 한다.'는 결연한 의지를 드러내고
있다. 이는 도(道)－화(華)－인륜(人倫)을 그 무엇보다 중시한 그에게 현
실적으로 대처할 수 있는 최선의 방법이었던 것이다. 이와 같은 그의 의
식을 한 마디로 정리하면 수사선도의식(守死善道意識)이라 하겠다. 그리
고 이런 의식이 그의 현실인식과 학문정신에 중핵으로 자리하고 있다.
수사선도(守死善道)는 『논어』에 보이는 말로, 죽음으로써 도를 지켜 도
를 잘 보위한다는 뜻이다.

　정재규는 일본이 내린 하사금을 받지 않고 돌려줄 적에도 수사선도의
식을 그대로 드러내고 있다.14) 그는 금수와 사람의 다른 점을 부각시켜
인륜, 즉 도를 지키는 것이 목숨보다 중함을 강조하고 있다. 이것이 바
로 수사선도의식이다. 이런 의식이 현실에 대한 그의 대처방식이었다는

---

13) 鄭載圭, 『老柏軒集』 권26, 「與湖南諸公 丙申正月」. "今日義諦 只有死法 百
　　死千死 此髮不可斷也 萬死億死 此髮不可斷也 但守死下面 有善道二字 何
　　如而死 方是善道 各坐牖下 拱手俟死乎 抑同志攜手 一處會死乎"
14) 鄭載圭, 『老柏軒集』 권26, 「抵日憲兵分遣所」. "某韓人也 豈可受日本之賜乎
　　不惟吾無可受之義 日本亦無可賜之理 義所不可 雖吾君之賜 有所不受 況
　　於日本乎 頃者 憲兵所長之來問也 面言其不當受之意 則所長亦不復詰而去
　　矣 再昨日自郡廳招致家兒 誘之脅之 昨又來詰 其不憚煩惱如此 則是欲以
　　此金降我也 若是則有死而已 噫 吾之死晚矣 主辱而不能死 國亡而不能
　　死……今乃以利誘之 以威脅之 古今天下 焉有君子而可以貨取者乎 焉有志
　　士而可以威屈者乎 烏不下喬 犬亦戀主 可以人而不如鳥獸乎 如欲强屈之
　　則吾將從先聖賢於地下矣"

점에서 그의 학문정신을 대변한다.

앞에서 살펴보았듯이, 정재규는 나라는 망하고 사람은 죽더라도 도를 남기는 것이 더 중요하다고 생각했다. 즉 도를 전하는 것이 희망을 전하는 것으로 생각한 것이다. 그에게 도는 희망의 불씨였다. 그래서 그는 부지런히 학문을 했고, 부지런히 제자들을 가르쳤다. 그런데 그의 시대는 이런 도를 진정으로 구하는 사람이 적었다. 그래서 그는 다음과 같이 말하고 있다.

> 오늘날 독서종자(讀書種子)는 거의 없어졌다. 간혹 약간의 사람들이 있지만, 그 또한 모두 유약하여 앉아서 졸고 있는 사람들이다. 그래서 매양 탄식을 한다.15)

'독서종자가 말라 간다.'는 언급이 그의 문집에 자주 보이는16) 것은, 그가 그만큼 자기 시대에 진정으로 도를 구하는 학자가 없음을 한탄한 것이다. 이런 탄식은 자기가 믿고 의지한 문화적 자존심이었던 도가 사라져가고 있는 것을 목격한 탄식이다. 그러니 그 상실감이 크지 않을 수 없었을 것이다. 자신이 생각한 희망의 불씨를 전해야 하는데, 그것이 사그라져 가고 있으니 탄식이 나올 수밖에 없었을 것이다.

문화는 계속해서 소멸되고 탄생하는 것이지만, 자신의 정신적 근거가 사라져가고 있는 것을 보는 심정은 허탈하기 그지없었을 것이다. 정재

---

15) 鄭載圭, 『老柏軒集』 권14, 「答趙舜韶」. "今讀書種子 幾乎熄矣 間有若干輩人 又皆弱坐睡底人 每用喟然"

16) 정재규의 문집에는 '독서종가'에 대한 언급이 모두 9곳에 보인다. 동시대 李震相·郭鍾錫·金鎭祜·鄭冕圭·盧相稷 등의 문집에도 '독서종자'에 관한 언급이 보이지만, 특히 정재규의 문집에 유독 많이 나타나는 것은 그가 이 점에 대해 남들보다 더 심각하게 인식하고 있음을 보여준다.

규는 어떻게든 진정으로 도를 구하는 인재를 양성하여 도가 없어지지 않고 전해지도록 보전하고자 했다. 그것이 바로 독서종자양성론(讀書種子養成論)이다.

이런 그의 학문정신은 그의 제자 권재규(權載奎, 1870~1952)가 일제 침략기를 살면서 어떻게든 독서종자를 양성해 유교를 부지하려고 했던 노력으로 나타난다. 권재규는 예의는 우리나라 백성의 성품이므로 나라는 망했지만 이 국민성은 망할 수 없다고 하면서, 분수에 따라 유교에 복무해 국성(國性)을 보존하는 것을 사명으로 생각했다.[17] 권재규는 스승 정재규의 독서종자양성론을 계승해 유교가 더 무너지고 있는 현실을 바라보면서 유교종자양성(儒敎種子養成)을 외쳤다.

2. 학문방법과 독서론

정재규는 독서만을 학문으로 생각하지 않았다. 물론 조선 후기 학자들은 주자의 '한 나절은 정좌(靜坐)하고 한 나절은 독서하는 법'에 대해 익히 알고 있었을 것이므로, 학문이 독서뿐 아니라 정좌까지 겸하는 것이라고 생각했을 것이다. 그런데 정재규가 활동하던 구한말에는 이미 그런 학문정신이 쇠락해 있었다. 그래서 그는 독서를 통해 이치를 강론하는 것 외에, 마음을 수렴하여 보존하고 길러가는 공부를 겸해야 한다는 학문관을 내세우고 있다.[18] 그는 문인 심진희(沈鎭禧)·정기(鄭琦) 등에게 보낸 편지에서도 마음을 수렴하는 공부에 대해 극구 강조하고 있

---

17) 鄭基敏(2006), 38~44면.
18) 鄭載圭, 『老柏軒集』권19, 「答鄭敬九-在年-辛丑」. "世故多端 固亦不能靜坐做工 然所謂學問者 非專讀書之謂 日用應事 正是做工夫處 但常自提掇此心 令勿與俱往 而隨隙輒對案 則久當有怡然處矣"

다.[19] 이를 보면, 그는 독서를 통한 의리강명과 수렴공부를 통한 존심양
성을 병행하는 학문방법을 견지하였음을 알 수 있다.

정재규의 마음을 수렴하는 공부는 성리학적 사유에서 벗어나지 않는
다. 그런데 그는 일반론적으로 말하는 성찰(省察)이 아니라, 구체적이며
실제적인 것으로 말하고 있어 주목된다. 즉 그는 일상의 현실적인 일에
대처할 때 일에 따라 성찰하는 공부를 강조하고 있다.[20] 특히 집안일을
주간해 나갈 적에 성찰하는 공부를 역설하고 있는데,[21] 이는 독서를 통
한 지식을 실생활에서 반추하는 체찰(體察)의 과정을 중시한 것이다.

실생활에서의 공부 방법으로 정재규가 수사성찰(隨事省察)을 강조한
것은, 사회기에 남명이 의(義)를 척도로 한 심기(審幾)의 성찰 및 극치(克
治)를 강조한 것과 일맥상통하는 논리로, 현실에서의 실천을 중시하는
공부법이다. 이는 분수(分殊) 속에서 리(理)를 체찰하여 리에서 벗어나지
않는 삶을 지향하는 것이다. 그래서 그의 공부법 수사성찰은 스승 기정
진의 주리론을 현실적 실천으로 전개한 것이라 평할 수 있다. 그는 이
수사성찰의 공부법을 다음과 같이 말하고 있다.

  말씀하신 독서의 절차는 내 몸 가까이서 착실히 할 수 있는 것이라 생
  각되지만, 일을 할 때 중단될 우려가 있습니다. 노인을 봉양하고 집안일을

---

19) 鄭載圭, 『老柏軒集』권20, 「答沈公玉 壬寅」. "所謂學問 豈專讀書之謂 隨時
   隨處 提惺此心 勿令放去 則書册之外 別有眞箇下工夫"
   鄭載圭, 『老柏軒集』권21, 「答鄭景晦」. "收斂工夫 苦難接續 但旋旋却顧猛
   省 則久當有效 若一朝奮發 便無間斷 則一蹴可到不違仁地位焉"
20) 鄭載圭, 『老柏軒集』권20, 「答李聖淑-相琪-壬寅」. "存心問學 隨事省察之意
   幹家讀書 交致其歷 此吾家正法 而所患此心與物俱往"
21) 鄭載圭, 『老柏軒集』권23, 「答李周汝-教冕-甲辰」. "學豈專讀書之謂 書册之
   外 自有實下手處 幹家亦學問中一事之最切且急者也"

주간하는 것은 면할 수 없는 일이니, 단지 일에 따라 성찰하여 이 마음으로 하여금 그런 일에 골몰하지 말게 하면, 가장 친절한 공부가 될 것입니다. 오늘날 학자들은 일이 없으면 독서하고, 일이 있으면 그에 빠져 골몰하여 사(事)와 리(理)가 온전히 상호 필요로 하지도 않고 상호 도움을 주지도 못합니다. 이는 '단지 읽기만 잘 한다'는 것이니, 독서가 아무리 많더라도 무슨 유익함이 있겠습니까?[22]

독서는 이치를 강명(講明)하는 것이다. 그런데 독서를 할 때만 이치를 강명하고, 일을 조처할 적에 이치에 근거하지 않게 되면, 독서의 효과는 없게 된다. 위 인용문은 독서와 일이 별개의 것이 되지 말아야 한다는 점을 강조한 말로, 일을 조처하면서 그 속에서 이치를 살피는 공부를 수시로 하라는 말이다.

그렇다면 정재규가 그처럼 수사성찰의 공부를 강조하고 있는 것은 무엇 때문일까? 그는 독서토론회에 참석해 다음과 같이 질문을 던지고 있다.

곤궁함과 형통함, 선유들은 몸은 곤궁하지만 도는 형통한다고 했습니다. 그렇다면 몸과 도가 둘이란 말입니까? 몸이 곤궁한 데 처하더라도 그 마음이 태연한 것은 반드시 그 도가 있기 때문일 것입니다. 이에 대해 여러분들의 의견을 한 번 듣고자 합니다.[23]

---

22) 鄭載圭, 『老柏軒集』 권24, 「答許亨佑」. "示諭讀書節次 可想近裏著實 而有事間斷之憂 奉老幹家 所不能免 但隨事省察 勿令此心與之汨沒 則最爲親切工夫 今之學者 無事則讀書 有事則被佗汨沒 事理全不相須相資 是名徒能 讀雖多 奚益"

23) 鄭載圭, 『老柏軒集』 권26, 「會稽講社發問 丁亥」. "困亨 先儒謂身困而道亨 然則身與道 二歟 身處困窮而其心泰然 是必有其道 願一聞之 -右二條 問于舜卿兄弟及子厚也-"

　이는 내 몸에 도를 간직하라는 논리이다. 도와 몸이 둘이 아니라 하나가 될 때, 곤궁함을 극복하고 어려운 상황에서도 중심을 잃지 않을 수 있다는 말이다. 도를 내 몸에 구현함으로써 현실적인 대처를 보다 적극적으로 할 수 있다는 것이다.

　이는 스승 기정진이 리일리분수(理一理分殊)를 주장하여[24] 분수(分殊) 속에서 리(理)를 구현하려고 한 사상을 그대로 현실에 적용한 것이다. 몸은 분수(分殊)이고, 도(道)는 리(理)이다. 분수는 나누어져 각각 다른 개체를 말하고, 리는 이 세상의 근본적인 진리를 말한다. 개개인이 일상 속에서 리를 다 구현하지 못하기 때문에 이 도리를 체득하는 것이 중요하다. 정재규가 수사성찰의 공부를 강조한 것은 바로 이 도리를 체득하여 구현하는 방법이기 때문이다.

　정재규가 기정진을 찾아가 문답한 내용을 기록해 놓은 것이 「사상기문(沙上記聞)」이다. 이 글의 첫머리에는 기정진이 "독서는 고인의 용심(用心)과 언행(言行)을 알아 내 몸에 돌이켜 그 실질을 실천하려고 하는 것이다."[25]라고 한 말이 보인다. 이는 기정진이 의리강명의 궁극적인 목적을 반신천실(反身踐實)에 있음을 천명한 것이다. 정재규는 이 말을 듣고 자신의 독서가 자신을 검찰(檢察)하는 데 소홀했음을 절실히 느끼고 있다.[26] 이를 계기로 그는 반신천실의 실천에 각별한 정신을 두었다.

　그래서 정재규의 독서론은 한 마디로 체험과 실천을 강조하는 데 특징이 있다. 그는 1908년 이진석(李震錫)에게 답한 편지에서 다음과 같이 말하였다.

---

24) 김봉건(2007), 60~68면.
25) 鄭載圭, 『老柏軒集』 권26, 「沙上記聞」. "讀書 欲以知古人用心言行 反身以踐其實也"
26) 上同. "對曰 侍生 前此 非不讀書 不能如是檢察 而但所謂書書我我也"

학문을 하면 날로 맛이 있다. 『소학』을 다 읽었느냐? 가정에서의 일상
생활은 바로 독서한 것을 체험하고 실천하는 자리이다. 잠시도 방심하고
지나쳐서는 안 된다. 그 다음에 『대학』을 읽어 한 글자 한 글자를 탐구하
고 구절마다 연구하여 내 몸에 돌이켜 구하며, 입으로만 외우고 말하는 자
료를 삼지 말라.[27]

　　정재규도 조선시대 일반 학자들처럼 『소학』을 읽고, 그 다음에 『대학』
을 읽을 것을 가르치고 있다. 그런데 그는 『소학』을 가정의 일상생활 속
에서 잠시도 방심하지 말고 체험하고 실천할 것을 주문하고 있다. 특히
그는 『대학』을 읽을 적에도 자구를 정밀하게 탐구할 것과 함께 반구저
신(反求諸身)할 것을 강조하고 있다. 내 몸에 돌이켜 체득하는 것을 중시
한 것이다. 바로 내 몸에 도를 구현해야 한다는 학문정신이다.

　　정재규가 문인들에게 제시한 독서법은 다양하게 나타나는데, 이를 간
결하게 간추려 정리하면 다음과 같다. 첫째, 독서의 과정(課程)을 세워
라.[28] 둘째, 급하게 읽지 말고 점진적으로 한 책만을 정독하라.[29] 셋째,
본문의 문의(文義)에만 의지하여 오래도록 음미하며 터득하도록 하라.[30]

---

27) 鄭載圭, 『老柏軒集』 권25, 「與李明善-震錫-戊申」. "爲學日有味 小學卒業否
　　家庭日用 正是體驗踐行之地 不宜斯須放過 次讀大學 須字琢而句硏 反求
　　諸身 勿爲口頭誦說之資也"

28) 鄭載圭, 『老柏軒集』 권19, 「與權應詔 庚子」. "至於讀書 則嚴立課程 不可一
　　日放過 若日間有事 則當夜不得不做禪家撑眉弩眼樣 厮炒睡魔 必充日課
　　以此畫一 久當有效 不惟知見日長 持守益固 筋骨益堅矣"

29) 鄭載圭, 『老柏軒集』 권23, 「答鄭珍華-益鍾-癸卯」. "讀書固當以漸不驟 致精
　　一書 然後乃及佗書 若被佗汨沒 則或別生佗病 且置之而進佗書 寬著此心
　　猛著此力 以爲循環熟複之計 却是不妨"

30) 鄭載圭, 『老柏軒集』 권12 「答朴舜瑞 庚子」. "蓋讀書別無他法 只是依本文
　　文義 白直曉會 不敢妄添一句 開雜言語 久久自然有得 得了又見得聖賢言
　　語 眞無一句可添減 若是方能知新意味 無窮不然 縱使說得寶花亂墜 只是

넷째, 의심을 가져라.31) 다섯째, 언제 어디서나 중단함이 없도록 하라.32)
여섯째, 독서궁리는 양파의 껍질을 벗기는 것과 같다.33)

이러한 독서법도 궁극적으로는 도를 체찰 체득하는 데 목적을 둔 것
이다. 그는 "독서는 문자를 이해하려고 하는 것이 아니라, 성현의 기상
을 인식하고 체득하려고 하는 것이 저절로 정자·주자의 지결이다."34)라
고 하였다. 이는 독서의 목표를 책의 내용을 아는 데 두지 않고, 그 문자
속에 담긴 성현의 기상을 체득하는 데 있다는 말이다. 바로 도를 내 몸
에 보전하는 학문정신이다. 그리고 그것을 정자와 주자가 내세운 독서
의 지결이라 하고 있다. 북송 대 학자들은 도학을 수립하면서 공자·안자
(顏子 : 顏回)가 즐거워한 정신적 경지가 무엇인지를 찾으라고 학자들에
게 주문하였다. 이것이 바로 글의 내용을 아는 차원을 넘어 그 정신을
찾는 것이다.

그의 독서론은 체득과 실천이라는 학문정신을 그대로 반영하고 있는
데,35) 이는 책을 통해 배운 지식을 내 것으로 만들어야 현실에 적극 대

間言語也"
31) 鄭載圭, 『老柏軒集』 권23, 「答權度鎰-重衡-乙巳」. "讀書無疑 蓋亦初學通患
以已往之糟粕 視經子 而不把作自家當知當行之事 於己不相關涉 有甚可疑
一一讀得切己 則有曰如彼而吾之知未能如彼 有曰如此而吾之行未能如此
若是則安得不疑 此致疑之苗脈也"
32) 鄭載圭, 『老柏軒集』 권24, 「答金子成-在奎-庚寅」. "爲學固多術 而其要則不
過曰在我而已 苟使吾志 誠在於學 如水必東 食與俱啖 寢與俱夢 無所間斷
則盈科放海 自有所達"
33) 鄭載圭, 『老柏軒集』 권13, 「答宋德中問目」. "大抵讀書窮理 譬諸劈蔥 皮裏
有皮 一重又一重 不可以淺心求也 若才得一說 自謂已知者 非愚則妄也"
34) 鄭載圭, 『老柏軒集』 권12, 「答李孔遇-台鎭-戊戌」. "讀書非要理會文字 須要
識得聖賢氣象 自是程朱旨訣"
35) 鄭載圭, 『老柏軒集』 권19, 「答李文哉」. "今人讀書 以書視書 不看作自己所

응할 수 있기 때문이었다. 이것이 그가 생각한 도를 내 몸에 갖추고 보전하여 무도한 현실에 대응하는 방법이었다.

III. 『대학』 해석의 특징

1. 『대학』 해석의 기본관점

1) 명덕(明德)에 치중

『대학』은 주자의 해석에 따르면, 명명덕(明明德)·신민(新民)·지어지선(止於至善)의 삼강령과 그 하위 조목으로 격물·치지·성의·정심·수신·제가·치국·평천하의 팔조목이 있다. 팔조목 중 격물·치지·성의·정심·수신은 명명덕에 속하고, 제가·치국·평천하는 신민에 속한다. 명명덕은 자신의 덕을 완성하는 성기(成己)이고, 신민은 자신의 덕이 남들에게 미쳐 남들까지 완성시켜주는 성물(成物)에 해당한다. 그리고 지어지선은 명명덕·신민 두 강령이 추구하는 최종 목적지를 의미한다.

『대학』을 해석할 적에 명명덕과 신민 두 강령 가운데, 어디에 초점을 맞추느냐에 따라 해석성향은 크게 달라진다. 조선 성리학에서는 개인의 인격완성을 최우선으로 하기 때문에 명명덕을 하고 나서 신민을 하는 차서를 제시하고 있다. 그러나 조선후기 실학적 사유가 대두되고 나서 지나치게 개인의 심성수양에 치우친 학풍을 반성하고 현실사회의 문제

當爲者 今逐段反求 以驗吾心身之果能然否 似此讀書 而豈有不得滋味 旣有味 則自然不可已 自然長長地新"

로 시선을 돌린 학자들은 심성보다는 행사(行事)에 주목하여 개인의 마음의 문제보다는 사회적 관계의 가치를 중시하기 시작했다. 예컨대 정약용(丁若鏞)이 종래 성의·정심·수신에 치중한 해석을 반대하고, 효(孝)·제(悌)·자(慈)를 명덕으로 보면서 행사 속에서의 가치에 주목한 것이 그 점을 단적으로 보여준다. 즉 명명덕을 무시하는 것은 아니지만, 궁극적으로 평천하에 더 가치를 두는 해석이다.

그런데 구한말의 주리론자들이 보는 관점은 정약용이 행사를 중시한 것과는 정반대로 내면을 밝혀 도를 체득하는 명명덕에 치우친 해석을 하고 있다. 물론 조선 성리학자들은 명명덕과 신민이 지(知) - 행(行) - 추행(推行)의 순으로 미루어나가는 것을 부정하지는 않지만, 후기로 내려올수록 보다 근원을 강조하는 성향 때문에 추행의 신민보다는 지·행의 명명덕을 더 중시하는 쪽으로 흘러갔다.

구한말의 주리론자들은 리(理)의 절대성을 강조하기 위해 이를 더 극대화하였는데, 정재규는 이에 대해 의미심장한 발언을 하고 있다. 그는 문인들에게 출제한 문제에서 "『대학장구』에 '천하 사람들로 하여금 모두 그들의 명덕을 밝히게 함이 있다.'고 하였으니, 이는 사람마다 모두 스스로 자기의 덕을 밝히게 한 것이다. 그런데 『대학혹문』에서 논한 것은 도리어 체용지전(體用之全)으로 명명덕을 말하면서 천하에 나의 명덕을 밝히는 듯한 점이 있다. 그러므로 후세 학자들의 논설이 매우 많게 된 것이다. 이에 대해 여러분은 어떻게 생각하는가?"라고 하였다.[36]

이에 대해 문인 정기(鄭琦)는 대답하기를 "'명명덕(明明德)'은 자기의

---

36) 鄭載圭, 『老柏軒集』 권21, 「答鄭景晦大學發問對目 戊申」. "發問曰 章句曰 使天下之人 皆有以明其明德 則是人人皆自明其德也 或問所論 則却以體用之全 言之 有若明吾之明德於天下者 是以 後儒之論說 甚多 何如"

명덕을 밝히는 것이니 체(體)이고, '명명덕어천하(明明德於天下)'는 천하의 사람들을 새롭게 해서 그들로 하여금 모두 자기의 명덕을 스스로 밝히게 함이 있는 것이니 용(用)입니다. 이것이 이른바 『대학혹문』에서 '체용(體用)이 온전하다.'고 한 것입니다. 대개 자기의 덕을 스스로 밝히고 그것을 미루어 백성을 새롭게 변화시키면 백성들이 자신을 새롭게 하지만 실은 내가 나의 명덕을 밝힌 효험인 것입니다. 그러니 '천하에 나의 명덕을 밝힌다.'고 말하더라도 불가할 것이 없을 듯합니다. 그렇다면 『대학장구』와 『대학혹문』이 상이한 듯 하지만 실제로는 한 가지입니다."라고 하였다.[37]

그러자 정재규는 "신민(新民)도 명덕(明德) 속의 일이다. 하늘의 밝은 명령[天之明命]은 분명 안과 밖의 구별이 없으니, 덕업이 높고 넓어지면 그 처음을 회복할 수 있다. 백성들로 하여금 스스로 그들의 덕을 밝히게 하는 것이 곧 나의 덕을 밝히는 이유이다."라고 하였다.[38]

정기가 백성들이 자신을 새롭게 하는 것이지만 실은 내가 나의 명덕을 밝힌 효험이라는 관점에서 '명명덕어천하'를 '천하에 나의 명덕을 밝힌다.'고 해석하더라도 틀리지 않다고 답변한 것에 대해, 정재규는 그의 설을 인정하면서도 체·용의 이분법으로 오해할까봐 '신민도 명덕 속의 일'이라고 말한 것이다. 이는 리일(理一)·분수(分殊)를 이분법으로 보지 않고 분수도 리(理) 속에 있다고 하는 기정진의 주리론과 같은 맥락에

---

37) 上同. "謹按 明明德者 明己之明德 體也 明明德於天下者 新天下之民 使之皆有以自明其德 用也 此所謂體用之全也 蓋自明其德 推而新民 則民雖自新 而其實卽我明明德之效也 雖曰明吾之明德於天下 恐無不可 然則章句或問 雖若相異 而實則一也"

38) 上同. "新民 亦明德中事 明命 赫然罔有內外 德崇業廣 乃復其初 使之自明乃所以明吾之德也"

있는 발언이다.

정재규는 '명명(明命)은 분명히 내외가 없다'고 하였는데, 명명(明命)은 곧 리(理)이다. 그는 명덕을 '사람에게 있는 천명의 전체'로 보기 때문에[39] 명덕도 리가 된다. 이렇게 보면『대학』의 삼강령 가운데 명명덕이든 신민이든 모두 천지명명(天之明命)의 리(理) 속에 포함되어 내외가 없게 된다. 명명덕은 분수의 측면에서 말하면 사람들로 하여금 모두 그들의 명덕을 밝히게 하는 것이지만, 리의 측면에서 말하면 내가 나의 명덕을 밝히는 것이나 남들이 그들의 명덕을 밝히는 것이 모두 같다. 그것이 곧 '명명에 내외가 없다'는 말이다.

그의 삼강령에 대한 해석은 주자가 명덕을 본(本)으로 신민을 말(末)로 본 본말론이나, 명명덕을 성기(成己)의 체(體)로 신민을 성물(成物)의 용(用)으로 보는 종래의 설에서, 리(理)의 절대성을 강조하는 쪽으로 나아간 것이 특징이다. 그가 '신민을 명덕 속의 일'이라고 한 것은, 명덕을 명명(明命)과 같은 리로 인식한 것이므로, 명명덕·신민을 모두 분수로보고 이 둘을 포함한 명명을 리로 일원화한 것이다.

그가 "대학의 도는 충서(忠恕)를 하나로 하는 것일 뿐입니다. 충(忠)은 명덕의 일이고, 서(恕)는 신민의 일입니다."라는 문인의 말에 대해, '좋다'고 긍정한 것[40]도 위와 같은 관점에서 말한 것이다. 또 그는『대학』을 본성으로 돌아가는 일을 말한[復性之事] 책으로 보고 있는데,[41] 성

---

39) 鄭載圭,『老柏軒集』권14,「與趙升玄」. "明德 天命之全體 在乎人者"

40) 鄭載圭,『老柏軒集』권24,「答鄭思叔問目」. "大學之道 一忠恕而已矣 忠者 明德之事 恕者 新民之事 / 好"

41) 鄭載圭,『老柏軒集』권21,「答鄭景晦大學發問對目 戊申」. "發問曰 治而敎 之 以復其性云云 大學一部 段段是復性之事 而篇內無一處表出性字 何歟 一篇都無露出性字處 而特於好惡之拂於人處 却說出者 又何歟"

(性)은 곧 리(理)이므로 이 역시 리를 중시하는 관점을 드러낸 것이다.

정리하자면, 정재규는 삼강령의 두 축인 명명덕·신민을 체용론의 관점으로만 보지 않고, 보다 근원적인 천지명명(天之明命)에 주목하여 리를 중시함으로써 사람에게 있는 천명의 전체인 명덕에 중점을 두어 『대학』을 해석하였다. 명덕은 사람에게 부여된 것이지만, 하늘이 명명한 것에 중점을 두어 해석하면 리로 볼 수 있다. 이러한 관점은 본말·체용의 관점에서 명명덕과 신민을 논한 주자의 이원론적인 설과 변별된다. 이점이 그의 『대학』해석의 기본관점이다.

2) 반신천실(反身踐實)의 수신(修身)에 치중

앞에서 살펴보았듯이, 정재규가 『대학』을 해석하면서 명덕을 강조하고 『대학』을 본성을 회복하는 일을 말한 책으로 본 것은, 리를 중시하는 그의 철학에서 나온 것이다. 그리고 이는 리의 절대성을 강조하여 현실의 변화에 대처할 절대적 원리를 확보하기 위해서이다. 또한 그는 의리를 강명하는 데서 그치지 않고, 체찰하고 체득하여 능동적으로 수사성찰(隨事省察)하는 현실대처를 중시하였는데, 이런 학문정신은 『대학』의 팔조목 중 자기 실천의 행(行)에 해당하는 수신(修身)에 치중하여 해석한 데서 확인할 수 있다.

조선후기 성호학파의 이병휴(李秉休)는 '대학지도(大學之道)'를 주자처럼 '대인지학(大人之學)'으로 보지 않고 '왕자(王者)가 천하를 다스리는 도'로 보아, 성의·치국·평천하에 주된 뜻이 있다고 하였다.42) 후대

---

42) 李秉休, 『大學心解』, 傳. "至八條傳 其文頗詳 而尤致詳於誠意·治國·平天下三傳 則傳之所重 在於八條 而八條之中 又以三傳爲重 可知也"

정약용(丁若鏞)도 '대학지도'를 주자처럼 '국인을 가르치는 도'가 아니라, '주자(冑子)를 가르치는 도'로 보아, 치국·평천하를 주된 내용으로 파악하고 있다.[43]

그런데 앞에서 살펴보았듯이 도가 무너져가는 시대에 도를 체득해 간직하고서 험난한 현실에 대응하고자 했던 정재규에게 있어서는, 이병휴·정약용처럼 세상을 다스리는 치국·평천하에 중점을 두기보다는 수신에 중점을 두어 반신천실(反身踐實)하는 것이 더욱 절박하였다. 그래서 그는 『대학』 팔조목을 해석하면서도 추행(推行)에 해당하는 제가·치국·평천하보다는 행(行)에 해당하는 성의·정심·수신에 치중하였다.

정재규는 『대학』의 요점에 대해 문제를 제기하여 문인들로 하여금 응대하게 하였는데, 1908년 문인 정기(鄭琦)가 발문(發問)에 응대한 것에 답한 장문의 편지가 있다. 이 가운데 정재규는 치국장의 '효제자(孝弟慈)'에 대해 "효·제·자는 군자가 수신하는 실사인데, 위의 장에서는 말하지 않고 군이 이 치국장에서 말한 것은 무슨 이유인가?"라고 문제제기를 하였고,[44] 정기는 이에 대해 "삼가 살펴보건대, 효·제·자는 수신의 실사이지만 그것을 행하는 지점은 바로 남과 내가 마주한 경우입니다. 그러므로 제가치국장에서 비로소 그것을 말한 것입니다. 또한 수신장에 이 세 자를 드러내지는 않았지만, 그 의미가 저절로 그 속에 들어있으니, 수신장에 '친애(親愛)'를 말한 것은 사랑에는 애친(愛親)보다 더 큰

---

43) 丁若鏞, 『與猶堂全書』 제2집 권1, 『大學公議 一』. "故治國平天下 爲斯經之所主 而修身齊家 乃溯其本而言之 誠意正心 又溯其本之本而言之 其所主在治平也 故至治國平天下二節 其節目乃詳 其上數節 略略提掇而已 不細論也"

44) 鄭載圭, 『老柏軒集』 권21, 「答鄭景晦大學發問對目 戊申」. "發問曰 孝弟慈是君子修身之實事 而不言於上章 而必言之於此者 何也"

것이 없기 때문이고, '외경(畏敬)'을 말한 것은 공경에는 형을 공경하는
것보다 더 큰 것이 없기 때문입니다. 또 수신장에 '자기 자식의 나쁜 점
을 모른다.'고 말한 것은 자(慈)에 속합니다."라고 하였다.45)

정재규는 자신이 제기한 문제에 대해 제자의 답변이 어느 정도 접근
한 것이라고 생각했지만, 부족한 점이 있다고 느껴 "팔조목에서 수신 이
상은 모두 이 수신의 실사(實事)의 요법(要法)이 된다. 그런데 치국장에
그것을 말한 것은, 그 문법이 지어지선전(止於至善傳)에서 그칠 곳이 있
고, 그칠 곳에 그칠 줄을 안다는 점을 먼저 말한 뒤에 인(仁)·경(敬)·효
(孝)·자(慈)·신(信) 다섯 가지 일을 말한 것과 같다."라고 하였다.46)

여기서 알 수 있듯이, 정재규는 팔조목의 제가·치국·평천하를 '수신
의 실사(實事)'로 보고 있으며, 효·제·자를 '수신의 실사의 요법'으로 보
고 있다. 이처럼 그는 제가·치국·평천하를 치인(治人)의 논리로 보지 않
고 수신(修身) 속에 포함시키고 있는 것이 특징이다.

그는 치국평천하장의 '혈구(絜矩)'를 해석하면서도 이런 논리를 그대
로 적용시키고 있다. 그는 발문(發問)에서 "치국·평천하는 수신으로부터
미루어나간 것이니, 이 장에서 이른바 '구(矩)'라고 한 것은 반드시 수신
에서 얻은 것이다. 그런데 정심장·수신장에는 모두 이에 대해 한 마디
말도 없다가 치국평천하장에 이르러 돌연 명목(名目)을 드러내 세웠으
니, 그 뜻을 들을 수 있겠는가?"라고 하였다.47) 이런 그의 발문을 음미하

45) 上同. "謹按 孝弟慈 雖是修身之實事 而行之之地 乃是人已對立處 故於齊
治始言之 且修身章 雖不露出此三字 然其意則自在 曰親愛則愛莫大於愛親
曰畏敬則敬莫大於敬兄 又曰莫知其子之惡則是屬慈"
46) 上同. "修身以上 皆爲此實事之要法 而此乃言之 其文法如止至善傳 先言
有止知止 而後言仁敬孝慈信五者之事也"
47) 上同. "發問曰 治平 自修身而推之 則此所謂矩者 必自修身上得之 而正心
修身章 都無一言及之 而至治平章 突然標立名目 其義 可得聞歟"

면 그의 속내가 드러난다. 즉 혈구(絜矩)의 구(矩)를 수신을 통해 얻어진 공정한 법도로 보는 데 주안점을 두고 있는 것이다.

이에 대해 문인 정기는 "이 구(矩)는 수신에서 얻은 것일 뿐만이 아니라, 이미 격물치지와 성의·정심에 근본하고 있습니다. 궁리하여 치지(致知)하는 것은 이 구(矩)를 아는 것이고, 성의·정심은 이 구(矩)를 세우는 것이고, 수신에 이르면 이 구(矩)를 지키는 것입니다. 제가 이하는 바로 이 구(矩)를 행하는 것입니다. 그렇다면 '구(矩)' 자를 앞에서 말하지 않았지만, 실제로는 포함되어 일관되게 내려온 것입니다. 다만 치국평천하 장에서 명목을 드러내 세운 것은 특별히 치국평천하가 미루어나갈 바가 넓기 때문입니다. 또한 전편의 뜻이 이 장에서 총괄되어 다하기 때문입니다."라고 하자,48) 정재규는 "지극히 옳다. 제가장의 오벽(五辟)도 혈구(絜矩)의 장본이다."라고 하였다.49)

정기는 스승의 설에서 한 걸음 더 나아가 혈구(絜矩)의 구(矩)는 격물치지를 통해 알고, 성의·정심을 통해 확립하고, 수신에 이르러 그것을 지키며, 제가 이하는 그것을 행하는 것이라고 하여, 그 의미를 더 확대 해석했다. 그러자 정재규는 그 설이 매우 좋다고 칭찬하였다. 여기서 핵심은 혈구의 법도가 팔조목의 수신에 이르러 지켜진다[守]는 점이다. 구(矩)는 도(道)이고 리(理)이니, 인욕이 배제되고 천리가 보전되는 경지이다. '제가 이하는 그것을 행하는 것'이라는 말 속에는 수신을 통해 얻은 도를 자신이 사회적 관계 속에서 행하는 것을 의미한다. 따라서 이는 치

---

48) 上同. "謹按 此矩 非惟自修身上得之 已根於格致誠正 窮理致知 是知得此 矩者也 誠意正心 是立得此矩者也 至於修身 便是守此矩者也 齊家以下 則 便是行此矩者也 然則雖不言矩字意 實包在 只是一串貫來 但於此 標立名 目者 特以治國平天下所推者廣故也 且全篇之意 於此章總括盡了"

49) 上同. "極是極是 齊家章五辟 亦絜矩之張本"

인(治人)의 논리가 아니라, 수신(修身)을 근본으로 하는 논리임을 알 수 있다.

이상에서 살펴본 것처럼 정재규의 『대학』 해석의 기본관점 중 또 하나의 특징은 팔조목의 수신(修身)에 치중하여 해석을 하고 있는 점이다.

2. 『대학』 해석의 특징

1) 문장의 구조 분석

『대학』 해석에 나타나는 특징 중 하나가 문장의 구조를 정밀히 분석해 해석하려 하는 점이다. 그것은 주자의 『대학장구』에 대한 개정설이 등장하면서부터 대두되기 시작한 것으로 논리구조를 완결하려는 부단한 노력의 산물이라 하겠다.

『대학장구』 경일장(經一章)은 모두 7절로 구성되어 있다. 조선시대 학자들은 이를 대체로 상경(上經)·하경(下經)으로 양분하여 구조를 파악하였다. 주자도 제3절 '물유본말(物有本末)……'의 주석에서 "이는 위의 문장 2절의 의미를 결론지은 것이다."라고 하여, 제3절이 제1절·제2절을 결론짓는 말로 해석했다. 그리고 제7절의 주석에서 "이 2절은 위의 문장 2절의 의미를 결론지은 것이다."라고 하여, 역시 제6절·제7절이 제4절·제5절을 결론짓는 말로 보았다.

한유(韓愈)가 장구의 '차양절결상문양절(此兩節結上文兩節)'은 '이 2절이 위의 문장 2절을 통합해 결론을 짓는다.'는 말로 보기 어렵다고 질문을 하자, 정재규는 다음과 같이 답하였다.

단지 통합해 결론지은 것으로 보았다면 주자는 당초 굳이 2절로 나누지

않았을 것이다. 대개 위의 문장 위의 1절에서 명명덕으로 팔조목의 총령
(總領)을 삼았으니, 제6절에서 수신으로 근본을 삼은 것은 팔조목의 총결
(總結)이 아닌가. 위의 문장 아래의 1절은 팔조목의 공효를 말했으니, 제7
절의 본말(本末)·후박(厚薄)은 공효의 반결(反結)이 아닌가. 이처럼 나누
어서 보는 것이 주자가 2절로 나눈 의도에 맞는 듯하다.[50)]

  이러한 해석은 경문의 구조를 정밀하게 분석하여 논리를 파악한 데서
나온 것이다. 그러나 정재규가 새로 발명한 설로 보기는 어렵다. 조선후
기에 이미 이런 논의가 충분히 진행되었기 때문에 그런 심화된 해석을
정재규도 정밀히 이해하고 있었던 것으로 보는 것이 타당할 것이다.
  『대학』해석에서 문제가 되는 것 가운데 하나가 전문의 성의장을 앞
으로는 치지(致知), 뒤로는 정심(正心)과 연결시키지 않고 독립시켜 놓은
것에 대한 해명이다. 이는 주자의『대학장구』가 나온 뒤로 끊임없이 제
기되어 온 문제이기도 하다. 정재규의 문인들도 이 점을 놓치지 않고 질
문하였는데, 정재규는 이에 대해 다음과 같이 답변하였다.

  ① 치지(致知)는 지(知)이고, 성의(誠意)는 행(行)이다. 정심으로부터 평
    천하에 이르기까지 그 지(知)는 모두 치지에서 연유하고, 그 행(行)
    은 모두 성의에 근본을 한다. 만약 치지가 성의에 연속되면 치지는
    성의만을 위해 개설된 듯하고, 성의가 정심에 연속되면 성의 또한
    정심만을 위해 개설된 듯하다. 그러므로 성의가 저절로 한 장이 된
    것이다. 이것이 전문을 만든 사람의 깊은 생각이다.[51)]

---

50) 鄭載圭,『老柏軒集』 권17, 「答韓希寗問目」. "只做統結看 則朱子當初不必分
   作兩節 蓋上文上一節 以明明德爲八條之總領 此修身爲本 非八條之總結乎
   上文下一節 言八條之功效 此本末厚薄 非功效之反結乎 分看之說 恐得朱
   子分作兩節之意"
51) 鄭載圭,『老柏軒集』 권23, 「答鄭子正-淳中-大學問目 己亥」. "致知是知 誠意

② 치지는 정심·수신·제가·치국·평천하의 이치를 모두 분명히 하는 것
이다. 그러니 격물치지 1장은 실로 아래 6조를 포함한다. 만약 '소위
성기의재치기지(所謂誠其意在致其知)'라고 한다면, 치지는 성의만
을 위해 개설한 듯한 점이 있게 된다. 이것이 위로 치지를 인하지
않은 까닭이다. 성의는 자수(自修)의 처음이다. 제가·치국·평천하가
모두 여기에 근본을 한다. 예컨대 제가장의 호오(好惡)와 치국장의
서(恕)와 평천하장의 혈구(絜矩)는 모두 여기에서 얻어진 것이다.
만약 '정심재성기의(正心在誠其意)'라고 한다면 성의장은 정심만을
위해 개설한 듯한 점이 있어 의사가 끝내 아래 조목을 두루 포함하
지 않게 된다. 대개 성의는 이 책의 골자이다.……전문을 지은 사람
이 특별히 '성기의(誠其意)' 3자를 게시한 것은 그 의도가 깊고도
원대하다. 위로는 치지를 인하지 않고 아래로는 정심과 연결시키지
않은 것을 두고서, 빠진 부분이 있다고 생각하는 것은 전문을 지은
사람의 의도를 깊이 궁구하지 않은 것인 듯하다.52)

이러한 정재규의 해석 또한 조선시대『대학』해석에서 끊임없이 제기
되어 온 것으로, 대체로 ①의 논리가 그에 해당한다. ②에서 '제가장의
호오(好惡)와 치국장의 서(恕)와 평천하장의 혈구(絜矩)가 모두 성의(誠
意)에서 얻어진 것이라는 언급과 성의를『대학』의 골자로 본 것은 정재

是行 自正心 至於平天下 其知皆由於致知 其行皆本於誠意 若以致知屬於
誠意 則致知似若專爲誠意而設 誠意屬於正心 則誠意亦若專爲正心而設 故
誠意自爲一章 此作傳者之深意也"
52) 鄭載圭,『老柏軒集』권25,「答金士文 己酉」. "致知者 正修齊治平之理 都了
知得 格致一章 實包得下六條 若曰所謂誠其意在致其知 則致知有若專爲誠
意而設者 此所以上不因致知也 誠意者 自修之首 而齊治平皆本於此 如齊
家章之好惡 治國章之恕 平天下章之絜矩 皆得之於此也 若曰正心在誠其意
則誠意一章 有若專爲正心而設者 意思終不包羅周遍矣 蓋誠意 是一部之骨
子……傳者之特揭誠其意三字者 其意淵永矣 以不因致知 不連正心 謂有闕
略者 恐未深究乎傳者之意"

규의 『대학』 해석의 특징에 해당한다. 성의를 『대학』의 골자로 보는 것은 자기 실천의 행(行)을 중시하는 인식이며, 곧 마음이 발한 뒤의 성찰(省察)을 중시하는 학문관이다.

그런데 호오(好惡)·서(恕)·혈구(絜矩)가 성의에서 얻어진 것이라는 해석은 정재규의 독특한 설이다. 앞에서 살펴보았듯이, 이는 제가 이하를 수신의 실사(實事)로 보는 그의 관점에서 연유한 것으로, 성의·정심·수신의 행(行)에 중점을 둔 해석이다.

②의 마지막 부분에서 말한 것은, 주자가 성의장 장하주에 "이 장의 요지는 반드시 위의 장을 이어 통합해 고찰한 뒤에야 그 용력(用力)의 시종(始終)을 드러냄이 있을 것이다."라고 한 것과 정심장 장하주에 "이 장도 위의 장을 이어 아래의 장을 일으킨 것이다."라고 한 말을 오해해 치지성의(致知誠意)·성의정심(誠意正心)에 관한 부분이 빠진 것이라고 의심할까봐 그런 점을 미리 차단한 것이다.

다음은 「대학장구서」에 대한 문절문제(分節問題)를 살펴보기로 한다. 조선후기로 들어와 「대학장구서」를 분절하는 문제가 본격적으로 등장하였는데, 임상덕(林象德, 1683~1719)은 신안 진씨(新安陳氏)가 대전본 소주에서 "이 「대학장구서」는 6절로 나누어지는데, 정밀한 뜻은 제2장에 더욱 있다."라고만 하고 분절처(分節處)를 명확히 말하지 않았기 때문에 자신이 신안 진씨의 설을 미루어 6단락으로 분절을 하였다.[53] 그의 설을 정리하면 다음과 같다.

---

53) 林象德, 『老村集』 권10, 「大學箚錄」 참조.

分節	범 위	요 지
제1절	大學之書……敎人之法也	敎人之法
제2절	蓋自天降生民……所由設也	治敎復性
제3절	三代之隆……所能及也	知性盡力
제4절	及周之衰……知者鮮矣	書存知鮮
제5절	自是以來……壞亂極矣	晦旨否塞
제6절	天運循環……小補云	敎法復明

임상덕은 전라로 무안 출신으로, 윤증(尹拯)의 문인이며 임영(林泳)에게 학문적 영향을 받은 기호학파 학자이다. 그의 설은 앞에 두사(頭辭)를 두어 실제로는 7단락을 분절한 것이라 할 수 있다.

신안 진씨가 「대학장구서」를 6절로 나누어본다고 한 것에 근거하여, 조선시대 학자들은 「대학장구서」를 6단락으로 분절하여 해석하는 설이 등장하였는데, 이에 대해 이견이 속출하면서 학자들에 따라 새로운 설을 제기하기도 하였다.

그 가운데 한 사람이 김근행(金謹行, 1712~1782)이다. 그는 권상하(權尙夏) - 한원진(韓元震) - 심조(沈潮)·강규환(姜奎煥)으로 이어진 학맥을 계승하고, 김창협(金昌協)·김창흡(金昌翕) 등으로부터 영향을 받은 인물이다. 그는 「대학장구서」를 독자적인 시각으로 분절하였는데, 신안 진씨가 6절로 나누어 보는 설에 근거한 것이다.[54] 그의 설을 정리하면 다음과 같다.

---

54) 金謹行, 『庸齋集』 권10, 雜著, 「大學箚疑」 참조.

分節	범 위	요 지
頭辭	大學之書……教人之法也	大學書之名義大體
제1절	蓋自天降生民……所由設也	立教之本
제2절	蓋自天降生民……所由設也	設教之法
제3절	夫以學校……所能及也	教學之效 見於俗化
제4절	及周之衰……詳者也	大學之書所以作 而因俗化之隆汙 以明著書傳後之旨
제5절	三千之徒……壞亂極矣	大學之書不傳
제6절	天運循環……小補云	大學之書復傳

한편 19세기 영남의 학자 최상룡(崔象龍, 1786~1849)은 신안 진씨가 6
절로 나눈 것은 일치일란(一治一亂)의 의미를 기준으로 나눈 것이라 하
여 독자적으로 아래와 같이 새롭게 6단락으로 분절하였다.[55]

分節	범 위	요 지
제1절	大學之書……而全之也	始同而終異
제2절	一有聰明……所由設也	變異而反同
제3절	三代之隆……所能及也	治統之傳
제4절	及周之衰……以發其意	道統之傳
제5절	及孟子沒……壞亂極矣	治統道統俱廢
제6절	天運循環……小補云	治統道統俱興

최상룡은 정종로(鄭宗魯)의 문인으로 대구 지방에서 활동하던 학자로
서 기호학파 한원진의 설을 일정하게 수용하면서 자신의 이견을 제시한
독특한 성향을 지닌 학자이다. 그는 나름의 논리체계를 가지고 위와 같
이 선명하게 6단락으로 분절하였다.

이런 앞 시대의 여러 설을 정재규가 모두 알고 있었는지는 알 수 없

---

55) 崔象龍, 『鳳村集』 권11, 雜著, 「四書辨疑-大學」 참조.

다. 그 역시 대전본 소주에 보이는 신안 진씨의 '분육절(分六節)'이라는
말에 의거하여 독자적인 시각으로 6절로 분절하였는데, 그의 설을 정리
하면 다음과 같다.[56]

分節	범 위	요 지
	大學之書……敎人之法也	命題
제1절	蓋自天降生民……而全之也	言性
제2절	一有聰明……所由設也	天命聖人立敎之意
제3절	三代之隆……所能及也	代之敎
제4절	及周之衰……知者鮮矣	孔門之敎
제5절	自是以來……與有聞焉	程子表章之意
제6절	顧其爲書……小補云	自家作章句之意

　정재규는 신안 진씨가 대전본 소주에서 말한 것처럼 '개자천강생민
(蓋自天降生民)……이복기성(以復其性)'을 제2단락으로 삼으면, 그 앞의
'대학지서(大學之書)……소이교인지법야(所以敎人之法也)' 1절이 제1단
락이 되어야 하는데, 이는 불가하다고 보아 제목을 설명한 명제처(命題
處)로 보았다. 그리고 '개자천강생민(蓋自天降生民)……불능개유이지기
성지소유이전지야(不能皆有以知其性之所有而全之也)'를 제1단락으로 보
았다.[57]

56) 鄭載圭,『老柏軒集』권21,「答鄭景晦-在爀-」. "自'蓋自天降生民' 至於'所有
而全之也' 爲一節 自'一有聰明' 至於'所由設也' 爲二節 自'三代之隆' 至於
'所能及也' 爲三節 自'及周之衰' 至於'知者鮮矣' 爲四節 自'自是以來' 至於
'與有聞焉' 爲五節 自'顧其爲書' 至於'小補云' 爲六節 一節言性 以提綱挈
領 二節言天命聖人立敎之意 三節言三代之敎 四節言孔門之敎 五節言程子
表章之意 末節言自家作章句之意"
57) 上同. "乃若陳氏說 則以'蓋自'-止-'以復其性' 爲第二節 則'大學之書 古之大

이상에서 조선후기 몇 사람의 「대학장구서」의 분절과 정재규의 6절설을 살펴보았는데, 각기 서로 다른 것을 발견할 수 있다. 문제는 「대학장구서」의 요지를 어떻게 보느냐에 따라 매우 다른 해석이 등장하고 있음을 알 수 있다. 따라서 이에 대해 득실을 논하기는 곤란하다. 다만 각자의 설에 따라 어디에 비중을 두고 있는지를 가늠할 수 있을 따름이다.

정재규의 설은 다른 학자들의 설과는 달리 성(性)을 말하고 있다. 그리고 성인의 교(敎)에 중점을 두어 파악하고 있다. 이는 『중용』첫머리에서 말한 '천명지위성(天命之謂性) 솔성지위도(率性之謂道) 수도지위교(修道之謂敎)'를 염두에 둔 것으로, 앞에서 살펴 본 그가 『대학』을 '복성지사(復性之事)'로 본 관점과 상통한다. 즉 성인의 가르침인 『대학』의 내용을 공부해 천명의 본성을 회복하는 것을 염두에 두고서 주자가 「대학장구서」를 지었다고 본 것이다. 성즉리(性卽理)의 정주학설로 볼 때, 이는 리의 절대성을 강조하는 그의 사상과 같은 맥락에 있음을 알 수 있다. 즉 정재규는 「대학장구서」의 요지를 교(敎)를 통한 성(性)의 회복으로 본 것이 특징이다.

2) 주요 명제에 대한 심층 해석

명덕(明德)에 대한 해석은 조선후기 인물성동이 논쟁과 맞물려 '명덕은 성인과 범인이 같은가, 다른가.'를 두고 논쟁이 점화되었다. 18세기 낙론계(洛論系)의 김원행(金元行, 1702~1772)은 '명덕을 심(心)으로 볼 것인가, 성(性)으로 볼 것인가.' 하는 문제, 즉 심즉기(心卽氣)의 측면에서

學 所以敎人之法'二句 自當爲第一節 此恐未然 此是命題處 不可於此自分爲一節矣"

기(氣)로 볼 것인가, 성즉리(性卽理)의 측면에서 리(理)로 볼 것인가 하는
문제를 두고 제기된 명덕설 논쟁에 대해, 다음과 같이 말하고 있다.

> 명덕(明德)은 성(性)으로 말하는 사람도 있고, 심(心)으로 말하는 사람
> 도 있고, 심(心)과 성(性)을 합해 말하는 사람도 있는데, 어느 설이 옳은지
> 모르겠다. 심과 성을 합해 말한다면 심과 성 사이에 빈·주를 구분할 수 있
> 는 점이 있을까? 성(性)으로 말하면 성은 곧 리(理)이다. 리는 참으로 성인
> 이나 범인이 같다. 심(心)으로 말하면 심은 곧 기(氣)이다. 기에는 만수(萬
> 殊)가 있어서 성인과 범인이 같지 않으니, 그 점을 이루 다 말할 수 없다.
> 심과 성을 합해 말하면 리는 같지만 기는 다르니, 반은 같고 반은 같지 않
> 은데 끝내는 같지 않은 데로 귀결된다. 기(氣)에 만수가 있지만 명덕을 함
> 께 칭하는 데에는 해롭지 않다고 한다면 탁잡(濁駁)한 기품의 하우(下愚)
> 도 허령통철(虛靈洞徹)을 말할 수 있을까, 과연 명덕을 허여할 수 있을
> 까?58)

이를 보면 당시 학자들에게 명덕에 대한 해석은 피할 수 없는 명제였
음을 알 수 있다. 주자는 『대학장구』주에서 "명덕은 사람이 하늘에서
받아 허령불매하여 중리를 갖추고 만사에 응하는 것이다.[明德者 人之所
得乎天 而虛靈不昧 以具衆理而應萬事者也]"라고 하였다. 그리고 문인의
질문에 답하면서 "하늘이 사람과 생물에 부여한 것은 명(命)이고, 사람
과 생물이 받은 것은 성(性)이며, 일신(一身)을 주재하는 것은 심(心)이
고, 하늘에서 얻어 광명정대한 것은 명덕(明德)이다."라고 하였다.59) 또

---

58) 金元行, 『渼湖集』권14, 雜著, 「明德說疑問」. "明德 有以性言之者 有以心言
之者 有以合心性言之者 未知孰是 如合心性而言之 則心性之間 抑有賓主
之可分歟 以性言之 則性卽理也 理固聖凡之所同 以心言之 則心卽氣也 氣
有萬殊 聖凡之不同 又不可勝言矣 合心性而言之 則同於理 不同於氣 同者
半而不同者半 終亦歸於不同矣"

"명덕은 심(心)인가, 성(性)인가?"라는 질문에, "신령한 것은 심(心)이고, 가득 찬 것은 성(性)이며, 성(性)은 그 리(理)이고, 심(心)은 그것을 담아 싣고 있다가 펴서 발용(發用)하는 것이다.……장재(張載)가 말한 심통성정(心統性情)이 가장 정밀하다."[60]고 하였다.

주자는 또 "허령불매(虛靈不昧)는 심(心)이고, 리(理)가 안에 구족(具足)되어 조금의 흠궐도 없는 것이 성(性)이며, 감응하는 바에 따라 움직이는 것이 정(情)이다."[61]라고 하여, 『대학장구』의 주를 심(心)·성(性)·정(情)으로 설명하였다.

이런 주자의 설에 따라 조선 성리학자들은 명덕을 심통성정(心統性情)의 의미로 보았고, 성(性)은 리(理)이고 정(情)은 기(氣)이므로 다시 심합리기(心合理氣)로 해석하였다. 그러나 명덕(明德)과 심(心)은 하나지만, 어느 쪽에 더 비중을 두느냐에 따라 관점이 달라진다.

덕(德)은 예로부터 득(得)의 뜻으로 풀이하였다. 그래서 천(天)의 입장에서는 명명(明命)이 되고, 인(人)의 입장에서는 명덕(明德)이 된다. 명덕이 천(天)과 인(人)의 관계에서 인(人)의 입장으로 말한 것이지만, 천(天)이 부여한 것이므로 리(理)가 전제된다. 반면 심(心)은 인(人)의 입장으로만 말한 것이기 때문에 기(氣)의 측면이 전제된다. 따라서 명덕을 말하면 이미 리의 측면으로 치중하고, 심을 말하면 이미 기의 측면으로 치중하게 된다.

---

59) 胡廣 等 編撰, 『大學章句大全』 經一章 小註. "朱子曰 天之賦於人物者 謂之命 人與物受之者 謂之性 主於一身者 謂之心 有得於天而光明正大者 謂之明德"

60) 上同. "問明德是心是性 曰心與性 自有分別 靈底是心 實底是性 性便是那理 心便是盛貯該載敷施發用底……張子曰 心統性情 此說最精密"

61) 上同. "虛靈不昧 便是心 此理具足於中 無少欠闕 便是性 隨感而動 便是情"

18세기 한원진(韓元震)이 "심(心)과 명덕(明德)은 참으로 두 물(物)이 아니다. 그러나 그 가운데 나아가 분별하여 말하면 심(心)은 곧 기(氣)이니, 심(心)을 말하면 기품이 그 속에 있게 되기 때문에 선·악이 있게 된다. 명덕은 이 심(心) 속의 광명(光明)한 것이다. 명덕을 말하면 심(心)의 광명처만을 가리키니 본디 기품을 배제하고서 말한 것이기 때문에 선·악을 말할 수 없다."62)라고 한 것이 이런 사유를 대변해 준다.

명덕을 주자의 설에 따라 심통성정의 의미로 보고, 다시 이를 심합리기로 보게 되면, 이는 이미 심즉기(心卽氣)의 관점을 갖게 된다. 심(心)은 기(氣)이지만, 하나의 기 속에서 정상(精爽)만을 가리켜 명덕이라고 하면, 개체의 기(氣)가 서로 다른 점을 중시하게 되어 성인과 범인의 마음이 다르게 된다. 반면 심(心)이 기(氣)지만, 기(氣)를 본연지기(本然之氣)와 혈기지기(血氣之氣) 둘로 나누어 본연지기만을 명덕으로 보면, 성인과 범인의 마음은 같다고 할 수 있다. 전자는 기호학파 호론(湖論)의 설이고, 후자는 기호학파 낙론(洛論)의 설이다. 낙론이건 호론이건 모두 명덕을 기(氣)의 측면에서 해석하지만, 기(氣)를 두 가지로 보느냐, 한 가지로 보느냐에 따라 관점이 달라진 것이다.

정재규의 스승 기정진은 호락논쟁(湖洛論爭)을 비판하면서 자신의 주리론적 사유체계를 확립해 나갔는데, 리일분수(理一分殊)를 해석하면서 호론·낙론 모두 리(理)와 분(分)을 서로 나누고 리(理)를 무분지물(無分之物)로 보며, 분(分)을 기(氣)로 인해 있게 된 것으로 보아 리(理)와 분(分)이 별개의 것이 되게 하였다고 비판하였다.63) 그리고 그는 분(分)을

---

62) 韓元震, 『南塘集』 권30, 「明德說-示安士定- 庚申」. "心與明德 固非二物 就其中 分別言之 則心卽氣也 言心 則氣稟在其中 故有善惡 明德 此心之光明者也 言明德 則只指心之明處 本不拖帶氣稟而言 故不可言善惡"

63) 奇正鎭, 『蘆沙集』 권16, 「納涼私議」. "詳諸家之意 一是皆以理爲無分之物

리(理)와 상대적인 것으로 보지 않고 분수(分殊) 2자를 일(一)과 상대적
인 것으로 보았다. 따라서 리(理)는 만수(萬殊)를 포함하게 되기 때문에
일(一)이라고 주장하였다.[64]

　이런 기정진의 주리론적 사유는 명덕을 해석하는 데에도 그대로 적용
되고 있다. 정재규는 스승 기정진에게 "명덕이 리(理)인가, 기(氣)인가 하
는 설과 심(心)을 주로 하는 설과 성(性)을 주로 하는 설이 갈라져 통일
되지 않고 있습니다. 이는 모두들 전문(傳文)의 '명명(明命)' 2자를 살피
지 못해서 그런 듯합니다. 전문은 경문(經文)을 해석한 것입니다. 전문의
'천지명명(天之明命)'은 곧 '명덕(明德)'의 주각(註脚)입니다."라고 하자,
기정진은 답하기를 "그렇다. 그렇다면 '천지명명(天之明命)'은 리(理)가
아닌가. 리가 사람에게 있는 것이 성(性)이니, 명덕은 필경 성(性)이다.
명덕이라고 하는 것은 천명의 전체가 사람에게 있는 것이다. 이를 두고
'천(天)의 본심을 얻은 것'이라 하니, 심·성은 본디 둘로 갈라진 것이 아
니다."라고 하였다.[65]

　정재규는 『대학장구』 전 제1장의 '천지명명(天之明命)'을 '명덕(明德)'
의 주각으로 보았고, 기정진은 그의 설을 지지하였다. 그러면서 '천지명
명은 리'라 하였고, 『중용』 '천명지위성(天命之謂性)'의 개념으로 리가
사람에게 있는 것을 성이라 하였다. 명명(明命)은 천(天)의 입장에서 말
한 것이고, 명덕은 사람의 입장에서 말한 것이지만, 성즉리(性卽理)의 관

　　分爲因氣而有　限理一於離形氣之地　局分殊於墮形氣地後　於是理自理分自
　　分　而性命橫決矣"
64)　上同. "分非理之對　分殊二字　乃對一者也　理涵萬殊　故曰一"
65)　鄭載圭, 『老柏軒集』 권27, 「沙上記聞」. "問　明德　是理是氣　主心主性之說　歧
　　而不一　恐皆未察乎傳文明命二字而然也　傳所以釋經　傳之天之明命　卽明德
　　之註脚　先生曰　然　然則天之明命　非理耶　理之在人爲性　則明德畢竟是性　曰
　　明德者　天命之全體　在乎人者　是之謂得於天之本心　心性　本非二歧"

점에서 보면 명덕도 리가 된다. 이처럼 명덕을 리로 보는 설은 종래 기호학파에서 기(氣)의 측면을 전제로 하던 설과 전혀 다르다.

명덕에 대한 해석은 구한말 주리론을 주장한 학자들 사이에서도 뜨거운 논쟁거리로 등장하였다. 정재규와 동시대 곽종석(郭鍾錫)은 1870년 25세 때 정재규가 보낸『대학』에 대한 차의(箚疑)에 답하면서 명덕설을 논했다.66) 정재규의『노백헌집』에는 당시에 보낸 편지를 찾아볼 수 없다. 그러나 곽종석의『다전경의답문(茶田經義答問)』권3, 「대학3(大學三)」의 「답정후윤(答鄭厚允)」에는 그 내용이 상세히 실려 있다.

곽종석은 명덕에 대해 '심(心)을 주로 말하면 불명(不明)하게 되고, 심(心)·성(性)을 합해 말하면 불수(不粹)하게 된다.'고 하면서, 심을 주로 말하면 심통성정의 측면에서 볼 때 명덕이 성(性)인지 기(氣)인지 불분명하며, 심·성을 합한 것으로 말하면 성(性)은 리(理)이기 때문에 심은 오로지 기에 속하게 되어 순수하지 못하다고 하였다. 이런 관점에서 그는 리·기는 상대적으로 말할 수 있지만 심·성은 상대적으로 말할 수 없다고 하면서, 심·성은 둘로 나눌 수 없기 때문에 성즉리(性卽理)이면 곧 심즉리(心卽理)가 된다고 하였다.67) 요컨대, 곽종석의 입각점은 심·성을

---

66) 郭鍾錫,『俛宇集』(아세아문화사, 1983) 제4책, 「俛宇先生年譜」. "答鄭厚允-載圭-書 論明德說-鄭公書來 副以大學箚疑及冠昏疑禮十餘條 先生逐一疏答之 因極論明德 就沈重 單指理之義-"

67) 郭鍾錫,『茶田經義答問』권3, 「大學三」, 「答鄭厚允」. "明德主心而言 則爲不明 合心性而言 則爲不粹 何謂不明 心者 性情之統名 而氣在其中者也 主心而言明德 則指性歟指氣歟 何謂不粹 旣謂之合心性 則性卽理也 而以心專屬氣矣 心果是氣 而明德是拖帶氣者歟 來喩所謂苟無是氣 則理無所寓 苟無是心 則性無掛搭處 故論理者 必卽氣而言 論性者 必卽心而言者 猶不免以心屬氣之弊 理與氣 固是對物 而心與性 果是對物歟 且以理氣對心性 則性卽理也 心不專屬於氣乎 無氣則理無所寓 無心則性無所掛搭者 固然矣 而理氣猶可二之 心性決不可判而二之 性亦理也 心亦理也"

분리할 수 없기 때문에 성즉리이고 심즉리라는 것이다.

정재규는 심(心)보다는 성(性)의 측면을 중시하여 명덕을 리로 보았고, 곽종석은 심·성을 분리할 수 없다는 측면에서 명덕은 심(心)을 주로 말한 것도 아니고 성(性)자만 홀로 거론한 것도 아니며 단지 '심(心) 중에 나아가 홀로 리(理)를 가리키는 것'이라고 하였다.[68] 곽종석은 심(心)은 합리기(合理氣)지만 주재자는 리이기 때문에 심(心)을 리(理)로 본 것이다.

앞에서 언급했듯이, 정재규는 전 제1장의 '천지명명(天之明命)'을 경문 '명덕(明德)'의 주석으로 보아, 명명(明命)이 리(理)이므로 명덕도 리라고 해석했다. 그는 명덕을 '천지명명(天之明命)'과 연관 지어 해석하면서 "천명의 온전한 체가 사람에게 있는 것[天命之全體 在乎人者]"이라고 정의했다. 사람에게 있는 것이지만 그것은 천명의 온전한 체라는 것이다. 따라서 그것은 리가 된다. 그런데 그는 주자가 명덕을 해석하면서 '허령불매'라고 한 것은 명덕을 형상한 말이라고 보았다. 허령불매는 흔히 심을 형용한 말로 보는데, 그는 명덕을 형상한 것으로 본 것이다. 그는 허령불매에 대해 다음과 같이 풀이하였다.

허(虛)는 그것이 형체가 없음을 말한 것이고, 령(靈)은 그것이 헤아릴 수 없는 점을 말한 것이고, 불매(不昧)는 그 광명(光明)을 말한 것이니, 곧 기(氣)에 나아가 그 본체를 말한 것이다. 이 명덕이 실려 있는 것으로써

---

68) 上同. "心之爲物 理氣合成 鄙所謂心亦理者 以其主宰者理故也 非謂其純乎是理而都沒了氣也……夫性者 明德之體也 情者 明德之用也……特其主宰之妙在於心 故言心則眞體大用 包括得盡 而其所以主宰者 乃理也 是以 不曰卽心而指性 而必曰就心中單指理 盖以理字之渾應周遍 而非若性字之立定故也 以心則爲主宰之理 以性則爲大本之理 以情則爲達道之理 莫非理也 故明德不必主心而言 亦不必單擧性字而言 只得曰就心中單指理 然後似爲穩全"

말하면 기지정상(氣之精爽)이고, 이 명덕의 체용으로써 말하면 리지순수
(理之純粹)이다.[69]

『대학장구대전』소주에서 북계 진씨(北溪陳氏)는 "사람은 천지의 리
(理)를 얻고, 또 천지의 기(氣)를 얻었다. 리가 기와 합했기 때문에 허령
한 것이다."[70]라고 하였는데, 이것이 심합리기(心合理氣)로 보는 설이다.
정재규는 북계 진씨의 설은 심합리기로만 보고, 리주기자(理主氣資)인
점을 말하지 않았기 때문에 후대에 논란이 제기되었다고 하였다.[71] 즉
심의 측면을 말하면 기(氣)지만, 그 기를 말한 것이 아니라 그 기에 실려
있는 본체를 말한 것이라는 점이다. 그래서 정재규는 심(心)과 명덕(明
德)을 다음과 같이 구분하여 말하고 있다.

> 심(心)은 기지정상(氣之精爽)이고, 명덕(明德)은 심(心)이 무망(无妄)한
> 것이다. 심지무망(心之无妄)으로 명덕을 삼으면 기지정상(氣之精爽)은 무
> 망할 수 없다는 것을 알 수 있다. 범범하게 심(心)을 말하면 심(心)이 진
> (眞)과 망(妄)을 모두 갖추고 있으니, 이는 리가 기와 합했기 때문이다. 망
> (妄)은 기(氣)가 구속하는 것이고, 진(眞)은 리(理)의 본체이다. 본체가 참
> 되어 망령됨이 없는 것이 바로 이른바 천(天)에서 얻은 본심이라는 것이
> 다. 기지정상(氣之精爽)은 바로 이 본체의 터전[地盤]이기 때문에 심(心)
> 자의 경계를 말한 것이다.[72]

---

69) 鄭載圭,『老柏軒集』권14,「與趙升玄」. "虛言其無形 靈言其不測 不昧言其
　　光明 卽氣而言其本體者也 以此德之承載而言 則氣之精爽也 以此德之體用
　　而言 則理之純粹也"
70) 胡廣 等 편찬,『大學章句大全』經一章 참조.
71) 上同. "北溪理與氣合 所以虛靈者 善看 則無可疑 但不言主資-理爲主氣爲資
　　-之辨 故湖友疑其爲語病耶"
72) 鄭載圭,『老柏軒集』권14,「與趙升玄」. "心者 氣之精爽也 明德者 心之无妄

정재규는 명덕(明德)은 심지무망(心之无妄)으로, 심(心)은 기지정상(氣之精爽)으로 보고 있다. 즉 기(氣) 속에서 정상(精爽)이 심(心)이고, 또 그 심(心) 속에서 기(氣)가 구속하지 않는 진(眞)이 곧 리(理)의 본체로 명덕(明德)이라는 것이다. 이러한 설은 종래 기호학자들이 명덕을 기지정상(氣之精爽)으로 본 설과 전혀 다르다. 이것이 그가 종래의 설이 기(氣)에 나아가 본체를 말했다고 비판을 하는 이유이다.

위 인용문에서 보이듯이, 정재규는 기(氣)는 지반(地盤)이고, 리(理)는 그 본체(本體)라고 본다. 그런데 굳이 '명덕(明德)'이라고 말하는 이유는, 주재하는 바가 리(理)에 있고 기(氣)에 있지 않기 때문이라고 하였다. 이는 리(理)의 주재성을 강조한 것이다. 그는 기(氣)를 유기(鍮器)에 리(理)를 옥식(玉食)에 비유하여, 옥식이 유기에 담겨있지만 밥이라고 할 때는 옥식을 가리키지 유기까지 합해 밥이라고는 하지 않는다고 하였다.[73] 여기서 '밥'에 비유한 것이 바로 명덕이다.

이런 관점에서 정재규는 허령지자(虛靈之資)는 기(氣)로 보아 기지정상(氣之精爽)으로, 허령지주(虛靈之主)는 리(理)로 보아 신묘불측(神妙不測)으로 보았는데,[74] 역시 리주기자(理主氣資)의 시각을 그대로 드러낸 것이다. 또 그는 명덕을 인의예지의 마음으로 보았으며, 건순오상지덕(健順五常之德)은 인간이나 다른 생명체나 모두 얻지만 인의예지는 사람

者也 以心之无妄者爲明德 則氣之精爽 不能无妄 可知也 汎言心則心該眞
妄 蓋理與氣合故也 妄者 氣之拘也 眞者 理之本體也 其本體之眞而无妄者
乃所謂得於天之本心 若氣之精爽 則乃其本體之地盤也 故曰心字境界"

73) 鄭載圭, 『老柏軒集』 권24, 「答曺警國鎭鐸」. "氣卽其地盤 理卽其本體 其必名明德 所主者在理而不在氣 譬之於飯 鍮器盛玉食 而飯之爲名 乃指玉食非和鍮器 統謂之飯也"

74) 鄭載圭, 『老柏軒集』 권21, 「答鄭景晦-在爀-」. "虛靈之資 是氣也 所謂氣之精爽者也 虛靈之主 是理也 所謂神明不測者也"

만이 얻는 것이라고 하였다.[75]

　이상에서 살펴본 정재규의 '명덕(明德)'에 대한 해석은, 이주기자(理主氣資)의 관점에서 심(心) 속에서 진실무망(眞實无妄)한 본체(本體)를 가리키는 것으로 본 것이 특징이다. 동시대 곽종석은 심(心)·성(性)을 분리할 수 없다는 관점에서 명덕을 심(心) 속에 나아가 홀로 리(理)를 가리키는 것이라고 하였다. 이 두 사람의 설은 모두 명덕을 리로 본 점에서는 같다. 그리고 전통적인 심합리기(心合理氣)의 측면에서 명덕을 해석하는 것도 같다. 다만 두 사람의 입각점은 다르다. 곽종석은 심·성을 분리할 수 없기 때문에 성즉리(性卽理)이면 당연히 심즉리(心卽理)도 된다는 논리이다. 반면 정재규는 심(心)은 기지정상(氣之精爽)이고, 명덕(明德)은 심지무망(心之无妄)인 진(眞)이므로 리(理)라는 논리이다. 곽종석의 논리가 심(心)의 주재성을 강조한 반면, 정재규의 논리는 리(理)의 주재성을 강조하고 있는 것이 다르다.

　다음은 팔조목의 성의(誠意)와 정심(正心)에 대한 정재규의 해석에 대해 살펴보기로 한다. 성의·정심·수신은 명명덕(明明德)에 속한 조목으로 자수(自修)의 행(行)에 해당한다. 이에 대해 역대로 가장 문제가 되었던 점이, 성의가 왜 정심보다 앞에 있는가, 성의를 왜 앞의 치지(致知)나 뒤의 정심과 연관시키지 않고 독립시켜 놓았는가 하는 것이다. 18세기 기호학파 한원진은 성의·정심·수신에 대해, 성의는 마음이 처음 싹틀 때의 악념(惡念)을 제거하여 선으로 가득 채우는 것이고, 정심은 부념(浮念)을 잠재워 항상 공경심을 갖게 하는 것이며, 수신은 편념(偏念)을 제

---

75) 上同. "明德是仁義禮智四者之心也……健順五常之外 有甚別簡明德耶 五常之德 人物所同得也 同中亦自有異 故曰 仁義禮智之粹然者 豈物之所得以全哉 惟人也 其心爲最靈 而其性渾全 此明德 爲人之所獨得者也"

거하는 것이라고 하였다.[76]

그러나 이에 대한 해석은 학자에 따라 조금씩 달랐다. 정재규는 신불수(身不修)와 심부정(心不正) 등 허다한 병폐의 요인이 모두 성의에 있는 것으로 보았다. 주자는 격물을 몽각관(夢覺關), 성의를 인귀관(人鬼關)이라 하였는데, 정재규는 인귀(人鬼)를 사생(死生)을 말하는 것이라 하였다. 그리고 불성(不誠)하게 되는 근원이 자기(自欺)이고, 그것을 치료하는 약이 성(誠)이며, 신독(愼獨)은 그 약을 쓰는 처방이라 하였다. 이러한 정재규의 해석은 주자의 설을 충실히 따른 것이다.[77]

그런데 그는 문인들에게 답한 편지에서 성의·정심에 대해 "성의는 생각이 싹터 움직이는 지점에서 삼감을 극진히 하는 것이고, 정심은 온전한 본체가 주재하는 곳에서 비추어 보는 것이다.[誠意 念慮萌動處 致謹 正心 全體主宰處 照管]"라고 답한 것이 자주 보인다. 이는 성의·정심에 대한 간결한 정의라고 할 수 있는데, 특히 정심에 대한 해석이 그의 독자적인 성향을 보여준다.

> 성의는 생각이 싹터 움직이는 곳에서 삼가는 것을 극진히 하는 것이고, 정심은 온전한 본체가 주재하는 곳에서 비추어보는 것이다. 이 설이 매우 옳다. 어찌 '비추어보다[照管]'는 어휘에 대해 음미하여 그 의미를 드러내지 않고, 이처럼 시끄럽게 논쟁을 한단 말인가.……대개 의(意)는 다른 것

---

76) 韓元震, 『經義記聞錄』 「大學」傳八章. "凡人心術之病 大概有三 曰惡念 曰浮念 曰偏念 誠意則惡念絶矣 惡念雖絶 而未必無浮念 故誠意而又須正心 正心則浮念息矣 浮念雖息 而未必無偏念 故正心而又須修身 修身則偏念祛矣"

77) 鄭載圭, 『老柏軒集』권13, 「答宋德中問目」. "誠意者 自修之首也 身之不修 心之不正 其病安在 此所謂許多病痛 都在誠意章者也 誠意 人鬼關 人鬼者 死生之謂也 危乎殆哉 不誠之爲病也 自欺是其所祟 求其藥石 則不出乎一 誠字 而謹獨是其用藥之方也"

이 없다. 그것이 좋아할 만한 것인지, 미워할 만한 것인지를 헤아려 좋아
하고 미워하는 것이다. 그것을 좋아하되 좋아함이 십분(十分 : 100%)을
얻고, 그것을 미워하되 미워함이 십분을 얻으면 그것이 이른바 의성(意誠)
이다. 무릇 인정은 여기에 돈독하면 저것을 빠뜨리기도 한다. 좋아하고 미
워함이 이와 같으면 진실로 악은 없고 실로 선만 있게 될 것이지만, 그런
심(心)이 부재(不在)하는 병폐가 혹 없을 수 없기 때문에 이에 그것을 바
로잡는 노력이 있게 되는 것이다. 이른바 '그것을 바로잡는다.[正之]'는 것
은 또한 그 치우친 생각을 바로잡는 것일 뿐이다. 이것이 본문 장구의 바
른 뜻으로, 매우 알기 어려운 점이 없다.[78]

여기서 정재규가 문제시한 것은 정심(正心)에 대한 해석이다. 성의·정
심·수신에서 조선후기 학자들 중에는 정심장을 중심에 두고 해석하는
사람이 많다. 그것은 정심장이 용(用)만 말했지만, 주자의 장구에 "그러
므로 군자는 반드시 이 점을 성찰하여 경(敬)으로써 그 마음을 바르게
한 뒤에 이 마음이 항상 보존되어 몸이 닦여지지 않음이 없게 된다.[是
以 君子必察乎此 而敬以直之 然後此心常存 而身無不修也]"라고 한 것에
근거해, 주자가 체(體)를 말한 것이라 보기 때문이다. 즉 성의장·정심장·
수신장에 모두 용(用)을 말했지만, 정심장은 용(用)을 통해 체(體)를 언급
했으므로 핵심적인 내용이 들어있다고 보는 것이다.

그런데 정재규는 이와 다른 독자적인 논리를 펴고 있어 주목된다. 위
인용문에 보이듯이, 그는 정심장을 성의를 하다가 때론 완전하게 하지

---

78) 鄭載圭,『老柏軒集』권12,「答朴舜瑞 庚子」. "誠意是念慮萌動處 致謹 正心
是就全體主宰處 照管 此說極是 何不於照管字 咀嚼出意味 而作此呶呶
耶……蓋意也者 無他 只是量度其可好可惡而好惡之也 好之而好得十分 惡
之而惡得十分 則所謂意誠也 凡人之情 篤於此 則或遺於彼 好惡之篤 既如
此 則眞無惡而實有善矣 然或不能無不在之病 此所以有正之之工也 所謂正
之者 亦矯其偏而已也 此本文章句之正義 而無甚難曉者"

못해 진실 된 마음이 부재하는 병폐가 있게 되면 그것을 바로잡는 의미로 본 것이다. 그는 주자가 장구에 "대개 이 네 가지 감정은 모두 심(心)의 용(用)으로 사람이 없을 수 없는 것들이다. 그러나 하나라도 그런 것이 있는데 능히 살피지 못하면 욕망이 움직이고 감정이 우세하게 되어 그 용(用)이 행하는 바가 혹 그 바른 것을 잃어버릴 수도 있다."라고 한 것이 바른 뜻이라고 하여, 자신의 설이 근거한 바를 주자의 장구에 두고 있다.

이는 조선 성리학자들이 장구의 설에서 더 추론하여 성리학적 이념으로 해석한 것을 경계한 것이다. 특히 그는 장구에 '경이직지(敬以直之)'라고 한 '경(敬)' 자에 집착하여, 주자가 전문(傳文)에 빠진 것을 보충했다고 하는 선유들의 설에 대해 부정적으로 생각하고 있다.[79]

또한 같은 맥락에서 조선 성리학자들이 정심장을 해석하면서 '병폐만 말하고 병폐를 치료하는 처방에 대해서는 말하지 않았다.'고 하는 설에 대해, 역시 부정적인 견해를 표명하였다.[80]

이는 조선의 유학자들이 정심장을 해석하면서 미발시의 존양(存養)에 해당하는 경공부(敬工夫)를 강조한 것에 대해 반대한 것이다. 그가 정심을 '전체주재처 조관(全體主宰處 照管)'으로 해석하면서 '조관(照管)'이라는 어휘를 깊이 생각하라고 한 말이 이를 전제로 한 것이다. 그렇다면

---

79) 上同. "以敬字 謂補傳文之闕 曾看東儒講說 有此說 始甚喜之 後來覺得不然 何哉 敬止之敬字 是一篇之總括 而章句以無不敬言之 尤可見矣 今以正心章之不露出敬字 爲有闕 則格致誠修等章 亦何嘗有敬字乎 彼皆非闕 而此獨爲闕 則敬字工夫 專施於此 而彼皆無待於敬歟"

80) 上同. "且正心章言病而不言治病之方云者 恐亦未然 知如此爲病 則不如此是藥 夫人皆然 矧此已透過格致誠意之關者 旣知其病 則其所以戒愼恐懼者 自不容已 這便是妙方 這便是敬也 所謂敬者 又非將一個敬字 從外面來 以治此病 如人蔘甘草之求之於廣濟局也 只是此心自作主宰底 便是敬也"

그는 정심장을 존양의 경공부로 보는 체(體)에 치중한 해석을 경계하고, 주재처에서 부재(不在)의 병폐를 살피다 바로잡는[正之] 용(用)의 측면에서 해석한 것이다. 성의·정심·수신은 자수(自修)에 해당하는 것으로, 그가 중시한 반신천실(反身踐實)에 해당하기 때문에 그는 체(體)가 아닌 용(用)으로 본 것이다.

정재규의『대학』해석은 이 외에도 선유의 설에 이견을 드러내기도 한 경우가 가끔씩 보이는데, 기호학파의 도암(陶庵) 이재(李縡), 농암(農巖) 김창협(金昌協) 등의 설에 동의하지 않고 이설을 제기한 것이 있다. 그러나 그 내용이 지엽적인 문제이므로 여기서 세세하게 거론하지는 않겠다.

대체로 정재규의『대학』해석은 조선 성리학자들이 주자의 설에 근거해 심층적으로 해석하거나 부연하여 해석한 것을 수용하고 있다. 다만 그의 해석은 거기서 머물지 않고, 자신의 사상적 근거인 '리존무대(理尊無對)' 또는 '리함만수(理涵萬殊)' 등의 리일원론(理一元論)의 사유에 의해 명덕(明德)에 치중해서 해석한 것이 큰 특징이라 하겠다.

IV. 맺음말

이상의 논의를 간추리면 다음과 같다.

정재규는 인간다움을 유지하는 인륜이 무너져 금수의 세상이 되는 것을 가장 두려워하였다. 그래서 그의 사상은 정도(正道)를 지키는 수정주의(守正主義)로 나아갔고, 그것이 위정척사사상(衛正斥邪思想)으로 나타났다. 그는 신학문과 예수교를 인륜을 멸하고 금수가 되는 것으로 보아

극력 반대하였으며, 도를 지키기 위해 죽음을 불사하는 강경한 대응을 하였다. 이것이 도(道)－화(華)－인륜(人倫)을 그 무엇보다 중시한 정재 규의 현실대처방식인 수사선도의식(守死善道意識)이다. 또 그는 비록 나라가 망하고 사람이 죽더라도 도를 보전해 지키기 위해 독서종자(讀書種子)를 양성하는 데 심혈을 기울였다.

정재규의 학문방법은 독서를 통한 지식을 실생활에서 체찰하는 수사성찰(隨事省察)을 강조한 것과 자신의 몸에 돌이켜 실천하는 반신천실(反身踐實)을 강조한 것이 특징이다. 이는 도를 내 몸에 체득하여 어려운 현실에 대응하기 위한 것으로, 분수(分殊) 속에서 리(理)를 구현하려 한 주리론적 사유를 반영한 것이다.

정재규의 『대학』 해석의 기본관점은 '신민(新民)도 명덕(明德) 속의 일'로 보는 명명덕에 치중한 해석과 팔조목 가운데 반신천실(反身踐實)에 해당하는 수신(修身)에 치중해 해석하는 것이다. 그의 『대학』 해석의 특징은 문장의 구조 분석에 관한 것과 주요 명제에 대한 심층 해석으로 나누어 살펴보았다.

전자는, 첫째 반신천실의 관점에서 팔조목의 성의(誠意)를 『대학』의 골자로 보아 제가장의 '호오(好惡)', 치국장의 '서(恕)', 평천하장의 '혈구(絜矩)'가 모두 성의에서 얻어진 것이라는 제가(齊家) 이하를 수신(修身)의 실사(實事)로 보는 해석, 둘째 「대학장구서」의 분절(分節)이 선유들의 설과 다를 뿐만 아니라 요지파악도 성(性)·교(敎)에 중점을 두어 성인의 가르침을 따라 본성을 회복하는 일을 말한 것으로 해석한 것이 특징이다.

후자는, 첫째 명덕(明德)을 '천지명명(天之明命)'과 연관시켜 리(理)로 보고, 심합리기(心合理氣)를 전제로 하되 심(心)은 기지정상(氣之精爽)으로, 명덕(明德)은 심지무망(心之无妄)으로 보아 리주기자(理主氣資)의 입장에서 심(心) 속에서 진실무망(眞實无妄)한 본체를 명덕으로 본 것, 둘째 정심(正心)을 전체주재처(全體主宰處)에서 조관(照管)하는 것으로 보아 선유들이『대학장구』주의 '경이직지(敬以直之)'에 천착해 체(體)까지 말한 것으로 보는 설을 따르지 않고, 성의를 하다가 진실이 부재(不在)하는 병폐가 발견되면 그것을 바로 잡는 용(用)으로 본 것이 특징이다.

정재규가 명덕(明德)을 리(理)로 본 것은 종래 기호학파에서 심즉기(心卽氣)의 입장에서 기(氣)로 해석한 것과 다른 것이며, 정심(正心)을 성의(誠意)와 연속선상에서 파악하여 체(體)를 말한 것으로 보지 않고 용(用)만 말한 것으로 본 것도 종래의 해석과 다른 독자적인 설이다.

정재규의『대학』은 해석은, 경학사적 시각에서 보면 주리론적 관점에서 리(理)의 주재성을 강조하여 명덕(明德)을 리(理)로 보아 이에 치중해 해석한 것과 반신천실(反身踐實)의 관점에서 팔조목의 성의·정심에 치중한 해석을 하면서 제가 이하를 수신(修身)의 실사(實事)로 본 것이 시대적 변화에 대처한 그의 새로운 해석이라 하겠다. 이런 점에서 경학사적 의의를 발견할 수 있다.

〈참고문헌〉

1. 원전자료

胡廣 等 編撰,『大學章句大全』, 학민문화사 영인본.
李秉休,『貞山集』, 성균관대 대동문화연구원 영인본.
丁若鏞,『與猶堂全書』, 경인문화사 영인본.
金謹行,『庸齋集』, 한국문집총간 영인본, 한국고전번역원.
林象德,『老村集』, 한국문집총간 영인본, 한국고전번역원.
韓元震,『經義記聞錄－大學』, 한국경학자료집성, 성균관대 대동문화연구원.

_____,『南塘集』, 한국문집총간, 한국고전번역원.

金元行,『渼湖集』, 한국문집총간, 한국고전번역원.

奇正鎭,『蘆沙集』, 보경문화사, 1983.

崔象龍,『鳳村集』, 국립중앙도서관 소장본.

鄭載圭,『老柏軒集』, 국립중앙도서관 소장본.

郭鍾錫,『俛宇集』, 아세아문화사, 1983.

_____,『茶田經義答問』, 梅山出版社, 1984.

2. 논저

尹絲淳,「奇正鎭 사상의 실천적 성격」,『한국의 사상』, 열음사, 1984.

洪英基,「노사학파의 형성과 위정척사운동」,『한국근현대사연구』제10집, 1999.

高英津,「노사학파의 학통과 사상적 특징」,『대동문화연구』제39집, 성균관대 대동문화연구원, 2001.

金鑵坤,「노사학파의 형성과 활동」, 한국학중앙연구원 박사학위 논문, 2007.

朴鶴來,「노사학파의 이기론 - 田愚의 노사설 비판에 대한 鄭載圭의 반비판을 중심으로 - 」,『한국사상사학』제19집, 2002.

鄭基敏,「松山 權載奎의 學問性向과 蕭寺同遊에 대한 연구」, 경상대 석사학위 논문, 2006.

崔錫起,「俛宇 郭鍾錫의 明德說 論爭」,『남명학연구』제27집, 경상대 남명학연구소, 2009.

※ 이 글은『남명학연구』제29집에 수록된「노백헌 정재규의 학문정신과『대학』해석」을 수정 보완한 것이다.

제7장
김진호(金鎭祜)의 학설에 대하여

Ⅰ. 머리말

김진호(金鎭祜, 1845~1908)는 1845년(을사년, 헌종 11) 6월 23일 경상도 단성현 법물리(法勿里) 본가에서 태어났다. 부친은 김성일(金聲佾)이고, 모친은 안동 권씨 권장팔(權章八)의 딸이다. 자는 치수(致受), 호는 간헌(艮軒)·약천(約川), 당호는 물천(勿川), 본관은 상산(商山)이다. 김진호는 태어난 지 13일 만에 모친이 별세하여 조모 진주 유씨(晉州柳氏)에 의해 양육되었다.

김진호는 8세 때부터 가정에서 종형에게 배우기 시작하였다. 17세 때 만성(晩醒) 박치복(朴致馥, 1824~1894)의 문하에 나아가 수학하였다. 당시 만성은 함안에서 삼가(三嘉) 대전촌(大田村)으로 이주하여 강학하고 있었다. 이 해 봄에는 『서경』을 읽고, 겨울에는 『주역』을 읽었다.

18세 때에는 백련재(百鍊齋)에서 박치복에게 수학하였는데, 당시 함께 공부한 사람이 70여 명이나 되었다. 그 가운데 의령 출신 자동(紫東) 이정모(李正模, 1846~1875)와 가장 친밀하여 송석지맹(松石之盟)을 하였다. 박치복은 퇴계학맥을 이은 정재(定齋) 유치명(柳致明)의 문인으로, 퇴계의 이기설을 충실히 계승하고 있었다. 김진호는 박치복에게 경학과 성리설을 배웠다.

김진호는 21세 때 부친의 명으로 김해로 가서 성재(性齋) 허전(許傳)에게 집지하였다. 허전은 안정복(安鼎福)－황덕길(黃德吉)로 이어지는 성호학(星湖學)을 계승한 인물이다. 그는 경학은 물론 예학(禮學)을 깊이 연구하여 『사의(士儀)』를 지었으며, 민생과 부국의 현실문제에 늘 관심을 둔 학자이자 관료였다. 김진호는 이런 허전에게 예학을 전수 받았다.

김진호는 1878년 성주 대포리(大浦里)로 가서 한주(寒洲) 이진상(李震相)에게 배알하였다. 곽종석(郭鍾錫)이 이진상의 문인이었으므로 그와 함께 찾아갔다. 그때 함께 금오산을 유람하고 신광사(神光寺)에서 강학하였는데, 이진상을 비롯하여 사미헌(四未軒) 장복추(張福樞), 방산(舫山) 허훈(許薰), 만구(晚求) 이종기(李鍾杞) 등이 모여『중용』등을 강론하였다. 김진호가 작별하고 떠나올 때, 이진상은「송김치수서(送金致受序)」를 지어 주었는데, 학문의 요체로 입본(立本)·순서(循序)·무실(務實)을 강조하였다.

이런 김진호의 수학과정을 보면, 8대 문장가를 배출한 시례지가(詩禮之家)에서 출생하여 가학을 이어받았고, 박치복에게 수학하여 퇴계학파의 정맥을 이어받았으며, 허전을 통해 성호학파의 실학적 전통을 계승하였고, 다시 이진상을 통해 영남의 성리설을 접하게 된 것이다.

이는 좋은 가정환경에서 훈육되고, 당대 서로 다른 성향과 장점을 가진 최고의 스승을 만난 것이다. 이런 점에서 김진호의 학문과 사상이 구체적으로 어떻게 정립되었는가를 정밀하게 분석하는 일은 조선후기 학술사를 살피는 데 매우 중요한 단서를 제공할 것이다.

김진호는 30세 때인 1874년 곽종석이 찾아와 처음으로 만났다. 그 후로 수십 년간 곽종석과 교유하며 때론 학문적 동지로, 때론 학문적 라이벌로 이 지역의 정신사를 함께 이끌었다. 김진호는 32세 때인 1876년에는 허유(許愈, 1833~1904)와 도심부중절(道心不中節)에 대해 토론을 시작했다. 김진호가 허유를 언제 처음 만났는지는 불분명하나, 인근에 살았으므로 일찍 만났을 것이다. 다만 나이 차이로 인해 젊어서는 가까이 하기가 어려웠을 듯하고, 중년 이후 학문적 동지가 된 듯하다. 김진호는 허유와도 치열한 학술논쟁을 벌였다.

김진호는 33세 때인 1877년에는 허유·곽종석과 두류산 천왕봉을 유람하였다. 이를 보면, 이들과 도의지교를 맺고 친밀하게 지낸 듯하다. 물론 허유·곽종석 이외에도 김진호가 교유한 인물은 매우 많다. 그러나 문인의 질의에 응답한 것을 제외하고, 선배나 벗들과 치열하게 학술논쟁을 벌인 경우로는, 허유와 곽종석이 가장 대표적인 인물이다. 따라서 19세기 후반 강우지역의 학술사적 흐름을 검토하려면 이 세 사람의 학술논쟁을 치밀하게 분석할 필요가 있다.

이처럼 김진호는 허유·곽종석 등과 수십 년간 학술논쟁을 한 19세기 강우지역의 대표적 학자였다. 그런데도 김진호에 대한 연구는 지금까지 전무하였다. 다행히 2006년 경상대학교 남명학연구소에서 학술발표의 장을 마련하여, 처음으로 김진호에 대한 연구논문 6편이 발표되었다. 이를 통해 김진호의 학문·성리학·예학·문학 등에 대한 성향이 어느 정도 밝혀졌다. 그러나 이 6편의 논문에 김진호의 학문과 사상, 성리설과 예설이 모두 다 소개되고, 각각의 설이 갖고 있는 성격과 특징이 확연히 드러났다고는 할 수 없을 것이다. 김진호에 대한 연구는 이 학술회의를 통해 첫걸음을 떼어놓았다고 평가하는 것이 옳을 것이다.

필자는 김진호의 여러 학설에 대해, 명확한 논평을 할 만큼의 안목이 넓지 않다. 그럼에도 이 글을 쓰게 된 것은 김진호의 학문과 사상에 대한 예비적 탐구를 하고자 해서이다. 따라서 김진호의 사상에 대해 성급하게 논평하는 것을 삼가고, 대신 김진호의 설을 정리해 소개함으로써 앞으로 김진호에 대한 연구와 관심을 고조시키는 데 조금이나마 도움을 주고자 한다. 이 글에서는 이런 의도로 김진호의 주요 학설에 대한 요지를 소개하는 정도에서 그치고자 한다.

II. 주요학설 개관

김진호의 학설에 대해 문인 이교우(李敎宇, 1881~1950)는 김진호의 「행장」에 그 요점을 적시해 놓았다. 여기서는 이를 중심으로 논의의 자료를 삼고자 한다.

1. 성리설(性理說)

1) 태극음양설(太極陰陽說)

김진호의 태극음양설에 대해, 이교우는 「행장」에 다음과 같이 간추려 놓았다.

> 선생은 태극음양에 대해 논하기를 "형적(形迹)을 따라 보면, 어찌 양은 동(動)하고 음은 정(靜)한 것이 아니겠는가? 그러나 음양은 태극이 스스로 동하고 스스로 정하여 생기는 것이다. 만약 리(理)가 동정하지 않아 실상 양을 생하고 음을 생하는 물(物)이 없다면, 음양은 때로 쉼이 있어 천지간에는 생물이 없을 것이다."라고 하였으며, 또 "태극에 동정이 없다면, 주자(周子：周敦頤)는 무엇 때문에 '태극이 동하여 생하고 정하여 생한다.'고 하였겠으며, 주자는 무엇 때문에 '리에 동정이 있기 때문에 기에 동정이 있다. 만약 리에 동정이 없다면 기가 어디로부터 동하고 정함이 있겠는가?'라고 하였으며, 퇴계는 무엇 때문에 '태극은 저절로 동하고 정하며, 천명은 저절로 유행한다.'고 하였겠는가?"라고 하였다.[1]

---

1) 金鎭祜, 『勿川集』附錄, 권2, 「行狀」. "其論太極陰陽則曰 從形迹看來 豈不是陽也動 陰也靜 然陰陽是太極之自動自靜而生者 若使理不動靜 實無生陽生陰底物 陰陽有時乎息 而天地間無生物矣 又曰 太極若無動靜 周子何以曰 太極動而生 靜而生也 朱子何以曰 理有動靜 故氣有動靜 若理無動靜 氣

김진호는 태극(太極)의 동정(動靜)에 대해, 1897년 김재욱(金在頊)에게 답한 편지에서 이와 같이 역설하였다. 이 설의 핵심은 태극이 저절로 동하고 정한다는 것이다. 즉 태극은 리인데, 리에 동정이 있다는 것이다. 이 설은 '태극에는 동정이 없고, 음양에 동정이 있다'는 설을 반박한 것으로, 김진호의 주리적(主理的) 견해를 드러낸 것이다.

이처럼 김진호는 근원에 해당하는 태극이나 리에 중점을 두는 시각을 갖고 있다. 그런데 태극의 동정에 대해, 당시 '동정이 타는 바의 기미[機]는 태극이 아니라, 음양이 아니냐?'는 의문이 학계에 널리 제기되었던 듯하다. 여러 사람이 이 문제에 대해 김진호에게 질문하였는데, 이에 대한 김진호의 견해를 정리하면 다음과 같다.

> ① 대체로 태극이 탄 바의 기(氣)는 그것이 스스로 생하여 스스로 타는 것이지, 별도로 무엇을 빌려서 타는 것이 있는 것은 아닙니다. 그것이 생할 적에는 동(動)으로써 하기도 하고 정(靜)으로써 하기도 하니, 동정이 타는 바의 연유가 되는 것입니다. 그러나 리의 동정은 말할 수 있을 정도로 드러나는 것이 없기 때문에 형체에 동정이 있는 것을 빌려서 그 묘함을 비유하는 것입니다. 형체에 동정이 있는 것으로는 기미(機微)보다 더 절실한 것이 없습니다. 그렇다면 기미가 바로 동정인 것입니다.[2]
>
> ② 태극이 유행하면 이기(二氣 : 陰陽)가 사물에 따라 형체를 부여합니다. 형적을 따라 보면, 어찌 양이 동하고 음이 정한 것이 아니겠습니까? 그러나 음양은 태극이 스스로 동하고 스스로 정하여서 생기는

何自以有動靜也 退陶何以曰 太極自動靜 天命自流行也?"

2) 金鎭祜, 『勿川集』 권9, 「答李致三」. "蓋太極所乘之氣 乃其所自生而自乘者也 非有別借而乘者也 其生也 以動而靜而 而動靜爲所乘之由也 然理之動靜 無形著之可言 故借有形底動靜 而以喩其妙 有形底動靜 莫切乎機也 然則機是動靜"

것입니다. 만약 리가 동하거나 정하지 않는다면 실제로 음양을 생할 물(物)이 없어서 음양은 때로 그치게 될 것이며, 천지간에는 만물을 생하는 것이 없게 될 것입니다. 근본을 궁구하고 진리를 소급해 보면, 외면의 동정으로 주재(主宰)의 기미를 대신할 수는 없을 듯합니다.3)

③ 오행은 이기(二氣 : 음양)의 실(實)에서 나옵니다. 그러나 변하고 합하는 즈음에 혹 양이 많고 음이 적으며, 혹 음이 많고 양이 적기도 합니다. 그러므로 이루어진 형질에 건조하고 습하고 부드럽고 강한 다름이 있는 것입니다. 그러나 리는 일정하여 남거나 부족함이 없습니다. 음양은 태극에서 나오는데, 동정의 기미가 혹 저기서는 굽히고 여기서는 펴지며, 혹 저기서는 펴지고 여기서는 굽히는 경우도 있습니다. 그러므로 부여된 형질에 정조(精粗)와 본말(本末)의 구분이 있는 것입니다. 그러나 리는 각각 구비되어 저기에도 없고 여기에도 없습니다.4)

④ 우리 몸[身]이 무엇을 연유해 동정이 있겠습니까? 진실로 심(心)이 발하느냐 발하지 않느냐를 말미암는 것이 아니겠습니까? 심에 동정이 있기 때문에 신(身)이 따라 동정하는 것입니다. 곁에 있는 사람은 나의 방촌(方寸 : 心)을 볼 수 없고 단지 몸만 볼 뿐입니다. 그리하여 나의 동정을 보고서 바로 신(身)이 동한다 신(身)이 정한다고 말하는 것입니다. 지금 기의 동정을 말하는 것이 이와 무엇이 다르겠습니까? 대개 리는 물(物)에게 명하지 물에게서 명을 받지 않습니다. 설사 신(身)에 감촉이 있어서 스스로 동하더라도 필경 모두 심

---

3) 金鎭祜, 『勿川集』 권6, 「答李華伯壽冕 戊戌」. "太極流行 二氣隨物賦形 從形迹看來 豈不是陽也動陰也靜 然陰陽是太極所自動自靜而生者也 若使理不動靜 實無生陰陽底物 陰陽有時乎息 而天地間無生物矣 究本溯眞 恐不可以皮面之動靜 替換主宰之機也"

4) 金鎭祜, 『勿川集』 권6, 「答李華伯 己亥」. "五行出於二氣之實 然而變合之際 或陽多陰少 或陰多陽少 故其成質有燥濕柔剛之殊 而理則一定而無餘無欠也 陰陽出於太極 而動靜之機 或彼動此伸 或彼伸此屈 故其賦形有精粗本末之分 而理則各具而無彼無此也"

이 동하게 하는 것입니다. 유행하는 곳에 비록 기가 스스로 하는 듯
한 점이 있지만, 실상은 태극이 그것을 주재하는 것입니다. 만약 주
재하는 것이 없다면 기가 형체에 부여할 것이니, 오얏나무에서 복사
꽃이 필 수 있고, 말에서 소의 뿔이 날 수 있을 것입니다. 어찌 이런
일이 있겠습니까? 퇴계 선생이 "태극은 스스로 동정하며, 천명은 스
스로 유행한다. 그렇게 시키는 것이 있는 것이 아니다."라고 하였으
니, 우리들이 증거하고 믿은 것은 이 말씀보다 먼저 할 것이 없습니
다.5)

⑤ 대개 수레를 타는 것으로 비유하면 다음과 같습니다. 사람이 수레를
타는 것을 승(乘)이라 하고, 수레에 사람을 싣는 것도 승(乘)이라 합
니다. 그러나 수레에 사람을 싣는 것은 사람이 수레에 탄 뒤에 하는
말입니다. 사람이 수레를 타는 것은, 사람이 먼저 동정하여 수레에
타는 것이지, 사람이 동정하지 않는데 수레가 스스로 사람을 태우는
이치는 없습니다. 그렇다면 태극의 동정도 어찌 음양의 기미를 타는
것이 아니겠습니까? 다만 사람들은 기(機)를 가지고 형체가 있는 것
이라 의심을 합니다. 그러나 비유하는 법에 형체가 있는 것을 빌리
지 않으면 형체가 없는 것을 형상할 길이 없습니다. 이것이 묘(妙)
자에 대해 일반적으로 말하는 설입니다. 수레를 탄 뒤에 볼 수 있는
동정은 모두 수레입니다. 그러므로 동정이 서로 근본을 하는 것도
음양에 속합니다. 그러나 사람이 수레에 있으면서 수레를 운행하게
하거나 멈추게 하지 않으면 수레는 스스로 운행하거나 멈출 수 없
습니다. 이를 미루어 살펴보건대, 한 번 동하고 한 번 정하는 것은
상호 그 근본이 되니, 태극이 그렇게 시키지 않는 것이 없습니다. 그
러므로 「태극도설」 안의 상하에 있는 동정을 다르게 볼 수 있을 듯

---

5) 金鎭祜, 『勿川集』권4,「答姜學叟」. "吾身何緣有動靜 豈不由於心之發未發
乎 心有動靜 故身隨以動靜 傍人不能見吾方寸 只見他體幹 看我動靜 便謂
身也動 身也靜 今之說氣動靜者 何以異此 蓋理命物 而不命於物者也 設使
身有觸而自動 畢竟皆心之使動也 流行處 雖似氣自爲之 其實太極主宰之也
若無主宰底 則氣之賦形 李可生桃花 馬可生牛角矣 寧有此般耶 退陶夫子
曰 太極自動靜 天命自流行 非有所使之者 吾輩證信 莫先於此"

하기에, 주자는 해석하면서 이 일곱 자[動靜者所乘之機]로 총괄해
말하여 본연지묘(本然之妙)에 연계시킨 것입니다.6) 그러니 음양의
동정을 포함하고 있다고 말하지 않은 것을 알 수 있습니다. 만약 그
것이 전적으로 음양의 동정을 말한 것이라고 한다면, 훈해(訓解)하
는 법에 어찌 첫 구의 동정은 버려두고 갑자기 먼저 아래 구의 동정
을 거꾸로 해석함이 있겠습니까?7)

⑥ 답문 가운데 '태극은 음양이 혼합한 명칭이다'라는 말이 있는데, 이
설은 매우 놀라운 것입니다. 화담(花潭 : 徐敬德)의 기태극설(氣太
極說)이 어느 곳으로부터 그대에게 유입되어 정밀하고 밝은 견해를
그릇되게 하였는지 모르겠습니다. 만약 음양이 합한 것을 태극이라
이름을 한 것이라면, 주자(周子 : 周敦頤)가 무엇 때문에 '태극이 동
정하여 음양을 생한다.'고 했겠습니까? 이 점은 많이 논변할 것도
없습니다. 심(心)과 성(性)은 일물인데 나누어져 둘이 된 것이 리기
(理氣) 이물(二物)입니다. 그러나 합하면 하나가 됩니다.8)

---

6) 주자는……것이다 : 『性理大全書』권1,「太極圖」'太極動而生陽……' 아래 주
자의 해석에 "蓋太極者 本然之妙也 動靜者 所乘之機也 太極 形而上之道也
陰陽 形而下之器也"라고 한 부분을 지적해 말한 것이다.

7) 金鎭祜,『勿川集』권8,「與金仲衍 壬寅」. "蓋以乘車喩之 以人升車 謂之乘
以車載人 亦謂之乘 然車載人 乃人升車以後說也 人之乘車也 人先動靜 而
乘著車子 未有人不動靜 而車自乘人之理 然則太極之動靜 豈不是乘陰陽之
機乎 但人以機字疑於有形 然設喩之法 不借有形 無以狀無形 此所以對妙
字一般下說也 乘車之後 動靜之可見者 皆車也 故動靜互根 屬之陰陽 然人
在車上 不使之行使之止 則車不得自行自止 推此觀之 一動一靜 互爲其根
莫非太極之所使也 是以 圖說內上下動靜 似可殊觀 而朱子解釋 以此七字
總括說出 係於本然之妙 則陰陽動靜 不言包在 可知也 若謂專說陰陽之動
靜云爾 則訓解之法 豈有舍置首句之動靜而遽先倒解下句之動靜者乎"

8) 金鎭祜,『勿川集』권9,「答河聖權」. "答問中 太極是陰陽渾合之名 此說尤覺
驚駭 不知花潭氣太極之說 流傳於何處 致誤於精明之見也 若使陰陽之合
名爲太極 則周子何以曰太極動靜而生陰陽乎 此不足多辨 心性一物也 而分
以爲二 理氣二物也 而合之爲一"

①은 김진호가 1897년 이병태(李炳台)에게 답한 편지이다. 이 편지는 『성리대전』「태극도」에 대한 주자의 해석에 '동정자는 타는 바의 기미이다.[動靜者 所乘之機]'라고 한 대목에 대해, 기미(機微)가 바로 동정임을 밝힌 것이다. ②는 1898년 이수면(李壽冕)에게 답한 편지로, 동정이 음양의 동정이 아니라, 태극의 동정이라는 것이다. 즉 위 문구의 '기미'를, 태극이 주재하는 기미로 보는 설이다.

③은 1899년 이수면(李壽冕)에게 답한 편지로, 동정의 기미도 태극에 있다는 설이다. ④는 1896년 강병주(姜柄周)에게 답한 편지로, 동정은 태극이 주재한다는 설이다.

⑤는 1902년 김재식(金在植)에게 답한 편지로, 태극의 동정이 음양의 기미를 탄다는 것이다. 이 설도 『성리대전』에 있는 '동정자는 타는 바의 기미이다.[動靜者 所乘之機]'라는 주자의 설에 대해, 음양의 동정을 말한 것이 아니라, 태극의 동정을 말한 것임을 주장하는 설이다.

⑥은 하경락(河經洛)에게 답한 편지로, 음양이 합한 것을 태극이라 명명한다는 설에 대해 비판한 것이다.

이상에서 살펴본 김진호의 태극동정설은 음양의 동정이 아니라 태극의 자동자정(自動自靜)을 강조하는 것으로, 그가 주장하는 리발설(理發說)과 같은 맥락에서 나온 것이다. 현상에서의 변화보다는 근원적인 태극(太極)과 리(理)를 중시하는 관점이다.

2) 사칠이발기발설(四七理發氣發說)

김진호의 산단(四端)·칠정(七情)에 대한 리발(理發)·기발(氣發)의 입장에 대해, 이교우는 「행장」에서 다음과 같이 언급했다.

선생은 사단·칠정의 리발·기발에 대해 논하기를 "주자는 말씀하기를 '사단은 리가 발한 것이고, 칠정은 기가 발한 것이다.'라고 하였는데, 이는 사단과 칠정을 상대적으로 거론해 말한 것이다. 이때의 칠정은 대체로 『예기』 「예운(禮運)」에서 말한 것을 가리키니, 그것이 기발이 됨은 의심의 여지가 없다. 그러나 자사(子思)가 『중용』에서 말한 정(情)은, 미발(未發)일 경우에는 '중(中)'이라 하고 '대본(大本)'이라 하였으며, 이발(已發)일 경우에는 '화(和)'라 하고 '달도(達道)'라 하였다. 이를 가리켜 기라고 하면, 과연 말이 되겠는가? 주자는 『중용』의 이 장에 대해 '안에 있는 리가 밖으로 드러난 것이다.'9)라고 하였으며, 「호학론(好學論)」에는 '<인(仁)이> 사단을 포함하여 그 안에 있다.'고 하였으며,10) 『예기』 「악기(樂記)」에는 '아직 감촉하는 바가 있기 전에는 혼연한 천리(天理)이고, 감촉하는 바가 있고 난 뒤에는 자연히 중절(中節)한다.'고 하였으며, 퇴계의 「심통성정도(心統性情圖)」에는 사단과 칠정을 모두 포함해 나열했는데, 그 뜻이 자사·주자의 말씀에 명료하게 합한다."라고 하였다. 선생은 또 말씀하기를 "칠정이 리에서 발하는 점은 잠시 논하지 말고, 비록 기 위에서 발하는 칠정이라도 리의 명을 들어 중절하면 그것이 발하는 처음은 기지만 중절한 곳에서는 리가 바로 주재한다."라고 하였다.11)

이 설 가운데 전자는 「답하성권(答河聖權)」에 보이고, 후자는 「답이치

---

9) 이 말은 朱子의 『晦庵集』 권31, 「答張敬夫」에 보인다.

10) 「好學論」은 程頤가 지은 「顔子好學論」을 가리키는 듯한데, 그 안에는 '包四端在其中'이라는 말이 보이지 않다. 이 말은 저자가 내용을 간추려 자기 식으로 표현한 말이지 원전을 그대로 인용한 말이 아니다.

11) 金鎭祜, 『勿川集』 附錄, 권2, 「行狀」. "論四七理發氣發 則曰 朱子言 四端理之發 七情 氣之發 對擧說 此七情 蓋指禮運所言者 則其爲氣發也 無疑 至如子思所言之情 未發則曰中 曰大本 已發則曰和 曰達道 指認爲氣 果成說乎 朱子於此章 則曰 在中之理 發見於外 好學論則曰 包四端 在其中 樂記則曰 未有所感 渾然天理 旣有所感 自然中節 退陶心統性情圖 包列四七 其旨意瞭然契合於子思朱子之言 又曰 七情之發諸理者 姑勿論 雖其氣上發者 苟聽命而中節 則其發地頭 固氣也 然中節處 理便主宰也"

선(答李致善)」에 보인다. 김진호는 주자가 "사단은 리가 발한 것이고, 칠
정은 기가 발한 것이다.[四端 理之發 七情 氣之發]"라고 한 것의 칠정은
사단과 상대적인 관점에서 말한 것으로, 『예기』「예운」에 보이는 희노
애구애오욕(喜怒哀懼愛惡欲)의 칠정, 즉 음식남녀(飮食男女)·사망빈고
(死亡貧苦)의 감정으로 보았다. 따라서 이 칠정은 기발(氣發)이 맞는다고
본다. 그러나 『중용』에서 "희노애락이 발하지 아니한 것을 중(中)이라
하고, 그것이 발하여 모두 절도에 맞은 것을 화(和)라고 한다.[喜怒哀樂
之未發 謂之中 發而皆中節 謂之和]"라고 할 때의 '희노애락'은 그와 다른
것으로, 이는 기발(氣發)이 아니라 리발(理發)이라고 생각한 것이다.12)

김진호는 그 증거로 주자가 장식(張栻)에게 답한 편지의 "대개 미발시
(未發時)가 중(中)에 있는 것이라고 말하면 이는 이발시(已發時)는 밖에
있는 것과 대가 되는 것입니다. 다만 발하여 절도에 맞는 것은 이는 중
(中)에 있는 리가 발하여 밖으로 나타난 것이니, 이른바 사물에 나아가
면 합당한 도리가 있지 않음이 없다는 것이 이것입니다.[盖旣言未發時在
中 則是對已發時在外矣 但發而中節 卽此在中之理 發形於外 如所謂卽事
卽物 無不有箇恰好底道理 是也]"라는 구절을 증거로 제시하였다. 이는
이발시에도 리의 주재에 중점을 두는 시각이다.

그래서 그는 이교우에게 답한 편지에서 칠정리발(七情理發)에 관한
문제는 논의에서 제외하고, 칠정이 발하는 지두(地頭)는 기일지라도 발
하고 나서 중절하는 곳에서는 바로 리가 주재한다는 점을 강조하였다.
칠정을 리발(理發)로 보는 것은 이진상의 심즉리설의 핵심에 해당하는

---

12) 이후의 七情에 대한 논쟁은 飮食男女·死亡貧苦의 경우가 아니라, 『중용』에서
말하는 喜怒哀樂의 七情에 대한 논쟁이다. 김진호는 주자의 '四端 理之發 七
情 氣之發'이라는 문구의 '七情 氣之發'을 『중용』의 칠정과 확연히 다른 것으
로 구별해 논한다.

데, 김진호가 발이중절(發而中節)한 곳에서 리가 주재한다는 점을 강조한 것은 이진상의 칠정리발설(七情理發說)을 수용한 것으로 볼 수 있다.

그런데 김진호는 이진상이 퇴계의 혼륜간(渾淪看)과 분개간(分開看)이 문제가 있다고 여겨 새롭게 창안한 수간(竪看)·횡간(橫看)·도간(倒看)이라는 용어를 받아들이지 않고, 퇴계의 혼륜간과 분개간이라는 용어를 그대로 쓰고 있는 점에서, 이진상의 설에 전적으로 동의하지 않은 것을 알 수 있다.[13]

김진호는 이에 대해 이진상의 설을 충실히 계승한 허유·곽종석과 주로 논쟁을 벌였는데, 이에 관한 설을 간추려 보면 다음과 같다.

허유는 칠정리발기발(七情理發氣發)에 대해 다음과 같이 견해를 피력했다.

> 사람들은 모두 칠정에 리발(理發)이 없다고 말하지만, 나는 사단과 칠정을 상대적으로 말하면, 사단은 리발이고 칠정은 기발이지만, 칠정만을 말하면 칠정에는 리발도 있고 기발도 있다고 생각합니다.[14]

곽종석의 견해도 허유의 설과 같다.

> 혼륜(渾淪)의 관점에서 말할 적에는 칠정이 참으로 리발 아닌 것이 없습니다. 그러나 분개(分開)의 관점에서 말할 경우에는 칠정에 리발도 있고, 기발도 있습니다. 이륜(彝倫)·도의(道義)의 공적인 데서 발한 것은 리발이니 도심이 이것이고, 기한(飢寒)·통상(痛痒)의 사적인 데서 발한 것은

---

13) 李相夏,「勿川 金鎭祜의 학문성향과 性理說」,『남명학연구』제21집, 경상대 남명학연구소, 2006.
14) 許愈,『后山集』권5,「答金致受」. "人皆曰 七情無理發 而鄙人則曰 對說四七 則四端理發 七情氣發 而單說七情 則七情也有理發也 有氣發也"

기발이니 인심이 그것입니다. 그러나 도심의 칠정은 사단에게 점유 당하기 때문에 사단과 상대적으로 말할 수 없습니다. 그렇지만 인심의 칠정은 사단과 관계가 없기 때문에 사단과 상대적으로 볼 수 있습니다. 그러므로 사단이 리발이라고 말할 경우에는 달도의 칠정이 거기에 해당하고, 칠정이 기발이라고 할 경우에는 도심의 칠정은 그와 상관이 없습니다. 만약 그대의 설처럼 단지 칠정만을 거론하면서 이를 통틀어 묘맥(苗脈)이 사단과 구별된다고 말한다면, 한 쪽만 거론하면서 한 쪽은 빼 버린 것이 아니겠습니까? 형은 본원에서 보는 점은 어긋나지 않으니, 횡간처(橫看處)에서 한 번 안목을 넓혀 보는 것이 어떻겠습니까?[15]

이는 김진호가 "선유들 가운데 혹 칠정리발설(七情理發說)을 주장한 경우가 있는데, 이는 단지 묘맥(苗脈)을 따라 사단과 스스로 구별한 것이다."라고 말한 것에 대한 곽종석의 반론이다.

허유나 곽종석의 견해는, 혼륜과 분개의 관점으로 말하면, 혼륜의 관점에서는 칠정도 리발이지만, 분개의 관점에서 칠정만을 말할 경우에는 기발도 있고 리발도 있다는 것이다. 그러나 김진호는 분개의 관점에서 칠정이 발한 곳에서도 리가 주재하기 때문에 칠정에 기발이 있을 수 없다는 입장이다.

이에 관해서는 김진호의 설을 허유·곽종석의 설과 면밀히 비교 검토해 분석해야 각각의 설이 갖는 특징이 객관적으로 드러날 것이다. 이에

---

15) 郭鍾錫, 『俛宇集』 續集 권1, 「答金致受」. "混淪說時 七情 固莫非理發 而分開說處 七情有理發者 有氣發者 其發於彛倫道義之公者 理發者也 道心 是也 其發於飢寒痛痒之私者 氣發者也 人心是也 然而道心之七情 爲四端所占 故不可以對四端言 而人心之七情 非四端所涉 故方可以對四端看 是以謂四端爲理發 而達道之七情 實該焉 謂七情爲氣發 而道心之七情 不與焉 若單說七情 而通謂之苗脉 別於四端 則得非擧一而遺一者乎 吾兄 旣於本原上 見得不差 須更於橫看處 一試恢刃 如何"

관해서는 차후의 과제로 미루고, 여기서는 우선 김진호가 이 문제에 대해 허유와 곽종석에게 답한 편지를 통해 김진호의 견해가 어떠한지를 개관하는 정도에서 그치기로 한다.

①　보여주신 호발설(互發說)은 끝내 퇴계의 본지가 아닌 듯합니다. 대체로 리기는 본래 불상리(不相離)하기 때문에 혼륜으로 말할 수 있고, 또 불상잡(不相雜)하기 때문에 분개로 말할 수 있습니다. 이 둘은 각각 마땅한 바가 있어서 어느 하나를 폐할 수 있는 것이 아니니, 이것이 노선생(퇴계)의 사칠론(四七論)입니다.……그러므로 주자의 말씀 밑에 '기가 그것을 따르고, 리가 그것을 탄다.[氣隨之 理乘之]' 6자를 더해 분개 속에 상수(相須)가 저절로 있다는 뜻을 보이신 것입니다. 대체로 확정한 말씀이, '리발(理發)에 기가 따라 발하지 않는 것은 아니지만 주재하는 바는 리며, 기발(氣發)에 리가 기를 타고 발하지 않는 것은 아니지만 주재하는 바는 기다.'라는 뜻입니다. 그러므로 그 말씀에 "둘이 상호 발용(發用)하는 경우가 있는데, 발할 때에는 또한 상수한다."라고 하신 것입니다. 호발은 각자 주재하는 바가 있음을 알 수 있고, 상수는 상호 그 속에 있음을 알 수 있습니다. 상호 그 속에 있기 때문에 혼륜으로 말하는 경우는 참으로 그런 점이 있습니다. 그리고 각자 주재하는 바가 있기 때문에 분별로 말하더라도 불가할 것이 없습니다. 어의가 명백하고 환하여 털끝만큼도 의심할 만한 것이 없습니다. 호발은 분개설이고, 상수는 혼륜의 뜻입니다. 그런데 말씀하신 것을 보면, 혼륜을 가지고 분개를 해석하며, 호발을 불러 상수로 삼고 있습니다. 편지에 쓰시기를 "리가 발하면 기도 발하며, 기가 발하면 리도 발한다.[理發 氣亦發 氣發 理亦發]"는 10자는 혼륜으로 말씀하신 것이니, 오히려 괜찮습니다. 그러나 분개로 해석하면 매우 모호한 것이 아니겠습니까? 만약 주재하는 바가 발하는 점을 따지지 않고 단지 상수의 발함만을 논한다면 사단은 리기가 호발한 것이라고 말할 수 있고, 칠정도 리기가 호발한 것이라고 말할 수 있을 것입니다. 이 세상의 모든 정(情)에 대해 선악을 논하지 않고 문득 리기호발이라 명명한다

면, 이는 속담에 '만수무강하십시오.'라는 말일 것입니다. 이는 노선생 (퇴계)의 각자 주재하는 바가 있어서 호발한다는 뜻에 어긋날 뿐만이 아닙니다.[16]

② "호(互) 자는 곧 상수(相須)의 뜻이다."라고 말씀하셨는데, 퇴계 선생의 설을 보면, '이자호유발용(二者互有發用)'은 리발·기발의 주각이고, '기발우상수(其發又相須)'는 기수지(氣隨之)·리승지(理乘之)의 주각인 듯합니다. 그러므로 그 아래에 호발과 상수를 상대적으로 말하기도 하고 단독으로 말하기도 하였는데, 문장의 뜻이 평평하여 보기 쉽습니다. 그런데 지금 말씀하신 것은 쌍고설(雙股說)로 단고설(單股說)을 합작하여 도도하게 논하신 것이니, 본문의 정의(正意)를 자재(自在)할 수 없게 하고, 읽는 사람으로 하여금 미혹하게 합니다. 리기불상리(理氣不相離)를 누가 모르겠습니까만, 반드시 주재하는 바[所主]를 버리고 전적으로 상수에만 의지하여, 매번 머리를 나란히 하고 사단에서 발하고 칠정에서 발하여 모두 쌍(雙)으로 행한다고 하시니, 두 가지 근본이 된다는 꾸지람을 스스로 범한 것입니다. 그러니 어떻게 퇴계 선생을 위해 발명한 것이겠습니까? 청컨대 '각유소주(各有所主)' 한 구에 착안해 유의하시면 상수의 뜻이 저절로 그 속에 있을 것입니다. 대체로 천하의 사물이 홀로 발한다면 각(各) 자와 주(主) 자를 붙이는 것도 필

---

16) 金鎭祜,『勿川集』권3,「答許后山退而 癸卯」. "喻示 互發說 終恐非退陶旨 蓋理氣 本不相離 故可渾侖說 亦不相雜故 可分開說 二者各有攸當 未可以 廢一 老先生之論四七也……故朱訓之下 復益之以氣隨之理乘之六字 以示 分開中有相須自在之意 蓋定言其理發也 氣非不隨發 而所主者理也 氣發也 理非不乘發 而所主者氣也云爾 故其言曰 二者互有發用 而其發又相須也 互發則各有所主 可知 相須則互在其中 可知 互在其中 故渾侖言之者 固有 之 各有所主 故分別言之而無不可 語意明白洞暢 無纖毫可疑者也 互發的 是分開說 相須的是渾侖意 而今盛諭 則將渾侖釋分開 喚互發作相須 筆之 於書曰 理發 氣亦發 氣發 理亦發 此十箇字 言之於渾侖 則猶之可也 釋之 於分開 則不甚糨糊乎 若使不問所主之發 只論相須之發 則四端可曰理氣之 互發 七情可曰理氣之互發 天下萬般之情 不論善惡 輒命之曰理氣互發 此 諺所謂萬壽無疆之言也 此不惟牴牾於老先生各有所主互發之意也"

요치 않을 것입니다. 둘이 상수한 뒤에 각(各)이라고 말하고 주(主)라고 말할 수 있으니, 리기는 본래 상수하는 물(物)입니다. '각유소주(各有所主)'라고 하면 리가 혼자 발하지 않고 기도 단독으로 행하지 않는데 주재하는 바를 떼어 내고 말한 것임을 알 수 있습니다. 그렇다면 각자 주재하는 바가 있는 것이 호발이 되어, 본래 상수하는 체(體)에는 저절로 해로움이 없습니다. 호발 두 자가 분개가 되고, 또 혼륜의 불상리(不相離)의 묘함에도 어긋나지 않는 것이 매우 분명합니다. 그런데 말씀하신 내용은 상수하지 않음을 걱정하시어 저것을 끌어다 이것을 보충하였으니, 이는 기(杞)나라 사람이 하늘이 무너질까 걱정하는 것과 마찬가지입니다.17)

③ 【곽종석】 단지 그 실상만 말하면 칠정도 리발(理發)입니다. 【김진호】 이 설은 정밀히 보신 것이니, 성호(星湖) 선생의 칠정횡관사단설(七情橫貫四端說)과 상통합니다. 【곽종석】 선유들 중에 칠정은 기가 주가 된다고 주장하는 설이 있는데, 나는 주(主) 자가 너무 엄격하니, 중(重) 자가 온당한 것만 못하다고 생각합니다. 【김진호】 주(主) 자를 활간(活看)하면 장애가 없을 듯합니다. 어찌 굳이 명위(名位)에 얽매여 고집스럽게 말하며 원만히 통하지 않으십니까? 퇴계 선생이 기명언(奇明彦)에게 답한 편지에 "둘은 리기를 벗어나지 않는다. 그 소종래를 따라 각각 주재하는 바와 중한 바를 가리켜 말하면, 그 리가 되

---

17) 金鎭祜, 『勿川集』 권3, 「答許后山退而 癸卯」. "互字 卽相須之意云云 恐是看先生說 不出二者互有發用 卽理發氣發之註脚 其發又相須 卽氣隨之理乘之之註脚 故其下以互發相須 對隻說去 文意平平易見 而盛誨 以雙股說合作單股說 滾來滾去 使本文正意 不得自在 令人迷懣 理氣不相離 誰不知之 而必欲擲棄所主 專靠相須 每每說齊頭發於四於七 都將雙行 做二本之誚 正自犯之 何以爲先生發明哉 請以各有所主一句 著眼留思 則相須之意 自在其中矣 蓋天下之物 若使孑然獨發 則各字主字著 亦不得必有 二者相須然後方可曰各曰主 理氣本是相須底物 言各有所主 則可知其理不獨發 氣不單行 而剔出所主而言也 然則各有所主之爲互發 自無害於本來相須之體 互發二字之爲分開 亦不悖於渾侖不相離之妙 明甚矣 盛誨 乃以不相須爲慮 牽彼補此 正是杞人之憂天傾也"

고 기가 되는 것에 어찌 불가함이 있겠는가?"라고 하셨는데, 뒤에 '소중(所重)' 자가 미안하다는 것을 깨달으시고서 빼버렸습니다. 또 말씀하시기를 "미안한 점을 발견하고서 빼버리니 의리가 밝게 통하였다."라고 하였습니다. 이것이 바로 퇴계 선생의 처음 설을 개정한 정론(定論)입니다. 그런데 그대의 취하고 버림이 이처럼 현격히 다르니 저는 이해할 수 없습니다. 【곽종석】 마음의 리가 기를 타고 의리를 따라가면, 이는 사단이 리가 되어 발하는 것입니다. 【김진호】 사단이 비록 기를 탄다고 말하지만, 그것은 순수하게 리가 발하는 것입니다. 이에 대해 말할 적에 조금이라도 집착하면 기가 바름을 얻지 못합니다. 노선생이 이른바 '맹자의 사단은 기를 겸한 데 있지 않고, 단지 순수하게 리가 발하는 곳에 있을 뿐이다.'라고 하신 것이 그것입니다. 만약 기를 타고 의리를 따라 가는 것이라고 한다면, 이는 리가 아직 발하지 아니하였을 적에 먼저 물과 진흙이 뒤섞여 있는 격이며, 그것이 발할 적에 이르러 서서히 그것(의리)을 따라 간다는 것이니, 어찌 그럴 리가 있겠습니까? 저의 생각으로는 사단에 굳이 기를 말하지 않아도 기는 말하지 않는 가운데 있습니다. 또한 성(性)의 단서는 곧 리가 직발(直發)한 것이니, 이에 헤아리고 안배하여 리를 위해 발한다고 말할 수 있겠습니까? 위(爲) 자가 무한하게 병폐를 함유하고 있으니, 성(性)과 리(理)가 둘로 나누어지는 폐단이 있습니다. 말씀이 어지러우니, 혹 잘못 보신 것입니까? 다시 헤아려보시는 것이 어떻겠습니까? 【곽종석】 칠정에도 순수하게 천리가 발하여 형기(形氣)가 간섭하지 않은 것이 있습니다. 예컨대 『중용』의 달도(達道)와 문왕이 왕계(王季 : 문왕의 부친)에게 조회하면서 기뻐한 것이 그것입니다. 【김진호】 달도를 순수한 리라 말하는 것은 괜찮지만, 그 소종래를 미루어 리가 발한 것이라고 말하는 것은 불가합니다. 이런 뜻이 퇴계의 편지글 속에 있는데, 살펴보지 않으셨습니까? 고봉(高峯 : 奇大升)이 "발하여 중절(中節)한 것은 리에서 발한 것입니까, 기에서 발한 것입니까? 또 사단의 선과 같습니까, 다릅니까?"라고 묻자, 퇴계 선생이 답하기를 "비록 기에서 발하더라도 리가 거기에 타 주재를 하기 때문에 그 선은 같다."라고 하였습니다. 또 말씀하기를 "맹자의 기쁨, 순임금의 노함, 공

자의 슬픔과 즐거움은 기가 리에 순응하여 발한 것으로 털끝만큼도 장
애가 없기 때문에 리의 본체가 혼전(渾全)한 것이다."라고 하였습니다.
성호도 "칠정이 중절하더라도 기에서 발한 점은 바꿀 수 없다."라고
하였고, 또 "발(發)은 스스로 발하는 것이고, 중절(中節)은 스스로 중
절하는 것이니, 중절로 발을 논할 수 없을 듯하다."라고 하였습니다.
선현이 설파한 것이 이와 같은데, 기가 리에 순응해 발하는 곳을 리발
이라고 하면, 노선생(퇴계)이 이른바 기를 리로 인식한다는 병폐에 불
행히도 가깝습니다. 대개 선유들이 칠정도 리발이라고 한 설은 중절
여부를 논함이 없이 단지 심지(心地)의 본원 위에 나아가 혼륜의 관점
으로 말한 것입니다. 만약 사물 위에서 발한 데에 나아가 말한다면, 근
원한 묘맥(苗脈)이 사단과 저절로 구별될 것이니, 어찌 중절로 리지발
(理之發)을 삼을 수 있겠습니까? 만약 칠정의 중절이 이와 같다고 말
한다면, 사단이 혹 기에 구애되어 혼매해서 중절하지 않는 것도 기발
(氣發)이라고 할 수 있겠습니까? 이 점은 나누어 소통시켜야 할 것입
니다.[18]

---

18) 金鎭祜, 『勿川集』 권5, 「答郭鳴遠 別紙」. "來辨曰 但道其實 則七情亦理發
<김진호>此說儘精看 正與星湖先生七情橫貫四端之說相通 <곽종석>先儒固
有七情氣爲主之說 而竊恐主字太嚴 不若重字之爲穩 <김진호>主字活看 則
似無礙 何必局於名位 說膠固不圓通耶 退陶先生答奇明彦書曰 二者 皆不
外理氣 而因其所從來 各指其所主與所重言之 則其爲理其爲氣 何不可之有
-止此- 後來覺所重字爲未安 刪去之 且曰 看得未安處旣去 則義理昭徹云
此乃先生改本定論 而高明之取舍 如此懸倒 殊未可曉 <곽종석>心之理乘氣
而從義理上去 此四端之爲理而發者也 <김진호>四端雖曰乘氣 其粹然理發
說着些子 氣不得正 老先生所謂孟子四端 不在兼氣 只在純理發處 是也 若
要是乘氣而從義理上去云 則此理未發時 便先帶泥和水 及其發也 則徐徐從
這上去也 寧有是理耶 愚謂四端不必言氣 而氣在不言中 且性之端緖 卽理
之直發 則顧何有準擬安排於是而曰爲理而發云耶 爲字無限含病 却有性與
理分貳之弊 譚屑霏霏 或失照管耶 更鍊之如何 <곽종석>七情亦有粹然天理
之發而不干形氣 如中庸之達道 文王之朝王季而喜 <김진호>達道謂粹然之
理則可 推其所從來 謂理之發則不可 此意在退陶書中 而顧不之察乎 高峯

④ 근일의 논의는『중용』의 희노애락 사정(四情)도 기발(氣發)이라고 하
니, 이는 칠정기발설(七情氣發說)에만 근거하고 성현들이 다르게 말한
점을 돌아보지 않은 것입니다. 이는 바로 맹자가 하나만을 고집하는
것을 싫어하신 점을 범한 것입니다. 현자는 '사정(四情)에 대해 홀로
기발만을 가리키는 것이라고 말할 수 없지만, 또한 홀로 리발만을 가
리키는 것이라고도 말할 수 없다'라고 합니다. 그렇다면 이는 과연 무
엇이 발한 것이란 말입니까?……대체로 칠정만 말할 경우에는 호발
(互發)이 있다고 말할 수 있지만,『중용』에서 거론한 것은, 이와 같이
보면 그 뜻을 얻을 수 없을 듯합니다. 칠정은 사단과 상대적인 관점에
서 말하면, 단지 그 기의 한쪽만을 볼 뿐이기 때문에 기발이라고 말합
니다. 대체로 리의 한쪽은 바로 사단이 있는 데 속하기 때문입니다.『예
기』「예운」에 음식의 욕구, 남녀의 성욕, 사망이나 빈고(貧苦) 등으로
칠정을 밝힌 것은 모두 형기의 사사로운 것입니다. 이는 저절로 맹자
가 말한 사단과 상대적으로 말할 수 있습니다. 그러나 정이천(程伊川 :
程頤)이 지은「안자호학론(顔子好學論)」의 칠정과 같은 것은, 주자가
사단을 포함하여 그 속에 있다고 말하였으니, 그 어맥이 성(性)이 진정
(眞靜)한 것을 먼저 말하여 '동중(動中)'이라 하고, 정(情)이 치탕(熾
蕩)한 것을 뒤에 말하여 '착성(鑿性)'이라 한 것입니다. 그러니 이는
리기를 겸하고 선악을 갖추었다고 말할 수 있을 듯합니다. 그런데『중
용』에서 자사가 말한 사정(四情)은 대본(大本)이 발하여 중절(中節)한
화(和)인 천하지달도(天下之達道)로써 시종 조리를 꿰뚫어 밝힌 것입
니다. 주자도 '발이중절(發而中節)'은 곧 속에 있는 리가 밖으로 발현

問 發而中節者 爲發於理耶 發於氣耶 與四端之善同歟 異歟 答曰 雖發於氣
而理乘之爲主 故其善同也 又曰 孟子之喜 舜之怒 孔子之哀與樂 氣之順理
而發 無一毫有碍 故理之本體 渾全 星湖亦曰 七情雖中節 而發於氣 則不可
易 又曰 發自是發 中節自是中節 恐不可以中節論發也 先賢之所勘破如是
而乃以氣順理發處 喚作理發 老先生所謂認氣爲理之病 不幸而近之 蓋先儒
七情亦理發之說 無論中節與否 只就心地本原上 渾淪說也 若就事物上發後
言 則其從來苗脈 與四端自別 安有以中節爲理之發也 若於七情之中節 如
此云爾 則四端之或拘於氣 昏而不中節者 亦將謂氣發耶 此處宜分疏也"

한 것이라고 하였습니다. 만약 조금이라도 기의 경계에 교섭한다면 성현이 어찌 이와 같이 말씀하였겠습니까? 퇴계 선생도 「심통성정도」 중도(中圖)를 기술하면서 칠정을 사단과 합해 리권(理圈)에 두고 가로로 순서대로 나란히 벌여 놓아 조금도 차별을 두지 않았습니다. 또 고봉의 '발이중절(發而中節)은 곧 천명의 성(性)이고 본연의 체(體)니, 어찌 기가 발하였지만 사단과 다르다고 할 수 있겠는가.'라는 말에 대해, 꿰뚫어보고 구애됨이 없다는 말씀으로 장려하였으니, 칠정이 리발이라는 것에 대해 무엇을 의심하기에 불가하다고 말하는지 모르겠습니다. 리발에도 부중절(不中節)이 있으니, 주자가 말씀하기를 "측은·수오에도 부중절이 있으니, 측은하게 여길 때에 당하지 않았는데 측은해 하고, 부끄러워하고 미워할 때에 해당하지 않는데 부끄러워하고 미워하면 부중절이다."라고 하였습니다. 이를 미루어보건대, 칠정의 리발처(理發處)에도 어찌 부중절할 때가 없겠습니까?[19]

⑤ 칠정에 대한 설은 대의가 대략 같습니다. 그러나 그것을 미루어 매우 유쾌하게 하려면, 말을 하는 데 하자가 없을 수 없습니다. 지금 말씀하신 것을 보면, 전의 설보다는 조금 낫습니다. 그러나 '칠정은 본래 기

---

19) 金鎭祜, 『勿川集』 권7, 答李明汝. "近日之論 中庸四情 亦謂氣發 此只據七情氣發之訓 而不顧聖賢立言之殊 正犯孟子所惡之執一也 賢者則曰雖不可謂單指氣發 亦不可謂單指理發 若爾則是果如何發也……蓋七情專言則固可謂有互發 而中庸所論 則如此看 恐不得 七情與四端雙關對說 則只見其氣一邊 故謂之氣發 蓋其理一邊 便屬在四端故也 禮運 以飮食男女 死亡貧苦 明七情 此皆形氣之私也 自可與孟子四端 對說矣 若好學論七情 朱子以爲包四端在中 而其語脈 先言性之眞靜而曰動中 下言情之熾蕩而曰鑿性 恐可謂兼理氣該善惡者也 至於子思所言四情 旣以大本之發中節之和 天下之達道 始終條貫而明之 朱子亦曰發而中節 卽此在中之理 發見於外 若一分涉於氣界 則聖賢豈如此立言耶 陶山夫子 又述之性情中圖 與四端合實理圈 橫序齊列 少無差別 又於高峯 發而中節 乃天命之性 本然之體 豈可謂氣發而異於四端耶之語 以通透脫灑 獎詡之 未知何疑於理發而謂之亦不可也 理發亦有不中節 朱子曰 惻隱羞惡 也有不中節 不當惻隱而惻隱 不當羞惡而羞惡 是不中節 推此則七情理發處 亦豈無不中時節乎"

위에서 발한 것이다'라는 말은 정미함이 부족하여 본지를 잃은 듯합니다. 대체로 칠정에는 형기에 관계되지 않은 것도 있고, 형기에 관계된 것도 있습니다. 형기에 관계되지 않은 것은 리발에 속하니 사단을 포함하여 속에 있는 것이고, 형기에 관계된 것은 바야흐로 기발이라 하니 사단과 상대적으로 분개한 것입니다. 지금 '본시(本是)' 두 자로써 전적으로 끌어다 한쪽에서 구두를 끊으면, 천리가 곧장 이루어진 정(情)은 모두 기에 귀결되어 일상에서 천리가 유행하는 것을 볼 수 없게 될까 나는 염려스럽습니다. 이를 어찌하겠습니까? 내 설의 본의는 리에서 발하는 칠정은 잠시 논하지 말고, 비록 기 위에서 발하는 칠정이라도 리의 명을 들어 중절하면 그것이 발하는 처음은 참으로 기지만, 중절한 곳에서는 리가 바로 주재하기 때문에 널리 리라고 바꾸어 말할 수 있다는 것입니다.[20]

⑥ 혼륜으로 말하면 인심·도심 및 사단·칠정을 막론하고 모두 리발이라고 해도 괜찮습니다. 대체로 리는 장수가 되고 기는 졸병이 됩니다. 리는 능히 주재를 하지만, 기는 주재할 수 없습니다. 인심과 칠정은 형기에 감응하여 발하지만, 감응하는 바는 형기의 사사로운 것이고, 감응한 바는 리의 본연입니다. 가령 원래 본연의 리가 없다면 이 형기의 정(情)이 무엇으로 인해 발출하겠습니까? 다만 천리를 따라 곧장 발하는 것을 리발(理發)이라 하고, 형기를 따라 발하는 것을 기발(氣發)이라고 합니다. 선현들은 단지 그 발하는 첫머리로써 면모가 비교적 중한 점을 취해 말했기 때문에 이에 분개론(分開論)이 있게 된 것입니다. 학자들은 선현의 자취를 따라 그 설을 지켜야 하지만, 리가 주재가

---

20) 金鎭祜,『勿川集』권10,「答李致善」. "七情說 大意略同 而恐推之太快 下語不能不疵 今又見喩 稍勝前說 然七情本是氣上發云者 恐欠精微 轉失本旨也 蓋七情 有不干形氣者 -如舜之怒四凶 孟子喜不寐 是也- 有干形氣者 -如見食色而喜 見僇辱而怒 是也- 不干形氣者 屬之理發 而包四端在中者也 干形氣者 方謂之氣發 而對四端分開者也 今以本是二字 全輸句斷於一邊 則吾恐天理直遂之情 都管歸於氣 日用間 將不見天理之流行矣 奈何奈何 鄙說本意 竊謂七情之發諸理者 姑勿論 雖其氣上發者 苟聽命而中節 則其發地頭 固氣也 然中節處 理便主宰 故可博換說理也"

되고 일원(一原)의 묘가 된다는 점 또한 알지 않아서는 안 됩니다.[21]

①은 1903년에 허유(許愈)에게 답한 편지이다. 김진호는 이 편지에서 퇴계가 말한 '호발(互發)'·'상수(相須)'를 분개와 혼륜의 관점으로 이해하면서, 허유가 말한 '리발에 기도 발하고, 기발에 리도 발한다.[理發 氣亦發 氣發 理亦發]'를 혼륜의 관점에서 보면 문제가 없지만, 분개의 관점에서 보면 리기호발(理氣互發)이 되어 문제가 있다는 점을 지적한 것이다.

②는 1903년에 허유에게 답한 편지이다. 이 글에서 김진호가 "'이자호유발용(二者互有發用)'은 리발·기발의 주각이고, '기발우상수(其發又相須)'는 기수지(氣隨之)·리승지(理乘之)의 주각인 듯합니다."라고 한 것은, 『퇴계집』 권16 「답기명언논사단칠정(答奇明彦論四端七情) 제이서(第二書)」에 실린 "대개 사람의 일신은 리와 기가 합해서 생긴 것입니다. 그러므로 리기는 상호 발용함이 있고, 그 발함도 서로 기다립니다. 호발은 각각 주재하는 바가 있음을 알 수 있고, 상수는 상호 그 안에 있음을 알 수 있습니다. 상호 그 안에 있기 때문에 혼륜으로 말하는 경우는 참으로 그것이 있으며, 각각 주재하는 바가 있기 때문에 분별로 말하더라도 불가함이 없습니다.[蓋人之一身 理與氣合而生 故二者互有發用 而其發又相須 也 互發則各有所主 可知 相須則互在其中 可知 互在其中 故渾淪言之者固 有之 各有所主 故分別言之 而無不可]"라는 대목을 지적해 말한 것이다.

---

21) 金鎭祜, 『勿川集』 권8, 「答金仲衍」. "渾淪說去 則無論人道與四七 皆謂之理 發 可也 蓋理爲帥而氣爲卒徒 理能主宰 而氣不能主宰 人心七情 雖是感形 氣而發 然其所感者 形氣之私也 其所感底 理之本然也 向使元無本然之理 此形氣之情 何緣而發出乎 但其從天理上直發 謂之理發 從形氣邊發去 謂 之氣發 先賢特以其所發地頭 取面貌較重者說來 故於是乎有分開之論 學者 雖當循迹而守之 然其理爲主宰 而爲一原之妙 亦不可不知也"

이 편지에서 김진호는 퇴계의 설에 의거해, 허유가 상수(相須)에 치중해 주재하는 바를 도외시하고 있다고 비판을 하고 있다. 이 문제에 대해, 김진호는 발한 곳에서도 리가 주재한다는 관점을 강하게 역설하고 있다.

③은 1876년 곽종석의 설에 조목조목 답한 편지이다. 사단과 칠정의 발(發)에 대해, 퇴계의 설에 근거해 곽종석의 견해를 반박한 것이다. 요지는 사단이 리가 기를 타고 의리를 따라간 것이라고 하면 발할 적에 의리를 따른다는 의미가 있어 흠이 있다는 것이다. 또 김진호는 선유들이 칠정도 리발이라고 한 설은 중절 여부와 관계없이 심지(心地)의 본원 위에서 혼륜의 관점으로 말한 것으로, 사물 위에서 발한 점에 나아가 말하면 사단과 칠정은 저절로 구별되기 때문에 중절로 리발을 삼을 수 없다는 것이다.

④는 이효기(李孝基)에게 답한 편지인데, 연도는 알 수 없다. 이 글의 요지는 칠정기발설(七情氣發說)에 반대한 것으로, 칠정을 사단과 상대적인 관점에서 말하면 형기에서 발하는 남녀의 욕정이나 음식에 대한 식욕 같은 것들은 기발이라고 할 수 있지만, 『중용』에서 말하는 희노애락의 칠정은 그와 다른 것으로, 이 칠정은 기발이 아니라 리발이라는 것이다. 이 칠정에는 발하여 중절한 것도 있고, 부중절한 것도 있다.

⑤는 이효기(李孝基)에게 답한 편지인데, 연도는 알 수 없다. 이 편지의 내용도 ④와 유사하다. 요지는 칠정에는 형기에 관계된 것도 있고 관계되지 않은 것도 있다. 형기에 관계된 것은 사단과 상대적인 관점에서 말하는 것으로 기발이다. 이는 분개의 관점에서 보는 것이다. 그러나 형기에 관계되지 않은 것은 사단을 포함하여 마음속에서 나오는 것이기 때문에 리발이라는 것이다. 이는 혼륜의 관점에서 보는 것이다.

⑥은 1897년 김재식(金在植)에게 답한 편지이다. 이 글의 요지도 위의 ④·⑤와 대동소이하다. 천리를 따라 곧장 발하는 것은 리발이고, 형기를 따라 발하는 것은 기발이다. 사단과 칠정, 인심과 도심은 분개의 관점에서 말하면 리발과 기발이 있지만, 혼륜의 관점에서 말하면 모두 리발이다.

3) 본연기질지성설(本然氣質之性說)

이교우는 김진호의 본연지성(本然之性)·기질지성(氣質之性)에 대한 설을 다음과 같이 기술했다.

> 선생은 본연지성과 기질지성을 논하기를 "성(性)은 본래 하나이다. 그러나 본연지성과 기질지성 두 가지 명칭이 있게 된 것은, 대체로 심(心)이 미발(未發)한 상태에서는 기(氣)가 용사(用事)하지 않아 혼연한 본체로서 순수하고 지선(至善)하니 곧 성(性)의 본연이지만, <심>이 사물에 감촉하여 움직이면 기가 비로소 용사하여 선악이 처음으로 나누어지기 때문에 이를 기질지성이라고 말하는 것이다. 기질지성이라고 말하는 것은 단지 이발(已發)의 상태에서 심이 기에 의해 변화된 점을 지적해 말하는 것이지, 혼연한 가운데 본연지성과 더불어 머리를 나란히 하고 근거를 함께 하는 것을 말하는 것이 아니다.22)

김진호의 설은 핵심이 본연지성과 기질지성이 애초 두 가지로 나뉘어져 있는 것이 아니라는 점이다. 그래서 그는 미발의 상태에서는 본연지

---

22) 金鎭祜,『勿川集』附錄, 권2,「行狀」. "論本然氣質 則曰 性 本一也 而有本然氣質之二名者 蓋以心之未發 氣不用事 渾然本體 純粹至善 乃性之本然也 感物而動 氣始用事 善惡始分 故謂氣質性也 氣質云者 特於已發上 指其爲氣所變者言 非謂渾然之中 與本然者 齊頭並據也"

성만 있고, 이발(已發)한 뒤에 심(心)이 기에 의해 변화된 점만 지적해 기질지성이라고 한다는 것이다.

김진호의 본연지성·기질지성에 대한 설은 초년에 확립된 듯하다. 그리하여 중년 이후에는 이에 대한 논란이 보이지 않는다. 아래 인용문은 김진호의 본연지성·기질지성에 대한 견해를 엿볼 수 있는 자료들이다.

① 저는 삼가 다음과 같이 생각합니다. 전체가 혼륜할 때에는 성(性)은 참으로 둘이 있지 않습니다. 그러나 본연·기질 두 가지 이름이 있게 된 것은, 대체로 정(情)이 발현한 것으로써 소급해 궁구하여 그것을 세분했기 때문입니다. 천명이 곧장 이루어지는 곳에 근본을 하여 비추어 보면 천지의 성(性)이 있는데 천만인이 같지 않음이 없음을 알게 되고, 형기가 생함이 있는 곳에 따라 비추어 보면 기질의 성(性)이 있는데 천백 가지 모양의 다른 점이 있음을 알게 됩니다. 장자(張子 : 張載)가 이른바 '잘 되돌렸다'는 것은 서로 같지 않은 점을 변화시켜 서로 같은 도리에 되돌렸다는 것입니다. 강유(剛柔)와 완급(緩急)이 중도를 얻으면 천지의 성(性)이 이에 나아가 보존될 것입니다. 이와 같이 말하는 것이 어떨지 모르겠습니다.[23]

② '천명이 곧장 이루어지는 데에 근본하고 형기가 생함이 있는 데에서 인한다.'는 점에 대해, 선생님께서는 "이는 정이고 심이지, 성이 아니다."라고 말씀하셨습니다. 이는 참으로 그와 같습니다. 그러나 맹자가 성선에 대해 논하면서 정을 미루어 근원을 궁구한 경우가 많으니, 사단설과 같은 것이 그것입니다. 만약 혼륜에만 나아가 말한다면, 어찌 성(性)에 본연·기질의 다른 명칭이 있는 줄 알겠습니까? 반드시 발하

---

23) 金鎭祜, 『勿川集』 권3, 「上朴晚醒先生」. "祜竊以爲 全體渾淪時 性固非有二也 然而有本然氣質之兩名者 蓋以情之發見 溯究而細分之也 根天命直遂處照見 得有天地之性 無千萬人不同底 因形氣有生處照見 得有氣質之性 有千百樣不同底 張子所謂善反之者 變化其不同底 而反之於所同底道理 剛柔緩急得其中 則天地之性 卽此而存也 如此下語 未審如何"

는 곳에서 추론해야 쉽게 볼 수 있습니다. 어떤 것이 발하는 것을 보
고 본연이 있는 줄 알고, 어떤 것이 발하는 것을 보고 기질이 있는 것
을 알기 때문에 제가 정이 발하는 것을 깊이 궁구해야 한다고 말씀드
린 것이 이 때문입니다. 만약 성을 말할 때에는 바로 형기(形器)에 구
애된다고 하면, 모두 기질을 말하는 것일 뿐이니, 생함이 있은 뒤에 어
찌 성이 기질에서 분리되지 않는단 말입니까? 이른바 본연이라는 것
을 어디에서 볼 수 있겠습니까? 천백 가지 같지 않다는 것이 주자의
말씀인데, 이 말씀도 분명치 않은 것입니까? 대개 하늘이 명한 것은
한 가지 리일 뿐입니다. 기가 부여되면 강유·청탁·미악이 가지런하지
않으니, 그 성도 기를 따라 발하는 것이 달라서, 애초 천백 가지로 다
름이 없던 것이 아니게 됩니다. 이는 마치 태극의 본연의 묘함이 음·
양 두 기를 타고 유행하여 만 가지 다름이 있게 되지만, 그 근원을 궁
구하면 근본이 하나일 따름인 것과 같습니다. 퇴계 선생은 "혼륜처에
서는 혼륜으로 보고, 분개처에서는 분개로 보라."고 말씀하셨습니다.
저의 생각으로는 분개처에 명의(名義)를 인식하고, 명의를 인식하고
나면 혼륜의 체는 그로 인해 미루어 밝힐 수 있다고 봅니다.[24]

③ 선생님께서는 "기질·본연은 성의 체단(體段)이나 혼연한 가운데 구비
된다."라고 말씀하셨습니다. 제가 삼가 생각건대, 성(性)은 본디 하나
이나 본연·기질의 두 이름이 있게 된 것은, 대체로 심이 발하지 아니
하였을 적에는 기가 용사를 하지 않아 혼연한 본체가 순수하고 지선하

---

24) 金鎭祜, 『勿川集』 권3, 「上朴晩醒先生」. "根天命直邃 因形氣有生 下誨曰
此情也心也 非性也 是固如此 然孟子論性善 多推情窮原 如四端之說 是也
今若只就渾侖而言 何以知性有本然氣質之異稱乎 必也發處推論 可以易見
見某樣發而知有本然 見某樣發而知有氣質 故鎭祜之以情之發深究云者 以
此也 若謂緫說性時 便囿於形器 總會說氣質而已 則有生以后 那性不離於
氣質 這所謂本然者 於何見得也 千百樣不同 是朱訓也 其或未燭耶 蓋天之
所命 只一理而已 氣賦則不齊剛柔清濁美惡 其性亦隨氣而異發 未始無千百
樣不同底 政如太極本然之妙 乘二氣流行而有萬殊 究其原 則一本而已也
退陶先生曰 渾侖處 渾侖看 分開處 分開說 愚意欲其分開處 識得名義 名義
既得 則渾侖之體 因可推明矣"

니, 그것이 성의 본연입니다. 심이 사물에 감응하여 움직이면 기가 비로소 용사하여 선악이 나뉘니, 다시는 본연의 체가 아니기 때문에 기질지성이라고 말하는 것입니다. 그렇다면 기질지성이란 단지 발한 위에서 기에 의해 변화되는 점을 가리켜 말한 것이니, 혼연한 가운데 본연과 더불어 머리를 나란히 하고 함께 근거하는 것을 말하는 것이 아닙니다. 지금 말씀하시기를 "기질·본연의 체단은 혼연한 가운데 구비된다."고 하시니, 이미 발한 뒤에는 번갈아 나오고 아직 발하지 아니하였을 적에는 대립한다는 듯한 점이 있습니다. 이 점이 매우 의혹스러운 점입니다.25)

④ 【이병희(李炳憙)】 대산(大山 : 李象靖) 선생은 말씀하기를 "기질지성은 품부 받아 태어나는 초기부터 혼매하고 청명하며 순수하고 박잡하여 저절로 정해진 분수가 있다. 비록 미발의 전이라도 어찌 그런 것이 없을 수 있겠는가?"라고 하였으니, 그 설은 어떻습니까? 【김진호】 기질은 참으로 혼매하고 청명하고 순수하고 박잡한 분수가 있습니다. 그러나 성은 어찌 일찍이 혼매하고 청명하고 순수하고 박잡한 분수가 있겠습니까? 이 네 가지는 본래 기질을 가리켜 말한 것이지, 성(性) 자에는 해당이 되지 않습니다. 이로써 미발의 전에 기질지성이 있음을 증명하는 것은, 나로서는 의혹됩니다. 【이병희】 삼가 생각건대, 기질지성은 별도로 하나의 성(性)이 있는 것이 아니라, 본성을 따라 기질 속에 떨어져 있기 때문에 그 이름을 기질지성이라고 하는 것입니다. 만약 기질과 분리해 성을 말한다면 어찌 기질지성이라고 말할 수 있겠습니까? 【김진호】 기질지성은 대체로 기질을 인하여 성(性)이 된 것이니, 『맹자』의 '<입이 맛에 있어서와>……<사지가 안일에 있어서는> 성(性)이나 거기에는 명(命)이 있다[性也 有命焉]'고 한 성(性)과 주자

---

25) 金鎭祜,『勿川集』권3,「與張四未軒」. "下誨曰 '氣質本然 性之體段 然備具於渾然之中' 竊謂性本一也 而有本然氣質之二名者 蓋以心之未發 氣不用事 渾然本體 純粹至善 乃其性之本然也 感物而動 氣始用事 善惡始分 非復本然之體 故謂氣質性也 則氣質性云者 特於已發上 指其爲氣所變之者言 非謂渾然之中 與本然者 齊頭並據也 今曰 氣質本然之體段 備具渾然之中 則有似乎已發則迭出未發則對立 斯切訝惑"

(周子 : 周敦頤)가 '<성은> 강유·선악이 중도에 맞은 것일 따름이다'
라고 한 성(性)이 그것입니다. 만약 기질 속에 떨어져 있는 것만 전적
으로 인식해 기질지성이라고 이름을 한다면, 본연지성은 어찌 일찍이
기질 밖에 있는 것이겠습니까? 먼저 명의(名義)의 정미함을 인식한 뒤
에야 논쟁할 바를 나누어 소통시킬 수 있을 것입니다.26)

　①과 ②는 김진호가 스승 박치복에게 올린 편지이다. 김진호가 주장
하는 요지는 혼륜의 관점에서 보면 성(性)은 하나이고, 분개의 관점에서
보면 본연지성과 기질지성이 있다는 것이다. 그는 정(情)을 미루어 본원
을 궁구하면 성(性)은 하나라는 점을 강조하였다.

　③은 사미헌(四未軒) 장복추(張福樞)에게 올린 편지로, ①·②와 같은
관점에서, 기질지성은 발한 뒤에 기에 의해 변화되는 점을 가리켜 말한
것으로, 혼연한 가운데 본연지성과 머리를 나란히 하고 함께 근거하는
것을 말하는 것이 아님을 역설하고 있다.

　④는 이병희(李炳憙)에게 답한 편지로, 미발의 전에 기질지성이 있다
고 하는 것에 대해 반박한 것이다.

　본연지성·기질지성에 대한 김진호의 이러한 견해도 사단·칠정, 인심·
도심과 마찬가지로 분개의 관점에서는 그 명의(名義)가 성립되지만, 혼
륜의 관점에서는 나란히 존재하는 것이 아니라는 것이다. 즉 발하고 난

---

26) 金鎭祜,『勿川集』권7,「答李景晦-炳憙-疑問」. "問 大山曰 氣質之性 自是稟
生之初 昏明粹駁 自有定分 雖未發之前 豈容得無 其說 何如 <답>氣質 固
有昏明粹駁之分 性則何嘗有昏明粹駁之分乎 此四箇字 本指氣質而言 性字
則不襯貼 以此證未發前有氣質之性 愚竊惑焉 <문>竊謂氣質性 非別有一性
因本性 墮在氣質中 故名之爲氣質性 若離氣質而言性 則豈可曰氣質之性乎
<답>氣質性 蓋因氣質而爲性者 如孟子性也有命之性 周子剛柔善惡中而已
之性 是也 若專認墮在氣質中而名爲氣質性 則本然性 何嘗在於氣質之外耶
須先識名義之精微 然後可分疏所爭矣"

뒤에 기질지성이 있는 것이지, 발하기 전에는 본연지성만 있다는 설이다.

4) 심성설(心性說)

심성설(心性說)·심설(心說)·명덕설(明德說)·허령불매설(虛靈知覺說) 등은 모두 심성에 대해 말한 것인데, 김진호의 「행장」을 쓴 이교우는 이를 구체적으로 나누어 언급했기 때문에 여기서도 그에 따라 나누어 논의하기로 한다. 이교우는 김진호의 심성설에 대해 다음과 같이 말하였다.

> 선생은 심성에 대해 논하기를 "심성은 저절로 하나의 물(物)이다. 그러므로 선배들이 성정(性情)을 말하면서 심(心) 자를 통용하였으니, 정자의 성즉리설(性卽理說)·심즉성설(心卽性說)이 바로 그것이다. 이에 대한 분별은 주재하느냐 주재하지 않느냐에 달려 있을 따름이다. 어찌 리·기가 불상잡(不相雜)하는 경우처럼 간격이 있는 데 이르렀는가?"라고 하였다.[27]

이 인용문은 김진호가 하경락(河經洛)에게 답한 편지에 있는 내용을 간추린 것이다. 김진호의 생각은 다음과 같다. 심(心)은 리·기가 합한 것으로, 성(性)은 체이고 정(情)은 용이다. 그러나 이를 총괄해서 말하면 심성은 하나의 물(物)이지, 심·성이 별개로 나누어진 것은 아니다. 그는 그 증거로 정자가 심즉성(心卽性)이라고 말한 것을 들었다. 그는 심·성이 리·기처럼 별개가 아니라, 주재하느냐 주재하지 않느냐에 따라 두 가지로 이름 붙여진 것이라 하였다.[28]

---

27) 金鎭祜, 『勿川集』 附錄, 권2, 「行狀」. "論心性則曰 心性 自是一物 故先輩言 性情通用心字 程子性卽理心卽性之說 是也 其分別 則只在宰不宰而已 何 至限隔 如理氣之不相雜者乎"

김진호는 심(心)과 성(性)의 주재(主宰)와 불주재(不主宰)에 대해 송호
언(宋鎬彦)에게 다음과 말하였다.

> 보내신 편지에 "성(性)은 홀로 리를 말한 것이기 때문에 심(心)을 검속
> (檢束)할 줄 모르며, 심은 리기를 겸하기 때문에 성을 검속할 수 있다."라
> 고 한 대목에 이르러서는 또한 '옳다'고 허여하고서, 바로 반박하셨습니
> 다. 저의 설에 대해 그만둘 수 없어서 다시 다음과 같이 수정합니다. "심
> 은 주재하고 운용하는 것이기 때문에 성을 검속할 수 있지만, 성은 일정하
> 게 작위를 함이 없기 때문에 심을 검속할 줄 모른다." 이와 같이 훈해하
> 면, 그대의 생각에 어떨지 모르겠습니다.29)

심(心)과 성(性)의 구별에 대해, 김진호는 '검속할 수 있느냐, 검속할
줄 모르느냐'로 구분하였다. 그것은 심은 주재하고 운용하는 능력이 있
고, 성은 작위성이 없기 때문인 것으로 설명하였다.

이러한 그의 설은 사칠리발설·명덕설 등과 함께 그의 성리설에서 중
요한 관건에 해당한다. 왜냐하면 김진호가 수용한 이진상의 심즉리설은
발하고 난 뒤의 주재에 관점을 두고 있기 때문이다. 이는 성즉리라는 종
래의 미발의 근원에 중점을 둔 관점이 아니라, 현실세계에서의 능동적
주재성에 관점을 둔 것이기 때문에 보다 수양론적인 의미를 함유하고

---

28) 金鎭祜, 『勿川集』 권9, 「答河聖權」. "心固理氣之合 而以性爲體 以情爲用
總撮而言之 則心性自是一物 非有判然界限 故先輩言性情 通用心字 非止
一處 如程子性卽理心卽性之說 是也 其分別 則只在宰不宰而已 何至限隔
如理氣之不相雜者乎……心性一物也 而分以爲二 理氣二物也 而合之爲一"
29) 金鎭祜, 『勿川集』 권7, 「答宋子敬鎬彦 乙未」. "諭及性單言理 故不知檢心
心兼理氣 故能檢性 亦得云云 旣許之 而旋駁之……無已則更下說曰 "心則
主宰運用底 故曰能檢性 性則一定無爲底 故曰不知檢心" 如此爲訓 未知盛
意如何

있다. 또한 이는 종전보다 더 어지러운 시대를 살아가면서 능동적 주재
성에 의해 자신을 성찰하고 존양하지 않으면 당면한 절박한 위기를 극
복할 수 없다는 현실인식에서 기인한 것이라고 할 수 있다.

5) 심설(心說)

이교우는 김진호의 심설에 대해 다음과 같이 말하였다.

> 선생은 심(心)에 대해 논하기를 "심은 참으로 리·기가 합한 것이다. 리
> 는 주(主)가 되고, 기는 자(資)가 되는 것을 바꿀 수 없다. 만약 기가 요동
> 을 쳐 리를 빼앗으면 천리가 없어져 바로 심을 잃게 될 것이다. 군신(君
> 臣)에 비유하면 리는 군이고, 기는 신이다. 예악형정이 천자로부터 나오지
> 않고 신하로부터 나오면, 천하가 어지러워지겠는가? 어지러워지지 않겠는
> 가? 기가 심의 주재가 된다고 말하는 자는 반드시 유궁후예(有窮后羿)·조
> 조(曹操)·왕망(王莽)·동탁(董卓)으로 정통을 삼아 하늘과 땅의 지위를 바
> 꿀 것이다."라고 하였다.30)

이 내용은 1898년 문인 하겸진(河謙鎭)에게 답한 편지에 보인다. 김진
호의 관점으로는, 심(心)은 합리기(合理氣)인데 리가 주(主)가 되고 기는
자(資)가 된다는 것이다. 이 설은 위의 심성설에서 심에 국한해 말한 것
으로, 그 요점은 합리기(合理氣)의 심에 있어서의 리의 주재성을 강조한
것이다.

---

30) 金鎭祜, 『勿川集』附錄, 권2, 「行狀」. "論心則曰 心固理氣之合 而理爲主氣
爲資 變易不得 若氣騰倒而奪理 則天理滅絶 便爲喪心 比諸君臣 理君也 氣
臣也 禮樂刑政 不能自天子出 而自臣下出 則天下亂乎否乎 謂氣爲心之主
宰者 必將以羿操莽卓爲正統 而使天壤易位矣"

김진호는 이 심(心)의 본체에 대해, 김재식(金在植)에게 답한 편지에서
다음과 같이 말하였다.

> 지난번에 자중(子重)이 이른바 '심의 본체는 존망으로 말할 수 없다.'는
> 한 구는 설이 분명치 못하다고 논하였습니다. 대체로 심이라는 물체는 본
> 디 신명(神明)하여 헤아릴 수 없기 때문에 능히 경각에도 변화합니다. 그
> 래서 잡으면 보존되고 놓으면 없어집니다. 잡으면 보존되고 놓으면 없어
> 지는 것이 심의 본체 아닌 것이 없으니, 마치 손을 뒤집었다 엎었다 하는
> 것과 같습니다. 뒤집어도 그 손이고, 엎어도 그 손이니, 어찌 뒤집은 것은
> 손이라 하고, 엎은 것은 손이 아니라고 할 수 있겠습니까? 자중(子重)이
> 존망의 밖에서 심의 본체를 찾으려 하였기 때문에 주자가 '보존한 바가
> 과연 무슨 물체인가'라는 말로써 배척한 것입니다. 대체로 보존한다는 것
> 은 없어진 것을 잡는 것이고, 없어진다는 것은 보존한 것을 놓아 버리는
> 것입니다.31)

이는 심(心)의 본체(本體)에 대한 언급이다. 김진호가 심의 본체를 위
와 같이 '잡으면 보존되고 놓아버리면 도망간다.[操則存 舍則亡]'로 보는
것은 앞에서 언급했듯이 현실세계에서의 리의 주재를 강조하는 논리와
닿아 있다. 심은 신명불측하기 때문에 순식간에 변화한다. 따라서 능동
적으로 이를 붙잡지 않으면 보존되지 않는다. 이를 붙잡으려면 리의 적
극적인 주재가 필요한 것이다. 김진호의 심즉리설(心卽理說)·사칠리발
설(四七理發說) 등은 이처럼 현실에서의 적극적이고 능동적인 대처를 반

---

31) 金鎭祜,『勿川集』권8,「答金仲衍」. "頃論子重(石敦+山) 所謂心之本體不可
　　以存亡言 一句 說得未瑩 蓋心之爲物 本神明不測 故能頃刻變化 操則存 舍
　　則亡 其操而存者 舍而亡者 無非心之本體 正如手之反覆 反亦此手也 覆亦
　　此手也 豈可以反者謂之手 而覆者不謂之手乎 子重意於存亡之外 別求心之
　　本體 故朱子以所存者果何物斥之 蓋存者操其亡者 亡者舍其存者"

영한 것이다.

6) 명덕설(明德說)

김진호는 『대학』의 '명덕(明德)'에 대해 곽종석과 수년 동안 치열한 논쟁을 벌였다. 이 명덕에 대한 논쟁은 김진호의 성리설 또는 경설에 있어서 핵심이 되는 것이다. 따라서 이에 대해 곽종석의 설 및 동시대 주요 학자들의 설을 비교 검토하면, 19세기 후반기의 사상사적 동향을 간파할 수 있을 것이다. 그러나 여기서는 김진호의 설을 중심으로 주요 자료를 소개하는 정도에서 그칠 수밖에 없다.

이교우는 김진호의 명덕설(明德說)에 대해 다음과 같이 말하였다.

> 선생은 명덕(明德)에 대해 논하기를 "주자는 이 장에서 '덕(德)' 자를 훈해한 것이 다른 경전의 예와는 달랐다. 그리하여 말씀하기를 '사람이 하늘에서 얻은 바로서 허령(虛靈)하고 불매(不昧)하여 중리(衆理)를 갖추고 만사(萬事)에 응하는 것이다.[人之所得乎天 而虛靈不昧 以具衆理 應萬事]'라고 하였다. 이 훈해는 용의(用意)가 지극히 정밀하고 깊으며 공정하다. 절을 나누어 논하면, '소득호천(所得乎天)'은 '덕(德)' 자의 주각이고, '허령불매(虛靈不昧)'는 '명(明)' 자의 주각이며, '구중리 응만사(具衆理應萬事)'는 위 두 자(明德)의 주각의 주각이다. 전체와 묘용(妙用)이 심(心)의 훈의(訓義)와 흡사하다."라고 하였다. 또 말씀하기를 "명덕은 참으로 심으로 보아야 한다. 그러나 심을 말하면 혹 기를 겸하여 말할 수 있지만, 명덕은 단지 천리를 떼어 내 말한 것이다. 그러므로 주자의 『대학장구』에는 기를 포함하여 해석하지 않았다.[32]

---

32) 金鎭祜, 『勿川集』附錄, 권2, 「行狀」. "論明德則曰 朱子於此章 訓德 特異諸經之例 而曰 人之所得乎天 而虛靈不昧 以具衆理 應萬事 用意極精深而稱停也 分節而論之 所得乎天 德字註脚也 虛靈不昧 明字註脚也 具應 乃上二

위 인용문의 전자는 『물천집』권11에 실린 「독곽명원여허후산논명덕
서(讀郭鳴遠與許后山論明德書)」에 보이고, 후자는 권10에 실린 「답이치
선 을해(答李致善己亥)」에 보이는 내용이다. 전자는 곽종석과 허유가
'명덕'에 대해 토론한 편지를 읽고 쓴 독후감이고, 후자는 문인 이교우
에게 답한 편지이다. 명덕에 대한 김진호의 견해는 위 두 가지가 핵심이
라 할 수 있는데, 곧 명덕을 곧장 심(心)이라고 하는 설에 반대하고, 명
덕은 심 가운데 천리만을 가리키는 것으로 본 것이다. 이에 관한 전문을
옮기면 다음과 같다.

① 명덕을 곧장 심(心)이라고 하는 것은 누구의 설인가? 이 구는 너무 급
   박한 듯하다. 대개 성인이 글자를 운용해 글을 지을 적에, 글자는 같지
   만 소리가 문득 다른 경우도 있고, 글자는 다르지만 뜻이 비슷한 경우
   도 있으니, 참으로 하나만을 고집해 나머지 다른 경우를 폐지해서는
   안 된다. 심(心) 자와 덕(德) 자는 글자도 같지 않고 소리도 다르다. 그
   런데 '곧장 ……라고 한다.[直謂之]'는 3자를 더하면, 어찌 의심 없는
   것이 되어 돈독히 지킬 수 있겠는가? 심(心) 자의 뜻은 신명불측이고,
   덕(德) 자의 뜻은 '얻을 득[得]'자가 절실하니, 혼용할 수 없을 듯하다.
   덕이라는 명칭은 의미가 매우 넓다. 얻은 바의 이치를 따르면 모두 덕
   이라 할 수 있다. 예컨대 심(心)은 허령의 덕이 되고, 성(性)은 인의(仁
   義)의 덕이 되고, 정(情)은 애경(愛敬)의 덕이라 하고, 행(行)은 충효의
   덕이라 한다. 손에는 공손의 덕이 있고, 발에는 장중함의 덕이 있고,
   귀와 눈에는 청명의 덕이 있으니, 모두 그런 것들이다. 또 준덕(峻德)·
   의덕(懿德)·대덕(大德)·달덕(達德) 같은 말도 있으니, 어느 경우를 칭
   한들 마땅하지 않겠는가? 그러나 명덕의 경우는, 덕은 마찬가지지만
   명(明)이란 한 자를 더하였기 때문에 의미가 저절로 구별된다. 『대학』

　字註脚之註脚 全體妙用 恰是心底訓義也 又曰 明德 固當以心看 然曰心則
或可兼氣說 而明德則只剔出天理 以立言 故章句不曾帶氣解了也"

첫머리에 명덕으로써 만세 심학(心學)의 종지를 삼았으니, 그 의미가 실로 범상히 다른 경우와 같은 예가 아니다. 그러므로 주자는 이 명덕을 훈해하면서 다른 경전에서 덕(德) 자를 훈해하는 것과는 달리 "사람이 하늘에서 얻은 것으로 허령불매하여 중리를 갖추고 만사에 응하는 것이다.[人之所得乎天而虛靈不昧以具衆理應萬事]"라고 하여, 생각을 지극히 깊고 절실하며 공정하게 하였다. 절을 나누어 논해 보면, '소득호천'은 덕(德) 자의 주석이고, '허령불매'는 명(明) 자의 주석이며, '구중리응만사'는 위 두 자(明·德)의 주석이다. 전체와 묘용이 심(心) 자의 뜻과 흡사하다. 그 안에 나아가 세밀하게 살펴보면, 이 덕(德) 자는 실로 상대적으로 중한 명(明) 자를 따른 것이다. 그러므로 주자는 "허령불매 네 자만으로도 명덕의 뜻을 말하는 것이 이미 충분하다."고 하였으며, 또 "허령불매는 곧 심이다. 명덕을 곧장 심의 별명이라고 말할 수는 없지만, 그것이 오로지 통체지심(統體之心)을 가리키는 것으로 보아도 의문이 없을 듯하다."라고 하였다. 대체로 하늘이 인간을 낳은 뒤로 만물에 법칙이 있게 되었는데, 사물의 법칙은 내가 하늘에서 얻은 것이다. 사람의 일신은 물체로 말하면 만 배로 하고 또 만 배로 한다 하더라도 그 통체의 천덕은 심이라고 말할 수 없을까? 또한 그것은 허령통철(虛靈洞徹)하고 형연불매(炯然不昧)하니 그 형상은 일신에 산재해 있는 덕이 감당할 수 있는 바가 아닌 것이 분명하다. 그러므로 주자가 단정해 이[虛靈不昧]로써 오로지 해당시켰는데, 『대학장구』·『대학혹문』에 보이는 것이 한두 군데가 아니다. 후현들이 발명한 것에 다시 다른 말이 없으니, 앞에서 말한 허령의 덕과 인의의 덕은 이것이 갖추고 있는 본체이고, 애경의 덕과 충효의 덕은 이것이 응하는 바의 묘용이다. 지금 사사물물에 산재해 있는 덕을 모두 모아 이 큰 명목에 해당시키면 덕 자의 뜻에는 상호 해로움이 없을 듯하지만, 유독 명 자는 어떻게 긴밀히 연관되겠는가? 그 설을 구하다가 터득하지 못하면 도리어 명 자를 무시하고 덕 자만 거론하여 '수신할 적에 모든 덕으로 칭할 수 있는 것들은 바로 명명(明命)이 유행하여 틈이 없는 것이다.'라고 하니, 이와 같은 경우는 명덕이 주재하지 않는 물(物)로 아득히 넓어 교섭하는 바가 없고, 무수히 많아 각자 스스로 주가 되는 것이다. 그래서 일신으로 하여금 까마득히 네 번 시절이 이르는 것을 모르게 한다. 이는 아마도 명왕(明王)이 명을 내리지 못해 만국이 각자 공사(公事)를 하는 것과 흡사하다. 이른바 성인의 말씀이 어찌 이처럼 흐릿하고 사리에 맞지 않겠는가? 또 '이는 정심(正心)의 심(心)과 서로 끌어당긴다.'고 주장하는 설이 있다. 이 '곧장 심이라 한다[直謂之心]'는 4자는 끝내 뱃속에 들어 있는 것인데, 스스로 외물과 서로 끌어당기는 것이 되니, 이처럼 초탈하고 활간(活看)을 하면 얼마나 중첩되는 것이겠는가? 명덕을 통체로 해당시키면 그것이 발명한 곳에는 조목을 안배해도 저절로 무방할 것이다. 「인설(仁說)」과 같은 것은, 하나의 인(仁) 자를 오로지 말해 덕을 온전히 한 경우도 있고, 단편적으로 말해 조목이 된 경우도 있다. 고인이 말한 데에는 간혹 이와 같은 점이 있다. 더구나 명명덕과 정심은 소리가 같은 않은 데 있어서이겠는가? 그 나머지 논한 것 가운데 득(得) 자는 명(明) 자에 착안해 미루어 연구한 듯한데, 경중이 저절로 구별되는 의미를 잘 알 수 있다. 내 삼가 생각건대, 이 형은 한주(寒洲 : 李震相)의 문하에서 공자의 말씀을 독실하게 믿던 자하(子夏)와 같은 사람이라고 할 수 있을 것이다. 지금 이와 같이 주장을 하면서 단편적으로 리를 가리키는 설이 없으니 정교함을 해칠 듯하다. 원만히 융합해 스스로 이해하고자 한 것일까? 아니면 10년 동안 산 속에 살면서 예전에 들은 바를 침잠해 연구하다가 도리어 창고의 기둥을 헤아리다 착오를 일으킨 사람과 같은 것일까? 이 점을 나는 알 수 없다. 나는 이 형과 만나지 못한 지 여러 해가 된다. 도움을 구하고 의문을 질정하려 해도 인연이 없었다. 지금 남려(南黎 : 許愈) 어른에게 이 편지를 구해 보았는데, 나에게 한 마디 말을 하라고 명하기에 내 생각을 거칠게 기술하여 바른 데로 나갈 길을 삼는다. 명원(鳴遠 : 郭鍾錫)은 어찌 생각하는가?[33]

---

33) 金鎭祜, 『勿川集』 권11, 「讀郭鳴遠與許后山論明德書」. "明德直謂之心 是誰氏說也 此句 太似絞急 蓋聖人命字立言 有字同而聲響頓異者 有字異而訓義彷彿者 固不可執一廢百也 心與德之字 不同而聲響異者 而加直謂之三字 則安得遽爲無疑而守之甚篤也 心之訓 神明不測 德之訓 得字爲切 恐不可

② 명덕설에 대해서는, 강마하는 유익함을 충분히 보았으니 공경하는 마음을 금치 못하겠습니다. 말씀하신 대의가 좋습니다만, '마음은 진실과 망령됨을 갖추고 있다.[心該眞妄]……'고 하신 부분은 본성에 본래 선악이 있다는 의논과 유사한 점이 있습니다. 만약 잡고[操] 놓는다[舍]

混用 而德之名甚廣 隨所得之理 而皆可稱之 如所謂心則爲虛靈之德 性則爲仁義之德 情曰愛敬之德 行曰忠孝之德 手有恭之德 足有重之德 耳目有聰明之德 皆是也 又如峻德懿德大德達德 何所稱而不宜也 然明德 則德固是一般 而加一箇明字 意思便自別 大學 首以是爲萬世心學之宗 其意實非徒然而與佗同例也 故朱子於此訓解 特異諸經之訓德 而曰人之所得乎天而虛靈不昧以具衆理應萬事云云 用意極深切而稱停也 分節而論之 所得乎天德字註脚也 虛靈不昧 明字註脚也 具衆理應萬事 乃上二字註脚之註脚 而全體妙用 恰是心底訓義 就其中細膩看之 這箇德 實緣佗明字較重 故朱子曰 只虛靈不昧四字 說明德意 已足 又曰 虛靈不昧 便是心 明德雖不可直謂心之別名 而其專指統體之心 恐無疑也 蓋天生蒸民 有物有則 物之則 乃我之所得乎天者也 人之一身 以物則言之 雖曰萬之又萬 其統體底天德 獨可不謂之心乎 且其虛靈洞徹 炯然不昧 這般狀 亦非一身散在之德所可當也明矣 故朱子斷然以此專當之 見於章句或問 非止一二 後賢發明 更無異辭則前所謂虛靈之德 仁義之德 乃所具底本體也 愛敬之德 忠孝之德 乃所應底妙用也 今乃湊合事事物物散在之德 以當此大名目 則德字之訓 恐无相妨而獨於明字 如何襯貼乎 求其說 不得 則反掉了明字 單擧德字 以爲修身上凡可以德稱者 便是明命 -此明字 不過作文點眼說- 之流行而无間者也云云若是則明德卽是不宰之物 莽蕩無所交涉 紛紜各自爲主 使此一身 茫然不知四到時節 殆與上無明王出命 而萬國各爲公事者 恰相似也 眞所謂聖人立言豈如是侗儱顢頇者乎 其曰 與正心之心 相製云云 此直謂之心四字 終是懷胎在中 自相掣肘於外 若是洗脫了活看了 有何重疊乎 明德 既以統體當之則其發明處 排爲條目 亦自不妨 如仁說 一箇仁字 有專言全德 有單言爲目古人立言 容有如是 而況明明德與正心 聲響自不同者乎 其餘所論 得字 若著眼於明字而推研之 其輕重自別之意 可以十分懸解矣 竊意此兄在洲上門可謂篤信之子夏 今乃如此立論 無其單指理之說 似傷於精巧 欲圓融自解耶抑或十載山居 潛究舊聞 反如數倉柱而轉錯者耶 是未可知也 祜與此兄不晤有年 求益質疑 莫有其緣 今得此書于黎丈 命祜一言 故粗述愚見 以爲就正之路 鳴遠以爲如何"

는 것으로써 말을 하면, 단지 존망(存亡)을 말할 수 있을 따름이니, 어
찌 삿되고 망령됨이 함께 심체에 갖추어졌다고 말할 수 있겠습니까?
그대의 병폐는 실언을 한 것뿐만이 아닙니다. 깊이 안을 향한 공부를
더하여 체득해 힘을 얻으면 그 명의(名義)와 진실이 풀릴 것입니다. 명
덕은 참으로 심으로 보아야 합니다. 그러나 심이라고 말하면 혹 기를
겸하여 말할 수 있지만, 명덕이라고 하면 천리만을 적출하여 말하는
것입니다. 그러므로 『대학장구』에서 주자는 기를 겸하여 해석하지 않
았습니다. 다시 연구해 보기 바랍니다.[34]

①은 김진호가 허유를 통해 곽종석의 명덕설을 구해 보고서, 그에 반
론을 제기한 글이다. 이 글의 핵심은 곽종석이 '명덕을 곧장 심(心)이라
고 한다.'는 설에 대해 반박한 것인데, 김진호는 통체(統體)와 묘용(妙用)
으로 나누어 이해하고 있다. 곽종석은 명덕을 해석하면서 덕(德) 자에
치중한 반면, 김진호는 명(明) 자가 상대적으로 중하다고 보고서, 주자
주석의 '소득호천(所得乎天)'보다는 '허령불매(虛靈不昧)'에 중점을 두었
다. 또 그는 허령불매는 심(心)으로 통체에 해당하고, '구중리 응만사(具
衆理應萬事)'는 명(明) 자와 덕(德) 자의 주석으로 묘용에 해당한다고 생

---

34) 金鎭祜, 『勿川集』 권10, 「答李致善 己亥」. "明德說 足見講劘之益 欽尙不已
盛說大意也好 而心該眞妄云云 有似性本善惡之論 若以操舍爲言 只可曰存
亡而已 豈可以邪妄者 幷謂心體之所該者乎 大家爲病 不但爲失言而已 深
加向裏功夫 體認得力 則其名義端的 可以懸解矣 明德固當以心看 然曰心
則或可兼氣說 而明德則只剔出天理 以立言 故章句不曾帶氣解了 更望硏
究"金鎭祜, 『勿川集』 권10, 「答李致善 己亥」. "明德說 足見講劘之益 欽尙
不已 盛說大意也好 而心該眞妄云云 有似性本善惡之論 若以操舍爲言 只
可曰存亡而已 豈可以邪妄者 幷謂心體之所該者乎 大家爲病 不但爲失言而
已 深加向裏功夫 體認得力 則其名義端的 可以懸解矣 明德固當以心看 然
曰心則或可兼氣說 而明德則只剔出天理 以立言 故章句不曾帶氣解了 更望
硏究"

각하였다.

②는 1899년 문인 이교우에게 답한 편지다. 이 글은 명덕을 심으로 보는 것은 옳지만, 명덕과 심은 전적으로 같은 것이 아니라는 점을 강조한 것이다.

이 두 편의 글이 김진호의 명덕설에 관한 핵심적 내용이다. 다음은 그가 곽종석에게 보낸 편지 중 주요한 부분만을 발췌한 것이다.

① 보내신 편지에 "명덕의 본체는 심(心)의 허령이 인의예지의 본성을 갖춘 것이 그것이고, 대용(大用)은 애경(愛敬)·충효(忠孝)·총명(聰明)·공중(恭重)의 덕이 어느 것인들 갖추어지지 않음이 없다."라고 하셨습니다. 이는 형과 제가 논쟁한 것 가운데 같은 점은 같지만 다른 점은 저절로 다른 것입니다. 어찌 『주역』에 이른바 '어진 사람이 보면 인(仁)으로 생각하고, 지혜로운 사람이 보면 지혜로 생각한다.'(『주역』「繫辭上」)는 것이 아니겠습니까? 대체로 심의 허령이 인의예지의 본성을 갖추고 있는 것은 하늘에서 얻은 바의 본체입니다. 그것이 발하여 애경·충효의 덕이 되는 것은 도를 행해 터득함이 있는 대용입니다. 그렇다면 하늘에서 얻은 바는 명덕을 말하는 것이 아니겠습니까? 도를 행해 터득함이 있는 것은 자명(自明)을 말하는 것이 아니겠습니까? 이 단락에는 의미가 축소되는 지점이 있는데, 형은 '도를 행해 터득함이 있는 것'을 곧장 '하늘에서 얻은 바'의 뜻에 해당시켰습니다. 그래서 묘용이 만사에 흩어져 있는 것만 보고, 대본(大本)이 하늘에서 얻은 바는 알지 못했습니다. 이 어찌 이치에 밝은 군자가 주장하는 설이라고 하겠습니까? 형은 이미 "본체가 이와 같고 대용도 그와 같다."고 하셨는데, 체는 용을 포용할 수 있지만, 용은 체를 포용할 수 없습니다. 대용처(大用處)를 가리켜 명덕이라 하는 것이, 본체를 명덕으로 인식하는 말이 순한 것만 어찌 같겠습니까? 이로써 궁구해 보면, 비록 단편적으로 가리켜 심이라 하더라도 무슨 불가함이 있겠습니까? 『서경』「요전」·「강고」의 '덕(德)'은 도를 행해 마음에 터득함이 있는 것을 말한

것입니다. 따라서 『대학』에서 맨 앞에 등장시켜 진체(眞體)를 드러낸 덕과 같지 않으니, 어찌 하나의 명(明) 자가 무한한 정신을 생하는 것이 아니겠습니까? 또한 도가 전해진 것을 인용할 적에는 대부분 본 모양을 취하지 않습니다. 예컨대 지(止) 자의 경우 경지(敬止)를 인용한 것이 시의 언어가 아닙니까? 이로써 배척하는 것은 불가할 듯합니다. 또 "천하에 과연 덕이 있으면서 밝지 않은 자가 있겠는가?……"라고 말씀하셨는데, 형이 이른바 수족이 공손하고 장중한 바의 덕이라는 것도 허령불매로 해석한다면 또한 긴밀하겠습니까, 긴밀하지 않겠습니까? '허령불매(虛靈不昧)' 4자는 심 이외에는 다시 쓸 곳이 없습니다. 공손하지 않고 장중하지 않은 것은 명덕에 때로 혼매함이 있는 것이니, 그 때에 어찌 무관하다고 말할 수 있겠습니까? "'고시(顧諟)'를 주재로 삼는다.……"고 하셨는데, 형이 참으로 고시(顧諟)를 주재로 생각하신다면, 명명(明命)이 유행하여 경각에도 틈이 없는 것은 주재할 바가 없음을 걱정하는 것이 아니겠습니까? 이와 같다면 명명은 하늘에서 얻은 바의 이치이고, 고시는 그것을 밝게 하는 뜻입니다. 여기서 명명덕(明明德)을 해석하면서 명덕을 심으로 삼은 것을 저절로 알 수 있습니다. 명덕을 곧장 심이라고 할 수 없다는 것은 본래 형의 말을 따라 반박한 것입니다. 형의 전후 편지는 모두 충효·공중(恭重) 등의 일을 주로 하여 심을 명덕이라고 하는 것을 배척한 것입니다. 그런데 지금은 "아무개가 어찌 일찍이 심이 명덕이 아니라고 했단 말인가?"라고 하십니다. 명덕이 심도 아니고 심이 아닌 것도 아닌 사이에 있다는 꾸지람은, 형이 스스로 말씀하신 것인데, 무엇 때문에 남을 꾸지람하십니까? 덕은 심을 비유한 것입니다. 예컨대 주자의 「인설(仁說)」에서도 체와 용이 나누어지는 데에서만 지적해 증명했을 뿐입니다. 명자(名字)의 변용은 참으로 논할 겨를이 없습니다. 그러나 일찍이 명명덕과 정심은 소리가 서로 같지 않다고 말씀하지 않으셨습니까? 여옹(黎翁 : 許愈)이 이른바 '의리의 심(心)은 사람과 동물이 같지 않다'고 한 말씀은 적확한 의논입니다. 그런데 그대는 '천명의 성(性)은 사람이나 동물이 다 같이 얻은 바가 된다.'고 하니, 의리지심(義理之心)이 천명의 성(性)이 아니고 무엇이란 말입니까?……대체로 천명의 성(性)은 사람이

나 동물이 다 같이 얻었다고 말하지만, 통하고 막힘은 저절로 구별되니 인의예지의 순수한 것은, 동물은 온전함을 얻지 못하고 사람만이 온전함을 얻는 것입니다. 그러므로 의리가 지각에서 발하는 것은 확연히 같지 않습니다. 사랑과 개미의 인·의 같은 것은 물성의 한 점 밝은 것이 직발(直發)한 것으로, 의리가 주재해서 발한 것이 아닙니다. 따라서 그것을 성(性)이라고 하는 것은 괜찮지만, 그것을 의리지심이라고 하는 것은 옳지 않을 듯합니다. 성(性)과 심(心)의 첫머리에는 주재하느냐 주재하지 않느냐의 구분이 있고, 사람과 동물의 구분에는 미루어 나가느냐 미루어 나가지 못하느냐의 다름이 있습니다.[35]

---

35) 金鎭祜, 『勿川集』 권5, 「答郭鳴遠」. "來喻曰 明德之本體 則心之虛靈具仁義禮智之性 是已 大用則愛敬忠孝聰明恭重之德 無所不該 此固兄僕所爭 同處雖同 異處自異 豈易所謂仁者見之以爲仁 知者見之以爲知者歟 蓋心之虛靈具仁義禮智之性者 所得乎天之本體也 發之爲愛敬忠孝之德者 行道而有得之大用也 然則所得乎天者 非明德之謂乎 行道而有得者 非自明之謂乎 其段落煞有地頭 而兄則以行道有得 直當於得乎天之訓 但見妙用之散在萬事 而頓昧大本之所得乎天 此豈明理君子所可立論乎 兄旣曰本體如此 大用如彼 則體可以包用 用未可以包體也 指大用處 謂明德 曷若認本體爲明德之語順乎 以是究之 雖單指作心 有何不可也 至於帝典康誥之德 乃行道有得於心之謂也 不似大學之挑出上面而抄得眞體底德 則豈不是一箇明字 生得無限精神耶 且道傳之引用 多不取本貌 如止字之引敬止 非詩之語辭乎 恐不可以是爲斥 其曰天下果有德而不明者乎云云 兄所謂手足恭重之德 亦將訓以虛靈不昧 而果襯帖乎 抑否乎 此四字 心外更無可用處 其不恭不重 卽明德有時昏 這時節何得謂無關乎 顧諟爲宰云云 兄信以顧諟爲宰 則明命流行 無間於頃刻者 不患無所宰也乎 如是 則明命 卽所得乎天之理 而顧諟 乃明之之意也 此所以釋明明德而明德之爲心 自可見矣 不可直謂之心 本是隨兄之意而反詰之辭 兄前後書 皆以忠孝恭重等事爲主 而力詆以心謂明德者 今則曰某何嘗謂心非明德哉 明德在非心非不心間之誚 乃兄之自道也 何以詰人也 德 心之喻 例於仁說 只爲指證於體用之分而已 名字變用 固不暇論也 然曾不曰明明德與正心 聲響自不同者云乎 黎翁所謂義理之心 人物不同云云 可謂之論 而盛喻曰 天命之性 旣爲人物之同得 則義理之心 非天命之性而何……蓋天命之性 雖曰同得 通塞自別 則仁義禮智粹然者 物不得全

② 대체로 명덕(明德)과 심(心) 자는, 모양과 소리는 전혀 다르다고 하겠지만, 주자의 뜻풀이는 끝내 마찬가지입니다. 우리들이 주자를 존신하지 않으면 그만이지만, 주자를 존신한다면 어찌 감히 전대의 해석에 대해 이런저런 말이 많겠습니까? 『대학장구』의 해석이 이미 이와 같고, 『대학혹문』의 발명도 이와 같으며, 여러 제자들의 질문에 답한 것도 아래와 같습니다. 문인이 묻기를 "명덕은 심 중의 리입니까?"라고 하자, 주자는 "그렇다."고 하였습니다. 또 묻기를 "무엇을 명덕이라 합니까?"라고 하자, 답하기를 "명덕은 자기 심중의 허다한 도리로, 본래 그 밝은 물사(物事)이다."라고 하였습니다. 또 묻기를 "인의예지는 성(性)입니까?"라고 하자, 답하기를 "그렇다."고 하였습니다. 또 말씀하기를 "허령불매는 심이다."라고 하고, "허령불매는 명덕의 뜻을 설명한 것이 이미 충분하다."고 하였고, "양심이 바로 명덕이다."라고 하였습니다.……그러므로 내가 "명덕은 통체의 심(心)을 오로지 가리키는 것이다."라고 하고, "심의 본체를 인식한 것을 명덕이라 한다."라고 한 것이 대개 이 때문입니다.[36]

③ 바야흐로 그대와 명덕에 대해 논한 것은 명덕을 심이라고 할 수 있는가, 없는가 하는 것일 뿐입니다. 저의 편지에 편벽되게 다른 곳에서 심을 말한 것을 취해 증명을 하며 변론을 한 것은 그 형세가 저절로 이와 같기 때문이니, 어찌 일찍이 한결같이 다른 설을 버리겠습니까? 다만 심성을 논할 경우 다른 온갖 가지 설은 거론하지 않는 것이 좋겠습니다. 사람의 만선(萬善)과 백행(百行)은 총괄하면 오성(五性)인데, 이

___

而人得全之也 是以 義理之發於知覺 截然不同 若狼蟻之仁義 乃其物性之一點明處直發者 非以義理主宰底發也 則謂之性 可也 謂之義理之心 恐未也 性與心地頭 有宰不宰之分 人與物界限 有推不推之異"

36) 金鎭祜, 『勿川集』 권5, 「答郭鳴遠」. "蓋明德與心字 面貌聲響 雖云頓別 朱子訓義 終是一般 吾輩不信朱子則已 苟尊信則曷敢多于前訓哉 章句訓釋 既如此 或問發明 又如此 群弟答問 又如彼 有問明德是心中之理否 曰便是 問如何是明德 曰明德是自家心中具許多道理 本是箇底物事 問是仁義禮智之性否 曰便是 又曰虛靈不昧是心 又曰虛靈不昧說明德義已足 又曰良心便是明德……故祜之曰專指統體之心 曰認心之本體謂明德 蓋以此也"

오성을 통합한 것이 심입니다. 이 심은 비유한 것처럼 정(情)·행(行)·도(道) 등 포함하는 바가 매우 넓으니, 그 조목을 다 거론할 수는 없습니다. 『대학장구』에 '구중리응만사(具衆理應萬事)'라고 한 것이 바로 이것을 말한 것입니다. 또한 『주자어류』의 문인들이 기록한 말에 산견되는 것들은 일생의 심력을 다 한 장구의 설만 못합니다.……형은 근본을 버리고 지엽을 취하여 상호 비교하면서 반드시 "중설을 합하여 전체를 만들었다."고 합니다. 명덕은 전체이니 어찌 중설을 합해 만들 수 있는 물체이겠습니까? 덕(德) 자의 뜻은 만선·백행에 시행해도 불가함이 없지만, 공자의 훈해는 반드시 심(心) 자에 붙였기 때문에 『대학』과 『주역』 「진괘(晉卦)」의 상사(象辭)에 한결같이 그런 말이 있으니, '명덕을 밝힌다.[昭明德]'는 것이 그것입니다. 사람이 하늘에서 얻은 것은 그 체(體)가 본디 밝지만, 사물에 가려지게 되면 혼매함이 없을 수 없습니다. 그러나 본연의 밝음은 사라진 적이 없습니다. 그러므로 밝음이 지상으로 나온 것을 보고서 그것으로써 스스로를 밝게 하는 것입니다. 명덕에 대한 선유의 해석은 피차가 없을 듯합니다.……그대의 설에 "명덕의 본체가 곧 심의 본체이다."라고 하였는데, 다른 어떤 면목을 추측해 두 개의 본체를 만들었는지 모르겠습니다. 사람을 미혹하게 해놓고서 답을 하면서 또 명백하게 일러주지 않고, 단지 "두 개의 근본이 된다는 말이 어디 있는가?"라고 하니, 그 흔적을 엄폐한 듯한 점이 있어 놀랄 만합니다.[37]

---

37) 金鎭祜, 『勿川集』 권5, 「答郭鳴遠」. "方與高明論明德者 只爭謂心與否而已 則鄙書偏取他說心處 以相證辨 其勢自然如此 何曾一併掉棄餘說哉 然祇論心性 則餘說之千枝萬葉 不論 可也 人之萬善百行 摠之五性 五性統會底 心也 所喩情也行也道也 所包甚廣矣 目可以該擧矣 章句具衆理應萬事者 正謂此也 且語類散出於門人所錄 未若章句之盡用一生心力……惟兄掉了本根 採取枝葉 以相計較 必曰合衆說而做全體 明德全體 豈是待合衆說而可做之物耶 德字之義 施之萬善百行 無有不可 而孔子所訓 則必貼於心字 故惟大學與晉象一般有之 昭明德 是也 人心之得於天者 其體本明 爲物所蔽 不能無昏 而本然之明 未嘗息也 故觀明出地上 而以之自昭 其明德先儒之訓 恐無彼此……盛喩 明德之本體 卽心之本體 未審推測他何面目而喚作兩

김진호는 곽종석과 명덕에 대해 위와 같이 치열하게 논쟁을 하였는데, 자신의 답답한 심경을 달랠 수 없어 허유에게 자문을 구하기도 하였고, 동료들에게 토로하기도 하였다. 이에 관한 자료를 간추리면 아래와 같다.

① 명원(鳴遠 : 郭鍾錫)의 명덕설은 그 의미를 자세히 살펴보면 전체적으로 범범하여 긴절하지 않습니다. 대체로 명(明) 자에 착안하여 말하지 않았기 때문에 급속하게 외부로 치달리는 마음의 의사가 있습니다. 실로 세밀히 고려하지 않으면 근일 왕복하며 바른 데로 돌이킬 길이 있겠습니까? 저의 설을 별지에 써 올리니 삼가 하나하나 지적하며 반박 논평해서 꽉 막힌 생각을 열어주시면 천만 다행이겠습니다.[38]

② 명덕에 대한 논쟁은 피차 깃발을 내리고 북소리를 그쳐 중원에 일이 없기를 바라고 있습니다. 이런 의논은 주자의 『대학장구』에 기준을 두어야지, 별난 데에 천착할 일이 아닙니다. 그런데 이 형(곽종석)은 끝내 긍정하려 하지 않으니, 저는 도대체 이해할 수 없습니다.……우리 유학의 일은 성인을 존숭하고 도를 보위하는 것보다 더 중요한 일은 없으니, 해볼 수 없는 때가 있는 것입니까?[39]

③ 명덕은 논쟁할 것이 많지 않지만 끝내 의리에 합치되지 않는 것은 연구하기 어렵기 때문입니다. 형은 다전(茶田 : 곽종석)을 종유하였으니, 반드시 두 곳의 시비를 두루 보았을 것인데, 어찌하여 한 마디 말로 열어 보여줌을 아끼십니까? 대개 명덕은 백행(百行)이 자기에게 얻어진 것을 범범하게 가리켜 말해도 불가할 것이 없습니다. 오직 『대학』에서

本體 使人迷惑 賜答又不明白開示 只曰惡在爲二本 有若掩閉其迹者然 可訝可訝"

38) 金鎭祜, 『勿川集』 권3, 「與許后山退而 丁酉」. "鳴遠明德說 細尋其意 則全是泛而不切 蓋不著眼於明字而說 故駸駸有外心底意思 實非細慮 近日有往復歸正之路耶 鄙說一紙仰呈 伏乞一一指摘駁論以開客塞 千萬千萬"

39) 金鎭祜, 『勿川集』 권3, 「答許后山退而」. "明德之爭 彼此偃旗息鼓 庶中原少事云 此箇議論 準諸章句 不是別穿 而此兄終不肯頷 深所未曉……吾儒之事 莫重於尊聖衛道 而亦有不可爲之時歟"

만은 주자가 특별히 심(心) 자로 훈해하였고, 또 주자의 '양심이 바로 명덕이다'라는 설과 '성(性)은 명칭이고 명덕(明德)은 표덕(表德)이다'라는 비유도 있으니, 심과 성과 명덕은 하나의 이치입니다. 이미 그것을 성이라 하고 표덕이라 하였으니, 또한 심의 별명이라고 할 수 있을 것입니다. 이에 대해 무슨 의문이 있겠습니까? 그런데 면우(俛宇) 형은 성벽을 견고히 하고 굳게 거절하니, 저의 미미한 힘으로 비칠 바가 아니라서 짐짓 논쟁을 그만두었습니다. 각자 날로 매진하여 별도로 묘하게 터득한 것이 있은 뒤에 서서히 논의하기로 하였습니다.[40]

①과 ②는 선배 허유(許愈)에게 보낸 편지이고, ③은 1899년 윤주하(尹胄夏)에게 답한 편지이다. 김진호가 곽종석과 명덕에 대해 치열하게 논쟁한 것에 대해서는, 곽종석의 설과 정밀히 비교 검토하고, 또 우리나라 경학사에서 명덕에 대한 해석을 두고 어떤 논쟁이 일어났는지를 면밀히 살펴서, 그 의미를 논의해야 할 것이다.

7) 허령불매설(虛靈不昧說)

'허령불매(虛靈不昧)'라는 말은 『대학』의 '명덕(明德)'을 해석한 주자의 『대학장구』에 나오는 말로, 흔히 심(心)을 가리키는 것으로 이해하였다. 그런데 위에서 살펴보았듯이, 김진호는 명덕을 심이라 할 수 있지만, 명덕은 심 가운데 천리를 따른 것이고, 심은 리기가 합한 것으로 보았

---

40) 金鎭祜,『勿川集』권5,「答尹忠汝 己亥」. "明德 所爭無多 而終未契義理 儘難究 兄從茶田 必遍覽兩處是非 而何惜一言開示也 蓋明德 雖泛指百行之得於己者言之 亦無不可 惟大學朱子特以心字訓的 又有良心便是明德之說 與夫性名也明德表德也之喩 則心也性也明德也一理也 旣謂之性之表德 亦可謂之心之別名 有何可疑 俛兄堅壁固拒 非屑力所及 姑且罷休 各自日征月邁 別有妙得 然後徐徐商確耳"

다. 그런데 앞의 심설(心說)에서 살펴보았듯이, 김진호는 심은 합리기(合理氣)지만 리가 주(主)가 되고 기는 자(資)가 된다는 관점을 취한다. 그의 허령불매설은 심을 형상한 허령불매에 대해 그 속성을 논한 것이다. 이 교우는 김진호의 허령불매설에 대해 다음과 같이 말하였다.

> 선생은 허령(虛靈)에 대해 논하기를 "무극(無極)에서 음양·오행이 묘합(妙合)한 것이 심(心)이다. 허령지각(虛靈知覺)은 묘합한 것이 체용을 갖추고 있는 것인데, 허령한 것이 당초 연접해 있다는 설은 묘합한 본체를 형상한 것이다. 그러므로 허령만 말하기도 하고, 허령과 지각을 겸하여 말하기도 하는데, 모두 불가할 것이 없다. 주자는 '비령비형(匪靈弗瑩)'[41]을 해석하면서 '인심태극(人心太極)의 지령(至靈)이 아니면 누가 능히 그것을 밝히겠는가.'라고 하였다. 이는 전적으로 리로써 말한 것이다. 북계 진씨(北溪陳氏)는 말하기를 '리기가 합하면 바로 영(靈)을 모은다.'고 하였으니, 이는 리기를 겸하여 말한 것이다. 이를 보면 일찍이 기의 측면만을 전적으로 말한 적은 없다."고 하였다.[42]

이는 김진호가 스승 박치복에게 보낸 편지의 내용을 간추려 놓은 것이다. 김진호는 이 편지에서 위 인용문 뒤에 다음과 같은 비유를 들어 이를 보충 설명하였다.

---

41) 匪靈弗瑩은 張載의 『通書』「理性命」의 '厥彰厥微 匪靈弗瑩'을 말한다. 『性理大全』권3, 『通書 二』「理性命第二十二」에서 주자는 위 문구에 대해 "此言理也 陽明陰晦 非人心太極之至靈 孰能明之"라고 해석하였다.

42) 金鎭祜, 『勿川集』附錄, 권2, 「行狀」. "論虛靈則曰 無極二五妙合者 心也 虛靈知覺 乃其妙合底該體用者 虛靈合下聯珠說 以狀妙合底本體 故專言兼言 具無不可 朱子解匪靈弗瑩而曰 非人心太極之至靈 孰能明之 此專以理言 陳北溪曰 理氣合 便會靈 此兼言理氣者 未嘗有專言氣處"

지금 이곳에 촛불이 있다고 가정하겠습니다. 이 촛불은 비유하면 심
(心)입니다. 그리고 그 불은 리(理)이고, 그 기름은 기(氣)이며, 그 밝음은
영(靈)입니다. 기름은 불이 아니면 스스로 밝을 수 없고, 불은 기름이 아니
면 밝게 될 방법이 없습니다. 반드시 서로 기다려야[相須] 밝아질 수 있습
니다. 그러나 촛불을 가리키며 묻기를 "밝음은 불인가, 기름인가?"라고 하
면 사람들은 반드시 "불이 밝다."고 말하지, "기름이 밝다."고 말하지 않을
것입니다. 불과 기름이 서로 떨어지면 그 밝음은 없어집니다. 사람들이 그
이치를 알면서도 그들의 말이 이와 같은 것은 주재하는 바가 거기에 보존
되어 있기 때문입니다. 위의 조목에서 심(心)을 논하면서 "리가 주가 된
다."고 하시고서, '영(靈)'에 이르러서는 유독 기에 중점을 두어 기에 신
(神)이 있다고 하시니, 저처럼 날마다 가르침을 받은 자도 오히려 그 정녕
함을 엿볼 수 없는데, 하물며 말을 통해 연구하는 후학들이 어찌 의심하지
않겠습니까? 퇴계 선생께서 말씀하기를 <기대승이 「천명도설(天命圖說)」
을 논하면서> 리기를 허령에 나누어 주석했는데, 과연 미안하다. 영(靈)은
참으로 기지만, 기가 어찌 스스로 신령스러울 수 있겠는가? 기는 리와 더
불어 합해야 신령스러워질 수 있다."43)라고 하였습니다. 그만둘 수 없다면
퇴계 선생의 설로 표적을 세우는 것이 가할 것입니다. 가르쳐 주시길 공손
히 기다립니다.44)

김진호는 이 '허령불매(虛靈不昧)'에 대해 허유와 치열한 논쟁을 하였

---

43) 이 말은『퇴계집』권25, 「與鄭子中 別紙」에 보인다.
44) 金鎭祜,『勿川集』권3, 「上朴晚醒先生」. "今有燭於斯 譬則心也 其火理也
其脂膏氣也 其明靈也 脂膏非火 不能自明 火非脂膏 無所爲明 必也相須 所
以能明 然指燭而問之曰 明是火乎 是脂膏乎 人必曰火之明也 不曰脂膏之
明也 火與脂膏相離 則無這箇明 夫人知之而其言必如是者 所主者存焉故也
上條論心 旣曰理爲主 而至於靈 獨輪重於氣 謂氣之有神 如祜之日聽緖餘
者 猶未覷得丁寧 況後學之因言硏鍛者 豈不爲疑案乎 退陶先生曰 理氣之
分註虛靈 果未安 靈固氣也 然氣安能自靈 緣與理合 所以能靈 無已則以陶
山說立的 可乎 恭竢裁鑑焉"

다. 다음 인용 자료는 김진호가 허유에게 이 문제에 대해 집요하게 논쟁
한 것 중 중요한 부분을 발췌한 것이다.

① 대개 심(心)이 갖춘 것은 리(理)입니다. 리는 심지당체(心之當體)라고
　말할 수 있지만, 본연의 경상(景狀)이라고 말하면 옳지 않습니다. <리
　가> 자뢰한 바는 기입니다. 기는 심지당체라고 말할 수 있지만, 본연
　의 경상이라고 말하면 실상과 멀어집니다. 리의 진정(眞靜)과 기의 정
　상(精爽)에 나아가 혼연히 묘하게 합한 것을 상상해 형상하면 지극히
　허령할 뿐입니다. 그러므로 주자가 "허령은 저절로 심의 본체이다."라
　고 한 것입니다. 주자는 심을 논하면서 매번 허령을 말했는데, 간혹 허
　명(虛明)이나 신명(神明)을 말하기도 하였지만, 이 모두 심의 본체를
　가리켜 말한 것입니다. 그렇다면 허령 외에 본체를 말할 수 있는 것이
　없습니다. 방향이 없이 고요히 감응하며 때 없이 출입하는 것이 허령
　이 하는 것이니, 잡으면 보존되고 놓으면 없어지는 것 외에 별도로 심
　의 본체가 있는 것이 아닙니다. 허령하여 리가 스스로 비추고 통하여
　주재를 하니, 심의 본체가 불선한 적이 없다고 한 것입니다. 허령은 기
　가 가리더라도 어두워지지 않으니, 본체의 밝음은 항상 쉬지 않는다고
　한 것입니다. 이에 근거해 말하면 본체의 체단이라고 해도 무슨 의문
　이 있겠습니까?[45]
② 당초 논쟁한 것은 '허령은 저절로 심의 본체이다'라는 한 구절을 두고,
　본체와 체단의 동이 여부를 논한 것이니, 어찌 근본을 따라 말한 것이

---

45) 金鎭祜, 『勿川集』 권3, 「答許后山退而」. "蓋心之所具者 理也 理 可曰心之
當體 而謂之本然景狀則未也 所資者 氣也 氣 可曰心之當體 而謂乎本然景
狀則亦遠矣 惟就其理之眞靜 氣之精爽 渾然妙合底 想狀之 則至虛至靈而
已 故朱子曰虛靈自是心之本體 其論心 每每言虛言靈 或言虛明 或言神明
皆指心之本體而言 則虛靈外 無可以謂本體矣 其寂感無方 出入無時 莫非
虛靈之所爲 則曰非操舍存亡外 別有心之本體 虛靈而理自照徹 爲之主宰
則曰心之本體 未嘗不善 虛靈者 氣雖蔽塞 不惢冥然 則曰本體之明 有未常
息 據此而說 則謂之本然體段 有何疑焉"

아니겠습니까? 본체라는 글자를 다시 고찰해 문세를 따라 활간(活看)
하니, 참으로 통하지 않음이 없었습니다. 본체는 묘용에 상대적으로 말
한 곳에서는 체용의 체가 되고, 홀로 말한 곳에서는 체용이 서로 같은
듯한 경우도 있습니다. 그러나 대개는 본연의 체단에서 벗어나지 않습
니다. 주자는 "허령은 저절로 심의 본체이다."라고 하였는데, 대산(大
山 : 李象靖)은 이를 해석하면서 "허령은 심의 체단을 형상한 것일 뿐
이다."라고 하였으니, 이는 대체로 정자의 '중(中)은 성(性)의 체단을
형상한 것이다.'라는 말씀과 주자의 '본연의 체단이다.'라는 말씀을 취
하여 설을 편 것입니다. 그런데 공은 체단이라는 말로 형체가 있다고
의심하시니, 누구의 설이 옳고 누구의 설이 그른지 논변해 가르쳐 주
십시오.

<별지>
【본체는 리기를 합한 의미이다】

저는 이런 생각이 없습니다. 말씀하신 설에 '본체는 바로 리이다.'라고
하셨습니다. 이도 오히려 분명치 않다고 하겠는데, 하물며 '본체는 이기를
합한 것이다.'라고 말할 수 있겠습니까? 대개 허령의 허란 글자는 리입니
다. 실(實)이란 글자가 심의 진묘(眞妙)를 형용해야 하는데, 실이란 글자를
쓰면 말하기 어렵기 때문에 주자가 심의 체단을 형상하면서 허(虛)란 글
자를 많이 썼습니다. '허령(虛靈)'・'허명(虛明)'・'신명(神明)'이라고 한 것
들이 모두 그런 경우입니다. 황면재(黃勉齋 : 黃榦)가 말하기를 "허령지각
이 바로 리라고 말하는 것은 참으로 불가하다. 허령지각과 리가 두 조항이
라고 말하는 것도 불가하다. 모름지기 허령지각 위에서 허다한 도리를 보
아야 한다고 말해야 한다."라고 하였습니다. 저의 생각이 바로 이와 같습
니다.

【호씨(胡氏)의 동체지설(同體之說)과 나씨(羅氏)의 일물지설(一物之說)】

저의 편지에 어찌 이와 방불하고 근사한 점이 있다고 했습니까? 이는
남의 생각 밖에 있는 것을 미리 추측하여 스스로 풍랑을 일으키고 불을
일으켜 곁에서 보는 사람들로 하여금 미혹하게 해서 스스로를 돕도록 한

것에 지나지 않습니다. 그 날조하여 배척하는 형세를 어찌 다 변론하겠습니까?

【허(虛)라 하고 영(靈)이라 한 것은 노자·석가가 평소 한 말로, 우리 유학에서도 그 점을 말하였다.】
이 또한 마디 위에 가지가 생기고, 가지 위에 잎이 나는 설입니다. 당초 논쟁한 것이 어찌 유교와 불교의 논변에 미친 적이 있었습니까? 문장에 의거해 의리를 논하는 것은 마치 일에 나아가 일을 논하는 것과 같습니다. 다른 설을 끌어들이는 것은 부당한 듯합니다.

【형기지심(形氣之心)과 의리지심(義理之心)을 합하여 본연의 체가 된다】
이는 누구의 설입니까? 그 병폐가 '의리지심이 허령이다.'라고 말하는 것과 다르지 않습니다. 대개 심은 하나입니다. 형기지심과 의리지심은 모두 발한 곳에서 얻어지는 이름입니다. 그것을 본체에서 발했다고 하면 괜찮지만, 합하여 본체가 되었다고 하면 말이 되지 않습니다.

【의리지심을 주장하는 자를 지목하여 입에 쓰고 할거(割據)한다고 한다】
아래 위의 어맥을 떼어내고 바로 의리를 주장하는 것으로 스스로를 드러내고자 하는 것은, 남의 말을 살피지 않은 것입니다. 의리심의 허령은 옛 성현들로부터 심을 논할 적에 많이 거론되었지만 이와 같은 화두는 아직 없었습니다. 공이 스스로 설을 창안하고서, 또 스스로 해석하기를 "의리심의 허령은 리로써 말한 것이다."라고 하시니, 이 어세를 살펴보면, 끝내 단편적으로 말한 것이 아니고, 분명이 쌍대(雙對)로 말한 점이 있습니다. 형기심(形氣心)의 허령은 기로써 말한 것이라는 상대적 병폐가 있지 않으면, 반드시 의리심의 허령도 기로써 말한 것이라는 혐의가 있습니다. 이 점은 전에 힐문한 것입니다. 대개 허령은 본원이고, 의리심(義理心)은 본원이 발한 것입니다. 그 발한 것을 가지고 본원에서 시작한다면, 어찌 전도되어 설을 펴는 것이 아니겠습니까? 한주(寒洲 : 李震相) 선생 문하에서 논할 적에, 북계 진씨의 허령지각은 리를 따라 발한 것도 있고 기를 따라 발한 것도 있다는 설에 대해, 매양 『중용』 서문에서 허령을 말한 것

과 다르다는 의문을 품었습니다. 지금 공이 두 가지로 보신 허령은, 하나
는 반쯤 선가로 기울었고, 하나는 반쯤 스스로 근거한 것입니다. 보내주신
편지에 천하가 셋으로 나누어지는 듯하다는 탄식이 있으셨는데, 바로 이
런 점을 스스로 면치 못하게 되었습니다. 필경 자기에게 신체가 있으면 인
심이 없을 수 없으니 기를 리로 인식하는 폐단이 있을 것입니다. 이른바
사설을 등지고 노자와 불가에 빠졌다고 하는 것이 불행히도 이에 가깝습
니다.

【본체의 경지에서는 반드시 두 가지가 함께 거주하고자 한다.】
이도 말이 되지 않습니다. 제4조와 통합해 보면 알 수 있습니다. 낭릉
(朗陵)의 고가에 이런 말이 있습니다. "나도 모르게 가소롭게 느껴지네.
공자께서 말씀하지 않으셨던가? 군자가 천하의 일에 대해서는 무조건 자
기의 주장을 고집하는 것도 없고, 무조건 남의 의견에 반대하는 것도 없으
며, 의(義)를 따른다고." 의리는 천하의 공명정대한 것입니다. 강론하는 사
이에 구차하게 뇌동하는 마음이 있으면, 반드시 자신을 속여 명덕을 밝힐
수 없는 근심이 있을 것입니다. 또 다른 주장을 세우려는 마음이 있으면,
말을 가려 정밀하지 못한 병폐가 있을 것입니다. 어찌 천하의 의리를 능히
궁구하겠습니까? 오직 의를 따르는 것으로 표준을 삼아, 이치에 순응해
행하고 이치를 궁구해 밝히면 거의 마음에 가려지는 바가 없어 학문도 편
협하게 시드는 것을 면할 것입니다 제가 항상 이런 데에 뜻을 두고 있지
만 능치 못하니, 바라건대 공께서도 생각해 주십시오.[46]

---

46) 金鎭祜, 『勿川集』권3, 「答許后山退而 壬寅」. "當初所爭 以虛靈自是心之本
體一句 論本體體段同異與否 則盍循本而言之乎 更考之本體字 隨文活看
固無不通 其對妙用說處 爲體用之體 而單說處 亦或有體用相似然 大概不
出乎本然體段也 朱子曰 虛靈自是心之本體 而大山解之 則曰虛靈只是狀心
之體段 蓋取程子中狀性之體段 與朱子本然體段之訓而下說也 公乃以體段
疑其有形 此誰得誰失 請下辨誨"
【別紙】
<本體合理氣之意> 鄙無此意 盛說本體便是理也 猶謂之未瑩 況可曰本體合
理氣乎 蓋虛靈 虛底字理 是實底字形容心之眞妙 著以實底字 難言 故朱子

③ 대개 심은 비유하면 거울[鑑]과 같습니다. 거울의 전체는 모두 옥심(玉心)의 리입니다. 본체는 허명(虛明)할 따름이니, 심의 허령과 같습니다. 사물을 비추는 것은 심의 지각과 같습니다. 그러나 옥이 수은을 얻지 못하면 허명한 본체가 있더라도 사물을 허다하게 비출 수 없습니다. 이는 또한 리에 허령한 본체가 있더라도 기에서 분리되면 허다하게 지각할 수 없는 것과 같습니다. 그러므로 옥이 수은에 바탕을 하여 허명하면서 사물을 비추는 것을 이름 하여 거울이라 합니다. 마찬가지로

狀心之體段 多用虛底字 如曰虛靈 曰虛明 曰神明 皆是也 黃勉齋曰 說虛靈知覺便是理 固不可 說虛靈知覺與理是兩項 亦不可 須當說虛靈知覺上 見得許多道理 愚意正亦如此

<胡氏同體之說羅氏一物之說> 鄙書中 何曾有此髣髴近似者乎 此不過逆人意外而自起風浪 自生烟火 令傍看迷亂而自助 其捏斥之勢也 何足多辨

<曰虛曰靈 老釋之所雅言 吾儒亦嘗言之云云> 此亦節上生枝 枝上著葉之說也 當初所爭 豈有及儒釋之辨乎 據文論義 正如就事論事 恐不當攙入他說也

<合形氣之心 義理之心 而爲本然之體> 此是誰說 其病與義理心之虛靈云者 不甚相遠 蓋心一也 而形氣心義理心 皆發處上得名也 謂之發於本體則可 謂之合爲本體則不成

<以主張義理之心者 目之爲苦口割據> 截去上下語脈 便欲以主張義理自誇 宜乎 不察人言也 義理心之虛靈 從古聖賢論心 雖多 未有如此話頭也 公自剙說 而又自解曰 義理心之虛靈 以理而言 觀此語勢 終是非單下說 的是有雙對說 不有形氣心之虛靈 以氣言的對之病 則必有義理心之虛靈 亦有以氣言處之嫌 此前所以詰問也 蓋虛靈 是本源義理心 本源之所發也 以其所發冒頭於本源 則豈顚倒而成說乎 洲上之論 嘗以陳北溪虛靈知覺 有從理發者 有從氣發者 每致疑於異 庸序之言虛靈也 今公看得兩般虛靈 一半歸之禪 一半自據之 來諭 天下三分之歎 正自不免 畢竟自家有身 不能無人心 則將有認氣爲理之弊 所謂背其師說 淫於老佛者 不幸近之矣

<本體之地 必欲二者 竝居> 此不成說 與第四條通看 可悉 朗陵古家云云 不覺可笑 夫子不云乎 君子之於天下也 無適也 無莫也 義之與比 義理 天下之公也 講論之間 有心於苟同 則必有自欺不明之患 有心於立異 則亦有擇言不精之病 安能窮天下之義理乎 惟以義之與比爲準的 順理以行之 窮理以明之 則庶乎心無所蔽 學免偏枯矣 祐常有志而未能 願公亦垂念焉

리가 기에 바탕을 하여 허령하면서 지각하는 것을 이름 하여 심이라 하는 것입니다. 이와 같이 보면 심의 명의(名義)와 경상(景狀)을 환히 알 수 있습니다. 지금 옥으로 거울의 본체를 삼으신 것은 수은을 가리켜 본체라고 하는 설에 비해 일을 해치는 것이 심하지는 않습니다. 그러나 실로 말을 택한 것이 정미하고 명의(名意)가 정확한 것은 아닙니다. 또한 거울이 사물을 비추는 것은 사물에 사악하고 바르고 예쁘고 추하고 한 다른 점이 있을지라도 그 허명한 본체는 일찍이 다름이 있지 않습니다. 지금의 견해는 수은을 거울로 보면서도 그것을 병폐로 여겨 '저 사람의 허명은 수은으로 추한 것을 비추는 거울을 말하고, 나의 허명은 옥으로 예쁜 것을 비추는 거울을 말한다.'고 하시는 격입니다. 공께서 하신 말씀에 '불가의 허령은 기로써 형기심을 말한 것이고, 우리 유학의 허령은 리로써 의리심을 말한 것이다.'라고 하였는데, 또한 이와 무엇이 다릅니까? 대개 형기심은 석가만 가지고 있을 뿐만 아니라, 우리 성인도 없을 수 없는 것입니다. 다만 위태롭기는 쉽고 절제하기는 어렵기 때문에 성인이 절제하는 방법을 보이실 적에 반드시 '도심으로 주를 삼고 인심으로 도심의 명을 듣게 하라'고 말씀하신 것입니다. 사람들로 하여금 중절(中節)하게 하고자 한 것은 위태롭지 않게 하려는 것일 뿐이니, 어찌 형기심이 없다고 말씀하셨습니까? 지금 처음에는 허령을 나누어 하나는 형기에 소속시키고, 하나는 의리에 소속시켰습니다. 분속시키는 것을 그만두지 못하고, 또 형기심을 오로지 불가에 귀속시켰습니다. 그 뜻이 불가에는 형기심만 있고 우리 유가에는 본디 형기심이 없다고 하는 것과 유사한 점이 있습니다. 그러나 옥에 추한 것을 비추는 리가 없다고 말하는 격입니다. 분할하여 각각 근거하는 형세는 분명한 경계선으로 나눈다 할지라도 이처럼 균평하게 나눌 수는 없을 것입니다. '할거(割據)' 두 자는 아무 연고 없이 말씀하신 것입니까? '지허령(之虛靈)' 세 자가 논쟁의 발단이 된 것인데, 개정본에는 '의리심(義理心)' 아래에 이 세 자를 붙이지 않고서 '할거라고 한다.[謂之割據]'고만 하셨으니, 공께서 이 말에 유쾌하지 않으셔서 엄폐하신 것입니까? 심은 참으로 리기가 합한 것이라고 말하는 것은, 그 명의를 논하면 저절로 이와 같이 보아야 합니다. 그러나 주재를 논하면 어찌 이와 같이 말할 수 있겠습니까?[47]

④ 가르쳐주신 말씀은 열 번 반복해 봐도 싫증이 나지 않으니, 어찌 감탄하지 않겠습니까? 본체는 어떤 물사를 비유한 것입니까? 본체는 허령일 따름입니다. 허령에 어떤 물사가 있겠습니까? 그러므로 말할 수 없다고 하는 것입니다. 허령은 곧 리이고, 곧 기입니다. 그러나 허령한 것은 리고, 허령한 곳은 기입니다. 마지막 단락의 설을 "허령의 본체는 하나이다. 저 불가에서 이른바 '허령이 주재하는 바'라는 것은 형기심이고, 우리 유학에서 '허령이 주재하는 바'라는 것은 의리심이다."라고 한다면 말이 갖추어질 듯합니다.[48]

⑤ 대개 '심의 본체는 인의예지가 이것이다'라고 하면, 누가 그렇지 않다고 말하겠습니까? 그런데 허령에 이르러 보면, 이는 심의 본체를 형상

---

47) 金鎭祜,『勿川集』권3,「答許后山退而」. "蓋心譬則鑑也 鑑之全體 則都是玉 心之理也 本體則只是虛明 心之虛靈也 照徹則心之知覺也 然玉不得水銀 則雖有虛明底本體 不能許多照徹 亦猶理之雖有虛靈底本體 離諸氣 則不能 許多知覺 故玉之資於水銀而虛明照徹者 名之曰鑑 理之資於氣而虛靈知覺 者 亦名曰心 如此看來 心之名義景狀 瞭然可曉 今以玉爲鑑之本體者 比諸 指水銀爲本體者 未甚害事 然實非擇言之精 命意之的當也 且鑑之所以照徹 者 雖有邪正姸媸之不同 其虛明底本體 未嘗有異也 今見認水銀爲鑑者 而 病之乃曰 彼之虛明 以水銀言照媸之鑑也 吾之虛明 以玉言照姸之鑑也 盛 說 釋氏之虛靈 以氣言形氣心也 吾儒之虛靈 以理言義理心也者 亦何以異 此 蓋形氣心 非徒釋氏有之 雖吾聖人 所不能無者 但其易危難制 故聖人所 示節制之方 必曰道心爲主 人心聽命 欲其中節 不危而已 豈曰無之云乎 今 初則分虛靈 一屬形氣 一屬義理 分之不已 則又以形氣心 專歸釋氏 其意有 若釋氏只有形氣心而吾儒本無形氣心者 然是謂玉無照媸之理也 分割各據 之勢 雖鴻溝之分 未有如此均也 割據二字 其無緣而云乎 之虛靈三字 爭端 所在 而改本義理心下 不著此三字 而曰謂之割據 盛意或不快於此 而掩諱 之耶 心固理氣之合云者 論其名義 自當如此看 若論主宰 則豈可如此說乎"

48) 金鎭祜,『勿川集』권3,「答許后山退而」. "示誨可謂十反無斁 敢不感歎 本體 是甚物事之諭 本體只是虛靈 虛靈有甚物事 所以謂不可說 虛靈便是理 便 是氣也 然虛靈底 是理 虛靈處 是氣也 末段說 若曰虛靈之本體一也 彼所謂 虛靈所主者 形氣心也 吾所謂虛靈所主者 義理心也云 則似語備"

한 것일 뿐, 본체의 명칭이 아닙니다. 공께서 문하생들에게 하신 말씀을 듣건대, 제가 '본체는 리가 아니다'라는 설을 제창하였다고 하니, 이는 인정 밖의 꾸지람인 듯합니다. 저의 전후 편지 가운데 어찌 일찍이 '본체는 리가 아니다.[本體不是理]'라는 다섯 글자가 있었습니까? 만약 '허령은 바로 리라고 말할 수 없다.[不可說虛靈便是理]'는 말을 가지고 이처럼 억지로 말씀을 하셨다면 황면재(黃勉齋)도 연루될 듯하니, 어찌 저 따위야 애석해 하겠습니까?[49]

①은 김진호가 1901년 허유에게 보낸 편지이다. ②는 그 다음 해인 1902년 김진호가 허유에게 답한 편지이다. 이 편지에서 김진호는 허유의 설을 조목조목 논박하면서 자신의 주장을 개진하였다. ③·④·⑤도 1902년 허유에게 답한 편지이다.

다음은 김진호가 이 허령불매(虛靈不昧)에 대해, 곽종석 및 문인 하겸진(河謙鎭)에게 답한 편지를 소개하기로 하겠다.

① 지난번 영(靈) 자에 대해 논한 것에, 제가 기에 속한다고 한 것은 참으로 온당치 못한 점이 있습니다만, 고명께서 리에 속한다고 하신 것도 의심이 없는 것이 아닙니다. 대개 영(靈)은 전적으로 기만 말하면 형적이 있는 데에 빠지게 되고, 치우치게 리에 집착하면 정상(精爽)이 있는 것에 혐의가 있으니, 어느 한쪽으로 치우치게 논할 수 없습니다.『대학혹문』에는 '영처(靈處)는 심이며 또한 성(性)이다'라고 하였는데, 주자는 "영처(靈處)는 심이지 성이 아니다. 성은 리일 뿐이다."라고 하였으며, 또 "지각하는 바는 심의 리이고, 능히 지각하는 것은 기의 영(靈)이

---

49) 金鎭祜,『勿川集』권3,「答許后山退而」. "蓋曰心之本體 仁義禮智 是也 則誰不曰然乎哉 至若虛靈 只是狀心之本體 非本體之名稱也 聞軒下與人說祜倡爲本體不是理之說 此恐情外之誚 祜書前後幅中 何曾有此本體不是理五字耶 若以不可說虛靈便是理之語 而如此勒成 則黃勉齋亦恐連累 何惜於祜耶"

다."라고 하였으며, 또 "기 속에 저절로 영적인 물사가 있다."고 하였습니다. 이 세 조목의 말씀을 보건대, 각기 다르기는 하지만 동일한 묘맥입니다. 이미 '영처(靈處)는 성이 아니다'라고 하였으니, 참으로 전적으로 리를 가리키는 것이라고 할 수 없는 것이 분명합니다. 아래 두 조목은 모두 기 위에서 중점을 둔 의미가 있는데, 다만 리·기가 합한 까닭을 정녕하게 분해한 것은 아닙니다. 북계 진씨는 "심(心)의 활처(活處)는 기(氣)를 인해 이루어지는데 바로 활발한 줄 알고, 영처(靈處)는 리·기가 합함을 인하는데 바로 신령스러움을 안다."고 하였으며, 퇴계가 정자중(鄭子中)에게 답한 편지에는 "리·기를 허령에 나누어 주석했는데, 과연 미안한 듯하다. 영(靈)은 참으로 기이다. 그러나 기가 어찌 능히 스스로 신령스럽겠는가? 리와 합하기 때문에 능히 신령스러운 것이다."라고 하였습니다. 이 말들이 명쾌하게 느껴지니, 이를 미루어 주자의 말씀을 보면, 명료하게 터득할 수 있습니다. 저는 그러므로 "영(靈)은 리·기가 합한 것으로 확립된 명칭이 아직까지 있지 않다."고 주장합니다. 그러므로 주선생이 심을 논할 적에 매번 이 점과 비슷하다는 말씀을 거론하였으니, 그 의미가 실로 이런 데 있었던 것입니다. 이는 바로 태극에 대해 말하면서 '그것을 계승한 자는 선하다'[50]고 말한 경우와 같습니다. 고명께서 논하신 설에는 주자(周子)의 '빼어나되 가장 신령스럽다.[秀而最靈]'는 말과 주자(朱子)가 심(心) 자로 해석한 것을 인용하였는데, 그것들이 단편적으로 리만을 가리키는 것인지 모르겠습니다. 심지어 "영(靈)은 리이고, 신령스럽게 하는 것은 기이다."라고 하셨으니, 이 두 구를 '기가 어찌 능히 스스로 신령스럽겠는가.'라는 말로 궁구해 보면, 아래의 말과 단절되어 흠이 있는 병폐를 면치 못할 듯합니다. 모르겠습니다만 공의 생각은 어떠십니까?[51]

---

50) 이 말은 『주역』「繫辭 上」에 보인다.

51) 金鎭祜,『勿川集』권5,「答郭鳴遠鍾錫 丙子」. "向論靈字說 愚見之屬氣 固有未穩 高明之屬理 亦不無疑 蓋靈 專說氣則淪於有形迹 偏着理則嫌其有精爽 不可以一偏論也 或問靈處是心抑是性 朱子曰 靈處是心 不是性 性只是理 又曰 所覺者 心之理也 能覺者 氣之靈也 又曰 氣中自有箇靈底物事 竊觀此三條語 雖各異 而同一苗脈也 既曰不是性 則固不可以專指理也 明

② 보여준 '허령한 것은 리이고, 허령은 기이며, 허령처(虛靈處)는 심이다'라는 것은 유석(幼石 : 郭鍾錫)의 설로 병폐가 없을 듯합니다. 다만 그대가 해석한 것에는 '소이연지고(所以然之故)'를 '그로 하여금 능히 그렇게 하게 하다'라는 뜻으로 해석하여 모두 주재가 되는 것으로 보았으니, 혹 모순이 없겠습니까? 대개 '저지(底之)' 두 자는 훈해하기 매우 어렵습니다. 그러나 '저(底)'는 장본(張本)이 용(用) 자를 이은 것이라고 말하는 것과 같으니, 리가 스스로 주재하면서 기가 이어 발한 것임을 알 수 있습니다. 어찌 리기가 나란히 대적하는 혐의가 있겠습니까?……사람이 말을 탄 것이라는 설은 선유들이 많이 비유를 취한 것인데, 끝내 가설이니 어찌 리기묘합(理氣妙合)의 자연을 형용할 수 있겠습니까? 이는 정히 오륙(吳陸)이 인물화를 잘 그렸지만 얼굴색과 웃음과 의태(意態)는 끝내 그릴 수 없었던 것과 마찬가지입니다. 명덕(明德)은 리기를 겸한 것입니다. 필시 명덕은 심이라고 말하더라도 심은 리기를 겸한 것이기 때문에 이렇게 말하는 것입니다. 그러나 명덕은 심중에 갖추어진 리로 허령명철(虛靈明徹)한 것이니, 기를 겸하여 말할 수 없습니다. 『대학장구』의 뜻이 이와 같을 뿐만 아니라, 『주자어류』·『대학혹문』의 허다하게 명덕을 훈해한 말에도 기(氣) 자에 치중한 것은 없습니다. 대개 리가 성대히 쌓이면 지반(地盤)이 없는 것이 아니지만 기가 지반이 되는 점은 말하지 않는 데 있는 것입니다. 심은 참으로 리·기가 합한 것으로 리가 주가 되고 기가 자(資)가 되어 바꿀 수 없는 것입니다. 기가 우세하여 리가 주가 되는 것을 빼앗는다

矣 下二條 則皆有氣分上煞重之意 而但不丁寧分解以其理與氣合故也 北溪
陳氏曰 心之活處 是因氣成 便會活 靈處是因理與氣合 便會靈 退陶與鄭子
中書曰 理氣之分註虛靈 果似未安 靈固氣也 然氣安能自靈 緣與理合 所以
能靈 此語儘覺明快 推此觀晦翁語 可以瞭然想得矣 愚故亦曰 靈者 是理與
氣合 而未有所立之名也 是以 朱先生論心 每擧似此處說來 而心之原 只是
理而已 所以擢出虛字而加諸上也 然方理與氣合 初固無不善 則虛靈合 謂
之心之本體者 意實在此 正如太極繼之者善之類也 盛論 所引周子秀而最靈
朱註解以心字 亦未見其單指理也 至曰靈者理也 靈之者 氣也 二句 以氣安
能自靈意究之 分截下語 恐未免有欠倒之病 不審盛意如何"

면, 천리가 없어져서 바로 마음을 상실했다고 말할 것입니다. 군·신에
비유하자면 리는 임금이고, 기는 신하입니다. 예악형정이 천자로부터
나오지 않고 신하로부터 나오면 천하가 어지러워지겠습니까, 그렇지
않겠습니까? 또한 그것을 괴변이라고 하겠습니까, 아니라고 하겠습니
까?52)

  허령불매(虛靈不昧)에 대한 김진호의 해석은, 이것이 심(心)의 당체(當
體)이기 때문에 리기가 합한 것으로 보아야지 어느 쪽으로 편중된 시각
에 의해 해석해서는 안 된다는 것이다.

8) 인물성편전설(人物性偏全說)

  이교우는 김진호의 인성(人性)·물성(物性)의 편전(偏全)에 관한 설에
대해 다음과 같이 정리했다.

    선생은 인성(人性)과 물성(物性)의 편(偏)·전(全)에 대해 논하기를 "리
    (理) 자로 명명한 것은 조리가 있기 때문이다. 리일(理一)은 조리가 합일

52) 金鎭祜, 『勿川集』 권7, 「答河叔亨 戊戌」. "所示虛靈底是理 虛靈之是氣 虛
    靈處是心 幼石說 恐無病 但盛意 解底 以所以然之故 解之以使佗能然之意
    皆作主宰看 則無或乎矛盾矣 蓋底之二字 極難訓 然底猶言張本之是承用字
    則理自主宰 而氣之承發 可知 何有理氣并敵之嫌乎……人乘馬說 先儒多言
    之而取譬 終是假設 何能形容理氣妙合之自然 正如吳陸雖善畵人物 而其色
    笑意態 終是摸不得也 明德兼理氣 必是謂明德爲心 而心是兼理氣底 故爲
    是言 然明德是心中所具之理 虛靈明徹底 帶說氣不得 非但章句如此 語類
    及或問 許多明德訓 無有氣字押來 蓋理之盛貯 非無地盤 而氣之爲地盤 在
    所不說也 心固理氣之合 而理爲主 氣爲資 變易不得 若氣騰倒而奪理主 則
    天理滅絶 便謂喪心 比諸君臣 理 君也 氣 臣也 禮樂刑政 不能自天子出 而
    自臣下出 則天下亂乎 否乎 抑謂之怪變乎 將否乎"

되었다는 설이고, 분수(分殊)는 조리가 분개(分開)되었다는 설이다. 근세의 의논은 리일을 리에 소속시키고, 분수를 기에 소속시킨다. 그 뜻이 리는 분수가 없고, 기를 따라 분수가 있다는 말이 된다. 그러므로 리는 모호한 물(物)이 되어 기에 사역 당하게 되니, 어찌 말이 되겠는가?"라고 하였다. 또 말씀하기를 "인성과 물성의 편·전은 비록 기를 품부 받은 뒤에 나타나지만, 실제로는 리일·분수의 묘합(妙合)인 것이다."라고 하였다.53)

　이 내용은 김진호가 직접 쓴 글에는 보이지 않고, 이교우가 지은 「행장」에만 보인다. 김진호의 견해는 리일(理一)을 리(理)에 소속시키고, 분수(分殊)를 기(氣)에 소속시키는 것에 반대하는 데서 비롯된다. 그는 그 이유로 그렇게 보면 리에는 분수가 없고, 기를 따라 분수가 있게 되어 결과적으로 리가 기에 사역을 당하는 격이 되기 때문이라고 하였다. 그의 주장은, 인성과 물성에 편·전이 있는 것은 리일·분수의 묘합에 의한 것이라는 것이다.

　인성·물성의 편·전에 대해, 김진호는 허유와 이교우에게 답한 편지가 있는데, 주요한 부분만 발췌하여 소개하면 다음과 같다.

　① 대체로 사람이 형기(形氣)의 바름을 얻어 심(心)이 능히 주재하면 전체(全體)를 갖추고 묘용(妙用)을 함께 합니다. 그러므로 사람에 대해서는 반드시 '그 마음이 가장 신령스럽다'고 말하며, 이어 성명(性命)의 전체를 말합니다. 그러나 다른 생물은 형기의 치우침을 얻어 심(心) 또한 가려지니, 얻어서 성(性)이 된 것은 대용(大用)이 결손 되어 체(體)를 볼 수 없습니다. 그러므로 심을 말하지 않고 또한 체(體) 자도 붙이

53) 金鎭祜, 『勿川集』附錄, 권2, 「行狀」. "論人物性偏全則曰 理字命名 以有條理也 理一者 條理合一說 分殊者 條理分開說 近世之論 以理一屬理 分殊屬氣 其意謂理無分殊 而因氣而有 是以 理爲儱侗底物 而爲氣所使者 豈成說乎 又曰 偏全雖形於賦氣之後 實亦此理一分殊之妙也"

지 않습니다. 아마도 이런 뜻인 듯합니다.『중용혹문』에서는 곧장 성(性)이 같지 않은 점을 논했기 때문에 전체를 말하여 전체 중에서 생물이 치우침을 얻은 점을 드러냈습니다. 공께서는 어찌 생각하시는지 모르겠습니다.[54)]

② 면우(俛宇 : 郭鍾錫)의 '리(理)가 치우친 것이다'라는 설은 전편을 보지 못했기 때문에 감히 그 의도를 미리 예측할 수 없습니다. 그러나 얼핏 보아도 좋지 않기 때문에 중연(仲衍 : 金在植)에게 답하면서 운운한 것입니다. 지금 그대의 편지에 "원두로부터 말하면 면우 선생의 논의가 옳고, 품부 받은 바로부터 미루어 보면 선생의 논의가 옳습니다."라고 하였습니다. 이는 황희(黃喜) 정승의 공사(公事)라고 할 수 있습니다. 그대가 사람을 논하면서는 그 치우친 점을 말하려 하지 않고, 리(理)를 말하면서는 치우친 점을 보니, 무슨 말씀을 하는지 모르겠습니다. 그대가 이른바 치우침[偏]이란 것이, 어찌 물성(物性)의 오상(五常)이 인성(人性)의 온전한 것만 못하기 때문에 치우쳤다고 말하는 것이 아니겠습니까? 주자가 "단지 일음·일양의 도일 뿐이다."라고 하였으니, 사람이 되고 다른 생물이 되는 것을 아직 모를 적에도 이미 이 네 가지를 갖추고 있는 것입니다. 범상한 곤충들도 모두 이를 가지고 있습니다. 다만 그것들은 치우쳐서 온전하지 않아 탁한 기가 끼어든 것입니다. 편(偏)이란 전(全)의 상대적인 말입니다. 애초 하늘이 성품을 부여할 적에는 참으로 다른 생물에는 인색하고 사람에게만 후한 것은 아니니, 오상을 균일하게 할 따름입니다. 그러나 사람과 생물이 형체를 갖게 되면 나누어짐이 가지런하지 않습니다. 그 성(性)이 발한 바를 비교해 보아야 바야흐로 이것은 온전하고 저것은 치우치고 할 수 있습니다. 그렇지 않다면, 어떻게 그것이 그런 줄 알겠습니까? 그대의

---

54) 金鎭祜,『勿川集』, 권3,「答許后山退而」. "蓋人得形氣之正 心能主宰 而備全體該妙用 故於人必曰其心最靈 而繼言性命之全體 物則得形氣之偏 心亦蔽塞 所得以爲性者 大用虧缺 體不可見 故不言心而亦不著體字 恐以此意也 中庸或問 直是論性不同 故言全體 以見全體中 物得其偏也 未審盛意以爲如何"

원두설과 같은 것은 바로 사람이 되고 다른 생물이 되는 것을 아직 모를 때이니, 온전함에 대해 참으로 이름을 하여 말할 수 없습니다. 그런데 하물며 치우쳤다[偏了]고 할 수 있겠습니까? 만약 리일(理一) 속에 분수(分殊)가 있다고 말하면, 이 또한 품부 받은 기가 흩어져 달라짐을 인한 것이니, 그 근원을 끝까지 궁구하면 그 리에 분수가 있어서 그렇게 된 것을 알게 됩니다. 그러므로 주자가 엄시형(嚴時亨)에게 답한 편지에 "인성과 물성이 다른 것은 기품이 같지 않은 데서 말미암은 것이다. 다만 그 소이연을 궁구해 보면, 기품이 같지 않은 것을 인했지만 품부한 바의 리에도 참으로 다름이 있다."라고 하였습니다. 이 말씀은 리에 분수가 있음을 밝힌 것입니다. 내가 이른바 편·전이 비록 품부 받은 기에 나타나지만 실제로는 이 리에 분수의 묘가 있다고 하는 것이 바로 그런 뜻입니다. 말하는 법은 명백하고 평탄하고 실제적이면서도 심천이 저절로 나타는 것을 귀히 여기지, 각박하게 깊이 천착하지만 도리어 본지를 해치는 것을 요구하지 않습니다. 만약 편·전이 모두 리의 분수라고 한다면 평탄하고 실제적이어서 이해하기 쉬울 것입니다. 그러나 단지 리가 치우치기 때문에 기도 치우친다고 말하면 어세가 어찌 심각하지 않겠습니까?[55]

---

55) 金鎭祜, 『勿川集』 권10, 「李致善 辛丑」. "俛宇理偏說 未見全幅 不敢猜測其意 然乍見不好 故答仲衍有所云云 今盛喩曰 自源頭說來 則俛翁之論 得之 自稟賦說推 則門下之論 得之 此可謂黃政丞公事 左右論人則不欲其偏 說理則看得偏了 不知何喩 尊所謂偏者 豈不以物性之五常 不如人性之全 故曰偏云爾耶 朱子曰 只一陰一陽之道 未知做人做物 已具是四者 雖尋常昆蟲之類 皆有之 只偏而不全 濁氣間隔 夫偏者 全之對也 原初天之賦施 固非嗇於物 而厚於人 均是五常而已 及人物相形 分俵不齊 較看其性之所發 方可曰此全彼偏 不然 何以知其然也 如尊原頭說 則此便是未知做人做物時 全固不可名言 而況可曰偏了乎 若以理一中有分殊爲言 則此亦因賦氣之散殊 究極其原 而知其理有分殊而然也 故朱子答嚴時亨曰 人物性之異 固由氣稟之不同 但究其所以然者 却是因氣稟之不同 而所賦之理 固亦有異也 此蓋明理之有分殊也 愚所謂偏全雖形於賦氣 而實亦此理有分殊之妙者 卽此意也 立言之法 貴乎明白坦實 而淺深自見 不要刻削穿深 而反傷本旨 若

①은 1901년 허유에게 답한 편지이고, ②는 문인 이교우에게 답한 편지이다. 김진호의 인성·물성의 편·전에 대한 설은 '편·전이 비록 품부받은 기에 나타나지만, 실제로는 이 리에 분수의 묘가 있다'는 것으로 요약된다.

2. 예설(禮說)

이교우는 김진호의 예설에 대해 다음과 같이 논하였다.

> 선생의 예론에 대해서는, 다음과 같이 말할 수 있다. 옛날의 제도를 상고하고 오늘날의 사정을 헤아려 절충하고 문제점을 모아 반드시 인정과 천리가 편안한 바에 합하기를 구하였다. 예컨대 제왕가에서 형제가 소목(昭穆)을 함께 하는 것이 역대로 바꾸지 않고 그대로 따르던 예법이었는데, 선생은 『춘추』의 본지와 정자·주자의 논의와 퇴계의 '형제가 이어서 즉위할 경우는 일찍이 신하로서 섬기다가 전해줌을 받는 것'이라는 설에 근거하여, 그 점을 밝혔다. 또 소후부(所後父)가 소후자(所後子)를 위해 참최복을 입지 않는다는 설이 우리나라 유학자들 사이에 있었는데, 선생은 예경(禮經)의 '위인후자 위지자(爲人後者 爲之子)' 및 면재(勉齋 : 黃榦)의 오복도식(五服圖式)에 의거하여 그 점을 해명하였다. 또 승중(承重)한 자의 처는 종복(從服)하지 않는다는 설은 우씨(虞氏)·유씨(庾氏)의 잘못이었는데, 선생은 정자·장자(張子)·주자·사계(沙溪)가 정해 놓은 의논을 고찰해 그 점을 바로잡았다. 또 소상에 벽령(辟領)·부판(負版)·최(衰)를 제거한다는 설은 최씨(崔氏)·마씨(馬氏)의 잘못이었는데, 선생은 『의례』·『예기』·『통전』·『통해(通解)』를 고찰해 설을 지어 그 점을 바로잡았다. 선생은 녜(禰)를 이은 종자(宗子)는 장자를 위해 삼년복을 입어야 한다고 주장하였는데, 이는 대체로 『의례』의 '정체어상 장소승중(正體於上

日偏全皆理之分殊 則平實易解 而只曰理偏故氣偏 則語勢豈不削深乎"

將所承重)'[56]의 설과 주자의 뜻에 따라 행하고자 한 것이었다. 그런데 영남 지방 전체에서 그런 예를 행하지 않는다고 힐난하는 사람이 있었다. 그러자 선생이 말씀하기를 "만약 예에 합하는 것이라면 영남 전체뿐만이 아니라, 온 나라 사람들이 행하지 않더라도 참으로 폐할 수 없는 것이다. 만약 그것이 예에 어긋나는 것이라면, 영남 전체뿐만이 아니고, 온 나라 사람들이 그것을 행하더라도 따르지 않을 바가 있는 것이다."라고 하였다. 선생은 평생 도표를 그리기를 좋아하지 않았다. 그런데 학자들 중에 소(昭)는 항상 소(昭)가 되고 목(穆)은 항상 목(穆)이 되어 소목(昭穆)을 좌우(左右)로 하고 소목을 남북으로 한다는 뜻에 대해 통달하지 못한 자가 있자, 이에 도궁오묘도(都宮五廟圖)와 태묘합제도(太廟祫祭圖) 2도를 만들어 보여주었다. 선생은 고제를 상고해 대양치관(大樣緇冠)을 만들어 평상시에 착용하였는데, 말씀하기를 "이 관은 관례식의 삼가례(三加禮)에서 제일 먼저 쓰는 관인데, 요즘 사람들은 대부분 사용하지 않는다. 다만 그 제도를 작게 하여 겨우 상투를 덮을 정도로 만드니, 전혀 의관(儀觀)이 없다. 더구나 소년에게는 어울리지 않는다."라고 하였다. 일찍이 집안사람들에게 말씀하기를 "고비(考妣)를 합제(合祭)하는 것은 예가 아니다. 퇴계는 '우리 종자도 이와 같이 한다.'고 하였는데, 나는 종자가 아니기 때문에 감히 마음대로 바꿀 수 없다. 다만 내가 죽고 난 뒤에는 내 뜻을 따르지 않아도 괜찮다."라고 하였다.[57]

---

56) 이 문구는 『의례』「喪服」에 보인다.
57) 金鎭祜, 『勿川集』附錄, 권2, 「行狀」. "至於禮論則 考古量今 折衷聚訟 必求合於人情天理之所安 如帝王家 兄弟同昭穆 是歷代之所因仍未改者 而據春秋之旨 程朱之論 及退溪 兄弟繼立 嘗臣事而受重之說 以明之 所後父不服 所後子斬 東儒有言之者 而據禮經爲人後者 爲之子及勉齋五服圖式 以明之 承重妻之不從服 虞庚之失也 而考程子張子朱子退溪沙溪已定之論 以正之 小祥去辟領負版衰 崔馬之失也 而考儀禮禮記通典通解爲說 以正之 先生是繼禰之宗 而服長子三年 蓋從儀禮正體於上將所傳重之說及朱子之意 以行之者 而有以全嶺之所不行詰之者 則曰苟合於禮 不惟全嶺 雖通國不行 固不可廢 如或違之 不惟全嶺 雖通國行之 有所不從 平生不喜爲圖 而學者有未達昭常爲昭 穆常爲穆 左右昭穆 南北昭穆之義 則乃爲都宮五廟太廟祫祭

이는 김진호의 예학에 대한 특징을 간추려 놓은 것이다. 이를 다시 정리하면 다음과 같다.

1) 역대로 제왕가에서는 형제가 소(昭)·목(穆)을 함께 한다는 설에 대해, 『춘추』의 본지와 정자·주자의 설과 퇴계의 설에 따라 그 의미를 밝혔다.

2) 우리나라에서 통용되던 소후부(所後父)가 소후자(所後子)를 위해 참최복을 입지 않는다는 설에 대해, 예경(禮經)의 '위인후자 위지자(爲人後者 爲之子)' 및 황간(黃榦)의 오복도식(五服圖式)에 의거하여 해명하였다.

3) 승중한 자의 처는 종복(從服)하지 않는다는 잘못된 설에 대해, 정자·장자(張子 : 張載)·주자·사계(沙溪)가 정해 놓은 의논을 고찰해 바로잡았다.

4) 소상에 벽령(辟領)·부판(負版)·최(衰)를 제거한다는 잘못된 설에 대해, 『의례』·『예기』·『통전』·『통해』 등을 고찰해 설을 지어 바로잡았다.

5) 『의례』의 '정체어상 장소승자(正體於上 將所承重)'의 설과 주자의 뜻을 따라 네(禰)를 이은 종자는 장자(長子)를 위해 삼년복을 입어야 한다고 주장하였다.

6) 도궁오묘도(都宮五廟圖)와 태묘합제도(太廟祫祭圖)를 만들어 소목(昭穆)에 대해 명료하게 드러내었다.

7) 고제를 상고해 대양치관(大樣緇冠)을 만들어 평상시에 착용하였다.

二圖 以示之 考古制作大樣緇冠 爲平居之著曰 此是三加之首服 而今人多不用 但小其制 僅以容髻 全沒儀觀 尤不宜於少年 嘗謂家人曰 考妣合祭 非禮也 退溪以爲吾宗亦如此 吾非宗子 故不敢擅改 只令吾身後 勿用余意 亦然"

8) 고(考)·비(妣)를 합제(合祭)하는 것은 예가 아니라고 하였다.

3. 경설(經說)

이 글은 이교우가 김진호의 학술에 대해 간추려 놓은 것에 따라 논의를 전개하기 때문에 여기서 논의할 내용은 주로 오경 중 『춘추』·『서경』·『주역』에 관한 설이다. 하지만 김진호의 경학에 관한 설은 『대학』의 명덕설(明德說)이 핵심이다. 그리고 성리학과 관련된 경서의 주요명제에 대한 설 및 뒤에 보이는 『대학』·『중용』에 대한 해석이 그 중심에 있다. 혹여 오경에 관한 설만 있는 줄로 잘못 알려질까 염려되어 췌언을 덧붙인다.

이교우는 김진호의 『춘추』에 관한 설에 대해 다음과 같이 말하였다.

선생은 『춘추』에 대해. "독자들이 실린 기사의 득실에 곧장 의거해 그와 같이 포폄이 있게 된 것을 이해할 뿐, 반드시 주소(注疏)의 설처럼 한 글자 한 구절에서 억지로 포폄을 구하지 않는다면, 거의 성인의 의도를 엿볼 수 있을 것이다."라고 하였다. 또 말씀하기를 "『춘추좌씨전』은 일을 고찰한 것이 정밀하지만 의리에는 흠이 있으며, 『춘추공양전』·『춘추곡량전』은 일을 고찰한 것이 엉성하지만 의리는 도리어 정밀하며, 『춘추호씨전』은 좌씨·공양씨·곡량씨의 설을 절충하였는데 혹 견강부회한 곳이 있지만 논단은 옛 것에 의거하고 도리는 평탄하고 바르다."라고 하였다.58)

---

58) 金鎭祜, 『勿川集』附錄, 권2, 「行狀」. "於春秋則 以爲讀者但當直據載事之得失 理會恁地有褒貶 不必如注疏說之硬求褒貶於一字一句上 則庶可窺得聖人意也 又以爲左氏考事精而義理有差 公穀考事疎而義理却精 胡氏折衷三家 或有牽强處 而論斷依靠 道理平正"

김진호의 『춘추』의 사전(四傳 : 공양전, 곡량전, 좌씨전, 호씨전)에 대한 설은, 대체로 조선시대 사람들이 공감하던 바이다. 따라서 그만의 독특한 설이라고 할 수 없다. 다만 앞에 언급한 『춘추』를 읽는 태도는 그의 춘추관을 드러낸 것이다. 즉 『춘추』를 읽으면서 주소에 따라 포폄하지 말고 본문에서 성인의 미언대의를 찾으라는 것이다.

이교우는 김진호의 『주역』에 관한 설에 대해 다음과 같이 말하였다.

> 선생은 『주역』에 대해 젊어서부터 연구하여 터득한 것이 있었다. 비록 특별한 저술은 없지만, 하도(河圖)·낙서(洛書)의 생생하는 순서와 괘가 변하는 데 있어서의 음양의 수를 벗들과 주고받은 편지에서 분명히 살펴볼 수 있다.[59]

이 자료를 통해 보면, 김진호가 『주역』에 대해 특별한 설을 편 것 같지는 않다. 따라서 『주역』에 관한 독특한 설은 드러낼 것이 없는 듯하다.

이교우는 김진호의 『서경』에 관한 설에 대해 다음과 같이 말하였다.

> 선생은 『서경』에 대해, 선기옥형(璿璣玉衡)의 제도와 기삼백(朞三百)·윤월(閏月)의 수를 분명히 알았는데, 기삼백과 윤월에 대해서는 해석을 하여 배우는 자들에게 주었고, 또 변률(變律)의 촌분법(寸分法)에 대해 연구하여 해석을 해서 상세히 풀이하였다.[60]

이를 보면 김진호가 기삼백과 윤월에 대해 정밀하게 수리적 계산을

59) 金鎭祜, 『勿川集』附錄, 권2, 「行狀」. "於易則 自少有硏窮之得 雖無別著之編 而圖書克生之序 卦變陰陽之數 見於知舊書疏之間者 鑿鑿可考"
60) 金鎭祜, 『勿川集』附錄, 권2, 「行狀」. "於書則 瞭瞭然於璣衡之制 朞閏之數 而于朞閏 則爲解以授學者 又究變律寸分之法 爲解以詳之"

한 것으로 보인다.

4. 기타의 설

김진호의 학설은 위에서 살펴본 이교우가 열거한 것 외에도 상당수
더 있다. 그 가운데 학(學)과 경(敬), 능(能)과 소능(所能)을 형이하와 형
이상으로 보는 설,『대학』에 관한 설,『중용』에 관한 설 등은 그의 학문
적 특징을 잘 보여주는 중요한 것들이다. 여기서는 이에 대해 간략히 살
펴보기로 하겠다.

1) 형이상형이하설(形而上形而下說)

우선 학(學)과 경(敬), 능(能)과 소능(所能)을 형이하와 형이상으로 보
는 설에 관한 주요한 자료를 소개하면 다음과 같다.

① 지난번에는 "학(學)은 도(道)에 비유되고, 경(敬)은 일(一)에 비유되니
학과 경은 형이하라고 해도 된다."라고 하셨고, 또 "행하는 곳에서는
형이하가 되는 것으로 보아도 무방하다."라고 하셨으니, 그 말씀이 정
녕하게 살피신 것뿐만이 아니었습니다. 그런데 갑자기 바꾸어 "경(敬)
이라 하고 학(學)이라 하는 것은 행(行)에 당한 일이니 모두 형이하에
속한다. 이 무슨 소견인가?……"라고 하였습니다. 대개 주자의 말씀은
행(行)을 형이하에 소속시키고, 또 능(能) 자에 소속시켰으니, 능(能)과
형이하는 같은 뜻입니다. 도는 형이상에 소속시키고, 또 소능(所能)에
소속시켰으니, 소능(所能)과 형이상은 같은 뜻입니다. 그렇다면 능과
소능을 나누어 형이상과 형이하로 삼는 것이 주자의 본지라고 말하는
것이 무엇 때문에 다른 점이 있겠습니까? 또한 주자는 '학이 곧 이른
바 능이다'라고 하였고, 퇴계는 '경(敬)은 곧 이른바 능(能)이다'라고

하였으니, 경(敬)과 학(學)이 이미 능(能)에 소속된 것이 옳습니다. 그 렇다면 형이하에 소속되는 것도 불가함이 없습니다. 대개 능(能)과 소 능(所能)은 본래 선가(禪家)의 말인데, 우리 유가의 설로 해석하면 능 (能)은 '그것이 그러한 것[其然]'을 말하니 형이하이고, 소능(所能)은 '그러한 까닭[所以然]'을 말하니 형이상입니다. 경과 학은 모두 의리의 일로 매일 볼 수 있는 행위입니다. 그것이 그러하다는 까닭으로 형이 하에 소속시킨 것은 유별로 나누어 말한 것입니다. 그런데 어찌 형이 하에 소속시킨다고 해서 바로 형기(形氣)의 기라고 말할 수 있겠습니 까?[61]

② 능과 소능에 대해 전에 여옹(黎翁 : 許愈)의 편지를 받았는데, 형의 설 에 '행(行)'을 훈해하여 형이하로 삼은 것은 상행(常行)의 도를 전혀 모 른 것'이라고 운운하였습니다. 그러므로 저의 견해를 대략 보내 도움 을 받고자 합니다.……보내주신 편지에 "옛날 성현들이 말씀하신 행 (行)·능(能)·경(敬) 자가 과연 형이하에 소속하는 점이 있을까?"라고 하였습니다. 이 문제는 정밀한 고증을 필요로 하지 않습니다. 주자는 말씀하기를 "치심(治心)·수신(修身)이 본이고 쇄소(灑掃)·응대(應對) 는 말이다. 모든 그것이 그러한 일[其然]은 그러한 까닭[所以然]에 이 르면 리(理)이다."라고 하였으며, 혹자가 기연(其然)과 소인연(所以然) 의 설을 묻자, "쇄소응대의 일은 기연(其然)이니 형이하이고, 쇄소응대 하는 이치는 소이연(所以然)이니 형이상이다."라고 하였습니다. 그렇 다면 치심수신·쇄소응대는 행(行)이 아니겠습니까? 주자는 학(學)을

---

61) 金鎭祜,『勿川集』권3,「答許后山退而」. "向也曰 學比諸道 敬比諸一 則學 與敬 謂之形下亦得 又曰 行處不妨作形下看 其言不啻丁寧勘案 而今忽然 改判曰 曰敬曰學 當行之事 皆屬形下 此何所見云云……蓋朱子之言 以行 屬形下 又屬能字 是能與形下 同義也 以道屬形上 又屬所能 是所能與形上 同義也 然則分能所能 爲形上形下 謂之朱子之旨 何爲乎有異也 且朱子謂 學卽所謂能 退陶謂敬卽所謂能 敬學旣屬之能 可也 則屬之形下 亦無不可 也 蓋能所能 本禪家語 而以吾儒說訓之 則能 其然之謂也 形而下者也 所能 所以然之謂也 形而上者也 敬與學 皆義理之事 而曰可見之行也 以其其然 故 屬諸形下 自是分類而言也 何可以屬諸形下 便謂之形氣之氣乎"

능(能)이라 하였습니다. 퇴계 선생도 "경(敬)은 곧 이른바 능(能)이다."
라고 하였으며, 또 "성(誠)은 참으로 소능(所能)이라 하겠지만, 사성(思
誠)은 능(能)이라 할 수 있다."라고 하였으니, 그렇다면 학(學)·경(敬)·
사성(思誠)도 능(能)이 아니겠습니까? 행(行)과 능(能)은 모두 기연(其
然)의 일로, 형이하에 속하는 것이 참으로 의심이 없습니다. 이로써 미
루어보면 말씀하신 예양사손(禮讓辭遜)·효제충신(孝悌忠信)은 온갖
행(行)의 명목이니 모두 류(類)입니다. 따라서 형이하라고 하겠으니,
어찌 하여 크게 놀라고 조금 괴이하게 여긴단 말입니까? 대체로 하학
(下學)해 가는 곳은 형이하가 되고, 상달(上達)해 가는 곳은 형이상이
됩니다. 이는 주자와 퇴계 선생의 본지입니다. 그런데 형은 믿지 않고,
도리어 제가 주자를 속이고 후인을 어지럽힌다고 하니, 안목이 자신도
모르게 놀라움을 금치 못합니다. 이 문제는 당세의 밝은 눈을 가진 사
람들로 하여금 형과 저의 두 설을 취해 판단하게 하면, 이러한 책임은
반드시 귀결될 바가 있을 것입니다. 또 보내주신 서신에 "행(行) 자의
내력은 모두 도(道) 자를 따라 나온 것이다. 형이상에서 보면 도가 행
한 것이고, 형이하에서 보아도 도가 행한 것이다. 도가 행한 것이 특별
히 사물에 붙어 나타난 것이다.……"라고 하셨습니다. 이는 전혀 사리
에 맞지 않는 설입니다. 만약 행 자가 도 자로부터 나왔다는 것으로 문
득 도 자와 혼합해 보면, 앞에서 이른바 치심수신 및 학(學)·경(敬)은
유독 도 안에서 나온 것이 아니어서 두 선생이 위와 같이 논했단 말입
니까? 이 설은 능으로 소능을 삼았다는 비난을 면키 어려울 것입니다.
대개 형이하와 형이상은 비록 서로 분리될 수는 없지만, 또한 서로 섞
일 수도 없습니다. 군신·부자는 물(物)입니다. 임금은 인(仁)하고 신하
는 경(敬)하며 아비는 자(慈)하고 자식은 효(孝)하는 일은 물(物)의 물
사(物事)이고, 인·경·자·효는 물(物)의 리(理)입니다. 사물에 나가면
당연히 이치가 있고, 당연한 이치를 인해 사물에 행하는 것입니다. 그
자의가 각각 단락이 있으니, 정히 주자가 이른바 어지럽힐 수 없다는
것입니다.[62]

---

62) 金鎭祜, 『勿川集』 권4, 「答蔡殷賫 寅默 戊戌」. "能與所能 頃得黎翁書 兄說

③ 지난번 말씀드린 행(行)과 학(學)은 형이하라는 설에 대해 한 마디 평
도 듣지 못했으니 일도양단해 주시길 다시 바랍니다. 대개 이 문제에
대해 강경하게 대하거나 장식해 확정하면 바른 설을 얻지 못할 듯합니
다. 그러나 주자가 이미 이와 같이 말씀했고, 또 치심수신 등의 일도
형이하에 속하니, 제가 '하학해 가는 곳은 형이하가 되고, 상달해 가는
곳은 형이상이 된다.'고 하는 것은, 저절로 퇴계 선생의 '형이상·형이
하는 모두 천리이다'라는 뜻이고, 또 주자의 말씀에도 어긋나지 않을
듯합니다. 그런데도 도리어 남들의 공격을 받으니 그 연고를 모르겠습
니다.[63]

④ 말씀에 '형(形) 자는 형현(形現)의 뜻이다.'라고 하셨습니다. 저도 일찍
이 이 뜻을 보았습니다. 여옹(黎翁 : 許愈)이 능·소능을 논한 것을 통

以訓行爲形下者 全不識常行之道云云 故略供愚見 以求資益……來喩曰古
昔聖賢所說行字能字敬字 果有屬形下者乎 此不待遠證 朱子曰 治心修身
是本 灑掃應對 是末 皆其然之事 至於所以然 則理也 或問其然所以然之說
曰 灑掃應對之事 其然也 形而下者也 灑掃應對之理 所以然也 形而上者也
然則治心修身灑掃應對 獨非行乎 朱子以學謂能 退陶先生曰 敬卽所謂能也
又曰 誠 固謂之所能 而思誠 是可謂能 然則學也敬也思誠也 亦非能乎 行與
能 皆其然之事 其屬於形下 固無疑矣 以此推之 盛喩 禮讓辭遜 孝弟忠信
百行名目 皆類也 謂之形下 何嘗大驚少怪乎 蓋下學去處 爲形下 上達去處
爲形上 自是朱夫子李先生本旨 而兄乃不信 反謂祜誣朱子而亂后人 眼目不
覺瞿然 使當世隻眼者 取兄僕兩說而勘斷 則此責必有所歸 且來喩 行字來
歷 儘從道字中來 看於形上 是道之行 看於形下 亦道之行 其行也 特寓於物
而見云云 全是呑棗說 若以道字中出來 頓然與道混看 則前所謂治心修身
與學與敬 獨非道中出來而二先生之論如上云云耶 正恐不免以能爲所能之
誚也 蓋形下形上 雖不可相離 而亦不可相雜 君臣父子 物也 君仁臣敬父慈
子孝之事 物之物也 仁敬慈孝之道 物之理也 就事物而有當然之理 因當然
之理而行諸事物 其字義 各有段落 正朱子所謂不可亂者也"

63) 金鎭祜,『勿川集』권5,「答郭鳴遠」. "頃白行學形下說 未蒙一語勘下 更望一
刀兩段 蓋此箇也 硬殺裝定 說似不得 然朱子旣如此說 又如治心修身等事
亦屬形下 則愚謂下學去處 爲形下 上達去處 爲形上 自是退陶形上形下皆
天理之旨 恐不違於朱子訓 而反受人攻 未曉其故"

해 그 문제에 당면했으나 깊이 생각하지 않았기 때문에 심상하게 생각
하였습니다. 지난번 형에게 질정을 했으나 말이 졸렬하여 명료하게 전
달할 수 없었습니다. 마치 벙어리가 가슴속에는 분명한 생각이 있지만
입으로 능히 말할 수 없는 것 같았습니다. 지금 밝은 가르침과 정미한
설을 받고, 곡절이 시원하게 뚫려 명쾌함을 느끼니, 흠모하고 경탄하는
마음을 금치 못하겠습니다. 대개 이 형(形) 자는 모름지기 이처럼 본
뒤에야 이상(而上)·이하(而下) 및 도(道)·기(器) 자에 모두 단락이 있
게 됩니다. '형질(形質)'이라 하고 '형기(形氣)'라 하셨는데, 비록 이를
말하지 않더라도 한 쪽에 포함할 수 있습니다. 다만 말씀하신 내용 중
에, '행능(行能)·학습(學習)은 기(器)가 아닌 듯하다.'고 하셨는데, 이
는 그렇지 않습니다. 대개 기(器) 자는 물(物)이 있고 상(象)이 있는 경
우에만 말하는 것이 아닙니다. 모든 일의 드러난 형적은 모두 기(器)라
칭할 수 있습니다. 장자(張子 : 張載)가 "형적이 있는 것은 기(器)이
다."라고 하였으니 사실에 나타난 것이 그것입니다. 주자는 "기(器)는
형적이다."라고 하였으니, 일마다 모두 그런 형적이 있기 때문에 그렇
게 말한 것입니다. 행능(行能)은 혼정신성(昏定晨省)하고 음식을 살피
는 효(孝)와 간쟁(諫諍)하고 봉직(奉職)하는 충(忠)과 읍양하고 진퇴할
적에의 위의가 모두 이런 일입니다. 학습(學習)은 쇄소응대와 예가 아
니면 보지도 듣지도 말하지도 움직이지도 마는 것이 모두 그 일입니
다. 사람이 일상에서 하는 일 가운데 행(行)·학(學)보다 더 절실한 것
은 없으며, 리가 형적에 드러난 것은 이것이 아니면 보기 어렵습니다.
만약 사(事)는 기(器)가 아니라고 하면 그만둘 수 있지만, 기(器)라고
한다면 기(器)가 되는 것에 대해 무엇을 의심하겠습니까?[64]

---

64) 金鎭祜, 『勿川集』 권5, 「答郭鳴遠 己亥」. "盛喩 形字形現之義 祜亦曾見此
意 因黎翁論能所而及之 亦不深聽 故尋常在懷 頃質於兄 然辭拙不能瞭然
道達 正如啞子之其中了了而口不能言也 今承明誨精微 曲折滾滾寫出 煞覺
明快 不勝欽歎 蓋此箇形字 須如此看 然後而上而下 道器字儘有段落 而其
曰形質曰形氣 雖不必言之 亦可以包在一邊矣 但盛喩 以行能學習 疑於非
器 此則恐不然 蓋器字 非獨言之於有物有象 凡事之見迹者 皆可稱也 張子
曰 有形迹者 器也 見於事實 是也 朱子曰 器是形迹 事事亦皆有箇形迹以言

⑤ 행(行)과 학(學)은 형이하가 아니라는 말씀에 대해, 저의 거친 소견으로는 오히려 석연치 않습니다. 대개 형이상과 형이하는 2층의 설일 뿐입니다. 그런데 공은 굳이 3층의 설을 만들어 행(行)·학(學) 자를 위해 안돈한 곳을 점하려 하시니, 정밀하고 세밀함은 참으로 제가 따라가기 어려우나, 교묘하고 세밀한 데에 해로운 것이 아니겠습니까? 말씀하시기를 "그것을 행하고 그것을 배우는 것은 단지 형이(形而)의 뜻에 해당할 수 있을 뿐, 바로 이하(而下)의 기(器)는 아니다."라고 하신 한 단락이, 공께서 주장한 논리의 명맥인데, 이미 교묘한 데서 상한 느낌이 드니, 다른 것은 논변할 겨를도 없습니다. 형이상을 도라 하고, 형이하를 기(器)라 합니다. 예로부터 명칭과 이치를 드러낸 말씀치고 이처럼 직절하고 분명한 것은 아직 없습니다. 그러니 어찌 다시 세분함을 용납하겠습니까? 형이상이 아니면 곧 형이하이고, 형이하가 아니면 곧 형이상일 따름입니다. 지금 형이하를 기(器)라 한다는 한 구를 가지고, 머리와 다리를 잘라 반은 허여하고, 반은 빼앗아 행(行)·학(學) 자로 하여금 경계를 나눌 수 없는 사이에다 두었으니, 이는 무슨 모양입니까? 이미 '형이(形而)'의 뜻을 말했으면, 이는 형(形)이 아닌 것이 아닙니다. 따라서 '이상(而上)'의 도에 속하는 것은 부당합니다. 이와 같이 보면, 상도 아니고 하도 아니며, 도도 아니고 기(器)도 아니니, 행·학이 과연 어떤 물사이겠습니까? 주자가 이른바 '사람의 행하는 것'이라는 것이, 덕행의 행을 가리킵니까, 아니면 행지(行之)의 행을 가리킵니까? 만약 행(行) 자를 평성으로 읽으면 행지(行之)가 형이하에 속하는 것을 또한 어찌 의심하겠습니까? 저는 생각건대, 사람이 해 나가는 곳은 모두 천리가 형적에 나타난 것인데, 그 나타난 것에는 자연히 사(事)도 있고 실(實)도 있습니다. 이 모두를 형이하의 기(器)라 말할 수 있으니, 그것의 성공 여부는 굳이 논할 것이 없습니다. 또한 사람의 학습(學習)과 행능(行能)에 어찌 공허한 데 관계되고 잡을 것이 없어서

乎 行能則孝之定省視膳 忠之諫諍奉職 與夫揖讓進退之有威儀者 皆是事也
學習則洒掃應對 與夫非禮勿視聽言動 亦皆事也 人之日用事實 莫切於行與
學 而理之現迹者 非此難見 若使謂事非器則可已 苟謂之器也 何疑乎爲器乎"

그러한 것이 있겠습니까?[65]

⑥ 능과 소능은 본래 선가(禪家)의 말입니다. 그 뜻이 우리 유가에서 말하는 형이상·형이하에 관한 설과 같은지는 모르겠습니다. 그러나 주자가 인용한 곳에는 분속한 뜻이 있습니다. 주자가 여자약(呂子約)에게 답한 첫 편지에 '행(行)'을 형이하라 하고, 도(道)를 형이상이라 한다.'고 하였으며, 세 번째 편지에는 행(行)으로 능(能)을 삼고 도(道)로 소능(所能)을 삼았습니다. 그러니 어찌 류를 미루어 각각 서로 분속한 것이 아니겠습니까? 이에 대한 논의가 점점 서로 힐난하다가 결국 행과 학이 형이하가 되느냐 그렇지 않느냐로 귀결되었습니다. 그리고 능과 소능이 그 핵심이 되었습니다. 여옹(黎翁 : 許愈)은 형이하에 대해 오로지 기(氣)로 보아 행은 형이하가 된다고 하였습니다. 그러자 급속히 기(氣)쪽으로 논의가 귀결되었으니, 불가합니다. 저는 "행이 형이하가 되는 것은 이미 주자의 말씀에 있는데, 공께서는 이를 무시하고 형기(形氣)로 보시니, 주자의 말씀을 믿지 않는 것입니까? 형이하는 리(理)가 드러난 형적입니다. 주자가 '리는 하나일 따름이다'라고 하였으니 나타난 것을 기(器)라 하고, 나타나지 않은 것을 도(道)라 합니다. 퇴계는 '형이상과 형이하는 모두 천리이다'라고 하였으니, 사람이 행하는 바와 배우는 바는 모두 형이하에 소속되어야 합니다. 그런데 형이하라는 이유로 오로지 기(氣)에 귀결시키는 것은 불가합니다."라고 하였습니다.

---

65) 金鎭祜, 『勿川集』 권5, 「答郭鳴遠」. "行學非形下之喩 矗在之見 猶未釋然 蓋形而上下 只是二層說 而公則必欲作三層 爲行學字 占安頓之地 精細固難及 而無乃傷於巧細乎 且行之學之 只可當形而之義 而未便是而下之器 一段 是盛論命脈 已覺傷巧之歎 他不暇辨 形而上者謂之道 形而下者謂之器 從古名理之訓 未有如此直截分明 何容更就細分 非形上則直是形下 非形下則直是形上而已 今將形而下之一句 截頭斷足 半許半奪 使行學字 置諸不界之間 是何貌樣 旣曰形而之義 則此非不形者 不當屬而上之道 如此則不上不下 非道非器 行學果是何物也 朱子所云人之所行也 指德行之行耶 抑謂行之之行耶 若是平聲讀 則行之之屬形下 又何疑也 愚謂人所做去處 皆是天理之現迹 而其現自然有事有實 皆可謂形下之器 不必論其成否也 且人之學習行能 豈有涉空虛無摸捉而然者乎"

  논쟁한 것이 이와 같을 따름입니다. 모르겠습니다만 그대의 생각은 어
  떠하십니까? 일일이 비판해 보여주시기 바랍니다.66)

①은 허유(許愈)에게 답한 편지이다. 이 글의 요점은 행(行)과 학(學)
을 형이하에 소속시키는 문제에 대해서는 이견이 없지만, 허유가 형이
하를 형기(形氣)의 기(氣)로 보는 것에 대해 김진호가 반대한 것이다.

②는 1898년 채인묵(蔡寅默)에게 답한 편지인데, '행(行)·능(能)·경(敬)
에 대해 과연 형이하로 볼 수 있겠는가'라는 채인묵의 설을 반박한 것이
다. 이 편지에서 김진호는 하학해 가는 것을 형이하라 하고, 상달해 가
는 것을 형이상이라 하였다.

③·④·⑤는 곽종석에게 답한 편지로, 행(行)·학(學)이 형이하가 아니
라, 그것을 행하는 것[行之]이 형이하라는 곽종석의 설에 대해 반박한
것이다. 김진호는 형이상은 도(道)이고, 형이하는 기(器)라는 이분법만
존재할 뿐, 기(器)를 다시 '형이(形而)'와 '이하(而下)'로 나눌 수 없다는
관점을 취하였다.

⑥은 1899년 윤주하(尹冑夏)에게 답한 편지로, 허유가 행(行)·능(能)·
학(學) 등을 형이하로 보면서 다시 형기(形氣)의 기(氣)로 본 것에 반대
하는 자신의 입장을 피력한 것이다.

---

66) 金鎭祜, 『勿川集』 권5, 「答尹忠汝 己亥」. "若能所能 本禪語 未知其訓 如吾
儒形上下說 然朱子引用處 有分屬底意 答呂子約初書 謂行爲形下 謂道爲
形上 而三書以行爲能 以道爲所能 豈不是推類各相分屬者乎 轉轉相詰 結
梢於行學之爲形下與否 能所則爲筌蹄矣 黎翁於形下專以氣看 謂行爲形下
則駁駁然歸氣邊 不可 愚則曰行爲形下 已有朱子訓 而公賺看形氣 而不信
朱訓耶 形下是理之著見之迹 朱子曰理則一而已 其形者謂之器 其不形者謂
之道 退溪曰 形上形下 皆天理 凡人之所行所學 皆當屬形下 而不可以形下
故而專歸氣也 所爭者 只如此 未審盛意以爲如何 一一批示也"

이상의 형이상·형이하에 대한 설은, 앞에서 살펴본 태극동정(太極動靜)·사칠리발기발(四七理發氣發)·심성설(心性說) 등과 함께 19세기 말 경상우도 지역 학술의 주요쟁점이었다는 점에서 매우 중요한 의미를 갖는다. 이에 대해 허유·곽종석·김진호의 견해가 각기 달랐다는 것도 주목된다.

2) 『대학』설

김진호의 『대학』에 관한 설은 몇 조목밖에 되지 않는다. 그러나 앞에서 살펴본 명덕설(明德說 : 虛靈不昧)도 『대학』에서 나온 것이므로, 김진호의 설은 우리나라 경학사에서 빼놓을 수 없는 것이다. 여기서는 이를 제외한 여타 『대학』에 관한 설을 정리해 소개하기로 한다.

주자의 『대학장구』 경일장 장하주에 "무릇 전문에 경전을 이리저리 인용한 것이 통기가 없는 듯하지만 문리가 접속되고 혈맥이 관통되어 심천·시종이 지극히 정밀하다.[凡傳文 雜引經傳 若無通紀 然文理接續 血脉貫通 深淺始終 至爲精密]"라고 하였다. 이 문구 중에서 '문리접속 혈맥관통(文理接續 血脉貫通)'에 대해 역대로 여러 설이 개진되었는데, 김진호는 이에 대해 다음과 같이 언급하였다.

> 『대학』은 구(句)를 따라 문리가 서로 이어지고, 장(章)을 따라 시작하는 머리말이 서로 연관되어 끊이지 않고 연속되니 분절(分節)할 수 없습니다. 마치 사람 몸의 혈기가 발꿈치부터 정수리까지 관통하는 것과 같기 때문에 '혈맥관통'이라고 한 것입니다. ─ 예컨대 명덕장(明德章)의 자명(自明)은 신민장(新民章)의 자신(自新)이 되고, 신민장의 용극(用極)은 지어지선(止於至善)의 지(至) 자에 조응하는 것이 그런 유형입니다. ─67)

이는 1899년 허유(許愈)에게 답한 것인데, 주자가 '혈맥관통'이라고 말한 것에 대해 전 제1장 말미의 '자명(自明)'과 전 제2장 제1절의 탕(湯)임금의 일신(日新)이 서로 이어지는 점을 지적하고, 전 제2장 말미의 '무소불용기극(無所不用其極)'이 전 제3장의 뜻인 지어지선(止於至善)의 '지(至)' 자에 조응한다는 점을 구체적으로 지적한 것이다. 이러한 김진호의 설이 그 전에 이미 개진된 것인지는 확인해 보아야 할 일이지만, 김진호가 나름대로 터득한 논리라는 점에서 그의 의리발명이라고 할 수 있다.

다음은 전 제10장 제2절의 '혈구(絜矩)'를 풀이한 문장에 대해 김진호는 삼반오절설(三反五折說)을 제시하였는데, 그 내용은 아래와 같다.

> 삼반오절설에 대해 근래 밤에 생각해 보니, 깨달을 만한 점이 있는 듯하였습니다. 삼반(三反)은 서(恕)를 총체적으로 말한 것이니, 예컨대 남이 나에게 베풀어서 내가 바라지 않는 것을 나도 남에게 베풀지 마는 것은, 다른 두 사람과 나, 이렇게 세 사람이 각자 돌이켜 보는 것입니다. 오절(五折)은 서(恕)를 세분해서 말한 것이니, 예컨대 '소오어상 무이사하 소오어하 무이사상(所惡於上 毋以使下 所惡於下 毋以事上)'은 네 명의 상하에 있는 사람과 나, 이렇게 다섯 사람이 입장을 바꾸는 것이다. 좌우(左右)와 전후(前后)도 이 예와 같습니다. 이로써 해석하면 의(義)에 어긋나지 않고 본지에 합하는 지의 여부를 모르겠으니, 살펴보시고 정정해 보아 주시기 바랍니다.[68]

---

67) 金鎭祜, 『勿川集』 권3, 「答許后山退而」. "大學逐句文理相續 逐章起頭相蒙 累累貫屬 分節不得 如人身之血氣 貫趾通頂 故曰血脈云云 -明德章之自明 爲新民之自新 新民之用極 應至善之至之類 是也-"

68) 金鎭祜, 『勿川集』 권3, 「答許后山退而」. "三反五折說 近夜思之 似有可曉 三反 恕之統言 如人之施於我而不欲 亦勿施諸人 兩箇人與己 爲三反也 五折 恕之細分說 如所惡於上 毋以使下 所惡於下 毋以事上 四箇上下與己 爲五折也 左右前后 亦同此例 以是解之 未知不悖於義而合本旨與否也 望垂

이 편지는 허유(許愈)에게 답한 것으로 1902년에 쓴 듯하다. 전 제10장의 '혈구(絜矩)'에 대해 풀이한 삼반오절설(三反五折說)은 학계에서 그 이전에 논의되던 것이 아니다. 아마도 이 편지를 쓴 전후의 시기에 논의가 일어난 듯한데, 이에 대해 김진호는 위와 같이 총체적인 시각에서의 삼반과 세부적인 시각에서의 오절을 거론하였다.

삼반은 『대학장구』 전 제10장 제1절의 '상노노이민흥효(上老老而民興孝)', '상장장이민흥제(上長長而民興弟)', '상휼고이민불배(上恤孤而民不倍)'를 지칭해서 말한 것으로, 세 사람이 반추하는 것이다. 오절은 제2절의 '소오어상 무이사하(所惡於上 毋以使下)', '소오어하 무이사상(所惡於下 毋以事上)', '소오어전 무이선후(所惡於前 毋以先後)', '소오어후 무이종전(所惡於後 毋以從前)', '소오어우 무이교좌좌(所惡於右 毋以交於左)', '소오어좌 무이교어우(所惡於左 毋以交於右)'를 가리키는 것으로, 나를 포함한 다섯 사람이 상하·전후·좌우에 모두 입장을 바꾸어 생각하는 것이다.

주자의 『대학장구』 전문 10장은, 제1장 석명명덕(釋明明德), 제2장 석신민(釋新民), 제3장 석지어지선(釋止於至善), 제4장 석본말(釋本末), 제5장 석격물치지(釋格物致知), 제6장 석성의(釋誠意), 제7장 석정심수신(釋正心修身), 제8장 석수신제가(釋修身齊家), 제9장 석제가치국(釋齊家治國), 제10장 석치국평천하(釋治國平天下)로 되어 있다.

이를 살펴보면, 삼강령과 팔조목을 해석한 것인데, 석연치 않은 점이 있다. 예컨대 제4장의 본말(本末)은 삼강령·팔조목에 들어 있지 않은 것이고, 팔조목 가운데 치지성의(致知誠意)와 성의정심(誠意正心)에 대한 해석이 없이 성의(誠意)를 독립시켜 해석했다는 점이다. 이에 대해 역대

察而訂示之"

로 학자들 사이에 논란이 많았다.

김진호도 이 문제에 대해 나름의 해석을 시도하여 다음과 같은 견해를 피력하였다.

> 전문 가운데 8조는 모두 경문의 예에 따랐는데 유독 성의장만은 격물치지장을 잇지 않고, 정심장과도 연관시키지 않았습니다. 성의장은 뜻이 스스로 상호 발명되고, 문장에 상세함과 소략함이 다릅니다. 그러므로 주자가 전문 10장 안에 장하주를 내어 논한 것이 없는데, 오직 이 두 장에 대해서만은 경문을 인용해 주해하였으니, 이것이 「대학장구서」에서 말한 소략한 것을 보충하여 그렇게 한 것이 아니겠습니까? 「대학장구서」에 말한 '방실(放失)'이란 글자에 대해, 저는 일찍이 '모든 물사(物事)가 착란하여 정제되지 않은 것은 방(放)이라 할 수 있고, 본디 있었는데 지금은 없어진 것은 실(失)이라 할 수 있다.'고 생각했습니다. 그렇다면 방(放)은 착간(錯簡)이고, 실(失)은 격물치지장입니다. 이는 한주(寒洲 : 李震相) 선생의 설을 보고 구차하게 부화뇌동하는 것이 아니라, 우연히 서로 부합한 것입니다. 대개 그 뜻이 본래 이와 같습니다.[69]

이 편지는 1899년 이수면(李壽冕)에게 답한 것이다. 김진호는 성의장이 앞으로는 치지(致知)를 이어받지 않고, 뒤로는 정심(正心)과 연관되지 않은 점에 대해 「대학장구서」의 '방실(放失)'과 연관시켜 '방(放)'을 착간으로 보고, '실(失)'을 실전(失傳)된 격물치지장으로 보았다. 이 설은

---

69) 金鎭祜, 『勿川集』 권6, 「答李華伯 己亥」. "傳中八條 皆依經例 而獨於誠意 不蒙格致 正心不聯 誠意則義自互明 而文異詳略 故朱子於十章內 無章下 註論 -第十章結鎖故有總論- 而惟此二章 引經註解 此非補略而然乎 -序小 註五章云者 非的訓- 放失字 祜嘗謂凡物之錯亂不齊整者 可謂之放 本有而 今亡者 可謂之失 則放是錯簡者也 失是格致章也 此非見洲上訓而苟同者 偶然相符 蓋其義本如是也

아마도 우연히 이진상의 설과 일치하였던 듯하다.

대체로 이전까지는 「대학장구서」의 '채이집지(釆而輯之)'와 '보기궐략(補其闕略)'이 구체적으로 무엇을 가리키는지에 대해 논란이 이어졌는데, 김진호는 '방실(放失)'을 나누어서 위와 같이 주장하였다. 김진호의 설은 이 문제와 관련하여 하나의 새로운 설로 갖추어 놓을 만한 것이다.

『대학장구』 전 제6장(성의장)의 '성어중 형어외(誠於中 形於外)'에 대해, 『대학장구대전』 소주에 실린 쌍봉 요씨(雙峯饒氏)의 설에는 '선악을 겸하여 말한 것'이라 하였다. 조선시대 학자들 사이에는 이 설에 찬성하는 사람이 있는 반면, 악만을 말한 것으로 보아야 한다는 설이 제기되어 팽팽하게 대립하였다. 이에 대한 김진호의 견해는 아래의 편지에 잘 나타나 있다.

대전본(大全本) 소주의 '성어중(誠於中)'에 대한 요씨(饒氏)의 겸선악설(兼善惡說)은 대개 주자의 '혼자만 알고 있는 상태에서는 선악을 숨길 수 없다'는 말을 취해 말한 것이니, 잘못되었다고 배척할 수 없을 듯합니다. 범난계(范蘭溪 : 范浚)가 말하기를 "불선한 생각이 마음속에 이미 가득하니, 그런 생각이 마음속에 가득차면 반드시 유쾌하지 않은 감정을 스스로 숨겨서 언의(言意)나 태도(態度)에 드러나게 될 것이다."라고 하였으며, 주자도 "한가로이 거처할 적에는 불선을 행하니, 이는 가득 찬 마음으로 불선을 하는 것이다."라고 하였으며, 또 "'성어중형어외(誠於中形於外)'는 그 형색과 기모(氣貌)가 밖으로 드러나 결코 남을 속일 수 없으니 스스로를 속일 따름이다."라고 하였습니다. 이 모두 소인이 신독(愼獨)하지 못한 형상을 가리켜 말한 것입니다. 그러므로 주자의 장구에서는 '중하게 경계를 하여[以重以爲戒]'라는 말로 결론을 맺었습니다. 만약 공의 말씀처럼 전적으로 선에 가득 찬 것을 가리켜 말한다면 이 단락은 바야흐로 소인의 정상을 펼쳐낼 뿐 모두 거두어들임이 없으니, 무엇으로 중한 경계를 삼겠습니까? 또한 무엇을 가지고 그런 사람들로 하여금 반드시 신독하

게 하겠습니까? 중(重) 자가 '거듭'의 뜻이 아니더라도 '중난(重難)'의 뜻
이라고 말하는 것은 옳지 않을 듯합니다. 이 중(重) 자는 단지 '특중(特
重)'을 말하는 것이라 할 수 있습니다.[70]

이 편지는 1899년에 허유에게 답한 것이다. 김진호의 주장은 '성어중
(誠於中)'에 대해 쌍봉 요씨의 겸선악설을 지지하는 입장에서, 허유의 선
으로만 보는 설에 대해 토론한 것이다. 참고로 이에 대해 기호학파의 대
표적 학자 한원진(韓元震)은 쌍봉 요씨의 설을 비판하고 악의 측면으로
만 보았다.

김진호의 『대학』에 대한 설은 이 외에도 문인들의 질의에 응답한 것
이 다수 있는데, 대체로 특별히 새로운 해석은 눈에 띄지 않으므로 여기
서는 생략하였다.

3) 『중용』설

김진호의 『중용』에 대한 설은 상당히 많다. 그 가운데는 성리설과 연
관된 것이 많은데 대체로 앞에서 언급한 것이므로 여기서는 『중용』과
관련된 것 중 주요한 것만 발췌하여 소개하기로 한다.

주자의 『중용장구』는 전체를 33장으로 분장(分章)하였는데, 명초에

---

70) 金鎭祜, 『勿川集』 권3, 「答許后山退而」. "夾錄 誠於中 饒氏兼善惡說 蓋取
朱子幽獨之中善惡之不可揜而爲言 恐不可斥誤也 范蘭溪曰 不善之念 已誠
於中 誠於中 則必有自匿不慊之情 呈露于言意態度之間 朱子亦曰 閒居爲
不善 是誠心爲不善 又曰 誠於中形於外 那箇形色氣貌之見於外 決不能欺
人 只自欺而已 此皆指小人不愼獨之狀而言 故章句以重以爲戒結之 若如盛
說 專指誠於善而言 則此段方鋪張小人情狀者 都無收殺 何以爲重戒哉 又
何以使之必愼獨哉 重字雖非申言之意 然謂之重難意 則恐未也 只可謂特重
而言也"

만들어진『중용장구대전』에 실린「독중용법(讀中庸法)」에서는 33장을 6
대절로 나누어 요지를 파악하였다. 그러나 후대의 학자들은 6대절설이
주자의 본의가 아니라고 하여 4대절로 나누어 보는 것이 주류를 이루었
다. 우리나라에서도 조선후기로 접어들어 경학이 발전하면서 분절문제
가『중용』을 해석하는 가장 큰 관건이었다. 그리하여 다양한 여러 가지
설이 제기되었다.

　김진호는 이 문제를 본격적으로 거론하지는 않았다. 그는「대학장구
서」에서는 '문리접속 혈맥관통(文理接續 血脉貫通)'이라 하였는데,「중
용장구서」에서는 '지분절해 맥락관통(支分節解 脉絡貫通)'이라 한 점에
착안하여,『중용장구』의 맥락을 다음과 같이 보았다.

　　맥락(脉絡)과 혈맥(血脉)은 깊은 뜻이 있는 것이 아닙니다만, 우연히 그
　점을 보니 그 이유가 있는 듯합니다.『중용』은 사지육절(四支六節)로 나
　누어 보면, 지절(支節)이 분해되어 서로 연결되지 않는 듯합니다. 그러나
　실제로는 지절이 모두 관통되는 점이 있습니다. 마치 사람의 신체와 마디
　에 근육이 연결되어 서로 얽혀 있는 것과 같기 때문에 '맥락'이라고 말한
　것입니다. －예컨대 중화(中和) : 제1장가 제1지(支)가 되고, 제2지(제2
　장~제11장)의 삼달덕(三達德)이 비은(費隱 : 제12장)을 끌어당겨 얽혀 있
　고, 제3지(제12장~제20장)의 '성(誠)' 자가 성명(誠明 : 제21장)을 끌어당
　겨 얽혀 있고, 제4지(제21장~제32장)의 성명(誠明)의 지덕(至德)이 마지막
　장(제33장)의 명덕(明德)을 불러일으키고, 마지막 장의 '천(天)' 자가 도로
　제1장에 응하는 것이 그것입니다. 또 절로 나누어보면, 제1절의 중화(中
　和)는 제2절(제2장~제11장)의 중용(中庸)이 되고, 제3절(제12장~제19장)에
　서 군성(群聖)을 말한 것은 제4절(제20장~제26장)의 문정(問政)을 이어받
　고, 제4절과 제5절(제27장~제32장)은 천도(天道)·인도(人道)로써 지성(至
　聖)의 덕을 밝혔고, 마지막 장에서는 다시 하학을 말하여 제1장 신독(慎
　獨)을 밝힌 류가 모두 그것입니다. －71)

이러한 김진호의 설은 『중용장구』를 크게 4단락으로 나누어볼 것인
가, 아니면 6단락으로 나누어 볼 것인가에 대한 깊이 있는 탐구가 아니
라, 주자의 4대절설과 「독중용법」의 6대절설을 종합하여 「중용장구서」
에 보이는 '맥락관통'에 대해 풀이한 것이다. 그러나 그 맥락이 관통하
는 점에 대해 구체적으로 연관성을 밝힌 것은 『중용』해석에서 의미 있
는 일이다.

김진호의 『중용』해석 가운데 '달도(達道)'에 대한 논쟁은 특히 주목해
볼 만하다. 김진호는 달도에 대해 곽종석과 몇 차례 편지를 주고받으며
논쟁을 벌였는데, 그에 관한 주요 내용을 소개하면 아래와 같다.

지난 편지의 달도에 관한 논의는 토의해 답장을 쓰는 데 급급해서 달도
의 이면이 어떠한지, 인심과 도심의 계분(界分)이 어디에 있는지를 깊이
탐구하지 못하고, 단지 인심이 중절(中節)하는 피상적 타당성만을 믿고서
망령되게 어두운 소견으로 서둘러 답을 하였습니다. 그러나 끝내 만족하
지 못한 생각이 가슴속에 왕래한 지 오랩니다. 뒤늦게 진재경(陳才卿)이
'음식과 남녀의 욕정이 바른 데서 나온 것은 도라고 하시는데, 어떻게 분
별합니까?'라는 질문에, 주자가 '그것은 필경 혈기에서 생한 것이다.'라고
답한 것을 보고서, 저의 처음 견해와 크게 어긋남을 알았습니다. 그로 인
하여 그대의 설을 반복해 미루어 생각해 보았습니다. 이에 비로소 어리석
은 제가 글을 보는 것이 멸렬함이 많고, 강구하는 것이 익숙하지 않음이

---

71) 金鎭祜, 『勿川集』권3, 「答許后山退而 己亥」. "脉絡血脉 非有深意 而偶看
之 似有其由 中庸以四支六節分看 則支節分解 疑於不相連絡 而其實支節
皆有貫屬 如人之體節 有筋絡相綴 故脉絡云云 -如中和支之 三達德提綴於
費隱 支 費隱之誠字提綴於誠明 支 誠明之至德 喚起末章之明德 末章之天
字 反應於首章 節則 一節之中和 爲二節之中庸 三節之說羣聖 承於四節之
問政 四節五節 以天道人道 明至聖之德 末章復說下學 明首章愼獨之類 皆
是也-

많으며, 말을 하는 것이 매우 경박하여 의리상 천리나 멀어지는 잘못을 범하였음을 깨달았습니다.……무릇 달도란 도심이 발한 것으로 천하 고금에 통행하는 당연한 도입니다. 이미 과불급의 차이가 없고, 또 피차의 서로 다름도 없습니다. 부자지간의 인(仁)과 군신 사이의 의(義)와 부부 사이의 예(禮)와 현부(賢否) 사이의 지(智)와 붕우 사이의 신(信)이 모두 이 물사(物事)이기 때문에 천하 사람들에게 그것을 통용해도 불화(不和)가 없는 것입니다. 그러므로 자사(子思)가 그 본원을 미루어서는 '천명(天命)'·'솔성(率性)'이라 말하였고, 그 극공(極功)을 찬양할 적에는 '천지위언 만물육언(天地位焉 萬物育焉)'이라 한 것입니다. 달(達) 자의 뜻은 이처럼 보편적이면서 중요하기 때문에 인심의 한 때 안정된 것이 감당할 바가 결코 아닙니다. 더구나 저절로 생긴 형기는 국한되어 통하지 않는 물사입니다. 가령 넉넉한 기가 혹 청명하여 이목구비에서 발한 경우 도심에 해당될 수 있지만, 단지 형기 위의 일선(一善)에 그칠 따름이며, 끝내 형기의 밖으로 초월할 수 없으니, 어찌 천하에 통용된다고 할 수 있겠습니까? 또한 심(心)은 두 개가 있는 것이 아니니, 어떤 것을 따라 지각하는 곳에 바로 인심과 도심의 계분(界分)이 있습니다. 오봉(五峯)이 행(行)은 같아도 정(情)은 다르다고 한 것이 이를 말한 것입니다. 묘맥이 저절로 구별되니, 한 때의 중절을 취하여 달도 중에 끼어 넣은 것이 어찌 크게 잘못된 것이 아니겠습니까? 그렇다면 주자가 '인심이 모두 도심이다'라고 한 말은 무엇을 말한 것이겠습니까? 대개 도심은 인심을 절제하는 장수이고, 인심은 도심의 명을 따르는 졸개입니다. 추위와 더위, 굶주림과 배부름이 궤도를 따르지 않으면 위태로운 것은 더욱 위태로워지고, 기쁘고 노하며 사랑하고 미워함이 그 절도를 따르지 않으면 사사로운 것도 정도를 얻게 됩니다. 정도를 얻은 것이 인심이라고 말하더라도 그것으로 하여금 정도를 얻게 하는 것은 도심이 그렇게 하는 것입니다. 그러므로 인심은 도심에게 절제를 받는다고 하면 인심은 모두 도심입니다. 이는 '전쟁에 승리한 공은 모두 원수의 공'이라고 말하는 것과 같습니다. 그 인심을 불러 도심으로 만드는 것이 아닙니다. 그러므로 주자가 말씀하기를 "희노(喜怒)는 인심이다. 그러나 희(喜)가 과한 데 이르고 노(怒)가 심한 데 이르는 것은 인심이고, 희(喜)로 하여금 희(喜)에 합당하게 하고 노(怒)로 하여금 노(怒)에 합당하게 하는 것은 도심이다."라고 하였으니, '소당(所當)'이라는 글자는 어찌 절제를 말하는 것이 아니겠습니까?[72]

이 편지를 보면, 김진호가 처음에는 인심이 중절한 것을 달도로 보았는데, 곽종석과의 논쟁을 통해 자신의 설에 문제가 있음을 깨닫고 수정하여 달도는 도심에서 발한 것이라는 주장을 하게 된 것을 알 수 있다. 이는 앞에서 살펴본 사칠리발기발설(四七理發氣發說)과도 관련이 있는 것으로, 근원의 리를 중시하는 관점을 반영한 것이다.

『중용장구』제16장은 귀신장(鬼神章)으로 유명하다. 『중용장구』제12장에 비(費)·은(隱)을 말하고서 제13, 14, 15장에서는 비지소(費之小)만

---

72) 金鎭祜, 『勿川集』 권5 「答郭鳴遠」. "前書達道之論 急於討便修報 未及深究達道裏面之如何 人道界分之何在 只信人心中節之皮面之停當 妄以瞥見 卒卒奉復 然終有不慊於心者 往來胸次 久矣 因晩間看朱子答陳才卿飮食男女之欲 出於其正 卽道矣 如何分別之問 曰這箇畢竟生於血氣云 大與初見牴牾 因以盛說反復推思之 於是 始覺痴獃漢看書多蔑劣 講究未熟複 出言太輕易 以致義理上千里之謬……夫達道者 道心之發 而天下古今之所通行當然之道也 旣無過不及之差 又無彼此之伊殊 以之仁之於父子也 義之於君臣也 禮之於夫婦也 知之於賢否也 信之於朋友也 皆是物也 故達之於天下人無有不和也 是以 子思推其本原 則曰天命率性 贊其極功 則曰天地位萬物育 達字之義 如是普重 決非這箇人心之一時安頓者 所可承當也 況其所自生之形氣 是局而不通之物也 假饒氣或淸明 發於耳目口鼻者 有得當 只是止於形氣上一善 終不能超乎形氣之外 則何可謂達之天下乎 且心不是有兩箇底 其所從知覺 便有人道界分 五峯同行異情 蓋謂此也 苗脈旣自別 而特取其一時中節 以攙錯於達道中 豈非大舛乎哉 然則朱子人心皆道心 亦何謂也 蓋道心是人心節制之帥也 人心是道心聽從之卒也 寒燠飢飽 不從軌途 則危者愈危 喜怒愛惡 聽其節度 則私者得正 得正雖曰人心 而使之得其正 皆道心爲之也 故曰人心爲所節制 則人心皆道心也 猶曰戰勝攻捷 皆元帥之功云爾 非喚他人心做箇道心也 是以 朱子曰 喜怒人心也 然喜至於過 怒至於甚 是人心 所使喜其所當喜 怒其所當怒 乃道心 所當字 豈非節制之謂乎"

말한 뒤 제16장에 이르러서 비로소 비·은을 겸하고 대소(大小)를 포함하였다. 그리고 제16장에서 은(隱)에 해당하는 귀신을 말한 뒤, 제17, 18, 19장에서는 비지대(費之大)를 말하였는데, 제사를 거론함으로써 사람과 귀신과의 관계를 암시하였다. 여기서 문제가 된 것은 '귀신을 형이상으로 볼 것인가, 형이하로 볼 것인가?' 하는 것이다.

『중용장구』에서 주자는 '귀신은 천지의 공능(功能)이고 조화(造化)의 자취이다.[鬼神 天地之功能而造化之迹也]'라는 정자(程子)의 설과 '귀신은 이기(二氣 : 陰陽)의 양능(良能)일 따름이다.[鬼神者 二氣之良能而已]'라는 장자(張子 : 張載)의 설을 인용한 뒤, '이기(二氣)로 말하면 귀(鬼)는 음(陰)의 정령이고 신(神)은 양(陽)의 정령이며, 일기(一氣)로 말하면 이르러 펴지는[至而伸] 것은 신(神)이고 돌이켜 돌아가는[反而歸] 것은 귀(鬼)인데 실제로는 하나이다.'라고 하였다. 그런데 이러한 주석으로는 귀신의 실체를 이해하기 어렵다. 그래서 『주자어류－중용』에 보면, 이에 대해 문인들의 질문에 답한 다음과 같은 말이 있다.

> 진순(陳淳)이 묻기를 "남헌(南軒 : 張栻)은 '귀신은 한 마디로 포괄해 성(誠)일 따름이다'라고 하였는데, 이 말은 어떻습니까?"라고 하자, 주자가 답하기를 "성(誠)은 실연(實然)의 리(理)이다. 귀신도 실리(實理)일 뿐이다. 만약 이 리가 없다면 바로 귀신도 없고 만물도 없어서 모두 갖추어지게 하는 것이 없을 것이다. '귀신지위덕(鬼神之爲德)'이라는 말은 성(誠)이다. 여기서의 덕은 귀신에 나아가 말한 것이니, 그 정상은 실리일 뿐이다. 후씨(侯氏 : 侯仲良)가 덕을 나누어 일물(一物)로 삼은 것은 옳지 않다."라고 하였다.73)

---

73) 朱熹, 『朱子語類-中庸』 鬼神章. "問 南軒 鬼神 一言以蔽之曰誠而已 此語如何 曰誠是實然之理 鬼神亦只是實理 若無這理 則便無鬼神無萬物 都無所該載了 鬼神之爲德者 誠也 德只是就鬼神言 其情狀皆是實理而已 侯氏以

이는 『중용장구』에서처럼 음양의 이기(二氣)로 귀신을 말한 것이 아니라, 형이상으로 말한 것이다. 그래서 성(誠)을 언급하였고, 실리(實理)를 말하였다. 즉 귀신 자체에 대해 말하면 음양의 이기(二氣)로 설명할수 있지만, '귀신지위덕(鬼神之爲德)'의 측면에서 말하면 실리(實理)로보아야 한다는 것이다. 이에 대해 김진호가 이효기(李孝基)에게 답한 편지를 보면 그의 견해를 잘 알 수 있는데, 대체로 주자의 설과 같다.

> 귀신설에 대해 인가를 받았습니다만 저의 설만을 믿고 자신할 수 있겠습니까? 보내주신 편지에 제사를 지낼 적에는 귀신을 느끼지만 제사를 지낸 뒤에는 귀신을 느끼지 못하니 이 리(理)가 없는 것이라고 하셨는데, 이는 그렇지 않은 듯합니다. 느낌이 있으면 귀신이 있고, 느낌이 없으면 귀신이 없는 것이 바로 신도(神道)의 본연입니다. 예컨대 리가 그 안에 있어느낌이 없을 수 없는 경우는 신(神)이 거기에 있는 것이니, 이른바 리에근본을 하여 넓게 응하는 것이 무궁하다는 것입니다. 이는 제사를 지낼 때에 그러할 뿐만이 아닙니다. 마음으로 책을 볼 적에도, 손으로 소나무·재나무를 윤택하게 할 적에도, 성읍에 은애를 내릴 적에도 애처로운 마음이일어나 느낌이 있으면 신이 있는 신령스러움이 있습니다. 그러나 그런 생각을 단념하면 한결같이 이 리가 없어져 그런 느낌을 이해할 수 없는 듯합니다. 만약 느끼지 않고서도 항상 그런 마음이 있다면, 주자가 일찍이굶주리는 귀신이 있다는 기롱이 있지 않았겠습니까? 귀신장의 덕은 성(誠)입니다. 주자가 형이하로 운운한 것에 대해, 그대가 잘못 본 듯합니다. 주자의 이 설은 대개 음양이 굴신하는 기를 가리켜 말한 것이지, '위덕(爲德)'에 나아가 해설한 것이 아닙니다. 또한 주자가 진직경(陳直卿)에게 답한 말에 "또한 형이하에 나아가 말하면 그것은 모두 실리(實理)가 발현한 것이다."라고 하였으니, 여기서 '실리'라고 한 것이 바로 '덕(德)' 자를 해석한 것입니다. 그러므로 '위덕(爲德)'이라는 말이 있는 것입니다. 귀신의

德別爲一物 便不是"

실연(實然)의 리(理)를 말한 것은 사람의 덕을 말한 것과 같습니다. 후씨 (侯氏)는 '귀신지위덕(鬼神之爲德)'을 형이상과 형이하로 나누었는데, 그 뜻이 귀신은 저절로 일물(一物)이 되고 덕은 저절로 덕이 되는 듯한 점이 있어 둘로 확연히 나눈 병폐가 있습니다. 그러므로 주자가 깊이 비난한 것 입니다. 그러나 주자는 일찍이 '덕은 실연(實然)의 리며 묘용(妙用)의 용 (用)'이라고 말하지 않은 적이 없습니다. 퇴계 선생도 '리가 기를 탄다.'고 말씀했으니, 리가 저절로 분명합니다. 저도 어찌 일찍이 저 기에 떨어져 리로 하여금 붙어 있을 바가 없게 하였겠습니까?74)

김진호의 『중용』에 관한 설은 이 외에도 하경락(河經洛)의 질문에 답 한 편지, 이교우(李敎宇)에게 답한 편지, 김영시(金永蓍)에게 답한 편지 등에 여러 문제점들에 대한 견해가 나타난다. 그러나 대체로 그만의 독 특한 설로 보기에는 무리가 있는 보편적으로 알려진 해석이 대부분이기 때문에 여기서는 일일이 거론하지 않는다.

---

74) 金鎭祜, 『勿川集』 권7, 「答李明汝」. "鬼神說 謬蒙印可 庶可恃而自信耶 來 示 以祭時感了 祭後無了 謂無此理 此恐未然 有感則有 無感則無了 乃神道 之本然 若其理在這裏不得無感者 神便在是 所謂根於理而浩然無窮者也 此 非惟祭時爲然 至於心劃之方冊 手澤之松梓 遺愛之城邑 才有興哀寓感 則 亦有如在之靈 然才念斷 則一似無了此理 不會動得也 若不感而常有 朱子 曾不有有餒鬼之譏乎 鬼神章 德也誠也 朱子以爲形而下者云云 此恐錯看 朱子此說 蓋指陰陽屈伸之氣而言 未嘗就爲德解說 且答直卿曰 且就形而下 者 說來 只是佗皆實理發見 實理云者 正是解了德字 故有曰爲德 言鬼神實 然之理 猶言人之德 此豈不是煞分明乎 蓋其實理之妙 不於良能功用上觀之 則終無摸想了 所以敎佗只就形而下者說也 侯氏鬼神爲德 分形而上下者 其 意有若以鬼神自爲一物 德自爲德 有判二之病 故深非之 然未嘗不以爲德謂 實然之理 妙用之神 退陶先生旣曰 理乘氣云 則理自分明 祜亦何嘗落箇 氣而使理無所掛搭耶"

III. 결어

이상에서 김진호의 학설을 성리설·예설·경설 및 기타의 설로 나누어 개략적으로 살펴보았다. 이 글은 앞에서 언급했듯이, 어디까지나 김진호의 학문을 개괄해 그 요점을 정리하려는 의도로 작성된 것인 만큼, 김진호의 설을 다른 학자들의 설과 비교 검토하거나, 또는 우리나라의 경학사와 연관해 그 의미를 검토하지 못하였다. 이는 차후의 과제로 미룬다.

김진호는 허유·곽종석 등과 여러 학설에 대해 오랫동안 논쟁을 하였는데, 그는 당시의 학풍에 대해 다음과 같이 꼬집었다.

> 근년 원근의 학문에 뜻을 둔 선비들이 점점 배출되어 볼 만한 점이 있다. 그러나 그 사이에 추향하는 바를 돌아보면 단적(端的)인 논의는 있지 않고 자못 서로 각립(角立)하여 말류의 걱정이 없지 않다.[75]
> 근일의 학문은 구설(口舌)이 몸소 실천하는 것보다 지나치며, 강론(講論)이 체찰(體察)하는 것보다 부화하다.[76]

이를 보면, 김진호가 학술적 논쟁을 피하지 않았지만, 입으로 말하는 것보다 몸으로 실천하는 것을, 강론하는 것보다는 체찰하는 것을 더욱 중시한 것을 알 수 있다. 이 점이 바로 남명의 학문정신을 계승한 증좌일 것이다.

김진호는 19세기 말에 주로 활동한 경상우도 지역의 대학자였다. 그는 허유(許愈)·곽종석(郭鍾錫) 등과 집요하게 학설을 토론하며 자신의

---

75) 金鎭祜, 『勿川集』 권4, 「答李器汝種杞 己亥」. "近年 遠近志學之士 稍稍而出 亦有可觀 而顧其間趨向 未有端的論議 頗相角立 不無末流之憂"
76) 金鎭祜, 『勿川集』 권7, 「答金仁叔相頊 丁酉」. "近日之學 口舌勝於躬踐 講論浮於體察"

학문을 발전시켜 나갔다. 따라서 이 세 학자의 설을 면밀히 검토하면 조선후기 사상사의 한 면을 밝힐 수 있을 것이다. 이들이 중심과제로 삼았던 우주와 인간의 심성에 관한 문제가 지금은 관심 밖으로 밀려났지만, 인간의 존재와 실존에 관한 중요한 문제임은 두 말할 필요가 없을 것이다. 다시 인문학이 부흥하고 인간의 본연에 대한 탐구가 활발하게 일어난다면, 이 분들의 학설은 분명 다시 조명을 받을 것이다.

〈참고문헌〉

1. 원전

金鎭祜, 『勿川集』, 아세아문화사, 1972.
許　愈, 『后山集』(한국문집총간 제327책), 민족문화추진회, 2005.
郭鍾錫, 『俛宇集』(한국문집총간 제340~344책), 민족문화추진회, 2005.
胡廣 等, 『性理大全』, 四庫全書.
＿＿＿, 『大學章句大全』, 학민문화사 영인본.
＿＿＿, 『中庸章句大全』, 학민문화사 영인본.
李　滉, 『退溪集』(한국문집총간 제29~31책), 민족문화추진회, 1988.

2. 논저

權五榮, 「19세기 江右學界와 金鎭祜의 학문활동」, 『남명학연구』 제21집, 경상대 남명학연구소, 2006.
李相弼, 「勿川 金鎭祜의 南冥學 受容 樣相」, 『남명학연구』 제21집, 경상대 남명학연구소, 2006.
李熙穆, 「勿川 金鎭祜의 詩에 대하여」, 『남명학연구』 제21집, 경상대 남명학연구소, 2006.
李鍾周, 「勿川 金鎭祜의 文學思想」, 『남명학연구』 제21집, 경상대 남명학연구소, 2006.

李相夏, 「勿川 金鎭祜의 학무성향과 性理學」, 『남명학연구』 제21집, 경상대 남
  명학연구소, 2006.

鄭景柱, 「勿川 金鎭祜의 禮學思想」, 『남명학연구』 제21집, 경상대 남명학연구
  소, 2006.

※ 이 글은 『물천 김진호의 학문과 사상』에 수록된 「물천 김진호의 학설에 대하여」
  를 수정 보완한 것이다.

제8장
곽종석(郭鍾錫)의 명덕설(明德說) 논쟁

Ⅰ. 머리말

조선 성리학은 18세기부터 고증학·서학 등 새로운 사조가 유입됨으로써 지배이념으로서의 권위를 점점 상실해 가고 있었다. 특히 서울·경기 지방의 학자들 중에는 이러한 신사조에 민감하게 반응하면서 기존의 성리학적 사유체계에 안주하지 않고 새로운 학문을 모색하여 실학을 제창하거나, 정주(程朱)의 주석만을 따라 해석하던 풍토에서 벗어나 고증학적 방법론으로 새롭게 경학을 연구하는 경향이 나타났다.

그러나 지방의 학문은 여전히 성리학적 사유체계의 범주 안에서 벗어나지 못하고 있었다. 기호지방의 율곡학파는 인물성동이(人物性同異) 문제로 내부 논쟁이 일어나 호론(湖論)과 낙론(洛論)으로 갈리게 되었고, 영남지방의 퇴계학파는 이상정(李象靖, 1711~1781)이 나타나 분개간(分開看)에 치우친 퇴계학파의 성리설과 혼륜간(渾淪看)에 치우친 율곡학파 성리설을 아우르는 시각으로 통간(通看)을 제시함으로써 새로운 전기를 마련하여 경학과 성리학이 새롭게 발전하는 양상을 보인다.

19세기로 들어오면 퇴계학파에는 이상정의 학맥을 이은 유치명(柳致明, 1777~1861)의 문하에 이진상(李震相, 1818~1886)이 나와 또 다른 전환기를 맞이한다. 그는『리학종요(理學綜要)』라는 성리서를 편찬하였는데, 이는 성리설의 전반을 회통(會通)하겠다는 큰 목적 외에도, 퇴계의 설을 비판한 기호학파 한원진(韓元震, 1682~1751)의 설을 변박(辨駁)하는 한편, 퇴계학파 내에서도 분개간에 치우친 문제점을 교정하기 위한 것이었다.[1]

이진상은 기발일도(氣發一途)·심즉기(心卽氣)의 관점에서 성리설을 전
개한 한원진의 설을 비판하고, 리기호발(理氣互發)·심합리기(心合理氣)
의 입장에서 주리론(主理論)을 전개한 퇴계의 설을 더 적극적으로 해석
하여 심즉리(心卽理)의 주리론을 주장하였다.

이와 같은 변화는 기호학파에서도 나타난다. 경기도 양평에 살던 이
항로(李恒老, 1792~1868)는 뚜렷한 사승이 없지만 정신적으로는 송시열
(宋時烈)을 추종한 인물이었다. 그는 리기불상리(理氣不相離)를 전제로
하는 정통 율곡학파의 리기론과는 달리 리기불상잡(理氣不相雜)의 입장
에서 주리론을 주장하였다.2)

한편 전라도 장성에 살던 기정진(奇正鎭, 1798~1880)도 사승 없이 독학
으로 공부하여 율곡학파의 주기론을 추종하지 않고 리기불상리의 원칙
에 충실하면서 기(氣)를 리중사(理中事)로 포섭하는 독자적인 주리론을
전개하였다.3)

이처럼 19세기 학계는 율곡학파·퇴계학파 내부에서 모두 종래의 이기
론과 다른 새로운 설이 제기됨으로써 뜨거운 논쟁이 일어났다. 그러나
새로운 학설을 제기한 이진상·이항로·기정진의 문하에는 수십 명의 기
라성 같은 학자들이 배출되어 학문집단이 형성되었고, 그들에 의해 조
선 성리학은 열띤 논쟁을 거치며 대미를 장식하였다. 반면 정통을 고수
한 퇴계학파·율곡학파 학맥에서는 종래의 설을 묵수(墨守)하는 태도로
일관해 더 이상의 진전을 이룩하지 못했다.

이진상·이항로·기정진은 모두 분개간 또는 혼륜간에 치우친 견해를

---

1) 李相夏(2007), 10면.
2) 홍원식(1996), 586~587면.
3) 박학래(1996), 541~544면.

극복해 회통하거나 절충하려는 시각보다는 근원적인 리(理)에 치중한 것이 공통적인 특징이다. 왜 19세기 조선 성리학은 이처럼 전에 비해 리의 가치를 더 절대화하는 쪽으로 나아간 것일까?

이에 대한 기왕의 설 가운데, 가변적인 기(氣)보다는 절대적인 가치와 권위를 가진 리(理)를 중요시하는 리기론을 통해 가치론적으로 우위를 확보하여 안으로는 성리학적 지배질서를 재정립하고, 밖으로는 척사위정(斥邪衛正) 정신으로 서양 제국주의를 물리치려는 내수척양(內修斥洋)의 현실 경세론이었다는 주장은 시사하는 바가 크다.4)

그런데 위 세 사람이 모두 주리론을 주장했다고 해서 그 내용이 동일한 것이 아니며, 입론(立論)의 시각과 근거도 각기 다르다. 따라서 이에 대한 보다 심화된 연구를 통해 이들 사상의 특징이 다각도로 밝혀져야 격변기의 사상적 추이를 올바로 이해할 수 있을 것이다.

19세기의 이처럼 변화된 학계의 분위기 속에서 경상우도 지역은 다른 지역에서는 찾아볼 수 없을 정도로 특이한 현상이 나타난다. 경상우도 지역은 본래 남명학파의 본거지였다. 그런데 인조반정 이후 남명학파가 와해되면서 일부는 퇴계학파에 일부는 우암학파에 소속되어 남인과 노론이 공존하는 독특한 분위기를 형성하였다.

그러다 보니 학문이 침체되어 17~18세기에는 타 지역에 비해 큰 학자가 배출되지 못하였는데, 19세기 이진상의 문하에서 한주학단(寒洲學團)이 성립되면서 학문이 다시 활기를 찾기 시작했고, 유치명과 허전(許傳)에게 배운 박치복(朴致馥, 1824~1894)이 삼가(三嘉)에서 오랫동안 강학하여 학풍을 진작시켰다. 이진상과 박치복은 모두 유치명의 문하에서 수학했지만, 이진상은 새로이 심즉리설을 제기하였고, 박치복은 유치명의

---

4) 박학래(1996), 571면.

설을 따랐기 때문에 그 문하에서 수학한 문인들 사이에서도 활발한 학
술토론이 전개되었다.

한편 이 시기 기정진에게 나아가 배운 조성가(趙性家)·정재규(鄭載
圭)·최숙민(崔琡民) 등이 삼가·옥종 등지에 거주하며 강학하여 경상우
도 지역에 노사학단이 형성되었다. 또한 성호학통을 계승한 허전이 1864
년 김해부사로 부임하면서 학당을 개설하자, 박치복·김인섭(金麟燮)·김
진호(金鎭祜)·노상직(盧相稷)·윤주하(尹冑夏)·허훈(許薰)·강병주(姜柄周)
등 수십 명의 학자들이 급문하여 성재학단(惺齋學團)이 형성되었다.

이처럼 19세기 후반 경상우도 지역에는 이 지역에 전승된 남명학을
계승한 학자, 퇴계학통을 계승한 학자, 기호의 우암학통을 계승한 학자
및 새로 형성된 한주학단·노사학단·성재학단이 병존하면서 학문이 융
성하게 일어났으며, 서로 다른 사설(師說)에 근거하여 열띤 토론이 일어
났다.

이러한 분위기를 조긍섭(曺兢燮, 1873~1933)은 '수백 년 사이에 없었던
현상'으로 지목하고, 이는 허전·이진상·기정진에게서 나온 것이라 하였
다.[5] 이 가운데 허전에게 수학한 사람들은 퇴계의 성리학과 성호 이익
의 실학을 겸하여 독자적 학풍을 형성해 나갔으며, 한주학파의 심즉리
(心卽理)를 위주로 한 학자들은 퇴계학을 계승한 학자들과 열띤 논쟁을
하였다.

또한 이 시대 경상우도 지역의 학자들은 자기가 속한 학파의 사설만
을 추종하지 않고 개방적 태도를 취하는 것이 특징이다. 예컨대 유치명
의 문인 또는 재전 문인들이 허전 또는 이진상에게 나아가 수학함으로
써 자신들이 계승한 문호만을 지키려 하지 않았다. 김진호가 박치복·허

---

5) 鄭景柱(2000), 169면.

전·이진상의 문하에 나아가 배운 것이 그런 성향을 잘 보여준다. 이런 개방적 분위기 속에서 학자들은 다양성을 확보할 수 있었기 때문에 같은 학파 내에서도 논쟁이 빈번하게 일어났다. 예컨대 한주학파 내에서의 허유(許愈, 1833~1904)와 곽종석(郭鍾錫, 1846~1919)의 논쟁이 그 대표적인 예이다.

19세기 후반부터 20세기 초반에 이르는 경상우도 지역의 이와 같은 학풍은 여타 지역에서 찾아볼 수 없는 독특한 현상으로 매우 주목해 볼 만하다. 특히 조선성리학의 주요 명제들이 이 시기 경상우도 지역에서 다시 거론됨으로써 종래의 설을 더 심화시켰다.

그러나 이에 대한 연구는 철학방면에서 개별 인물의 성리설이나 학파적 성격을 구명하는 정도에서 연구가 이루어지고 있을 뿐이다. 이 시기 경상우도의 학자 가운데 가장 활발한 학술활동을 한 인물이 이진상의 문인 곽종석이다. 그런데 곽종석에 관한 기왕의 연구는 역사학 방면에서 파리장서와 독립운동을 고찰한 것이 대부분이며, 그의 학문이나 사상을 본격적으로 다룬 연구는 아직 이루어지지 않고 있다.

본고는 곽종석의 학문과 사상을 종합적으로 고찰하는 기획의 하나로 그의 경학적 성과 중 『대학』해석에 주목하고, 그 중에서도 가장 열띤 논쟁을 벌인 경일장(經一章) '명덕(明德)'의 해석에 초점을 맞추어, 동문인 이승희(李承熙)·허유(許愈)·김진호(金鎭祜) 등과 논쟁을 벌인 것을 중심으로 그 특징과 의의를 구명하는 것을 목적으로 한다.

II. 문제의 소재와 논쟁의 발단

1. 문제의 소재

주자는 『대학장구』 경일장 '명덕(明德)'의 주석에서 '명덕은 사람이 하늘에서 얻은 것으로 허령불매하여 중리(衆理)를 구비하고서 만사에 응하는 것이다.[明德者 人之所得乎天 而虛靈不昧 以具衆理而應萬事者 也]'라고 하였다. 그리고 문인의 질문에 답하면서 '하늘이 사람과 생물에 부여한 것은 명(命)이고, 사람과 생물이 그것을 받은 것이 성(性)이며, 일신을 주재하는 것은 심(心)이고, 하늘에서 얻어 광명정대한 것은 명덕(明德)이다.'라고 답변하였다.

또 '명덕은 심(心)인가 성(性)인가?'라는 질문에, '신령한 것은 심(心)이고, 가득 찬 것은 성(性)'이며, '성(性)은 그 리(理)이고 심(心)은 그것을 담아 싣고 있다가 펴서 발용(發用)하는 것'이고, '부모를 향할 적에 효가 나오고 임금을 향할 적에는 충(忠)이 나오는 것은 성(性)이고, 부모를 섬길 적에 효도할 줄 알고 임금을 섬길 적에 충성할 줄 것은 심(心)'이라고 한 뒤, 장재(張載)가 말한 심통성정(心統性情)이 가장 정밀한 설이라고 하였다.6)

주자는 또 "허령불매는 심(心)이고, 리가 안에 구족되어 조금의 흠궐

---

6) 胡廣 等 編撰, 『大學章句大全』 經一章 제1절 小註. "朱子曰 天之賦於人物 者 謂之命 人與物受之者謂之性 主於一身者謂之心 有得於天而光明正大者 謂之明德 ○問明德是心是性 曰 心與性 自有分別 靈底是心 實底是性 性便 是那理 心便是盛貯該載敷施發用底……如向父母 則有那孝出來 向君 則有 那忠出來 這便是性 如知道事親要孝 事君要忠 這便是心 張子曰 心統性情 此說最精密"

도 없는 것이 성(性)이며, 감응하는 바에 따라 움직이는 것이 정(情)이다."7)라고 하여, 장구의 주석을 심성정(心性情)으로 설명하였다. 명덕에 관한 주자의 이런 여러 언설에도 불구하고, '명덕은 기인가, 아니면 리인가?'에 대한 시원한 답변은 찾을 수 없다. 그래서 후세에 이에 대한 논의가 다양하게 제기되었다.

조선 전기는 사서오경대전을 수입하여 구결을 달고 언해를 하면서 이해하는 단계였기 때문에『대학』을 해석하면서 권근(權近)·이황(李滉)의 경우처럼 전체의 요지를 한 장의 도표로 작성하거나, 이황의 경우처럼 장구의 '물리지극처 무불도(物理之極處 無不到)'에서 '처(處)' 다음에 토를 어떻게 달 것인가에 관한 논의가 주된 관심사였다.8) 당시는 아직 리기심성론에 대한 인식이 성숙되지 않아 명덕을 어떻게 볼 것인가에 관해서는 정밀한 생각이 미치지 못하고 있었다.

17세기 이후 성리학에 대한 이해가 깊어지면서 '명덕'을 리기론과 연관해 해석하는 설이 등장한다. 이정귀(李廷龜, 1564~1635)는『대학장구』전 제1장의『서경』에서 인용한 '극명덕(克明德)'·'고시천지명명(顧諟天之明命)'·'극명준덕(克明峻德)'이 명명덕(明明德)의 뜻을 해석한 것임에 착안하고, 하늘이 인간에게 부여한 측면에서 말하면 '명명(明命)'이고, 인간이 하늘에서 받은 측면에서 말하면 '명덕(明德)'이라는 점을 중시하여, 명덕은 현우(賢愚)가 애초 다르지 않다고 하였다. 다만 그것이 물욕(物欲)과 형기(形氣)의 사사로움에 가려진 것을 극복해 밝히느냐 그렇지 못하느냐에 따라 성인과 범인이 나누어진다고 하였다.9)

---

7) 上同. "虛靈不昧 便是心 此理具足於中 無少欠闕 便是性 隨感而動 便是情"
8) 崔錫起(2005), 132~142면.
9) 李廷龜,『月沙集』권19,「大學講語上-傳首章講語」. "其曰克明德 其曰顧諟 天之明命 其曰克明峻德 皆釋明明德之義也 蓋天之賦此明德 賢與愚初無異

이정귀의 문인 조익(趙翼, 1579~1655)도 명덕은 심지덕(心之德)이고 인의예지도 심지덕(心之德)인데 인(仁)이 사덕(四德)을 포괄하기 때문에 명덕은 곧 인(仁)이라고 하였다.[10] 인의예지는 성(性)이고 성(性)은 곧 리(理)이니, 조익의 설은 명덕을 리(理)로 본 것이 된다. 이정귀나 조익의 설은 '명덕'의 '덕'에 초점을 맞춘 것으로, 본원의 리에 치중한 설이다.

그런데 17세기 이유태(李惟泰, 1607~1684)는 장구의 설을 "허령불매는 심(心)이고, 구중리는 성(性)이고, 응만사는 정(情)이다. 성(性)은 심지체(心之體)이고, 정(情)은 심지용(心之用)이며, 덕(德)은 심성정(心性情)을 겸하여 말한 것이다. 그러나 심(心)과 덕(德)은 둘이 아니다. 하늘에서 얻은 점으로 말하면 덕(德)이고, 주재하는 것으로 말하면 심(心)이다."[11]라고 하여, 그 개념을 명확히 나누었다.

이유태는 김장생(金長生)·김집(金集)의 문인으로 송시열·송준길과 함께 나란히 일컬어지던 기호학파의 대표적 경학가이다. 이유태의 설은 명덕을 심통성정의 의미로 본 것이다.

명덕에 대한 이러한 해석은 18세기 한원진에게서도 그대로 나타난다. 그는 명덕을 심통성정의 의미로 보아야 한다고 하면서 이유태와 똑같은 주장을 했다.[12] 이처럼 명덕을 심통성정의 의미로 보는 것은 기호학파

也……惟其蔽於物欲形氣之私 而不能加克之之功 故雖欲明之而有不能也 惟文王獨能明之 此文王之所以爲聖"

10) 趙翼, 『浦渚集』 권21, 「誠意說」. "夫明德 卽心之德也 仁義禮智 皆心之德也 而仁則兼包四者 故仁之與明德 名異而實同"

11) 李惟泰, 『四書答問』 「大學答問-經一章」. "虛靈不昧 心也 具衆理 性也 應萬事 情也 性 心之體也 情 心之用也 德兼心性情而言之也 然非二物也 以所得乎天而謂之德 以其主宰而謂之心"

12) 韓元震, 『經義記聞錄』 권1, 「大學」. "明德訓 當以心統性情之意看 虛靈不昧 心也 具衆理 性也 應萬事 情也"

의 정설인데, 한원진은 심(心)과 명덕(明德)의 개념을 더 명확히 구분하여 심과 명덕이 둘이 아니지만, 심은 기(氣)의 측면에서 말하는 것이고, 명덕은 기를 배제한 심의 광명처(光明處)만을 가리켜 말하는 것이라고 주장한다.

그는 심(心)과 성(性), 명덕(明德)과 성(性)의 포(包)·대(對) 관계를 가지고 이 점을 증명해 보이고 있다. 즉 성(性)과 대(對)로 말하는 심(心)은 기(氣)지만, 성(性)을 포괄해 말할 경우 심(心)은 심통성정의 의미를 갖는다는 것이다. 그리하여 그는 심(心)을 말할 경우는 기품(氣稟)을 아울러 논하고, 명덕(明德)을 말할 경우에는 기품을 아울러 논하지 않는다는 점을 강조하였다.[13]

이러한 한원진의 설은 심통성정을 근거로 해석한 것이다. 명덕을 심즉기(心卽氣)의 관점에서 해석할 것인가, 심통성정(心統性情)의 관점에서 해석할 것인가에 대해 18세기 기호학파 학자들은 상당히 고심을 한 듯하다.

낙론계의 이재(李縡, 1680~1746)는 명덕을 심(心)이라고 하면 심의 체단(體段)은 기(氣)이기 때문에 신(身)은 박잡(駁雜)하고 심(心)만 유독 청수(淸粹)하다고 할 수 없으며, 심(心)에 성인·범인의 다른 점이 있다고 한다면 명덕에 분수(分數)가 있게 된다고 하여, 심통성정으로 보는 설의 문제점을 지적하였다.[14] 그는 또한 심(心)은 묘합리기(妙合理氣)로 이름

---

13) 韓元震,『南塘集』권30, 雜著,「明德說-示安士定 庚申」. "心與明德 固非二物 就其中 分別言之 則心卽氣也 言心 則氣稟在其中 故有善惡 明德 此心之光明者也 言明德 則只指心之明處 本不拖帶氣稟而言 故不可言善惡 心可以包性言 亦可以對性言 明德只可以包性言 而不可以對言 可以對性言 故有善惡 只可以包性言 故不可言善惡 此心與明德之有辨也"

14) 尹鳳九,『屏溪集』권35, 雜著「寒泉中庸首章及大學明德講義辨」. "問 明德

붙여진 것인지라 기(氣)의 측면만을 말할 수 없지만, 기의 측면에만 나아가 말하면 다르다고 하면서, 심즉기(心卽氣)의 측면에서 볼 때 순일부잡(純一不雜)한 본연지기(本然之氣)를 심지본체(心之本體)로 보고, 이를 명덕(明德)이라 하였다.15)

이재의 설은 혈기지정상(血氣之精爽)이 아닌 본연지기(本然之氣)를 명덕으로 보는 것이 특징이다. 이에 대해 호론계의 윤봉구(尹鳳九, 1681~1767)는 다음과 같이 반론을 폈다.

> 명덕은 허령(虛靈)의 의미를 가지고 말한 점이 없지 않지만, 중점은 덕(德) 자에 있어 덕을 위주로 한 것이다. 이것이 바로 명덕은 순선(純善)한 것으로 성인·범인에 다름이 있지 않다는 것이다. 그런데 지금 그대의 명덕을 강의한 논의에는 크게 의심할 만한 점이 있다. 본디 '심(心)' 자는 리기를 합해 말한 것이다. 합리기(合理氣)에서 단지 기(氣)의 측면에만 나아가 분석해서 순일부잡한 천지본연의 기를 심의 본체로 보아 성인·범인이 동일한 마음이라 하고, 형기가 생긴 뒤 신령함이 발하는 것을 혈기의 정영(精英)으로 보아 성인·범인이 같지 않은 마음이라 하였다. 그리고 위의 본연의 기만 취해 심의 본체로 삼아 이를 명덕이라 하였다. 이와 같다면 명덕은 오로지 기(氣)로써만 말한 것이 된다. 그것이 과연 어떻겠는가?16)

只是本心 旣云心 則心之體段 卽氣也 人之一身 渾是一氣 而心之爲物 亦是
稟賦中一物 則人身之稟氣駁濁者 心何獨爲淸粹無雜乎 若謂心有聖凡之殊
則是將未免爲明德有分數也"

15) 上同. "天地本然之氣 純一不雜者 心之本體 是所謂明德 此則聖人衆人一也
形氣生矣 神以發知 是所謂血氣之精英 陳安卿以爲未便全是善底物 纔動
便是從不善上去者 是也 此則聖人衆人亦自不齊也……日天地本然之氣 純
一不雜者 心之本體 是爲明德 則明德之不可論以分數 固較然矣 但所謂血
氣之精英 未便是全善底物 稟賦旣如此 其將無變化之路耶"

16) 上同. "明德非無虛靈之帶言 而重在德字 以德爲主 此明德之爲純善 而不可
以聖凡有異者也 今此講義明德之論 有大可疑 本以心字合理氣言 又於合理

윤봉구는 한원진처럼 명덕을 심통성정(心統性情)의 시각으로 해석하기 때문에 본연지기(本然之氣)를 명덕으로 본 이재의 설에 대해 반박하고 있다.

이처럼 기호학파 호론계·낙론계 학자들은 명덕에 대한 견해가 갈렸다. 대체로 낙론계 학자들은 이재(李縡)의 '순일부잡(純一不雜)한 천지본연지기(天地本然之氣)가 심지본체(心之本體)인데 이것이 바로 명덕이다.'라는 설과 이의철(李宜哲, 1703~1778)의 '명덕은 본연지심(本然之心)으로 사람이 다 같이 얻어 불선함이 없는 것이다.'라는 설을 지지하면서, 호론계 학자들이 기지부제(氣之不齊)의 측면만을 강조하여 명덕에 분수가 있는 설이 나오게 되었다고 비판하였다.[17]

결국 호론계는 명덕을 심합리기(心合理氣)의 측면에서 심의 광명처인 기지정상(氣之精爽)으로 봄으로써 기지부제(氣之不齊)를 중시하여 심은 성인과 범인이 다르다는 측면을 강조하였으며, 낙론계는 심즉기(心卽氣)의 입장에서 기를 본연지기(本然之氣)와 혈기지기(血氣之氣)로 나눈 뒤 명덕을 본연지기로 보아 심(心)은 성인과 범인이 같다는 측면을 강조한 것이다.

낙론에 속하지만 명덕을 어떻게 정의할 것인가에 대해 심각하게 고민한 김원행(金元行, 1702~1772)은 다음과 의문을 던지고 있다.

> 명덕은 성(性)으로 말하는 사람도 있고, 심(心)으로 말하는 사람도 있

氣分上 只就其氣 析而分之 以天地本然之氣 純一不雜者 謂心之本體 而謂聖凡所同之心 以形生神發者 謂血氣精英 而爲聖凡不齊之心 又取上一端本然之氣 爲心之本體者 以爲明德 如此 則明德專以氣言之也 其果如何"
17) 趙有善, 『蘿山集』권5, 「經義-大學」. "湖學於此 盖爲主張氣字太甚 其於本原處 已以其末流不齊者 攙入而深論之 遂有明德分數之說 此其所以過者也"

고, 심(心)과 성(性)을 합해 말하는 사람도 있는데, 어느 설이 옳은지 모르
겠다. 심과 성을 합해 말한다면 심과 성 사이에 빈(賓)·주(主)를 구분할
수 있는 점이 있을까? 성(性)으로 말하면 성은 곧 리(理)이다. 리는 참으로
성인이나 범인이 같다. 심(心)으로 말하면 심은 곧 기(氣)이다. 기에는 만
수(萬殊)가 있어서 성인과 범인이 같지 않으니, 그 점을 이루 다 말할 수
없다. 심과 성을 합해 말하면 리(理)는 같지만 기(氣)는 다르니, 반은 같고
반은 같지 않은데 끝내는 같지 않은 데로 귀결된다. 기에 만수가 있지만
명덕을 함께 칭하는 데에는 해롭지 않다고 한다면 탁(濁)하고 박잡한 기
품(氣稟)의 하우(下愚)도 허령통철(虛靈洞徹)을 말할 수 있을까, 과연 명
덕을 허여할 수 있을까?[18]

이처럼 명덕을 어떻게 정의할 것인가 하는 문제는 당시 학자들에게
피할 수 없는 화두였고, 해결하기 어려운 난제였다. 그러나 이런 의문을
통해 각자 주장은 다르지만 보다 심오하고 정밀한 설이 제기되었다. 그
리하여 후대에는 정약용(丁若鏞)의 설처럼 덕(德)은 행사(行事)를 통해
얻어지는 것으로 '명덕은 효제자(孝弟慈)이다.'라는 독특한 설이 제기되
기도 하였다.[19]

---

18) 金元行, 『渼湖集』권14, 雜著, 「明德說疑問」. "明德 有以性言之者 有以心言
之者 有以合心性言之者 未知孰是 如合心性而言之 則心性之間 抑有賓主
之可分歟 以性言之 則性卽理也 理固聖凡之所同 以心言之 則心卽氣也 氣
有萬殊 聖凡之不同 又不可勝言矣 合心性而言之 則同於理 不同於氣 同者
半而不同者半 終亦歸於不同矣"

19) 丁若鏞, 『與猶堂全書』제2책, 「大學公議一」. "明德也 孝弟慈……[考訂]能行
吾之直心者 斯謂之德 德之爲字 行直心 行善而後德之名立焉 不行之前 身
豈有明德乎"

2. 논쟁의 발단

「면우선생연보」(이하 '「연보」'라 칭함)에 의하면, 곽종석은 25세 때인 1870년 노사학파 정재규(鄭載圭)의 「대학차의(大學箚疑)」에 답하면서 명덕설(明德說)을 논했다고 되어 있다.[20] 곽종석이 정재규와 명덕에 대해 논한 내용은 『면우집』 권26에 나란히 실려 있으며, 『다전경의답문(茶田經義答問)』 권3의 『대학3(大學三)』에도 그 요지가 수록되어 있다. 이를 간략히 살펴보면 다음과 같다.

곽종석은 명덕에 대해 심(心)을 주로 해 말하면 불명(不明)하게 되고, 심성(心性)을 합한 것으로 말하면 불수(不粹)하게 된다고 하여, 앞 시대 명덕설에 대한 논쟁의 핵심을 정확히 지적하고 있다. 그리고 정재규가 기호학파의 설에 근거해 성(性)을 논하면 반드시 심(心)에 나아가 말해야 한다고 한 설을 반박한 뒤, 리기는 둘로 나눌 수 있지만 심성(心性)은 둘로 나눌 수 없다는 입장에서 성(性)도 리이고 심(心)도 리라는 설을 주장한다.[21]

곽종석은 25세 때 이진상의 문하에 나아가 수학하였으니, 당시 이진

---

20) 郭鍾錫, 『俛宇集』(아세아문화사, 1983) 제4책, 「俛宇先生年譜」. "答鄭厚允-載圭-書 論明德說 -鄭公書來 副以大學箚疑及冠昏疑禮十餘條 先生逐一疏答之 因極論明德 就沈重 單指理之義"

21) 郭鍾錫, 『茶田經義答問』 권3, 「大學三」 「答鄭厚允」. "明德主心而言 則爲不明 合心性而言 則爲不粹 何謂不明 心者 性情之統名 而氣在其中者也 主心而言明德 則指性歟指氣歟 何謂不粹 旣謂之合心性 則性卽理也 而以心專屬氣矣 心果是氣 而明德是拖帶氣者歟 來喩所謂苟無是氣 則理無所寓 苟無是心 則性無掛搭處 故論理者 必卽氣而言 論性者 必卽心而言者 猶不免以心屬氣之弊 理與氣 固是對物 而心與性 果是對物歟 且以理氣對心性 則性卽理也 心不專屬於氣乎 無氣則理無所寓 無心則性無所掛搭者 固然矣 而理氣猶可二之 心性決不可判而二之 性亦理也 心亦理也"

상의 심즉리설(心卽理說)로 근간을 삼아 이와 같은 주장을 하게 된 것이다. 곽종석의 이 설은 심즉리의 관점에서 명덕을 리(理)로 보는 것이다.

그 해 재차 답한 것으로 보이는 편지가 그 뒤에 실려 있는데, 이 편지에서 곽종석은 심(心)은 리기(理氣)가 합한 것으로 자신이 심(心)을 리(理)라고 주장하는 이유는 심이 주재하는 것이 리이기 때문이라는 점을 강조하며, 심이 리에 순수해 기가 전혀 없는 것을 말하는 것이 아니라고 밝히고 있다. 또 그는 심(心) 속에는 기(氣)가 없을 수 없으니, 혹 기를 섞어 명덕을 말할까 염려하기 때문에 명덕을 말하면서 '심(心) 속에 나아가 홀로 리(理)만을 가리키는 것[就心中單指理]'이라고 하는 것인데, 홀로 리를 가리킨다는 것은 곧 심지본체(心之本體)를 말하며, 심은 체(體)가 없고 성(性)으로 체를 삼으니 심지본체는 곧 성(性)이라는 논리를 편다.

그리고 최종적으로 성(性)은 명덕의 체(體)이고, 정(情)은 명덕의 용(用)이라는 설을 제시한다. 다시 그는 심을 말하면 진체(眞體)·대용(大用)이 모두 포괄되는데 거기서 주재하는 것이 곧 리(理)라고 하면서, 명덕은 심(心)을 주로 하여 말할 필요도 없고, 홀로 성(性) 자만 거론해 말할 필요도 없으며, '심 속에 나아가 홀로 리를 가리키는 것'이라고 한 뒤에야 온전하게 될 듯하다고 하였다.22)

---

22) 上同. "心之爲物 理氣合成 鄙所謂心亦理者 以其主宰者理故也 非謂其純乎是理而都沒了氣也 此心之中 旣不能無氣 則或恐其雜氣而言明德 故謂之曰就心中單指理 單指理則卽心之本體也 然而心無體 以性爲體 心之本體 亦性而已矣 夫性者 明德之體也 情者 明德之用也……特其主宰之妙在於心 故言心則眞體大用 包括得盡 而其所以主宰者 乃理也 是以 不曰卽心而指性 而必曰就心中單指理 蓋以理字之渾應周遍 而非若性字之立定故也 以心則爲主宰之理 以性則爲大本之理 以情則爲達道之理 莫非理也 故明德不必主心而言 亦不必單擧性字而言 只得曰就心中單指理 然後似爲穩全"

곽종석이 정재규에게 제시한 이러한 견해는 심합리기(心合理氣)의 관점에서 심(心)의 주재성(主宰性)에 주목하여 체용(體用)을 모두 포괄하고 있는 것으로 보는 것이 특징이다. 이러한 그의 명덕설은 심(心)이 성(性)·정(情)을 통섭한다는 심의 주재성을 강조하는 데 의미가 있다. 그런데 곽종석이 '명덕은 심(心) 속에 나아가 홀로 리만을 가리키는 것[就心中單指理]'이라고 한 설은, 그가 창안한 설이 아니라 이진상의 『리학종요』에 보이는 말이다.23)

이런 입장을 견지하고 있던 곽종석은 삼가에 살던 선배 허유(許愈)에게 자신의 견해를 보이며 질정을 구했는데, 정확하게 언제부터 논의가 비롯되었는지는 자세치 않다.

허유는 1889년 김진호(金鎭祜)에게 답한 편지에서 "매번 명원(鳴遠 : 郭鍾錫의 字)의 명덕설을 읽을 때마다 강변하는 의심이 없지 않으나, 우리들이 이런 세세한 문제에 대해 아직 이해하지 못하니, 참으로 이치를 설명하기가 어렵네. 다행히 어떤 것이 인심(人心)의 일이고 어떤 것이 도심(道心)의 일인지를 조금 더 유념한다면 나의 설이 근거가 없지 않다는 것을 알게 될 걸세."24)라고 한 것을 보면, 1889년 이전에 곽종석은 허유·김진호 등에게 자신의 견해를 알려 이에 대해 이미 토론이 이루어지고 있었음을 짐작할 수 있다.

그러나 허유·김진호 등은 선뜻 곽종석의 설에 동의하지 않고, 주자의 장구의 설에 근거해 명덕을 심체(心體)로 보는 종래의 설을 그대로 유지

---

23) 李震相, 『理學綜要』 권6, 「心第四上-大學明明德」. "謂之明德 則就心重單指理者也"

24) 許愈, 『后山集』 권5, 「答金致受」. "每讀鳴遠明德說 不能無强辯之疑 而吾輩於此等細瑣 亦未之領會 信乎說理之難也 幸更以如何是人心邊事 如何是道心邊事 少加留念 則自當知鄙說之不爲無據也"

함으로써 논쟁이 활발하게 일어나지 않고 잠복기에 접어들었다. 그러다 1894년경 허유의 편지에 곽종석이 답을 하면서 다시 논의가 일어났으나, 곽종석이 조정의 부름을 받아 논쟁할 겨를이 없었다.

1894년 곽종석이 허유에게 답한 편지를 보면, 명심(明心)·명리(明理)라 하지 않고 명명덕(明明德)이라고 한 것은 특별한 의미가 있기 때문이라는 점을 강조하며, 명덕은 심(心)에만 해당하는 것이 아니라 행사(行事)를 통해 얻어지는 것까지 포함해야 한다는 자신의 주장을 강조하고 있다.[25]

그러다 1896년 다시 논쟁을 시작하여 1898년까지 약 3년 동안 이승희·허유·김진호 등과 열띤 논쟁을 벌였다. 곽종석은 이 세 사람 외에도 다른 사람들에게 자신의 설을 강력히 주장하였는데, 여기서는 논의의 번다함을 피하기 위해 핵심적인 이 세 사람과의 논쟁에만 초점을 맞추어 논의하기로 하겠다.

「연보」에 의하면, 곽종석은 1896년 『리학종요』를 교감하다가 명덕을 심지본체(心之本體)에 해당하는 것으로만 말한 것을 발견하고, 이승희에게 편지를 보내 '명덕은 오로지 심(心)으로만 말할 수 없다.[明德不可專言心]'고 하였다. 1897년 허유가 이 소식을 듣고 곽종석에게 편지를 보내 그에 관한 설을 물어오자, 곽종석은 자신의 설을 허유에게 편지로 답하였다.[26] 이에 허유와 명덕설 논쟁이 다시 일어났다.

---

25) 郭鍾錫,『茶田經義答問』권3,「大學三」「答許后山」. "聖人立言 不曰明心明理 而必以明明德爲名者 其寄意深重 可知也 苟於此 體認 而加工焉 則其曰心曰性曰理曰氣之爭 自當次第融釋 不必作把弄想像之奇耳 自有此見 凡於少年後生之問 明德何事者 輒應之曰 事親孝 事君忠 手容恭 足容重 便是 問如何而顧謂明命 輒應之曰 視思明聽思聰 子欲孝 父欲慈 便是"

26) 郭鍾錫,『면우집』제4책,「면우선생연보」, 51세조. "答李啓道剛齋書 論明德心

곽종석이 허유와 명덕에 대해 논쟁한 것은 뒤에서 살펴보기로 하고, 여기서는 이승희에게 '명덕은 오로지 심(心)으로만 말할 수 없다.'고 한 점에 대해 알아보기로 하겠다. 기실 곽종석이 동문들과 명덕설 논쟁을 벌인 것은 스승 이진상의『리학종요』에 있는 내용을 문제시하면서 이진상의 아들이자 동문인 이승희에게 편지를 보내 문제점을 지적한 데에서 재점화 되었다.

곽종석이 1896년 이승희에게 보낸 편지는『면우집』권32와『다전경의문답』권3「대학3」에 실려 있다. 곽종석이 스승의 설에 대해 문제를 지적한 것은 명덕은 심체(心體)를 가리키는 것일 뿐만이 아니라는 것이다. 그래서 이승희에게 '명덕은 오로지 심(心)으로만 말할 수 없다.'고 한 것이다.

이는 심(心)과 명덕(明德)을 명확히 구별하는 논리로, 명덕(明德)의 '덕(德)' 자에 주목한 해석이다. 그가 '명덕이 곧 심(心)이다.'라고 하는 것에 반대하는 이유가 바로 여기에 있다. 그의 생각에 내적인 심(心)의 영역뿐만 아니라, 외적인 행사의 영역에서 얻어지는 것들을 모두 명덕에 포함시켜 보아야 한다는 것이다. 1896년 이승희에게 편지를 보내 지적한 것이 바로 이에 관한 내용이다.

> 『리학종요』에서는 곧장 명덕을 심체(心體)에 해당시켰는데, 저의 생각으로는 끝내 온당하지 않은 듯합니다. 대개 경전 가운데 '덕(德)' 자를 말한 것은 그 면모와 의미가 모두 심(心)과는 매우 다릅니다. 안으로는 인의예지로부터 밖으로는 충효경자(忠孝敬慈)에 이르기까지 모두가 덕입니다.

體之義 -因校理學綜要 編中以明德當心之本體 先生以爲明德似不可專以心言……" 52세조. "前年后山聞先生與剛齋書 有明德不可專言心之語 以書來問其說 先生答書略謂……"

예컨대 『서경』「고요모」의 구덕(九德), 기자(箕子) 「홍범(洪範)」의 삼덕 (三德), 「주관(周官)」의 육덕(六德), 『중용』의 삼달덕(三達德)은 대부분 행 하여 얻음이 있고 이루어 넉넉함이 있는 점을 따라 말한 것이니, 모두 '심 (心)' 자로 단정할 수 없습니다. 이 점이 첫 번째 의심할 만한 것입니다.

비록 『대학』으로 말하더라도 격물(格物)로부터 수신(修身)에 이르기까 지 모두 명명덕(明明德)의 일에 속하는데, 지금 '명덕은 심(心)이다.'라고 말하면 명덕을 밝히는 공부는 정심(正心)에서 그치고, 수신(修身)은 거기 에 참여할 수 없습니다. 이 점이 두 번째 의심할 만한 것입니다.

명명덕을 명심(明心)으로 보면 명심(明心)을 말할 경우에는 격물치지 (格物致知)의 일만 해당할 수 있습니다. 예컨대 보망장(補亡章)의 '내 마 음의 전체와 대용이 밝지 않음이 없을 것이다.[吾心之全體大用 無不明]' 와 제6장 장하주의 '심체의 밝음에 미진한 바가 있으면[心體之明 有所未 盡]'·'혹 이미 밝더라도 여기에 삼가지 않으면[或已明而不謹乎此]'이 모 두 이런 경우입니다. 정이천(程伊川)의 「안자호학론(顏子好學論)」에 '선 명저심(先明諸心)'도 그러합니다. 이 점이 세 번째 의심할 만한 것입니다.

『대학』의 '덕(德)' 자는 모두 명덕을 가리켜 말한 것이니, '극명준덕(克 明峻德)'은 '극명준심(克明峻心)'이라 할 수 없으며, '성덕지선(盛德至 善)'은 '성심지선(盛心至善)'이라 할 수 없으며, '유덕차유인(有德此有人)' 은 '유심차유인(有心此有人)'이라 할 수 없습니다. 장구의 '입덕지문(入德 之門)'도 '입심지문(入心之門)'이라 할 수 없고, '진적지기(進德之基)'도 '진심지기(進心之基)'라 할 수 없습니다. 이 점이 네 번째 의심할 만한 것 입니다.

명덕이 과연 심(心)의 별명이라면 경일장 첫머리에 어찌하여 곧장 '명 심(明心)'이라 하여 신민(新民)과 대가 되게 해서 간결하고 명백하게 하지 않고, 별도로 명덕이라는 하나의 이름을 세웠단 말입니까? 명덕은 다른 경전 중 준덕(峻德)·달덕(達德)·의덕(懿德)·대덕(大德)이라 칭한 것과 유 사하니, 이 점이 다섯 번째로 의심할 만한 것입니다.

생각이 꼬리를 물고 이어져 의심을 이루 다 기록할 수 없습니다. 대체 로 명덕의 본체를 심지본체(心之本體)라고 말하는 것은 참으로 타당합니 다. 그러나 '명덕이 곧 심(心)이다.'라고 하면 논설의 잘못이 없을 수 없을

듯합니다.27)

　곽종석은 명덕을 심체(心體)만을 가리키는 것으로 본 이진상의『리학
종요』의 설에 의문을 제기하며, 특별히 '덕(德)' 자에 주목하여『대학』
팔조목의 격물(格物)·치지(致知)·성의(誠意)·정심(正心)의 심(心)의 영역
은 물론이고, 수신(修身)에 관한 것까지 모두 포함된다는 점을 역설한
것이다. 다섯 가지 의문을 제기했지만 핵심은 '덕(德)' 자가 '득(得)'의 의
미를 갖고 있다는 데에 주목하여 몸으로 행하여 터득한 것[行而有得]과
일을 완성해 넉넉함을 소유한 것[成而有裕]까지 모두 포함해야 '덕(德)'
자의 의미에 부합된다는 것이다.

　이 점이 바로 곽종석이 스승 이진상의 설에서 진일보하여 더 적극적
으로 명덕을 해석한 부분이다. 그리고 이 점이 곽종석의 명덕에 대한 독
창적 해석의 핵심이다.

---

27) 郭鍾錫,『茶田經義答問』권3,「大學三」,「與李啓道」. "綜要之直以明德當心
　　體者 終覺未穩 蓋經傳中言'德'字處 其面貌意味 皆與心頓別 內焉而仁義禮
　　智 外焉而忠孝敬慈 皆德也 如皐謨之九德 箕疇之三德 周官之六德 中庸之
　　三達德 多從行而有得 成而有裕處說 俱不可以'心'字句斷 此可疑者 一也
　　雖以大學言之 自格物至修身 並屬明明德事 而今曰明德心也 則明明德工
　　夫止於正心 而修身不得與焉 此可疑者 二也 明明德 作明心看 則明心之云
　　只可當格致事 如補亡章所謂'吾心之全體大用無不明' 第六章下所謂'心
　　體之明 有所未盡'·'或已明而不謹乎此'者 皆是也 好學論所謂'先明諸心' 亦
　　然 此可疑 三也 大學中'德'字 皆指'明德'而言 而'克明峻德' 不可曰克明
　　峻心 '盛德至善' 不可曰盛心至善 '有德 此有人' 不可曰有心此有人 章句中
　　'入德之門' 不可曰入心之門 '進德之基' 不可曰進心之基 此可疑者 四也 明
　　德 果是心之別名 則經文開端 何不直曰明心 以對新民爲簡潔而明白 乃別
　　立一名 與諸經中峻德達德懿德大德之稱 混於疑似也 此可疑者 五也 轉輾
　　思惟 疑不勝枚 蓋謂明德之本體 是心之本體 則固當 若曰明德卽心也 則恐
　　不能無名言之失"

III. 논쟁의 전개

1. 허유(許愈)와의 논쟁

1894년 이전에 곽종석이 허유에게 보낸 편지에는 허유의 명덕설이 뚜렷하게 보이지 않는다. 주자 장구의 설에 근거해 명덕을 심(心)의 영역에 한정시킨 것이 허유의 종래 주장이었는데, 1897년 곽종석이 허유에게 답한 편지에 처음으로 '의리지심(義理之心)'이라는 말이 보인다. 이를 보면 1897년 이전에는 주로 명덕과 심(心)에 대한 분변이 논쟁거리였음을 알 수 있다.

「연보」에 의하면, 곽종석은 1897년 허유의 편지에 답하며 명덕(明德)과 심(心)의 분변(分辨)에 대해 논했다고 하였고, 세주에 지난 해(1896) 곽종석이 이승희에게 편지를 보내 '명덕은 오로지 심(心)으로만 말할 수 없다.'고 한 말을 허유가 듣고서 편지를 보내 그 설에 대해 물음으로써 답서에 자신의 설을 대략 말했다고 하면서 그 내용을 소개하고 있다.[28] 그 내용이『다전경의답문』과 문집에 실려 있는데, 이 가운데 주요 내용만 소개하면 다음과 같다.

곽종석의 문제의식은, 첫째『대학』경문(經文)에 '명심(明心)'이라 하지 않고 '명명덕(明明德)'이라 한 것이 다른 경전에서 준덕(峻德)·의덕(懿德)·대덕(大德)·달덕(達德)이라 한 것과 같은 의미를 갖는다는 것, 둘째 전문(傳文)에 '욕정기덕(欲正其德)'이라 하지 않고 '정기심(正其心)'

---

28) 郭鍾錫,『俛宇集』제4책,「俛宇先生年譜」52세조. "答許后山書 論明德心之辨 -前年 后山聞先生與剛齋書 有明德不可專言心之語 以書來問其說 先生答書略謂……"

이라 하고, '덕정이후신수(德正而後身修)'라 하지 않고 '심정이후신수(心正而後身修)'라고 한 점을 주시하여 심(心)과 덕(德)은 서로 의미가 다르다는 데에 있다.

이런 문제의식을 갖고 곽종석은 다른 경전에서 '덕(德)' 자를 말한 용례를 찾아보니 모두 '도리(道理)를 실득(實得)한 것'을 통칭하는 말로 쓰고 있지, 애초 '심(心)' 자의 별칭으로 쓰지 않았다는 점을 확인하였다. 이에 그는 명덕은 심(心)의 별칭이 아니라는 점을 확신하였다. 그리하여 그는 명덕은 심(心)과 같은 의미가 아니라는 점을 분명히 인식하게 되었다.

그는 이를 『대학』해석에 적용해 "명덕은 하늘에서 얻은 도리로 물(物)에 있으면 물지덕(物之德)이 되고, 지(知)에 있으면 지지덕(知之德)이 되고, 의(意)에 있으면 의지덕(意之德)이 되고, 심(心)에 있으면 심지덕(心之德)이 되고, 신(身)에 있으면 신지덕(身之德)이 된다. 그러므로 격(格)·치(致)·성(誠)·정(正)·수(修) 다섯 가지 모두가 명명덕의 일이 되니, 유독 정심(正心) 한 조목만 명명덕에 해당시킬 수는 없다."라고 하였다.

이런 관점으로 그는 실행(實行)에 드러나는 사친효(事親孝)·사군충(事君忠)·수용공(手容恭)·족용중(足容重) 등까지도 모두 명덕의 영역에 포함시켰다.[29] 이는 모두 팔조목의 수신(修身)에 관계되는 것이기 때문이다.

---

29) 郭鍾錫, 『茶田經義答問』 권3, 「大學三」「答許后山」. "忽疑夫明德果是心也 則經文何不直曰明心 而必曰明明德 以混於諸所稱峻德懿德大德達德之名也 傳文何不曰欲正其德 而曰正其心 不曰德正而後修身 而必曰心正 卽此而心德之別 抑已思過半矣 因以究之 則明德之言 實本於帝典康誥 而'明峻德 以親九族' 不可云'明心以親九族' '明德愼罰' 不可云'明心愼罰' 因以考諸經訓所言德字 只是道理實得之通稱 初非心字之別名 奚獨於大學之首創立此名 以與正心之心 相掣礙乎 竊以爲 明德者 是道理之得於天者 而在物爲物之德 在知爲知之德 在意爲意之德 在心爲心之德 在身爲身之德 故格致誠正修五者 俱是爲明明德事 而不獨正心一目 可當了明明德也……夫以

이러한 설은 주자가 심통성정(心統性情)으로 보는 시각에 따라 심합리기(心合理氣)로 보던 관점에서 보면 받아들일 수 없는 설이다. 왜냐하면 종래의 설은 명덕을 심(心)의 영역에 국한시켜 논의하고 있기 때문이다. 그래서 허유의 명덕설에는 "심(心)은 리기(理氣)를 합한 것이고, 명덕(明德)은 단지 리(理)일 뿐이다. 성(性)은 사람과 생물이 다 같이 얻는 것이지만, 명덕은 사람만이 얻는다. 심(心)·성(性) 밖에 명덕이 있는 것이 아니니, 주로 하여 말하는 바에 그 의미가 저절로 구별된다."30)라고 하여, 명덕을 심(心)의 영역에 국한시키고 있다.

1897년 곽종석은 다시 허유에게 편지를 보내『대학장구』주에 명덕을 심(心)·성(性)·정(情)으로 해석한 것 가운데 '응만사(應萬事)'가 이미 온갖 행위의 실득(實得)을 갖추고 있으니 명덕을 단지 심지본체(心之本體)가 되는 것으로만 볼 필요가 없다고 하면서, '명덕지본체(明德之本體)가 곧 심지본체(心之本體)지만 명덕을 심지본체라고 할 수 없는 것은 명덕이 체용(體用)을 갖고 있기 때문'이라고 하였다.31)

이런 논점은 삼강령의 명명덕에 격물·치지·성의·정심·수신 다섯 조목이 들어 있는데 이 중에 정심만을 명덕으로 보는 것은 불가하다는 관점에서 기인한 것이다. '명덕을 심지본체'로 보는 것은 심지체(心之體)만 인정하고 심지용(心之用)은 인정하지 않는 논리이다. 그래서 그는 명덕

心則爲虛靈之德 以性則爲仁義之德 以情則爲愛敬之德 以行則爲忠孝之德 於手則爲恭之德 於足則爲重之德 於耳目則爲聰明之德 此便是明命之流行 而無間者也"

30) 許愈,『后山集』권5, 雜著,「客問」. "曰 心合理氣 而明德 則只是理 性 人物 之所同得 而明德 則惟人得之 心性之外 非有明德 而所主而言者 其義自別"

31) 郭鍾錫,『茶田經義答問』권3,「大學三」,「與許后山」. "章句固以心性情釋之 而應萬事處 已該了百行之實 不必以明德 只作心之本體而已也……然則明 德之本體 卽心之本體也 不可謂明德爲心之本體也 盖明德該體用故也"

의 본체가 심지체이기는 하지만, 그것만이 전부가 아니라는 관점이다.

「연보」에 의하면, 이런 논쟁을 한 뒤 1897년 허유가 다시 편지를 보내 곽종석의 설을 비판하며 자신의 설을 개진하였다고 하였다.[32] 허유가 곽종석에게 보낸 편지는 지금 남아 있지 않지만, 이에 대한 곽종석의 답서로 보이는 편지가 남아 있어 그 대략을 짐작할 수 있다. 곽종석은 '말씀하신 내용이 반드시 장구의 설로 증거를 삼으셨다.'[33]라고 한 것을 보면, 허유의 설은 위에서 언급한 것과 크게 다르지 않은 듯하다.

다만 허유의 명덕설은 '명덕을 의리지심(義理之心)으로 보고, 사람이면 누구나 다 같이 얻은 것'으로 보는 것이 특징이다.[34] 그런데 이 편지에 최초로 '의리지심'에 대한 논쟁이 시작되고 있는 것으로 보아, 허유가 곽종석에게 보낸 편지는 명덕설 논쟁의 제2라운드에 해당한다고 하겠다.

허유가 명덕(明德)을 의리지심(義理之心)으로 보는 근거는 철저히 주자의 『대학장구』에 근거한 것이다. 『대학장구』 명덕(明德)의 주에 "명덕은 사람이 하늘에서 얻은 것으로 허령불매하여 중리를 갖추고 만사에 응하는 것이다. 다만 그것이 기품에 구애되고 인욕에 가려지게 되면 때로 혼매함이 있게 된다. 그러나 그 본체의 밝음은 그치지 않은 것이 있다. 그러므로 학자는 그것이 발하는 바를 인하여 드디어 그것을 밝혀서 그 처음을 회복해야 한다.[明德者 人之所得乎天 而虛靈不昧 以具衆理而應萬事者也 但爲氣稟所拘 人欲所蔽 則有時而昏 然其本體之明 則有未嘗

---

32) 郭鍾錫, 『俛宇集』 제4책, 「俛宇先生年譜」 52세조. "至是 后山又書來 辨詰甚力 略謂……"

33) 郭鍾錫, 『茶田經義答問』 권3, 「大學三」, 「答許后山」. "盖盛誨 必以章句爲證"

34) 許愈, 『后山集』 권5, 雜著, 「客間」. "然則 明德是甚物事 曰 義理之心 是也 是心也 聖凡之所同得也"

息者 故學者當因其**所發**而遂明之 以復其初也]'라고 하였다.

허유는 이 중에서 특히 '본체(本體)'·'소발(所發)'에 주목하여 '본체'는 의리지심을 말하는 것이라 하였고, '인(人)' 자에 주목하여 이 명덕은 사람만이 얻는 것으로 보았으며, '이(以)' 자에 주목하여 이곳이 심(心)의 계분(界分)으로 심(心)이 주재한다는 의미가 있다고 하였다.35)

이것이 허유가 나중에 주장한 명덕설의 핵심이다. 이러한 허유의 설은 주자의 『대학장구』의 설에 근거해 심통성정(心統性情)의 의미로 해석하는 종래의 시각을 충실히 따른 것이다. 다만 심지본체를 의리지심(義理之心)이라고 한 것과 심(心)의 주재성을 강조한 것이 그의 설이 갖는 독자성이다.

이 편지를 받고 곽종석은 즉시 답서를 보냈는데, 그 요지는 다음과 같이 정리할 수 있다.

① 『대학장구』 주의 '허령불매(虛靈不昧)'는 심(心)의 덕이고, '구중리(具衆理)'는 성(性)의 덕이며, '응만사(應萬事)'는 정의지행(情意志行)의 덕이다.

② 『대학장구』 주의 '본체(本體)'는 허령(虛靈)과 구중리(具衆理)이며, '소발(所發)'은 정의지(情意志)가 만사에 응한 것이고, '수명이복기초(遂明以復其初)'는 그것을 실행해 내 몸에 실득한 것으로 응만사(應萬事)의 궁극이다.

③ 심지본득(心之本得)도 명덕이고, 행지실득(行之實得)도 명덕이다.

―――――――

35) 上同. "章句所謂虛靈不昧 以具衆理應萬事 曰本體 曰所發者 皆以此也 或問所謂所以異於禽獸者 所以爲堯舜 而參天地贊化育 亦以此也 朱子於此未嘗直言義理之心 而本體二字 重言複言 所謂本體 卽是義理之心也……其曰人之所得乎天 此人字 須着眼看 所以分別人物 使人有所感發興起也 且虛靈不昧四字 說明德義已足 而以之一字 尤有主宰之意 以者 心之界分也"

④ 의리지심(義理之心)은 사람과 생물이 균등하게 얻는 것인데, 단지 사람은 온전히 얻고 다른 생물은 치우치게 얻는다.

⑤ 명덕의 실상은 하늘에서 본래 얻은 것만 가리키는 것이 아니라, 도를 행하여 내 몸에 실득한 것까지 겸하여 가리킨다.

⑥ 경전 가운데 '덕(德)' 자가 '심(心)'만을 가리킨 경우가 있던가?[36]

이러한 곽종석의 설은 매우 독창적이다. ①을 보면 '허령불매 이구중리이응만사(虛靈不昧以具衆理而應萬事)'를 심(心)·성(性)·정(情)으로 보는 종래의 설에서 벗어나 모두 심·성·정의 덕(德)으로 본 것과 응만사(應萬事)를 정(情)으로만 보지 않고 '정의지행(情意志行)의 덕'으로 본 것이 독특한 설이다.

이런 맥락에서 그는 ②에서 '수명이복기초(遂明以復其初)'를 응만사(應萬事)의 궁극처로 보고 있다.

③도 이와 같은 맥락에서 선천적으로 하늘에서 본래 얻은 것만 명덕이 아니라, 후천적으로 행사를 통해 얻어지는 것도 명덕이라는 것이다. 이 설은 후대 정약용(丁若鏞)이 후천적으로 행사를 통해 얻은 효제자(孝弟慈)를 명덕으로 본 것과는 다른 설이지만, 후천성을 강조한 측면에서 일정한 연관성을 갖는다. ⑤·⑥도 이와 같은 맥락의 발언이다.

④는 인물성동론(人物性同論)인데 허유의 인물성이론(人物性異論)과

---

36) 郭鍾錫, 『茶田經義答問』 권3, 「大學三」 「答許后山」. "竊意 夫虛靈不昧 心之德也 具衆理 性之德也 應萬事 情意志行之德也 其曰本體者 虛靈也 具衆理也 其曰所發者 情意志之應萬事也 其曰遂明以復初者 行而實得於己 爲應萬事之究竟處也 鍾何嘗謂心非明德哉 只謂心之本得 亦明德也 行之實得 亦明德也 如此然後自格致暨正修 皆可爲明德事…… 鍾則謂義理之心 人與物均得 而特人全而物偏 明德者人之所獨 而非物可語者也 盖明德之實 非獨指本得於天者 而兼指其行道而實得於己者故也 從古經訓中 如有將德字 單作心者 則鍾之惑 庶可解矣 未審 有證援否"

현격한 차이를 보이는 설이다.

이러한 곽종석의 견해에 대해 허유는 반박하였는데, 주로 ④에 치중하면서 ③·⑤를 함께 논하고 있다. 허유는 성(性)은 인(人)과 물(物)이 함께 얻은 것이지만 명덕은 사람만이 얻은 것이라는 점을 강조한다. 그는 그 이유로 장구에 '인지소득호천(人之所得乎天)'을 증거로 제시하며 인(人)만 말하고 물(物)을 말하지 않았다는 점을 들었다. 또 형기지심(形氣之心)은 인(人)과 물(物)이 서로 근사하지만, 의리지심(義理之心)은 절대로 같지 않다고 하며 자신의 설은 윤주하(尹冑夏)·송호언(宋鎬彦) 등이 동의한 것으로 천려일득(千慮一得)에 해당하는 자득한 설임을 내세웠다.

그리고 행지실득(行之實得)을 덕이라고 하는 것은 가능하지만 명덕이라고 하는 것은 불가하다는 점을 내세우며, 정자가 '성(性) 속에 어찌 일찍 효제(孝悌)가 있어 나오는가?'라고 한 말을 증거로 제시하였다.[37]

이후 1897년 곽종석이 허유에게 답한 편지가『다전경의답문』에 3편이 더 실려 있는데, 대체로 ④에 관한 내용이 주를 이루면서 곽종석은 사람이 하늘에서 얻은 것은 물론 현실의 행사를 통해 얻은 충효공중(忠孝恭重) 등까지 모두 통칭해 명덕이라고 하는 관점을, 허유는 심성(心性)의 영역에서 사람이 하늘에서 얻은 광명정대한 의리지심만을 명덕으로 보는 관점을 고수하고 있다.[38]

---

[37] 許愈,『后山集』續集 권2,「答郭鳴遠」. "愚嘗謂以性則人物之所同得 故天命之性章句 並言人物 以明德則人之所獨得 故明德章句 言人而不及物 其義大煞分明……愈竊謂形氣之心 人與物相近 義理之心 人與物絶不同 當時忠汝子敬聞之 皆以愚說謂十分無疑 因删去考異之說 此則愈亦自以爲千慮之一得也……今曰義理之心 人與物均得 未知此說何所根據也 吾兩人所見 若是燕越 他尙何說哉 心之本得於天之明命 固是明德也 行之實得 謂之德則可 謂之明德則不可 程子曰 性中曷嘗有孝悌來 愚亦謂明德中 何嘗有忠孝恭重來"

그런데 그 중 2통의 편지에는 김진호(金鎭祜)의 설을 인용한 말이 자주 나타나는 것으로 보아, 이 시기에 곽종석은 김진호와도 이 문제에 대해 논쟁을 하고 있었음을 짐작할 수 있다.

곽종석은 1898년 허유에게 편지를 보내 "지금 충효공중(忠孝恭重) 등을 영쇄(零碎)한 도리로 보아 이런 것들은 명덕의 실상이 되기에 부족하다 하시고, 단지 '심(心)' 자 위에 '의리지(義理之)' 3자를 더해 바꿀 수 없는 정훈(定訓)이라 하시니, 이른바 의리(義理)라는 것이 매우 고단(孤單)합니다. 또한 충효공중(忠孝恭重) 등의 외에 다시 어떤 의리가 있는지 모르겠습니다. 이는 허령한 인식을 고수하며 천리의 진면목을 흐르게 하는 데 가깝지 않겠습니까?"[39]라고 반박하였다.

이에 허유도 굽히지 않고 "대체로 그대의 설은 남헌(南軒 : 張栻)의 인설(仁說)과 흡사하다. 남헌은 천지만물로 인(仁)의 본체를 삼았는데, 그대는 충효공중으로 명덕의 전체를 삼으니, 협잡(夾雜)하여 달리하고 문란하게 한 데 가깝지 않겠는가? 또한 의리지심을 고단하다고 하면 반드시 형기심(形氣心)을 겸한 뒤에야 완비되는 것인가? 불가에서는 단지 형기심만 있는 줄 알고 의리지심이 있는 줄을 오르기 때문에 주자가 배척한 것이다. 내가 허령한 인식을 고수하며 천리의 진면목을 흐르게 한다고 하였는데, 그대가 허령이라 한 것은 형기(形氣)의 인식이고, 내가 허

---

38) 郭鍾錫,『茶田經義答問』권3,「大學三」,「答許后山」. "盖鄙意 則以得乎天得乎己者 通謂之明德 而盛敎 則單以義理之心 當之 苟然矣"
　　許愈,『后山集』續集 권2,「與郭鳴遠」. "鄙說以人之得乎天而光明正大 義理之心 謂之明德 而盛說則 以行己有得忠孝恭重等事 皆謂之明德"
39) 郭鍾錫,『茶田經義答問』권3,「大學三」,「答許后山」. "今以忠孝恭重等 爲零碎底道理 而謂此不足以當明德之實 只欲於心字上 强加得義理之三字 以爲不易之定訓 則所謂義理者 亦甚孤單 而且未知忠孝恭重之外 更有何樣義理也 是不幾於守虛靈之識而昧天理之眞乎"

령이라 하는 것은 의리(義理)의 진실이다. 지금 저것을 가져다 이것을 배척하니 매우 억울한 것에 가깝지 않겠는가?"[40]라고 하여 격하게 반응하였다.

곽종석과 허유의 논쟁에 김진호가 끼어듦으로써 허유는 물러나는 형세가 되었다. 허유는 동향의 후배인 김진호에게 자신은 노쇠하여 더 이상 논쟁할 기력이 없으니 그대가 정정당당하게 싸워주길 바란다고 부탁을 하기에 이르렀다.[41]

2. 김진호(金鎭祜)와의 논쟁

앞에서 언급했듯이 1897년 곽종석이 허유에게 보낸 편지를 보면 김진호의 설을 인용한 것이 자주 나타난다. 그런데 김진호와 곽종석의 문집을 훑어보면 1896년 이전의 편지에는 명덕에 관한 논쟁이 보이지 않고, 1897년 주고받은 편지에 비로소 명덕설 논쟁이 보이기 시작한다. 이를 보면 곽종석이 김진호와 명덕에 관한 논쟁한 것은 1897년 이후의 일이다. 김진호는 허유가 논쟁에서 빠지면서 그 뒤를 이어 곽종석과 약 2년 동안 이에 대한 치열한 논쟁을 벌였다.

1897년 김진호가 허유에게 보낸 편지에 "명원(鳴遠 : 郭鍾錫)의 명덕설

---

40) 許愈, 『后山集』 續集 권2, 「與郭鳴遠」. "抵盛說明德恰似南軒仁說 南軒以天地萬物爲仁之本體 盛說以忠孝恭重爲明德之全體 不幾於夾雜而差紊乎 且以義理心爲孤單 則必兼形氣心 然後乃爲完備耶 釋氏只知有形氣心 不知有義理之心 故朱子斥之 以守虛靈之識 而昧天理之眞 彼所謂虛靈者 形氣之識也 吾所謂虛靈者 義理之眞也 今援彼而斥此 不幾冤枉之甚乎"

41) 上同. "鳴遠書 未及修答 其議論大槪 以爲 得於天而光明者 固是德也 行己而有得者 亦可曰明德 夫以行己而有得者 謂之明德 終恐不是 然愈之衰索甚矣 有何力一鼓以發之 惟俟兄正正之旗 堂堂之陣也"

은 그 의미를 자세히 살펴보면 전체적으로 범범하여 긴절하지 않습니
다. 대개 '명(明)' 자에 착안하지 않고 '덕(德)'을 말하기 때문에 점점 외
심(外心)의 의사(意思)가 있게 되었으니, 실제로는 세밀한 사려가 아닙니
다."42)라고 하여, 곽종석의 설이 '명(明)' 자보다 '덕(德)' 자에 치중해 해
석함으로써 심(心)의 영역 밖으로 치달리게 된 문제점을 적시하고 있다.

또 그 해 허유에게 보낸 것으로 보이는 편지에도 "명덕에 관한 논쟁
은 피차가 깃발을 내리고 쉬고 있어 거의 중원의 사소한 일이 되었습니
다. 이 문제에 대한 의논은 『대학장구』의 설에 준거하고 별도로 천착하
지 않아야 하는데, 이 형(곽종석)은 끝내 수긍하려 하지 않으니 매우 이
해할 수 없는 일입니다."43)라고 하여, 1897년 논쟁을 일시 중지하였다는
사실과 김진호의 논거가 장구의 설을 고수하는 데 있음을 알 수 있다.

1897년 곽종석은 김진호에게 편지를 보내 『리학종요』를 보면 명덕을
본체조(本體條)에 편입시켜 놓았는데 이는 온당하지 못한 듯하다고 하
면서, 명덕은 체용을 갖추고 있는데 본체에만 편입시키면 심(心)만 명덕
으로 보고 수신실덕(修身實德)은 언급하지 않는 잘못이 있게 된다고 하
였다.44) 이는 자신이 주장하는 하늘에서 얻은 마음의 덕뿐만이 아니라
행사를 통해 얻은 덕까지 모두 포함시켜야 명덕의 체용이 제대로 갖추

---

42) 金鎭祜, 『勿川集』 권3, 「與許后山退而 丁酉」. "鳴遠明德說 細尋其意 則全
是泛而不切 蓋不著眼於明字而說德 故駁駁有外心底意思 實非細慮"
43) 上同, 「答許后山退而」. "明德之爭 彼此偃旗息鼓 庶中原少事云 此箇議論
準諸章句 不是別穿 而此兄終不肯頷 深所未曉"
44) 郭鍾錫, 『茶田經義答問』 권3, 「大學三」「與金致受」. "盖綜要本編凡引 以爲
大文者 皆得一箇心字作眼目 而獨此文無此 此於編書義例 已或不純 且此
編 以心之本體心之妙用 對待分類 而明德之該體用者 偏屬於本體 而不及
於妙用 亦或未甚安 且知之德意之德心之德身之德 莫非德也 豈獨以心爲明
德 而修身實德 亦或不及該哉"

어지는데, 심지본체(心之本體)만을 명덕으로 보고 있어 체제에 문제가 심각하다는 관점을 제시한 것이다.

이에 대해 김진호는 본체조에 편입된 것이 타당하지 않은 듯하지만, 명덕이 체용을 갖추고 있음을 학자들이 모두 아는 사안이고, 체용을 갖춘 조를 별도로 두지 않는다면 본체조에 그대로 두는 것이 타당하다는 견해를 피력하면서[45] 곽종석의 견해에 동의하지 않았다.

1897년 김진호는 곽종석에게 편지를 보내, 심(心)의 영역을 벗어나 행사를 통해 얻어지는 덕까지 모두 포괄하는 것으로 명덕을 해석하는 곽종석의 견해에 대해 논박하였는데, 그 요지를 적출하면 다음과 같다.

> 그대의 편지에 "명덕의 본체는 심(心)의 허령(虛靈)이 인의예지의 성(性)을 갖추고 있는 것이 그것입니다. 명덕의 대용(大用)은 애경(愛敬)·충효(忠孝)·총명(聰明)·공중(恭重)의 덕이 어느 것인들 갖추어져 있지 않음이 없습니다."라고 한 점이 참으로 그대와 내개 논쟁하는 핵심입니다……대개 마음의 허령이 인의예지의 성(性)을 갖추고 있는 것은 하늘에서 얻은 바의 본체이고, 그것이 발하여 애경·충효 등의 덕이 되는 것은 도를 행해 얻어지는 대용입니다. 그렇다면 하늘에서 얻은 바는 명덕을 말하는 것이 아니며, 도를 행해 얻은 것은 자명(自明)을 말하는 것이 아니겠습니까? 그 단락에 분명히 지두(地頭)가 있는데, 그대는 도를 행해 얻어진 것을 곧장 하늘에서 얻은 해석에 해당시키고 있습니다. 그대는 단지 묘용(妙用)이 만사에 산재한 것만 볼 뿐, 대본(大本)이 하늘에서 얻어지는 것임은 전혀 모르고 있습니다.[46]

---

45) 金鎭祜,『勿川集』권5,「答郭鳴遠」. "綜要之明德 編入於本體條 果似未妥 然明德之該體用 學者擧皆知之言之 而旣無別立該體用條件 則不若編置於 本體條"

46) 上同,「與郭鳴遠」. "來喩曰 明德之本體 則心之虛靈 具仁義禮智之性 是已 大用 則愛敬忠孝聰明恭重之德 無所不該 此固兄僕所爭……蓋心之虛靈 具

김진호는 체·용의 관점에서 곽종석이 용처(用處)를 모두 명덕에 포함시키는 설을 반박하고 있다. 여기서 김진호는 하늘에서 얻은 것은 명덕이라 하고, 도를 행해 얻어지는 것은 자명(自明)이라고 하여, 곽종석이 명덕에 포함시키는 용처(用處)를 명덕이 아닌 명덕을 스스로 밝히는 일이라고 변별하였다.

김진호는 곽종석의 설이 심(心)만을 명덕이라고 하는 설을 배척하고 충효공중(忠孝恭重) 등의 일을 위주로 명덕을 해석하고 있다는 점에 초점을 맞추어 비판한 것이다. 김진호의 관점은 곽종석이 리일(理一)의 본체보다는 분수(分殊)의 용처(用處)에 초점을 두어 해석하고 있기 때문에 잘못이라는 것이다.

이에 대해 곽종석은 답서에서 자신의 견해를 정밀하게 정리해 보여주었는데, 그 요점을 제시하면 다음과 같다.

> 더구나 『대학』 팔조목을 말한 문장에서 '명명덕어천하(明明德於天下)'라 하고, 곧장 '선정기심(先正其心)'이라고 하였으니, 심(心)과 덕(德)을 구분한 것을 끝내 숨길 수 없습니다. 이에 여러 경전에서 '덕(德)' 자의 내력을 두루 고찰해 보니, 그 면모와 의미가 모두 심(心) 자와는 확연히 구별되어 단지 소리와 메아리처럼 다를 뿐만이 아니었습니다. 대개 덕은 온갖 선을 실득한 총칭인데, 심(心)의 허령과 성(性)의 인의(仁義)와 정(情)의 애경(愛敬)과 행(行)의 충효(忠孝)와 몸의 총명공중(聰明恭重)이 모두 덕입니다. 찬란하게 밝아 광명이 비추어 통하는 것이 명덕의 전체입니다. 팔조목에서 말한 물(物)·지(知)·의(意)·심(心)·신(身)은 모두 명덕에 속하

仁義禮智之性者 所得乎天之本體也 發之爲愛敬忠孝之德者 行道而有得之大用也 然則所得乎天者 非明德之謂乎 行道而有得者 非自明之謂乎 其段落煞有地頭 而兄則以行道有得 直當於得乎天之訓 但見妙用之散在萬事 而頓昧大本之所得乎天"

고, 격(格)·치(致)·성(誠)·정(正)·수(修)는 모두 그것을 밝히는 일입니다. 덕은 삼강의 총칭이 되고, 심(心)은 팔조목의 하나가 됩니다. 이는 고의로 이 심(心)을 작게 하는 것이 아닙니다. 참으로 하늘의 밝은 명(命)은 찬란하여 내외가 없습니다. 그러나 심(心)을 신(身)과 상대적인 것으로 보면 오히려 내외의 구별이 있게 됩니다. 그러니 이 덕에 심(心)과 신(身)을 갖추어 수신을 명명덕의 궁극이 되게 하는 것만 못합니다. 심(心)이 바르게 되면 신(身)도 닦지 않을 수 없습니다. 그런데 명덕을 심(心)이라 하면 명명덕이 능히 할 수 있는 일은 여기서 끝이 나니, 또한 어찌 수신에 대해 군더더기 말을 하겠습니까? 이에 대해 그대는 "심(心)은 일신의 주재가 되니, 수신이 어찌 심(心) 밖의 일이겠는가? 수신뿐만 아니라 신민도 심(心)이고, 지어지선도 심(心)이고, 『서경』의 오품(五品)·구주(九疇)도 심(心)이고, 『중용』의 성(性)·도(道)·교(教)도 심(心)이다."라고 하니, 이 세상의 모든 리(理)와 선(善)을 하나의 '심(心)' 자로 단정하려 하는 것입니까? 이 점이 내가 명덕에 대해 도리를 내 몸에 실득한 것으로 보아 명덕에는 체용·시종이 갖추어지지 않음이 없고 심(心)·신(身)·성(性)·행(行)이 포함되지 않음이 없다고 하며 하나의 '심(心)' 자로만 보려고 하지 않는 이유입니다.47)

---

47) 郭鍾錫, 『茶田經義答問』 권3, 「大學三」 「答金致受」. "況於八條之文 旣云 '明明德於天下' 而旋云 '先正其心' 則心與德之分 終不可諱也 仍更歷攷 '德' 字來歷於羣經 其面貌意味 皆與心字頓別 非直聲響之殊而已也 盖德者 萬善實得之總稱 而心之虛靈 性之仁義 情之愛敬 行之忠孝 百體之聰明恭重 莫非德也 而粲然瑩然 光明照徹 是則所謂明德之全體也 其曰物曰知曰意曰心曰身 皆屬乎明德 而曰格曰致曰誠曰正曰修 皆明之之事也 德爲三綱之總 而心爲八條之一者 非故爲小了此心也 誠以明命赫然 罔有內外 而將心對身 猶有內外之別 則莫若該心身於此德 而修身爲明明德之究竟也 心旣正矣 而身又不可不修 如以明德爲心 則心正而明明德之能事畢矣 又何贅於修身也 於此而曰心爲一身之主宰 修身豈心外事乎 不特修身 將新民 亦心也 止至善 亦心也 書之五品九疇 皆心也 庸之性道教 皆心也 天下之萬理萬善 皆將以一心字句斷了否 此鍾 所以於此明德 只看作道理之實得於己者 而體用始終 無所不該 心身性行 無所不包爾 不欲以一心字諦破也"

곽종석은『대학』경문의 작문법에 주의하여 심(心)과 덕(德)을 구별해 쓴 것을 확인하고서, 다른 경전에서 '덕(德)' 자를 쓴 용례를 추출해 그 의미가 '심(心)' 자와 다르다는 점을 적시하면서 자신의 설에 대해 개념을 정립해 나갔다. 그리고 삼강령의 명명덕에 팔조목의 격물·치지·성의·정심·수신이 포함된 점에 착안하여 덕(德)은 심(心)만을 지목하는 것이 아니라, 물(物)·지(知)·의(意)·심(心)·신(身)을 모두 포괄해야 마땅하다고 본 것이다.

그리고 팔조목의 수신(修身)을 삼강령의 명명덕(明明德)의 구경(究竟)으로 인식함으로써 자신의 설을 더 확신하게 되었다. 곽종석의 명덕설의 핵심은 명덕을 심(心)의 영역으로 한정하지 않고 수신에 해당하는 행도유득(行道有得)을 포함시킨 데에 있다. 이는 김진호가 행도유득을 명덕에 포함시키지 않고 자명(自明)으로 본 것과 극명하게 갈리는 부분이다.

곽종석이 김진호의 '심(心)' 자에 대한 범범한 해석을 비판한 것은,『대학』의 문맥 속에서 '심(心)' 자를 파악하지 않고 일반적인 심(心)을 가져다 말했기 때문이다. 곽종석의 논거는『대학』본문에서 말한 '명덕(明德)'과 '정심(正心)'의 '심(心)' 자가 구별된다는 데 있기 때문에 이 점에 대해 명확한 변별을 강조하고 있다.

1897년 곽종석과 김진호의 이러한 논쟁은 서로 다른 입장 차이만 확인했을 뿐, 하나도 의견일치를 보지 못했다. 대체로 당시 경상우도 학자들은 곽종석의 설에 동의하지 않고 허유·김진호의 설을 지지하는 입장이었기 때문에 곽종석은 외로운 논쟁을 한 것으로 보인다.

곽종석은 이 편지에서 "근세에 심결(心訣)이 분명치 못해 명덕을 홀로 기(氣)라 하는 자가 있고, 리기를 겸한 것이라 하는 자도 있는데, 이는 명덕의 의미를 심(心)으로만 보기 때문입니다. 만약 '덕(德)' 자가 도리를 실득한 것이 되는 줄을 알면 심(心)·신(身)·성(性)·행(行)을 모두 명덕에 포함시킬 것이니, 심(心)의 덕은 기(氣)가 간여할 바가 아니라는 점을 알아야 합니다."48)라고 하여 자신의 설을 굽히지 않았다.

1898년 명덕에 관해 김진호가 곽종석에게 보낸 편지는 3통, 곽종석이 김진호게 보낸 편지는 2통이 남아 있다. 김진호는 먼저 심(心)과 명덕(明德)은 글자의 의미가 다르다는 곽종석의 설을 반박하기 위해, 아래와 같은 주자의 말을 『대학혹문』·『주자어류』 등에서 발췌하여 제시하였다.

> 問 明德 是心中之理否 曰 便是
> 問 如何是明德 曰 明德 是自家心中具許多道理 本是箇明底物事
> 問 是仁義禮智之性否 曰 便是
> 又曰 虛靈不昧 是心
> 又曰 虛靈不昧 說明德義 已足
> 又曰 良心 便是明德

이러한 주자의 말을 보면 명덕을 심(心) 속의 도리로 보는 내용이다. 김진호는 이런 증거를 제시하며 자신이 '명덕은 오로지 통체지심(統體之心)을 가리킨다'·'심지본체(心之本體)를 인식해 명덕이라고 한다.'는 점을 강조하며, 위 인용문 중에서 '양심(良心)이 바로 명덕이다.'라고 하는 점이 이를 단적으로 보여준다고 하였다. 그리고 곽종석이 '명덕의 본체가 곧 심(心)의 본체이다.'라고 한 말을 비판하면서, 자신의 생각으로는 하나의 본체가 있을 뿐이라는 점을 역설하였다.49)

---

48) 上同. "近世心訣不明 以明德爲單氣者 有之 兼氣者 有之 亦緣明德之每訓 爲心故也 若知德字之爲道理實得 而心身性行 皆其所該 則心之爲德 自當 會非氣所可干也"

49) 金鎭祜, 『勿川集』 권5, 「答郭鳴遠戊戌」. "祜之曰專指統體之心 曰認心之本

이에 대해 곽종석은 주자가 심(心)·성(性)·정(情)·도(道)·행(行) 등에 관해 말한 것을 하나하나 예시하면서 말하는 바의 관점이 서로 다르다는 점을 제시하고, 김진호가 반론한 것은 주자가 심(心)을 말한 것만 치우치게 존신한 데서 나온 편견임을 지적한다. 그리고 자신의 설은 중설을 합해 전체를 본 것이라고 항변하고 있다. 그리고 본체를 둘로 보고 있다는 지적에 대해서도 그렇지 않다는 견해를 피력하였다.[50)]

이에 김진호는 곽종석이 본체에 대한 해명을 제대로 하지 않고 슬그머니 자취를 감추고 있다고 판단해 바로 다음과 같은 편지를 보냈다.

體 謂明德 蓋以此也 良心 便是明德一句 諸訓中 最爲單提……今日 明德只看作道理之實得於己者 體用始終 無所不該 不欲以一心字諦破也 愚意 道理實得於己之己字 換用心字 則煞爲精切義足…… 萬理之渾然全具 瑩然燦然 光明照徹 固所謂明德 而心之全體也 然則直當曰明德卽心之本體也云爾 於義 豈不儘精儘足乎 今乃欲就此心之本體上 更討求明德之本體……抑未知心本體上 更有一箇本體 如禪家所謂無位眞人在上面者乎 求之不得 則俄忽之間 合拜爲一 曰明德之本體 卽心之本體 如祜下愚 只是有一箇本體而已者"

50) 郭鍾錫, 『茶田經義答問』 권3, 「大學三」 「答金致受戊戊」. "其論天之明命 亦然 曰'顧諟天之明命' 無他 求其放心而已 此以心言也 曰'在天爲命 在人爲性' 此以性言也 曰'天之始初命我 如事親孝事君忠 便有許多條貫' 曰'子常見得孝 父常見得慈 與國人交常見得信' 此則以道言也 曰'凡言語動作視聽 皆天也 只今說話 天便在這裏' 曰'足容重至色容莊 皆是天理付與自家' 此則以行言也……高明之與鍾 其爲尊信朱子 則均矣 而但高明偏信他說心處 而自餘云云 一幷掉棄 鍾則合衆說而做全體 要作據信之資 而尙不敢斷定耳……就此心本體上 指示明德之本體 鄙說果有層節之嫌否 然而這上字 恐不必大段看 盖古人之語 有曰'性上見得心 情上見得心' 曷嘗謂性情上面更有一層之心乎 有曰'理上說太極 心上說太極' 曷嘗謂理心上 面別有一層太極乎 此與形而上下之上 煞有別 可默諒也 明德本體 卽心之本體 則一本體爾 惡在爲二本也"

　　그대의 말에 '명덕의 본체는 곧 심(心)의 본체'라고 한 것은 그것의 어떤 점을 추측해 두 개의 본체로 보아 사람을 미혹하게 하는지 잘 모르겠습니다. 답서에도 명백하게 견해표명을 하지 않고 단지 '어찌 두 개의 본체가 되겠는가?'라고만 하여 그 자취를 엄폐하는 듯한 느낌이 있어 매우 놀랍습니다. 나의 견해로 보면 그대의 전후 수천 마디 말의 종지가 귀결되는 것으로는 이 설만 한 것이 없습니다. 그리고 본원에 병폐가 있는 것도 이 설만한 것이 없습니다. 그런데 이 점에 대해 일찍이 분명하게 말하지 않으니, 허다한 사람들이 막막하여 들어갈 수 없다고 하는 것이 당연합니다.51)

　　이처럼 김진호는 곽종석이 '명덕의 본체는 곧 심(心)의 본체이다.'라고 한 말을 곽종석의 명덕설이 갖는 불합리한 점으로 주목하고 상대를 핍박하였다.

　　이에 대해 곽종석은 자신은 '명덕이 심(心)이 아니다.'라고 말한 적은 없고, 명덕은 단지 심(心)만을 가리키는 것은 아니라고 하였다는 점을 강조하였다. 또 '명명덕(明明德)'은 『서경』의 '극명준덕(克明峻德)'·'극명덕(克明德)'에 근본을 한 것이고, '명명덕어천하(明明德於天下)'는 『서경』'부대덕우천하(敷大德于天下)'·'덕명유명(德明惟明)'에 근원을 한 것으로 그 내력이 분명하여 증거가 어긋나지 않는다는 점을 말해, '명덕'이 '심(心)'과 구별되는 의미로 쓰였음을 다시 역설하였다.52) 그리고 마지막

---

51) 金鎭祜, 『勿川集』 권5, 「答郭鳴遠」. "盛喩 明德之本體 卽心之本體 未審推測他何面目而喚作兩本體 使人迷惑 賜答又不明白開示 只曰惡在爲二本 有若掩閉其迹者然 可訝可訝 以愚觀之 高明前後數千言 宗旨歸宿 無如此說本原受病 又無如此說 此處未曾洒落說去 宜其許多人言漠然不入也"

52) 郭鍾錫, 「茶田經義答問」 권3, 「大學三」 「答金致受」. "鍾前後未嘗有明德非心之語 但謂明德之不只是心耳……此所謂明德 實本於書之曰克明峻德曰克明德 此所謂明明德於天下 實原於書之曰敷大德于天下曰德明惟明者

으로 다음과 같이 단호하게 말하였다.

그대의 설에 "만선(萬善)·백행(百行)은 모두 오성(五性)이며, 이 오성을
통합한 것이 심(心)이다. 이른바 정(情)·행(行)·도(道)라고 하는 것도 저절
로 심(心)에 포함될 수 있다."라고 하였는데, 그대의 생각이 이와 같을 뿐
이라면 나는 굳이 논쟁할 필요가 없습니다.……대개 심(心)은 체단의 정
해진 명칭이고, 덕(德)은 실제 선의 통칭입니다. 심(心)을 주로 해 말하면
온갖 덕이 모두 이에 관섭(管攝)되고, 덕(德)을 주로 해 말하면 심지덕(心
之德)·신지덕(身之德)·성지덕(性之德)·정지덕(情之德)도 여기에 포괄됩
니다. 『대학』에서 이미 '명덕'이라고 했으니, 바로 덕을 주로 해 말한 것
입니다. 그러니 앞의 '명(明)' 자 위에서 보아 이 심(心)의 주재가 모이는
바를 취해야 하니, 격(格)·치(致)·성(誠)·정(正)·수(修)는 모두 이 물(物)
입니다. 미루어 제(齊)·치(治)·평(平)에 이르러도 이 물(物) 아닌 것이 없
습니다. 그러니 그 통회(統會)가 되는 것이 여기에 있지 않겠습니까? 심
(心)의 본체는 곧 도리이고, 명덕의 본체도 곧 도리입니다. 그러므로 나는
명덕의 본체는 곧 심의 본체라고 말하는 것이니, 본체는 하나인데 어찌 두
개의 본체가 된다고 말하겠습니까? 또한 어찌 내가 엄폐한 것이 있단 말
입니까?[53]

곽종석은 김진호가 '심(心)'을 일반적인 심(心)으로 논한 것에 대해 실

來歷分明 證據不爽者乎"
53) 郭鍾錫, 『茶田經義答問』권3, 「大學三」, 「答金致受」. "來論曰 '萬善百行 摠
之五性 五性統會底心也 所謂情也行也道也 自可以該擧矣' 盛意止如是 則
鍾亦不必爭也……盖心是體段之定名 德是實善之通稱 主心而言 則百德 皆
管攝乎是矣 主德而言則 心之德 身之德 性之德 情之德 亦該括乎是矣 此旣
云 明德 正當主德而言 須於上明字上 看取此心主宰之會 而曰格曰致曰誠
曰正曰修 皆是物也 推而至於曰齊曰治曰平 莫非是物也 其爲統會者 其不
在是乎 心之本體 卽道理也 明德之本體 卽亦道理也 故鍾謂明德之本體 卽
心之本體 則本體一也 如何喚作兩本體 又何掩閉之有"

망감을 표시하며 논쟁할 필요도 없다는 속내를 드러냈다. 그리고 성리
(性理)의 개념을 정립할 적에는 어떤 측면에서 보느냐에 따라 입론이 달
라진다는 점을 환기시키며, 명덕과 심(心)의 개념문제를 다시 거론하고
있다. 그런데 그의 논의는 『대학』의 삼강령·팔조목의 명덕(明德)과 심
(心)으로부터 전개하고 있어, 김진호가 범론한 심(心)의 의미를 배제하고
있다.

곽종석의 이 편지에 대해 김진호도 더 이상의 논쟁이 무의미함을 인
지하였던지 편지를 보내 논쟁을 끝냈다.54) 이렇게 두 사람의 논쟁은 마
무리되었다.

김진호는 1899년 윤주하에게 보낸 편지에서 이 논쟁에 대해 아쉬움을
표하며 "명덕에 대해 온갖 행사를 통해 내 몸에 얻어진 것을 범범하게
가리키는 것이라고 말해도 불가할 것이 없지만, 오직 『대학』에서는 주
자가 단지 심(心) 자로 해석을 했고, 또 주자의 말씀에 '양심(良心)이 바
로 명덕이다.'라고 한 설과 '성(性)은 명칭이고, 명덕은 표덕(表德)이다.'
라는 비유가 있으니, 심(心)·성(性)·명덕(明德)은 하나의 리(理)입니다.
이미 성(性)의 표덕이라 하였으니, 심(心)의 별명이라고 하는 것에 어찌
의심할 만한 점이 있겠습니까. 그런데 면우(俛宇 : 郭鍾錫)는 자신의 주
장을 굽히지 않으니, 나의 미력한 힘으로는 논쟁할 바가 아니어서 짐짓

---

54) 金鎭祜, 『勿川集』 권5, 「答郭鳴遠」. "明德義 屢蒙提諭 至於如此迷滯者 庶
可開明 而一向未至契合 豈非祜無實做之工 而但取辦於言辭而已也 雖欲强
顔辨數 一似磨驢踏迹 一似字句吹覓 何以仰答 要之 不必廣引博證 以敵穎
鋒 只取朱子章句 單潔喫緊 則終不出心字訓詁 添剩語 足贅義 不得 何暇以
甘酸燥濕 左右援掣 以汨眞源正脈哉 然盛意不能相悉 苟非塚奴之出 孰會
師說 而勘案哉 來喩曰 不若熟講他書 參究衆理 或因彼會此 兄旣以此自警
則祜亦敢不用此法而致察哉"

논쟁을 그만 두었습니다. 각자 공부를 하다가 별도로 묘하게 터득한 것
이 있은 뒤에 서서히 생각하기로 하였습니다."[55]라고 하였다.

김진호는 곽종석이 허유와 논쟁한 편지를 보고 나서「독곽명원어허
후산논명덕서(讀郭鳴遠與許后山論明德書)」라는 글을 남겼다. 이 글에서
그는 곽종석이 '덕(德)' 자를 광범위하게 해석한 것에 대해 긍정하면서
도『대학』에서 '덕(德)' 자 앞에 '명(明)' 자를 붙여 '명덕(明德)'이라고
말한 것은 의미가 달라진다고 보았다. 그리고 주자가 '명덕'에 대해『대
학장구』에서 해석한 것을 보면, '소득호천(所得乎天)'은 '덕(德)' 자의 주
각이고, '허령불매(虛靈不昧)'는 '명(明)' 자의 주각이며, '구중리(具衆理)'·
'응만사(應萬事)'는 '명덕' 2자에 대한 주각의 주각이라고 하여 전체(全
體)와 묘용(妙用)이 '심(心)'의 뜻과 흡사하다고 보았다.[56]

이는 명덕을 어디까지나 심(心)의 영역에 속한 것으로만 보고자 하는
견해이다. 그리하여 김진호는 "명덕은 참으로 심(心)으로 보아야 한다.

---

55) 金鎭祜,『勿川集』권5,「答尹忠汝 己亥」. "蓋明德 雖泛指百行之得於己者
言之 亦無不可 惟大學 朱子特以心字訓的 又有良心便是明德之說 與夫性
名也 明德 表德也之喩 則心也 性也 明德也 一理也 旣謂之性之表德 亦可
謂之心之別名 有何可疑 俛兄堅壁固拒 非屠力所及 姑且罷休 各自日征月
邁 別有妙得 然後徐徐商確耳"

56) 金鎭祜,『勿川集』권11,「讀郭鳴遠與許后山論明德書」. "心之訓 神明不測
德之訓 得字爲切 恐不可混用 而德之名甚廣 隨所得之理 而皆可稱之 如所
謂心則爲虛靈之德 性則爲仁義之德 情曰愛敬之德 行曰忠孝之德 手有恭之
德 足有重之德 耳目有聰明之德 皆是也 又如峻德懿德大德達德 何所稱而
不宜也 然明德則德固是一般 而加一箇明字 意思便自別 大學首以是爲萬世
心學之宗 其意實非徒然而與佗同例也 故朱子於此訓解 特異諸經之訓德 而
曰人之所得乎天 而虛靈不昧 以具衆理應萬事云云 用意極深切而稱停也 分
節而論之 所得乎天 德字註脚也 虛靈不昧 明字註脚也 具衆理應萬事 乃上
二字註脚之註脚 而全體妙用 恰是心底訓義也"

그러나 심을 말하면 혹 기(氣)를 겸하여 말하기 때문에 명덕은 천리(天理)만을 떼어내 말을 한 것이다."[57]라고 자신의 설을 더욱 분명히 말하였다. 이는 심합리기(心合理氣)의 관점으로 리주기자(理主氣資)를 주장하는 자신의 리기론을 그대로 반영하기 때문에 명덕을 심(心) 속에 갖추어진 리(理)로 보는 설이다.[58]

IV. 맺음말

명덕에 대해, 기호학파에서 낙론은 본연지기(本然之氣)로 보았고, 호론은 심(心)의 광명처(光明處)를 가리키는 것으로 보았다. 이는 모두 심즉기(心卽氣)의 입장을 전제로 하되 낙론은 기(氣)의 측면에서만 명덕을 해석한 것이고, 호론은 심통성정의 의미를 중시해 해석한 것이다. 반면 영남학파는 주자가 심통성정으로 해석한 것에 근거하여 심합리기(心合理氣)의 관점에서 리(理)를 위주로 해석하였다.

19세기 퇴계학파의 정맥을 이은 유치명(柳致明)은 명덕을 해석하면서 기청리철(氣淸理徹)이라고 하였는데, 그의 문인 박치복(朴致馥)은 이는 이상정(李象靖)의 설을 조술한 것으로 주자 이래 상전한 적결(嫡訣)이라

---

57) 金鎭祜,『勿川集』권10,「答李致善 己亥」. "明德 固當以心看 然曰心 則或可兼氣說 而明德則只剔出天理以立言"

58) 金鎭祜,『勿川集』권7,「答河叔亨 戊戌」. "德兼理氣 必是謂明德爲心 而心是兼理氣底 故爲是言 然明德是心中所具之理 虛靈明徹底 帶說氣不得 非但章句如此 語類及或問 許多明德訓 無有氣字押來 蓋理之盛貯 非無地盤 而氣之爲地盤 在所不說也 心固理氣之合 而理爲主 氣爲資 變易不得 若氣騰倒而奪理主 則天理減絶 便謂喪心 比諸君臣 理君也 氣臣也"

고 하였다. 유치명의 견해는·명덕을 심합리기(心合理氣)의 관점에서 본
것인데, 당시 주리론를 새롭게 주장하던 사람들은 기(氣)를 겸하여 말한
것에 문제가 있다고 비판이 일어났다. 그리하여 박치복은 홀로 리(理)만
가리키는 것으로 보는 것은 성선(性善)에 대한 해석이지 명덕(明德)에
대한 해석이 아니라고 반론을 전개하였다.[59]

　　그러나 이진상의 심즉리설(心卽理說)을 위주로 하는 학자들은 명덕(明
德)을 심(心) 속에서 의리지심(義理之心)만을 가리킨다고 하거나 천리(天
理)만을 떼어 말한 것이라고 하여, 기(氣)를 겸하여 논하는 것에 반대하
였다. 이런 점에서는 곽종석의 설과 마찬가지이다.

　　그런데 곽종석은『대학』삼강령·팔조목의 논의구조에 나아가 명덕
(明德)과 심(心)을 엄격히 다른 것으로 변별함으로써 명덕을 하늘에서
얻은 심지본체(心之本體)를 가리키는 것뿐만이 아니라, 행사를 통해 얻
어지는 충효공중(忠孝恭重) 등을 모두 포함하는 것으로 해석하였다. 이 점
이 스승 이진상의 설 및 동문들의 설과 변별되는 가장 특징적인 점이다.

　　곽종석은 명덕을 물(物)·지(知)·의(意)·심(心)·신(身)의 덕을 모두 포괄
하는 것으로 봄으로써 선험적인 본원은 물론 후천적인 경험을 모두 아
우르는 논리를 정립하였는데, 이는 정약용이 후천적 경험만을 중시한
것과도 일정 부분 연관성을 갖는다.

　　대체로 19세기 주리론자들은 주재성을 강조하기 위해 본체·본원을 강
조하였는데, 곽종석은 행사를 얻어지는 실득(實得)을 모두 명덕에 포함

---

59) 朴致馥,『晩醒集』권8, 雜著,「明德辨」. "昔我先師定齋先生 訓明德曰氣淸
理徹 盖祖述湖上之旨 朱李以來 相傳之嫡訣也 難者病之曰 同得者 理也 異
稟者 氣也 以人人同有之明德而兼氣說 可乎 不如單指理之爲是 余應之曰
釋經者 唐知聖人立論本意以爲訓 不然經旨晦而聖言湮 單指理 乃性善之訓
非明德之訓也"

시키고 있어 주재성과 아울러 실용성을 강조하고 있는 것이 다른 학자들과 변별되는 점이다. 이런 점에서 그의 체용론은 본체에 치중하지 않고 체와 용을 모두 포괄하는 해체용(該體用)의 논리구조를 갖고 있다.

　본고에서는 곽종석의 『대학』해석 가운데 '명덕(明德)'의 해석에만 초점을 맞추어 살피고, 그것도 이승희·허유·김진호와의 논쟁을 중심으로 살펴보았기 때문에, 그의 『대학』해석의 특징을 전체적으로 조명하지 못하였다. 예컨대 간재(艮齋) 전우(田愚)가 「대학기의(大學記疑)」에서 곽종석의 설을 비판한 것, 또는 전우의 문인 남진영(南軫永)이 곽종석의 명덕설을 비판한 것 등은 이 글에서 다루지 못하였다. 이에 대해서는 별도의 논의가 있어야 할 것이다.

〈참고문헌〉

1. 원전자료

郭鍾錫, 『茶田經義答問』 大學, 매산출판사 영인본, 1984.
_____, 『俛宇集』, 아세아문화사 영인본, 1984.
金元行, 『渼湖集』, 한국문집총간 제220책, 한국고전번역원, 1998.
金鎭祜, 『勿川集』, 아세아문화사 영인본, 1989.
朴致馥, 『晩醒集』, 炳燭契, 2003.
尹鳳九, 『屏溪集』, 한국문집총간 제205책, 한국고전번역원, 1998.
李惟泰, 『四書答問』, 한국경학자료집성 대학2, 성균관대 대동문화연구원, 1989.
李廷龜, 『月沙集』, 한국문집총간 제69책, 한국고전번역원, 1991.
李震相, 『寒洲全書』-『理學宗要』, 아세아문화사 영인본, 1980.
丁若鏞, 『與猶堂全書』 제2책 「大學公儀」, 한국문집총간 제282책, 한국고전번역원, 2002.
趙有善, 『蘿山集』 經義-大學, 한국경학자료집성 대학4, 성균관대 대동문화연구원, 1989.

趙　翼,『浦渚集』한국문집총간 제85책, 한국고전번역원, 1992.

韓元震,『經義記聞錄』권1 大學, 한국경학자료집성 대학4, 성균관대 대동문화연
　　구원, 1989.

＿＿＿,『南塘集』, 한국문집총간 제201책, 한국고전번역원, 1998.

許　愈,『后山集』, 한국문집총간 제327책, 한국고전번역원, 2004.

胡廣 等,『大學章句大全』, 학민문화사 영인본.

2. 연구 논저

李相夏,『寒洲 李震相의 主理論 研究』, 경인문화사, 2007.

박학래,「리 일원론에 기초한 개혁논자들 - 노사학파」,『조선유학의 학파들』, 예문
　　서원, 1997. : 534~571면.

鄭景柱,「江右地方 許性齋 門徒의 學風」,『남명학연구』제10집, 경상대 남명학
　　연구소, 2000. : 129~177면

崔錫起,「退溪의『大學』解釋과 그 意味」,『퇴계학과 한국문화』제36호, 경북대
　　퇴계연구소, 2005. : 97~159면.

홍원식,「역사 속에 산화해 간 주자학의 최후 - 화서학파」,『조선유학의 학파들』,
　　예문서원, 1997. : 572~592면.

※ 이 글은『남명학연구』제27집에 수록된「면우 곽종석의 명덕설 논쟁」을 수정
　　보완한 것이다.

제9장
김황(金榥)의 경학십도(經學十圖)에 대하여

Ⅰ. 김황의 학문적 성과

김황(金榥, 1896~1978)의 자는 이회(而晦), 호는 중재(重齋), 본관은 의성이다. 김황은 남명의 문인이자 외손서인 동강(東岡) 김우옹(金宇顒)의 12대손으로 부친은 김극영(金克永)이고, 모친은 청송 심씨(靑松沈氏)이다.

김황은 1896년 5월 26일 경상도 의령군 궁류면(宮柳面) 어촌리(漁村里)에서 출생하였다. 1910년 나라가 망하자, 합천 황매산 서쪽 만암(晩巖)이라는 깊은 산골로 이사를 하였고, 그는 그곳에서 부친에게 글을 배웠다. 17세 때부터 곽종석(郭鍾錫)의 문하에 나아가 수학하였다. 1919년 김창숙(金昌淑)을 만나 파리강화 회의에 파리장서를 보내기로 결의하고, 진주 등지의 유림들 서명을 받아 상해로 떠났다가 발각되어 옥고를 치렀다. 그 뒤 제2차 유림단사건 때도 체포되어 9개월의 옥고를 또 치렀다. 1978년 별세하였다.

김황에 대한 기왕의 연구 성과로는, 허권수(許捲洙)의 「중재(重齋) 김황(金榥)의 생애와 학문」(2007), 금장태의 「중재 김황의 도학과 근대적 계승」(『퇴계학파의 사상Ⅱ』(2007), 민병조(閔丙祚)의 「중재 김황의 『대학사역(大學私繹)』 연구」(2011) 등이 전부이다.

아직 연구가 일천한 상태이기 때문에 앞으로 심도 있는 연구가 요구된다. 김황에 대한 연구가 필요한 이유는, 그가 이진상(李震相) - 곽종석(郭鍾錫)으로 이어지는 영남학파의 새로운 학맥을 이은 중요한 학자로서 방대한 양의 저술을 남겼기 때문이다. 그의 경학과 성리학에 관한 설은 구한말부터 일제침략시기, 그리고 현대로 이어지는 전통유학의 정신을 고스란히 반영하고 있기 때문에, 이를 통해 우리는 20세기 유학의 변모양상 고찰할 수 있다. 또한 일제강점기를 거쳐 현대사회로 접어드는 시기의 경상우도 지역 학술을 확인하는 데에도 빼놓을 수 없는 인물이기 때문이다.

김황이 저술한 경학 관련 저술로는 『논어존의(論語存疑)』, 『주역소차(周易小箚)』, 『상서구독(尙書舊讀)』, 『시경여의(詩經餘義)』, 『춘추강언(春秋講言)』, 『주례차의(周禮箚疑)』, 『의례통독(儀禮通讀)』, 『예기기의(禮記起疑)』, 『맹자부연(孟子附演)』, 『중용추역(中庸追繹)』, 『대학사역(大學私繹)』, 『소학영언(小學零言)』, 『효경장구(孝經章句)』 등을 남겼다. 사서오경에 대해 모두 자신의 견해로 해석을 하였고, 『소학』과 『효경』 등에 대해서까지 해석하였다.

성리학 관련 저술로는 『근사록사차(近思錄私箚)』, 『근사록추역(近思錄追繹)』, 『심경추역(心經追繹)』을 남겼으며, 역사방면의 저술로는 『역대기년(歷代紀年)』, 『독립제강(獨立提綱)』, 『동사략(東史略)』, 『동국역년도첩록(東國歷年圖捷錄)』, 『속강목의례고이(續綱目義例考異)』 등이 있다. 이외에도 시문집 100여 권을 저술하고, 『이서백선(李書百選)』을 편찬하였다.

문집 잡저에 실린 수십 편의 글에는 경학십도부찬(經學十圖附贊), 이진상의 심즉리설(心卽理說)에 대한 기호학파 학자들 및 영남학파 학자들과의 논변, 남명 조식의 「신명사도(神明舍圖)」에 대한 해설 등 저자의 학문과 사상의 정수를 드러낸 것이 허다하다. 따라서 이에 대한 각 분야 전문가들의 심도 있는 연구가 이루어져야 한다.

II. 경학십도(經學十圖) 개관

김황의 「경학십도부찬」은 잡저 권43에 수록되어 있는데 도표로 정리하면 다음과 같다.

차례	명칭	내용	비고
제01도	周易圖	64卦-八卦-四象-兩儀-太極 순으로 그림. 上經·下經으로 나누고, 定吉凶·生大業의 관점으로 해석	附贊
제02도	書圖	횡으로는 虞書-夏書-商書-周書 순. 종으로는 典-謨-誓-誥-訓-命으로 나누어 도표화. 전편의 논리체계 파악.	附贊
제03도	詩圖	횡으로는 國風·小雅·大雅·頌으로 나누고, 종으로는 正·變으로 나누어 파악.	附贊
제04도	春秋圖	주나라의 大一統을 상단에 배열하고, 그 밑에 노나라의 역대 제후를 나열했는데 所傳聞·所聞·所見으로 나눔. 그 밑에 列國을 나열했는데, 公·侯·伯·子·男으로 나눔. 다시 그 밑에 참람한 魯三家·春秋五覇·晉六卿을 배열.	附贊
제05도	禮圖	『周禮』·『儀禮』·『禮記』의 三禮를 통합해 그린 것이 가장 큰 특징. 『주례』를 상단에, 그 다음에 의례를, 밑에 예기를 배열.	附贊
제06도	論語圖	『논어』를 도표로 그린 것이 별로 없는데, 20편을 체계적으로 파악하려 함. 맨 위에 「學而」를 두고, 그 밑에 「위정」 이하 8편을 횡으로 배열. 그 밑에 「향당」, 그 밑에 「선진」 이하 7편을 배열. 그 밑에 「미자」와 「자장」을 배열, 그 밑에 「요왈」을 둠.	附贊
제07도	孟子圖	『맹자』를 도표로 그린 것도 거의 없는데, 상하 14편을 묶어 체계를 세움. 상단에 7편을 쓰고, 그 밑에 이를 묶어 道로 표기. 그 아래 性善을 표기하고, 存天理·遏人欲의 두 축의 공부를 제시. 그 아래 다시 知天·事天을 요지로 추출. 하단에는 이를 두 축으로 遊說·自任으로 파악.	附贊
제08도	中庸圖	이진상-곽종석으로 전해진 四大支說과 六大節說을 합해 보는 관점을 수용.	附贊
제09도	大學圖	經一章·傳十章을 상하로 나누어 그림. 六事를 팔조목 하단에 배열하여 분속시킴. 명명덕·신민을 두 축으로 하고, 지어지선을 팔조목·六事 뒤에 귀결시킴.	附贊
제10도	小學圖	내편·외편으로 나누어 그림. 내편의 立教·明倫·敬身을 廣으로, 稽古를 實로 파악.	附贊

김황의 경학십도는 우선 사서오경에『소학』을 경전의 반열로 올려 10
경(經)으로 삼았다는 점에 그 특징이 있다.『소학』은 송나라 때 주자가
만든 책으로, 조선시대에는 소아교육의 필독서였다. 또한『소학』은『대
학』과 함께 불가분의 관계에 있는 책으로,『대학』의 대인지학(大人之學)
을 공부하기 전에 미리 갖추어야 할 쇄소응대진퇴지절(灑掃應對進退之
節)을 말하고 있어 인간답게 살아가는 기본적인 윤리교과서라고 할 수
있다.

또한 김황의 경학십도는『소학』및 사서오경에 대해 모두 전편의 요
지를 한 장의 도표로 그렸다는 특징이 있다. 대체로『논어』와『맹자』는
다양한 내용을 담고 있어 한 장의 도표로 그리기 어렵기 때문에 조선시
대 한 장의 도표로 그린 것이 거의 없다. 그런데 김황은 이를 도표로 그
려내었다.

또 오경의 경우도 부분적인 내용을 도표로 그린 것은 종종 나타나지
만, 전체의 요지를 한 장의 도표로 그린 경우는 거의 없다. 그런데 김황
은 이를 모두 한 장의 도표로 그렸다. 여기에 이 경학십도가 갖는 특징
과 의의가 있다.

경학십도의 순서는 제1도가「주역도(周易圖)」, 제2도가『서경』을 그
린「서도(書圖)」, 제3도가『시경』을 그린「시도(詩圖)」, 제4도가『춘추』
를 그린「춘추도(春秋圖)」, 제5도가『주례』·『의례』·『예기』를 그린「예
도(禮圖)」, 제6도가「논어도(論語圖)」, 제7도가「맹자도(孟子圖)」, 제8도
가「중용도(中庸圖)」, 제9도가「대학도(大學圖)」, 제10도가「소학도(小學
圖)」이다.

대체로 육경(六經)을 일컫는 순서는 금문학파와 고문학파가 다르다.
금문학파는 내용의 심천(深淺)에 따라 시(詩)-서(書)-예(禮)-악(樂)-

역(易) – 춘추(春秋)의 순으로 일컫고, 고문학파는 저작 시기의 선후에 따라 역(易) – 서(書) – 시(詩) – 예(禮) – 악(樂) – 춘추(春秋)의 순으로 일컫는다.

이런 순서에 비추어볼 때, 김황의 경학십도의 오경의 순서는 저작 시기의 순서를 따르면서도 『춘추』를 삼례(三禮)보다 앞에 둔 것이 특징이다. 그것은 삼례의 하나인 『예기』가 한대(漢代)에 만들어진 책이기 때문에 뒤에 둔 것이 아닐까 싶다.

사서(四書)를 일컫는 순서도 주자가 『대학』을 먼저 읽고, 다음 『논어』와 『맹자』를 읽고, 마지막으로 『중용』을 읽으라고 한 것과 다르게 배치되어 있는데, 그 이유는 알 수가 없다.

Ⅲ. 소학도(小學圖)와 사서도(四書圖)

위에서 언급했듯이, 김황의 경학십도의 배열은 오경도(五經圖)를 앞에 두고, 그 다음에 사서도(四書圖)를 두고, 마지막에 소학도(小學圖)를 두었다.

여기서는 이러한 배열을 조선시대의 일반적인 경학체계에 따라 재분류하여 소학도를 맨 앞에 거론하고, 그 다음 사서도를 거론하고, 마지막으로 오경도를 거론하기로 한다. 사서도 김황의 경학십도에 있는 차서를 따르지 않고, 조선시대 일반적으로 일컫는 차서에 따라 대학도-논어도-맹자도-중용도의 순서로 배열하였다.

1. 소학도(大學圖)

왼쪽 도표는 김황의 「소학도」이고, 오른쪽은 이황(李滉)의 성학십도 (聖學十圖)에 있는 「소학도」이다. 『소학』은 「입교(立敎)」·「명륜(明倫)」· 「경신(敬身)」·「계고(稽古)」의 내편과 「가언(嘉言)」·「선행(善行)」의 외편 으로 구성되어 있다.

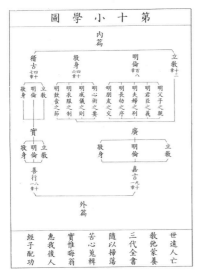 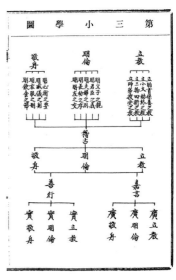

위의 두 도표를 통해 알 수 있듯이, 김황의 「소학도」는 이황의 「소학 도」와 전체적으로 크게 다르지 않다. 다만 굳이 그 특징을 찾아보면, 김 황의 「소학도」는 내편과 외편을 명확히 구분한 점, 「계고」를 「입교」·「명 륜」·「경신」과 나란히 옆으로 배열하여 앞의 3편이 「계고」로 귀결되는 듯한 인상을 주지 않은 점이 다르다.

「소학도」 밑에 붙인 찬은 다음과 같다.

세대가 멀어지고 성인이 돌아가시니,	世遠人亡
아동을 교육시키는 일 해이해졌도다.	教弛蒙養
삼대 융성했던 시절의 온전한 서적이,	三代全書
세류를 따라 씻은 듯이 없어졌구나.	隨以掃蕩
괴로운 마음으로 자료를 수집한 이,	苦心蒐輯
실로 회암(晦庵) 주 선생뿐이시네,	實惟晦翁
우리 후인들에게 은혜를 베푸시어,	惠我後人
경전·자서(子書)와 공을 합하였네.	經子配功

2. 대학도(大學圖)

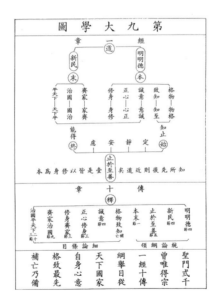

조선시대는 『소학』과 『대학』이 학문의 근저에 자리하였다. 특히 『대학』은 모든 학문의 규모를 다 갖추고 있어서 그 어느 경서보다 중시되었다. 『대학』을 도표로 그린 것은 조선 초의 권근(權近)으로부터 나타나는데, 수백 장의 서로 다른 대학도가 작성되었다. 이는『대학』해석이 그만큼 정밀하고 세밀했다는 것을 의미한다. 이런 전개 속에서 김황의 「대학도」는 그 끝자락에서 그려진 대학도라고 할 수 있다.

김황의「대학도」는 다음과 같이 특징이 있다.

첫째,『대학』의 전체 내용을 한 장의 도표로 일목요연하게 그린 대학 도이다. 조선시대 대학도를 보면『대학』전체의 내용을 그린 도표도 있고, 경일장(經一章)만을 그린 도표도 있고, 전십장(傳十章)을 각 장별로 그린 도표도 있다. 이 중에서 경일장을 그린 그림이 제일 많다.『대학』을 한 장의 도표로 그린 것은 그렇게 많지 않은데, 여러 장으로 그린 도표가 대부분이다. 김황의「대학도」처럼 한 장으로 전체의 내용을 간결하게 드러낸 경우는 별로 없다.

둘째,『대학』은 삼강령과 팔조목으로 되어 있는데, 김황의「대학도」는 명명덕과 신민을 횡으로 나란히 배열하고, 그 다음에 팔조목을 명명덕과 신민에 배분하고, 하단 중앙에 삼강령의 지어지선을 배치하여 명명덕과 신민이 귀결되게 하였다.

주자의「대학도」는 명명덕과 신민을 세로로 배열하고 왼쪽 중앙에 지어지선을 그려 명명덕과 신민이 지어지선으로 귀결되게 하였는데, 조선시대 권근(權近)으로부터 나타나기 시작하는 대학도에는 삼강령의 명명덕·신민·지어지선을 상단에 횡으로 나란히 배열하고 있다. 이런 도표는 이황(李滉)에게서도 그대로 나타난다.

조선중기에 이르러 주자학을 존신하는 학자들은 주자의「대학도」를 따라 그린 대학도가 나오기도 하지만, 대체로 명명덕과 신민을 상단에 횡으로 배열하고, 그 하단 중앙에 지어지선을 배치하는 형태가 주류를 이룬다. 다만 팔조목을 어디에 배열할 것인가, 또 삼강령의 공효(功效)로 보는 경일장 제2절을 어디에 배치할 것인가에 대해서는 여러 가지 다양한 견해가 나타난다.

　셋째, 경일장 제2절의 지지(知止)·정(定)·정(靜)·안(安)·려(慮)·능득(能得)을 육사(六事)라고 하는데, 이를 팔조목 밑에 나누어 배열하고 있다는 점이다. 주자와 주자학자들은 이 육사는 공부(工夫)로 보지 않고 삼강령의 공효로 보았다. 후대 주자의 『대학장구』를 개정하는 설은 대부분 이로부터 비롯되었는데, 그것은 이 육사를 격물치지(格物致知)의 공부로 보는 시각에 의한 것이었다. 김황의 경우는 팔조목의 격물·치지를 지지(知止)로 보고, 성의(誠意) 이하 6조목에 정(定)·정(靜)·안(安)·려(慮)·능득(能得)을 배열하였다. 이는 팔조목의 성의 이하 6조목이 각각 공부를 통해 도달하는 공효를 말한 것으로 본 것이다.

　「대학도」 밑에 붙인 찬은 다음과 같다.

성인 공자의 문하에 삼천 명의 제자 있었는데,	聖門三千
오직 증자께서 그 종지(宗旨)를 얻으셨네.	曾唯得宗
경일장과 전십장으로 된 한 부의 『대학』,	一經十傳
강령(綱領)을 들면 조목(條目)이 따라 나오네.	綱擧目從
천하와 국가를 다스리는 일은,	天下國家
생각과 마음과 몸으로부터 비롯되네.	自身心意
그런데 격물치지가 가장 먼저기 때문에,	格致最先
주자께서 보망장(補亡章)에 갖추어 놓으셨네.	補亡乃備

3. 논어도(論語圖)

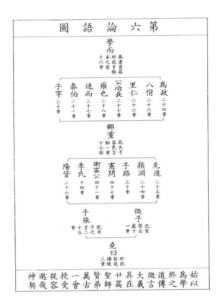

　『논어』는 제자들이 보고 들은 공자의 언행을 기록한 것을 모아 만든 책이기 때문에 전체적으로 일관된 주제가 있지 않고 단편적인 내용으로 되어 있다. 그래서 한 편에 수록된 내용도 주제를 정하기가 어렵다. 그 때문에 『논어』 전체의 내용을 도표로 그린 논어도(論語圖)는 극히 적다. 조선시대 작성된 논어도는 서너 장 정도가 발견될 뿐이다. 이런 점에서 김황의 「논어도」는 그 가치가 있다.

　김황의 「논어도」의 특징은 『논어』 20편을 편별로 도표화했다는 데에 있다. 위의 도표에서 보듯이, 「학이」를 맨 위 중앙에 배치하고, 그 다음에 「위정」부터 「자한」까지 8편을 횡으로 나란히 배열하였으며, 그 아래 「향당」을 중앙에 배치하고 선으로 연결하여 귀결되게 하였다. 그리고 그 하단에 「선진」부터 「양화」까지 7편을 횡으로 나란히 배열하고, 그 밑에 「미자」와 「자장」을 횡으로 나란히 배열하고, 맨 밑 중앙에 「요왈」을 배치하고 선으로 연결하여 귀결되게 하였다. 「미자」와 「자장」을 분리한 것은 공자의 말이 거의 없기 때문이다.

김황의 이 「논어도」는 『논어』 20편의 구조를 변별적으로 이해할 수 있도록 했다는 점에서 그 의의가 있다.

반면 이 「논어도」의 한계는 편명 위주로 도표화하다 보니, 『논어』 전체의 대지(大旨)를 뽑아 드러내지 못했다는 점이다. 예컨대 공자의 사상은 한 마디로 인(仁)이라 할 수 있는데, 이런 주제어가 나타나지 않으며, 공자가 자주 언급한 학(學)·예(禮)·효제(孝悌)·충신(忠信) 등도 전혀 보이지 않는다.

하단에 붙은 찬은 다음과 같다.

인류 역사상 처음으로 학문을 하여,	始以爲學
유종의 미를 거두어 도를 전하셨네.	終之道傳
말씀은 은미하지만 의리는 매우 크니,	微言大義
그것들이 모두 20편 속에 들어있네.	具在卄篇
성인이신 우리 선사, 현인이신 제자들,	聖師賢弟
만고에 한 차례 서로 만나 성대했도다.	萬古一會
도를 주고받은 조용한 가르침,	授受從容
아득한 훗날까지 정신이 합하네.	邈哉神契

4. 맹자도(孟子圖)

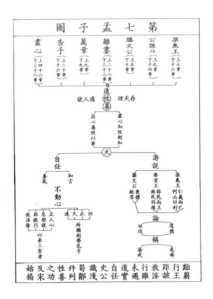

『맹자』는 상하 7편으로 구성되어 있는데, 각 편마다 일관된 주제가 있는 것이 아니다. 따라서 『논어』처럼 전체를 한 장의 도표로 그리는 것이 사실상 어렵다. 그러므로 조선시대 작성된 맹자도도 극히 드물다. 김황의 「맹자도」는 이런 점에서 그 의의가 크다.

김황의 「맹자도」는 7편을 상단에 횡으로 나란히 배열하고, 그 아래에 『맹자』의 요지를 성선(性善)의 도로 보고, 그 하단에 이 도를 세상에 쓰이도록 하기 위해 유세(遊說)한 것을 한 축으로, 그리고 그 도를 자임(自任)한 것을 한 축으로 하여 『맹자』의 중심사상을 정리하고 있다.

맹자의 사상을 성선의 도로 보고, 그것을 자임하며 세상에 유세한 것을 두 축으로 요약했다는 점에 이 「맹자도」의 특징이 있다. 『맹자』의 중심사상은 왕도정치 사상과 성선설로 요약할 수 있는데, 이를 맹자의 입장에서 유세와 자임으로 요약한 것이다.

하단에 붙인 찬은 다음과 같다.

패도를 물리치고 왕도를 행하여,	黜覇行王
편벽된 말을 막고 방탕한 말을 내쳤네.	距詖放淫
도를 행하다 알아주는 임금을 만나지 못했으나,	行雖未遇
도를 실로 자임하셨네.	道實自任
사마천 공은 식견이 얕았으니,	史公識淺
순자와 맹자를 나란히 일컬었네.	荀鄒幷列
맹자께서 성선을 말씀하신 공,	性善之功
송나라에 이르러 비로소 드러났네.	及宋始揭

5. 중용도(中庸圖)

조선시대 작성된 중용도는 1백여 개가 넘는다. 그중에는 『중용』전체
를 그린 것도 있고, 『중용장구』제1장의 요지만을 그린 것도 있고, 주요
한 몇몇 장의 요지를 그린 것도 있다. 이 가운데 제1장의 요지를 그린
것이 제일 많다.

또 『중용』의 요지를 파악할 적에 『중용장구대전』앞에 실린「독중용
법(讀中庸法)」에 의해 6대절로 나누어 보기도 하고, 주자의 『중용장구』
장하주(章下註)의 설에 의거해 4대절로 나누어 보기도 하며, 정자(程子)
가 '처음에는 일리(一理)를 말하고, 중간에는 흩어져 만사가 되었다가,
마지막에는 다시 일리로 합하였다.'라고 한 설에 의해 3단락으로 구조를
파악하기도 한다. 이러한 분절(分節)을 도표로 그린 것도 많이 있다.

대체로 조선중기까지는 대전본 앞에 실린「독중용법」에 의해 6대절

로 나누어 보는 설이 유행하다가, 18세기 기호학파 한원진(韓元震)이 6
대절설은 초년설이고 장하주의 4대절설이 만년설이라고 확정함으로써
이후로는 거의 4대절설을 따르게 되었다.

그런데 영남 퇴계학맥의 일맥인 한주(寒洲) 이진상(李震相)은 한원진
의 설을 비판하면서 4대지설과 6대절설이 모두 의미가 있다고 보아 이
를 융합해서 사지육절(四肢六節)로 구조를 분석하였고, 그의 문하에 있
던 허유(許愈)·곽종석(郭鍾錫) 등도 스승의 설 따르면서 자신의 관점으
로 독자적인 중용도를 그렸다. 다 알다시피 김황은 곽종석의 문인인데,
스승이 그린 중용도를 따르지 않고 자신의 독자적인 소견으로 자신의
중용도를 그렸다.

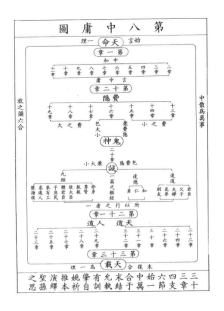

김황의 「중용도」의 특징은 정자의 3단락설과 주자의 4대지설과 6대

절설을 모두 융합하여 한 장의 도표로 그렸다는 점이다. 대체로 조선시대 중용도는 전체를 한 장의 도표로 그린 것이 그렇게 많지 않은데 한 장의 중용도를 그렸다는 점, 그리고 세 가지 설을 모두 반영하여 구조를 분석했다는 점이 다른 중용도에서 찾아볼 수 없는 특징이다.

하단에 붙은 찬은 다음과 같다.

주자의 『중용장구』 33장은,	三十三章
4대지와 6대절로 나누어지네.	四支六節
처음에는 일리를 말하고 중간에는 만사가 되며,	始一中萬
마지막에는 다시 합하여 결론을 지었네.	合于末結
윤집궐중(允執厥中)을 말씀하신 교훈 있으니,	允執有訓
순임금과 우임금으로부터 비롯되었네.	肇自姚祈
근본을 미루어 연역하신 분은,	追本演繹
성인 공자의 손자이신 자사라네.	聖孫之思

'윤집궐중(允執厥中)'은 『서경』 「대우모(大禹謨)」에 보이는 말로, 순임금이 우임금에게 전해준 심법(心法)이다. 『논어』 「요왈」에 보면 '윤집기중(允執其中)'이라는 말이 있는데, '진실로 그 중용의 도를 유지하라'는 뜻이다. 이는 요임금이 순임금에게 전해준 심법이다. 순임금은 이를 다시 부연하여 우임금에게 전해주면서 "인심은 오직 위태롭고, 도심은 오직 미미하니, 앎을 정밀하게 하고 마음을 전일하게 해야, 진실로 중용의 도를 유지할 수 있다.[人心惟危 道心惟微 惟精惟一 允執厥中]"라고 하였다. 이를 16자의 심법이라고 한다.

요임금과 순임금으로부터 전해진 도는 바로 마음에 중용의 도를 잃어버리지 않고 늘 지키며 사는 것이다. 순임금은 이를 인심과 도심으로 구분하여 앎을 정밀하게 하는 공부와 마음을 전일하게 하는 공부를 통해 중용의 도를 유지할 수 있다고 알려준 것이다. 이러한 내용을 공자가 주목하여 문인들에게 자주 말씀하였고, 그런 공자의 도가 없어질 것을 염려하여 공자의 손자 자사(子思)가 글로 기록해 놓은 것이 바로 『중용』이다.

IV. 오경도(五經圖)

1. 시경도(詩經圖)

조선시대 작성된 『시경』의 요지를 한 장의 도표로 그린 시경도도 그렇게 많지 않다. 이런 점에서 김황의 「시경도」는 그 의의가 있다.

이 「시경도」의 특징은 두 가지로 정리할 수 있다. 하나는 국풍(國風)·소아(小雅)·대아(大雅)·송(頌)으로 시체별로 나눈 것이고, 하나는 각 시체를 다시 정(正)·변(變)으로 나누어 구분했다는 것이다. 대체로『시경』
을 시체별로 나누면 풍(風)·아(雅)·송(頌)으로 나누는데, 김황은 위의 도
표와 같이 소아·대아를 구별해 풍·송과 나란히 배열하고 있다. 김황은
소아는 연향(燕饗)의 음악으로, 대아는 회조(會朝)의 음악으로 구분하고
있다.

그리고 풍을 보면, 정풍(正風)은 '규문(閨門)·향당(鄕黨)·방국(邦國)에
써서 천하를 활용하는 것'으로, 변풍(變風)은 '치란이 같지 않고 현부(賢
否)도 다른 것'으로, 회풍(檜風)·조풍(曹風)은 '변이 극에 달하여 정을 생
각한 것'으로, 빈풍(豳風)은 '변을 바르게 할 수 있다는 것'으로 파악해
정변론에 의해 구조를 분석하고 있다.

하단에 붙은 찬은 다음과 같다.

『시경』의 국풍과 아(雅)와 송(頌)의 음악,	國風雅頌
민요와 연회·조회와 종묘제사의 노래라네.	謠燕朝廟
공자가 노나라로 돌아온 뒤 음악을 바르게 하여,	反魯正樂
삼백 편을 가려 뽑아 만드신 책.	三百提要
그 내용 한 마디 말로 한다면,	一言以蔽
생각에 사악함이 없다고 하겠네.	曰思無邪
먼저 그 순수한 성정을 터득하면,	先得情性
그 공효가 이에 매우 아름다우리.	厥功乃嘉

2. 서경도(書經圖)

조선시대 작성된 서경도도 흔히 않다. 이 역시『서경』의 전체 요지를
한 장의 도표로 그렸다는 점에 그 의의가 크다.

『서경』은 본래 『상서(尙書)』로 불렸는데, 한나라 때 『금문상서(今文尙書)』도 있고, 『고문상서(古文尙書)』도 있으며, 진(晉)나라 매색(梅賾)이 만든 『위고문상서(僞古文尙書)』도 있다.

『서경』은 주자가 주석을 하다가 마치지 못하여 문인 채침(蔡沉)이 완성을 하였는데, 명나라 초 대전본(大全本)을 간행할 적에 이 채침의 주가 달린 『위고문상서』가 수록되었다. 조선시대 학자들은 대전본에 수록된 『위고문상서』를 그대로 받아들여 공부했다.

김황의 「서경도」는 맨 위에 가로로 우(虞)·하(夏)·상(商)·주(周)를 기록해 나라별로 구분을 하고, 오른쪽에 세로로 전(典)·모(謨)·서(誓)·고(誥)·훈(訓)·령(令)을 써서 문체별로 분류하여 체계화한 뒤, 58편을 가로와 세로의 칸에 맞게 써 놓고 있는 것이 특징이다.

하단에 붙은 찬은 다음과 같다.

우나라 하나라 상나라 주나라는,	虞夏商周
세대가 내려오면서 문화도 달랐네.	代降文殊
한나라 때에 상서를 숭상한 일,	尙書于漢
예전에 비하면 없었던 일이네.	視古有無
유학자를 모으는 데 겨를이 없었고,	集儒未遑
훌륭한 제자들을 스승에 맡겼네.	高弟是屬
마음을 통해서 도를 미루어보면,	由心推道
성대한 정치가 조목에 들어 있으리.	郅治在目

3. 주역도(周易圖)

『주역』은 상수학이 발달하면서 수많은 도표가 생산되었는데, 『주역』 전체의 요지를 한 장의 도표로 그린 것은 찾아보기 어렵다. 김황의 「주

역도」는 작자의 독창적인 사상을 드러낸 것은 없으나, 『주역』 전체를 한 장의 도표로 그렸다는 점에 의의가 있다.

김황의 「주역도」는 상단에 『주역』 상경(上經)과 하경(下經)을 좌우로 배열하고, 하단에 밑에서부터 태극(太極)에서 음(陰)·양(陽)의 양의(兩儀)가 생하고, 양의에서 다시 태양(太陽)·소음(少陰)·소양(少陽)·태음(太陰)의 사상(四象)이 생하고, 사상에서 다시 건(乾)·태(兌)·이(離)·진(震)·손(巽)·감(坎)·간(艮)·곤(坤)의 팔괘(八卦)가 생하는 것을 도표화한 것이다.

김황은 상경·하경 64괘의 중앙에 '정길흉생대업(定吉凶生大業)' 6자를 써 넣었는데, 이는 『주역』 계사전 상(繫辭傳上)」에 "팔괘가 길흉을 정하고, 길흉이 대업을 낳는다.[八卦定吉凶 吉凶生大業]"는 말을 압축해 놓은 것이다.

하단에 붙인 찬은 다음과 같다.

복희씨는 인류의 문화를 처음 열어서,	羲闢人文
제일 먼저 괘와 획을 그려 놓으셨네.	首立卦畫
문왕은 단사(彖辭) 주공은 효사(爻辭) 짓고,	文彖周爻
공자는 십익(十翼)을 또 지으셨네.	孔以十翼
스승이 되어 문호를 열어놓으셨으니,	作師開牖
이 네 성인의 마음은 한결같았네.	四聖壹心
정자의 역전(易傳)과 주자의 본의(本義),	程傳朱義
『주역』의 체용을 상호 탐구하였네.	體用互尋

4. 춘추도(春秋圖)

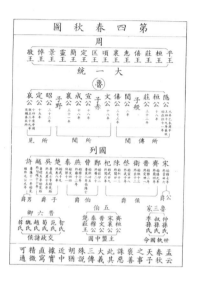

　『춘추』는 공자가 노나라의 역사에 미언대의를 붙여 놓은 책이다. 『춘추』는 역사서이기 때문에 그 요지를 뽑아 한 장의 도표로 그리기가 어렵기 때문에 조선시대 생산된 춘추도는 거의 찾아볼 수 없다. 이런 점에서 김황의 「춘추도」도 일정한 의의가 있다.

　김황의 「춘추도」는 그 특징은 다음과 같다. 첫째, 천자의 나라인 주왕을 맨 위에 시대 순으로 배열하고 그 밑에 '대일통(大一統)'이라고 쓴 뒤, 그 밑에 노나라의 임금을 시대 순으로 배열한 것이다. 둘째, 공자의 관점에서 노나라의 역사를 '전해 들은 것[所傳聞]', '들은 것[所聞]', '직접 본 것[所見]'으로 구분해 놓은 것이다. 셋째, 주나라 천자가 준 작위(爵位)의 순서인 공(公)－후(侯)－백(伯)－자(子)－남(男)의 순으로 배열하였다는 것이다. 넷째, 춘추시대의 오패(五霸)와 노나라 삼가(三家)와

진(晉)나라 육경(六卿)을 별도로 그려 넣었다는 것이다.

하단에 붙인 찬은 다음과 같다.

맹자는 말씀하길 "『춘추』는,　　　　　　　　　　　孟云春秋
천자의 일이다."라고 하였네.　　　　　　　　　　天子之事
선을 포상하고 악을 주벌하니,　　　　　　　　　　褒善誅惡
이것이 바로 춘추대의로세.　　　　　　　　　　　此其大義
춘추삼전은 설이 각기 다른데,　　　　　　　　　　三傳殊說
춘추호씨전이 그 뜻에 가깝네.　　　　　　　　　　胡猶近中
사실에 근거해 곧게 서술했으니,　　　　　　　　　據實直寫
그 뜻이 정미해서 통할 수 있네.　　　　　　　　　精微可通

5. 예도(禮圖)

우리가 알고 있는 오경(五經)에 예경(禮經)은 없다. 후대에는 대체로 『예

기』가 오경의 반열에 들어갔지만, 『예기』는 본래 육경 또는 오경에 들어 있던 예경이 아니고, 예경의 설을 해석한 고례(古禮)를 모아 놓은 것을 한나라 때 학자 대덕(戴德)·대성(戴聖)이 정리해서 만든 책이다. 그래서 처음에는 『대대례(大戴禮)』라고 칭하였다.

한나라 때 복원된 예서(禮書)는 『주례(周禮)』·『의례(儀禮)』·『예기(禮記)』 세 종류였는데, 이를 삼례(三禮)라 불렀다. 그리고 각각 오경박사를 두어 전수하였다. 이 삼례 가운데 혹자는 『의례』를 예경으로 보기도 한다. 주자는 『의례』와 『예기』를 통합해 『의례경전통해(儀禮經傳通解)』를 편찬하려고 하다가 완성하지 못하였다. 그런데 명나라 초 사서오경 대전본을 편찬하면서 『예기』가 오경에 편입됨으로써 『의례』는 학계에서 소외되었다.

이런 역사적 변천 속에서 김황의 「예도」는 삼례를 통합하여 한 장의 도표로 그렸다는 점에서 그 의의가 매우 크다. 대체로 오경에 『예기』가 포함된다고 인지하던 시대에 잊혀진 『주례』와 『의례』를 다시 등장시킨 것이다.

김황의 「예도」는 다음과 같은 특징이 있다. 첫째, 『주례』·『의례』·『예기』를 모두 포함하여 예경으로 보았다는 것이다. 둘째, 삼례 가운데 주공이 만들었다고 전하는 『주례』를 상단에 배치하고, 그 다음에 예경으로 인식된 『의례』를 배열하고, 『예기』를 하단에 배열하여 위차(位次)를 정립했다는 것이다. 셋째, 『주례』는 예의 강령(綱領)으로 보고, 『의례』는 예의 본경(本經)으로 보고, 『예기』는 예의 의설(義說)로 보았다는 것이다.

하단에 붙은 찬은 다음과 같다.

원래 성인이 편찬하신 책은,	元聖制作
『주례』와 『의례』 두 책이라네.	周禮儀禮

『예기』 사십 구편의 글은,	四十九篇
예경을 주석하여 만든 것이네.	傳記是體
그 근본을 한 바를 생각해 보니,	惟其所本
천리가 찬란하게 빛이 나누나.	天理粲然
그것을 미루어서 만들어 놓은 것,	推之以達
경례가 일백이고 곡례가 일천이네.	經百曲千

V. 맺음말

김황의 경학십도는 구한말로부터 일제강점기에 활동한 재야의 학자가 경전을 어떻게 정리하고 있는지를 보여주는 매우 중요한 자료이다.

우리는 흔히 사서오경 또는 사서삼경이라는 말을 하는데, 이 역시 조선시대 사상사의 흐름 속에서 그 의미가 적지 않다. 그러니까 한나라 때 오경(五經), 당나라 때 구경(九經), 송나라 때 십삼경(十三經)의 체제로 경전이 변화되어 내려오다가, 명나라 초에 대전본을 편찬하면서 사서오경 체제로 경전이 재편되었다.

그리고 조선에서는 『춘추』와 『예기』가 뒷전으로 밀려 16세기에 이르면 사서삼경, 즉 칠서(七書) 체제로 변화되었다. 이런 현상은 조선말까지 그대로 지속되었다.

이런 학술사적 배경 속에서 김황이 경학십도를 그렸는데, 그것을 조금 미시적으로 들여다보면, 그 나름의 독자적인 시각으로 경학을 재정립한 것을 발견할 수 있다. 바로 이 점에 그 의의가 적지 않은 것이다.

김황의 경학십도에 나타난 몇 가지 특징을 개괄적으로 제시하면 다음과 같다.

첫째, 조선시대 내내 중시된 주자의 『소학』이 사서오경과 함께 경학의 반열에 들어 있다는 점이다.

둘째, 오경을 앞에 두고, 그 다음에 사서를 배치하고, 마지막에『소학』
을 배치하여 경전의 위차(位次)를 경학사적인 관점에서 배열하였다는
점이다.

셋째, 한 경전의 요지를 한 장의 도표로 그리기 어려운데, 십경(十經)
에 대해 모두 한 장의 도표로 그렸다는 점이다.

넷째, 「논어도」·「맹자도」·「서경도」·「시경도」·「춘추도」·「예도」 등
은 몇 안 되는 귀중한 그림이라는 점이다.

다섯째,『예기』만을 오경의 한 경전으로 인식하던 시대에 삼례(三禮)
를 모두 포함하여「예도」를 그리고, 그 계통을 변별해 놓았다는 점이다.

찾아보기

| 아 |

최석기(崔錫起)

1954년 강원도 원주 출생
성균관대학교 한문교육과 졸업
동 대학교 대학원 한문학과 석사 및 박사
한국고전번역원 연수부 및 상임연구원 졸업
한국고전번역원 국역실 전문위원 역임
한국경학회회장 역임
현 경상대학교 한문학과 교수

조선후기 경상우도의 학술동향

2019년 07월 22일 초판 인쇄
2019년 07월 31일 초판 발행

지 은 이   최석기
발 행 인   한정희
발 행 처   경인문화사
편 집 부   한명진 김지선 유지혜
마 케 팅   전병관 하재일 유인순
출 판 신 고   제406-1973-000003호
주   소   파주시 회동길 445-1   경인빌딩 B동 4층
대 표 전 화   031-955-9300   팩 스   031-955-9310
홈 페 이 지   http://www.kyunginp.co.kr
이 메 일   kyungin@kyunginp.co.kr

ISBN 978-89-499-4824-9   93910
값 33,000원